U0811305

公法视域的世界遗产

WORLD HERITAGE FROM THE PERSPECTIVE OF PUBLIC LAW

刘红婴　著

法律出版社 LAW PRESS · CHINA

前　言

由于“遗产”一词的义项太多，凡遇公有性质的遗产与公民个人遗产的区分，在表达上常常莫衷一是。有称“大遗产”者，有不顾所指不明而直接冠以“遗产”的，也有从传统语言逻辑角度反对用“遗产”来概括的。

其实，无论公民个人遗产抑或公有性质的遗产，皆为法定产物。法律确定的属性，亦即公有或私有，决定着它怎样被称谓。故我们倡导以“公法遗产”的专业途径，准确地认知和研究公有性质的遗产。

宏观地看，国际公法上所确定的遗产，包括南极、外层空间、公海及其海底资源、世界遗产、文化多样性的格局、数字化遗产这六个大的范畴。与法律同步前行，相应的法学理论建设也在不断发展当中。在法学研究领域中，南极法、外空法、海洋法已较早地成为独立的分支学科，各自有自洽的理论和实践系统。世界遗产法、文化多样性法也在学科系统方面显现出独立性，其学科框架、理论价值体系趋于稳定和完善。

相比较而言，世界遗产法所规范的对象高度复杂，要保护好坐落于各个国家领土之内的世界遗产，需要有优质的国内法跟进。因此，世界遗产事务催生了世界遗产法律制度在国内法方面的理论建设和法律实践。由此，我们能够看到世界遗产法跨越国际法、国内法的综合性要求，以及世界遗产法学科理论必须承担的使命。

如此立体的研究对象,需要根据它独一无二的特点,将其内在的法治逻辑和外在的集大成性一并归纳起来。而“公法视域”,正是切入并展开这种研究的理论制高点。因此,本书锚定以国际公法的人类共同遗产概念和国内公法的国家遗产概念为理论路径,对作为公法遗产的世界遗产做知识体系的学科定位,并对法律如何保护世界遗产进行系统的学说构建。著作追求以法为本,追踪世界遗产事务的发展脉络,研究、阐发公法视域中世界遗产及其法律制度的主要内容:反映当代主流理念的法律价值取向、严苛的法定标准、繁复的法定程序、立体的遗产类型、典型案例、法律理念和法定规则的变迁、世界遗产教育与保护行动要旨,力图较全面地呈现世界遗产法律制度的基本理论框架,展示法律执行之后的累累硕果,也梳理和分析法律执行过程中的经验得失。

当然,关于世界遗产的国际法并非凭空产生。回溯地看,一些国家的国内公法在理念、方法及经验上给国际法的建立提供了很好的资源和营养。比如,日本法中的“无形财”概念之于非物质文化遗产,美洲国家的国家公园制度之于自然遗产,基本上属于国内法在国际法上的升华。因而,本书也将这些很有学术趣味的部分进行了追踪研究,确立了“前公约”的概念,并深入探讨了自然遗产的法理基础——国家公园制度。

随着世界遗产事务的历年发展,全球世界遗产的总数量已经逾千。同时,互联网的便利也使各路纷繁的信息唾手可得,其中有真亦有谬,获取时需要甄别。即使是世界遗产中心的官方网站,其稀少的中文部分也存在诸多错误。由于该网站中文翻译工作起步很晚、发展缓慢,完成数量与质量都不尽如人意。举个例子,Angkor,网站中文错译成“吴哥窟”。首先需要了解,在柬埔寨洞里萨湖以北直至与泰国交界处的广大区域,遗留、散落着大量的曾经强大的吴哥王朝的遗迹。世界遗产选择了其中保存较为完整的吴哥城、吴哥王族墓葬群、吴哥窟这三大部分(这三大部分彼此之间的距离还是比较远的,至少步行短时难至)。换言之,这项世界遗产包括吴哥城、吴哥王族墓葬群、吴哥窟三大部分,它们代表性地见证了吴哥王朝繁盛时期的文明存在。所以,这项世界遗产的名称用汉语表述,最接近遗产内容的选择就是“吴哥古迹”。

就此归纳两点,一是对世界遗产的理解不能靠日常经验获得,二是世界遗产的汉语名称需要经过专门研究才能确定。在这种情况下,相应的研究工作就必须遵循专业规则。目前,为避免误导,还是要以权威的官方英文文本为源,进行多角度分析后,给出符合世界遗产思维的认知判断。这也是学术的责任。

2002 年,中国政法大学法学院在国内首开了作为法学知识结构组成部分的“世界遗产法”课程,同时也开始了世界遗产法的学科理论的构建。这比国外的一些法学院,如英国伯明翰大学法学院的世界遗产法专业要早一些。当然,欧洲的一些大学法学院有研究文化遗产法的传统,与当代世界遗产法的研究有一定的衔接性,但可比性较小。

正因如此,各国的世界遗产法研究共处于一个大的平台之上,有同等的发展机遇。十余年间,我们也扩展视野,与法国巴黎一大、芬兰埃博学术大学、德国人类遗产研究所、美国马萨诸塞大学、瑞典达拉纳大学和吕勒奥理工大学等大学和科研机构建立了沟通机制,交流学术,分享理念;同时,还长期参与对南非大圣卢西亚湿地公园、瑞典拉普兰人居住区等世界遗产地的远程监测工作。在国内,论证、起草公法遗产方面的法律,为各级立法工作提供智力支持,也对丰富理论大有裨益。

迄今,修过世界遗产法课程的学生已有数千名,而世界遗产法的学科理论也愈来愈丰富。世界遗产的法律理念和价值取向,世界遗产的法律原则和法定标准,世界遗产的法定程序及法律规范,世界遗产的立法历程,世界遗产法律群的衔接,世界遗产法执行中的典型案例,等等,诸多内容按照学术的逻辑关系组成一体。这本以公法视域为路径来解析世界遗产的书,正是这样的学术研究一以贯之的结果。

近年来,全面保护自然资源和文化遗产,已成为我国的基本国策,受到高度的关注。其中,在中国建立国家公园法律体系更是面向未来的发展方向。而这些主题恰恰是世界遗产法的核心要旨,与世界遗产中自然遗产、文化遗产的价值理念相契合。在这样的背景下,世界遗产法的知识更是需要广泛的、正确的传播。我希望这本书能够关照到所有关心和热爱世界遗产的受众人群,不仅仅为青年服务,也能以文会友,与法学领域的研究者、各级立法机关的相关立法者、各级政府主管公法遗产事务的公务员和遗产地管理者进行思想的交流。

鸣谢中国政法大学法学院给予的经年支持并资助本书出版。

目　录

Contents

Chapter 1 第一章
世界遗产是公法上的遗产

诚如人类的一切重大事务，世界遗产（World Heritage）无往而不在法律的观照之中。它与国际公约这种法律形式同体而生，又贯穿于系统严密的法律群中。世界遗产看起来是一个专项性的主题事务，但是关于世界遗产的法律其实是体系宏大的。由纵向而言，从国际法到国内法，法律文件由公约、宪章、宣言到国家的法律、法规，构成紧密的层级环扣。就横向视之，各缔约国的国内法相对完整独立，又彼此在内容上有所联系和互通，国与国之间进行彼此的协作，将法律保护的功能铺展开来。

而这个体系是在国际公法和国内公法的有机体上构成和运作的。世界遗产属于公法上的遗产（本书亦称“公法遗产”）。就此性质和范畴而言，由公法的视域来进行对遗产的保护及研究，是世界遗产法理论构建的要旨。

第一节　法律概念的辨析与厘定

一、私法上的“遗产”与公法上的“遗产”

法律当中的“遗产”概念存世已久，常见的私法意义上的“遗产”一词至今仍在广泛运用。而伴随着“世界遗产”概念出现的“遗产”一词，在现实应用层面上，不可避免地会与私法中的“遗产”产生混淆。当我们用“遗产”为查询项进行数据搜索的时候，就会发现这样的混淆十分普遍。因而，关于“遗产”在不同语境中不同法律含义的甄别十分重要。

“遗产”在继承法事务中是一个当然的关键词。这是法律词义上渊源悠久的实体范畴，强调了私法上“产”的核心价值。比如，《中华人民共和国民法典》第1122条的“遗产是自然人死亡时遗留的个人合法财产”，就是典型的私法概念。

公法上确立“遗产”的概念是现代价值观的产物，超越了私法概念的范畴，并且构成了不与私法关联的独立体系。

“遗产”在私法上的语义稳定性是很强的，而当它被“共同”尤其是“人类”所限定后，它不仅超越了私法概念的范畴，而且衍生的理论意义就非常之大了。因而，关于公法上的“遗产”“遗产保护”“世界遗产”“国家遗产”“共同遗产”“人类利益”等一系列的亲缘概念，自然也就成为人类社会生活当中的重要内容。

二、“世界”与“遗产”不是简单相加

“遗产”对应的英文单词比较多，诸如 bequest、heritage、inheritance、legacy、patrimony 等，均有相近的词义，私法上的应用会因语境的不同而变换使用。公法确认“遗产”，是全新的界定，不受语义上的传统因素影响和制约。国际法以“heritage”作为公法遗产的用语选择，现已被广泛采用并形成了使用习惯。

《保护世界文化和自然遗产公约》(Convention Concerning the Protection of the World Cultural and Natural Heritage)、《世界遗产公约》(World Heritage Convention)①所框定的“世界遗产”一词(英文 World Heritage 组合)，是全新缔造的，随公约的诞生而诞生。字面上的“世界”和“遗产”，是日常使用频率极高的两个词。它们合二为一，成为一个不可拆解的概念指称。世界遗产并不是“世界”和“遗产”两者简单相加而构成的产物，而是一个法定的独立概念。不

① 《世界遗产公约》不是《保护世界文化与自然遗产公约》的简称，两者在指称官方正式法律文件时作用相等。官方对前者使用更为广泛。这是世界遗产法的特殊之处。

能将其解释为“世界的遗产”或“世界级的遗产”。这样,词语与法定概念之间,词语与法定概念所承载的规则和价值观之间,就被确定了存在的意义和必然的联系。

除世界遗产本身的分类,这个概念当中不宜添加其他成分。例如,本书后面将涉及的濒危世界遗产,不可称“世界濒危遗产”。这个问题出在把世界遗产这一整体概念拆分开了,那么世界遗产便不再是世界遗产。

世界遗产委员会将世界遗产缩写成“WH”,更加说明它是不可拆分的专有术语。只有在表述世界遗产本身的分类时,可适当使用“世界文化遗产”“世界自然遗产”等。

三、制度对概念的推进

当然,公法遗产的形成需要具有制度基础,词语随制度而获得生命。比如,在法国,法语中的“遗产”(patrimone),包含着“家园”(patrie)的意思。“遗产”在概念含义的演变中,也经历了由“私”到“公”的巨大发展。旧词典将其定义为父母传给子女的财物,而较新的词典添加了义项“历史的证据”,即“遗产”被视为整体对象,是社会的继承物。在法国大革命时期,保护历史文明及其见证物的意识已经显现端倪。1913 年,立法确立了历史文物的登记保护制度。[①] 这样的发展走向,显示了国内制度对词语意义演变的作用。

在制度与相应的词语同步演变的路途上,各方的力量能够汇合为一种“共同体”。所以,法国学者认为,截至 20 世纪 70 年代中期,法国的历史文明及其见证物保护制度的坚持实施取得了很大的效果,而且“遗产”概念得到了更多扩展:农业遗产、工业遗产、自然遗产、非物质遗产均纳入其中。[②] 这实际上是由于联合国教育、科学及文化组织(United Nations Educational, Scientific and Cultural Organization, UNESCO)(以下简称联合国教科文组织)1972 年出台了《世界遗产公约》,公约所确认的世界遗产包含了文物、农业遗产、工业遗产、自然遗产这

---

① [法]皮埃尔·诺拉:《法国对遗产的认识过程:一种正当其时的思想》,载联合国教科文组织编:《信使》1997 年第 12 期。

② [法]皮埃尔·诺拉:《法国对遗产的认识过程:一种正当其时的思想》,载联合国教科文组织编:《信使》1997 年第 12 期。

些类别，而非物质遗产则是其后渐渐成熟起来的对其进行补充的概念，最终体现在2003年《保护非物质文化遗产公约》（Convention for the Safeguarding of the Intangible Cultural Heritage）中。

诸如此类在制度上、文化上的源泉汇聚于“人类共同遗产”（Common Heritage of Mankind）的这个“共同体”中，成就了这个涵盖力颇强的大概念。比如，自然遗产的理念来源于北美国家，非物质遗产[①]的理念来源于东亚国家；[②]它们为国际法吸收，集大成地构成法定规则，显示了价值取向的趋同融合。这一情形也恰恰证明了国内制度的建立、发展与国际法发展的步调协调了起来。

这个梳理其实仅仅是以世界遗产为例的，而“人类共同遗产”包括的内容不只限于世界遗产。但世界遗产的丰富内涵和形态，确实具有典型性和说服力。

四、世界遗产是公法意义上的特有概念

世界遗产概念的出现，是超越私法含义的。从这一事务的对象及目标看，其属于公法范畴。作为独立意义的公法概念，在学理上当然应该有所论证和铺垫，使“世界遗产”的概念厘定清晰。

联合国教科文组织1972年的《世界遗产公约》与2003年的《保护非物质文化遗产公约》，是“世界遗产”这一概念的唯一渊源。

尽管最初的全名为《保护世界文化与自然遗产公约》，但随着世界遗产事务的成功开展，《世界遗产公约》也成为国际法文件的正式称谓。根据公约规定，世界遗产是经过法定程序申报和批准而进入《世界遗产名录》的遗产项目，为全人类共同享有。由此，世界遗产的公法属性与生俱来。

共有性质的“遗产”在通常意义上的使用较为普遍，像“政治遗产”“民族遗产”“思想遗产”“文学遗产”等非法学范畴的表述方法比较常见。而通过法律确认的“遗产”，则必须概念明晰、所指确定，并且有法律范畴上的层次，尤其是它在国内法和国际法各自范畴的区分。所以，从法定性质上讲，作为“人类共同

---

① 1997年《建立人类口头与非物质遗产代表作的决议》名称为“口头与非物质遗产”，2003年《保护非物质文化遗产公约》正式更名为“非物质文化遗产”。故早期是以“非物质遗产”出现的。

② 以日本、韩国的文化财产保护法为代表。

遗产”的世界遗产,既与私法上的遗产不存在瓜葛,同时亦与以上所举此类传统的日常用法诸如“文学遗产”“政治遗产”“思想遗产”“民族遗产”不能等同,因为它们不在一个专业语境中,不属于同一套专业表达符号。

公法上“遗产”最实质的特性在于共享,因而“遗产”概念的公法性质的应用在人类、国家、民族的不同层面上存在。“二战”以后关于共同遗产的理念逐渐开始在国际立法中得到确立和体现,南极、公海、外太空的不可分割性使它们被强调为人类共同的利益。世界遗产的出现,充实和丰富了人类共有遗产的内容,更增添了属于国家、民族的新命题。

第二节 关于世界遗产的国际法

国际法上有完全法律效力的是公约级的文件,缔约国要严格遵守其中的规定,并在必要的时候积极配合公约,制定相应的国内法律。宪章、宣言不具有完全意义上的法律效力,但根据不同内容、不同情形,会有不同程度或部分的约束力。国际法的一些内容也会体现在国际习惯及其他类型的文件中。

一、公约

(一)世界遗产的根本大法

人类的生存与发展要求孕育了《世界遗产公约》和《保护非物质文化遗产公约》,同时公约的诞生又促使全世界必须树立一个全新的世界遗产的理念,并提醒人类为了世界遗产确立自己的行为准则。

在20世纪60~70年代,国际社会组织拯救埃及阿布辛拜勒神庙的活动影响下,对文化遗产的法定保护进入联合国教科文组织的工作议程中。世界文化遗产的概念业已成熟。联合国教科文组织和非政府组织——国际遗迹遗址理事会(International Council on Monuments and Sites,ICOMOS)就保护文化遗产事务起草了一个公约。与此同时,作为世界上最早批准加入《世界遗产公约》的美国积极参与了自然遗产部分的起草，它与另一个非政府国际组织——世界自然保护联盟（International Union for Conservation of Nature，IUCN）合作，对自然遗产的保护进行归纳，并提议将保护自然遗产和文化遗产放在同一个法律文件中。1972年联合国在瑞典斯德哥尔摩召开的联合国人类环境大会对提议进行了讨论，最后决定，由联合国教科文组织正式拟定一个公约，将文化遗产和自然遗产的保护放在同一个法律文件中。

1972年11月，在巴黎召开的联合国教科文组织第17届全体会议，对于世界遗产来说是一个重要的时刻。正是在这次会议上，正式通过了影响深远、历久常新的全球性保护世界遗产方面最重要的国际公约——《世界遗产公约》，世界遗产这一新事物由此而诞生。

1976年，依照该公约成立了联合国教科文组织世界遗产委员会（UNESCO World Heritage Committee），又简称世界遗产委员会（World Heritage Committee），专门管辖世界遗产事务。截至2021年6月，已召开了43届世界遗产委员会大会，产生了1121项世界遗产，公约的缔约国达194个，世界遗产拥有国达167个。

2003年10月联合国教科文组织又通过了《保护非物质文化遗产公约》，衔接2001年、2003年和2005年分别产生的90项“口头与非物质遗产”（Masterpieces of Oral and Intangible Heritage）①，截至2020年12月，总共产生584项人类非物质文化遗产代表作（Representative of the Intangible Cultural Heritage of Humanity）、亟须保护的非物质文化遗产（Intangible Cultural Heritage in Need of Urgent Safeguarding）和最佳保护实践范例（Best Safeguarding Practices）。

从整体上应当说，《世界遗产公约》是一个里程碑，它标示着保护世界遗产的全球化行动的开始，同时世界遗产的概念也得到国际法上的确定。《世界遗产公约》之于世界遗产，当然是其根本大法。这个公约创造了一种事物，也构造出一个主题，使“世界遗产”成了一个专有术语。由此，全世界才有了一个共同

---

① 这是当时的名称。2003年《保护非物质文化遗产公约》出台之前，相关事务依据1997年11月联合国教科文组织第29次全体会议通过的《建立人类口头与非物质遗产代表作的决议》开展。该决议确定的是“口头与非物质遗产”的概念。

的认识文化价值和自然价值的准则。《保护非物质文化遗产公约》则极好地补充了前一个公约30年间一直未能涵盖的部分,即保护无形的文化遗产,诸如语言、戏剧、音乐、舞蹈、宗教、神话、礼仪、习惯、风俗、节庆、手工艺等不能够固化的人类财富。

这两个公约为世界遗产事务在全球的开展设定了国际法框架。在法律框架当中,各缔约国政府、相关组织、专业人员大规模、持续性地投入到世界遗产的事务中,为世界遗产事务的成功运作而努力。

(二)公约的内容概要

作为世界遗产根本大法的《世界遗产公约》所创造的事物当然是世界遗产,所构建的全球性主题则是关乎和平、发展的人类共同遗产的保护。公约的法律效力得以实现,全世界共同的认识文化和自然价值的准则以及相应的理念,也由此呈现出来。

提炼公约的精神要旨,主要包括:世界遗产均具有"突出的普遍价值"(Outstanding Universal Value);世界遗产是人类共同遗产的组成部分;保护它们是人类共同的责任;要保证将世界遗产世世代代保存下去。

《世界遗产公约》包含了四个部分,其主要内容为:第一,确定文化遗产和自然遗产的定义和被列入《世界遗产名录》的条件。第二,指出缔约国在确定潜在遗产项方面所负的责任,以及他们在保护这些遗产项时所起的作用。第三,阐述世界遗产委员会的功能。第四,解释如何使用和管理世界遗产基金。

公约的主要内容清晰而明确,在40余年的历程中经受了价值观及可执行性的考验。公约的配套文件《执行〈世界遗产公约〉的操作准则》(Operational Guidelines for the Implementation of the World Heritage Convention),规定了以真实性、完整性为核心的世界遗产原则,确立了世界遗产的10条具体标准,提供了严密的程序规则,保证了世界遗产事务在全球的广泛展开。

与《世界遗产公约》珠联璧合的是2003年10月出台的《保护非物质文化遗产公约》。《保护非物质文化遗产公约》非常必要地对《世界遗产公约》进行了补充,使得非物质文化遗产也有了可认定的价值标准。

《保护非物质文化遗产公约》开篇即强调,"考虑到非物质文化遗产与物质文化遗产和自然遗产之间的内在相互依存关系","意识到保护人类非物质文化遗产是普遍的意愿和共同关心的事项”,“注意到教科文组织在制定保护文化遗产的准则性文件,尤其是 1972 年的《保护世界文化和自然遗产公约》方面所做的具有深远意义的工作”。这些阐述,都很到位地点明了两个公约之间的关系。

在自身目的上,《保护非物质文化遗产公约》主张亦鲜明:承认全球化和社会转型进程在为各群体之间开展新的对话创造条件的同时,也与不容忍现象一样,使非物质文化遗产面临损坏、消失和破坏的严重威胁,在缺乏保护资源的情况下,这种威胁尤为严重;承认各群体,尤其是土著群体、各团体,有时是个人,在非物质文化遗产的生产、保护、延续和再创造方面发挥着重要作用,从而为丰富文化多样性和人类的创造性做出贡献。

可以说,这两个公约的内容合于一体,才是一个完整理念的全面体现。它们珠联璧合,为表达和坚持共同的价值观而相互支撑。为实现共同的大目标,互为观照。从这个意义上讲,它们都是根本大法的必需组成部分。公约将文化与自然的概念有机地结合于一体,使人类文明与自然的和谐性、完整性在一个大的主题下凸显出来。公约自身的基本精神也就由此得以升华。

(三)精神相通的公约群

一些公约虽然不是综合性的世界遗产主题的法律,但有关的专门内容却是世界遗产的重要组成部分。例如,自然生态环境方面的《关于特别是作为水禽栖息地的国际重要湿地公约》[又称《拉姆萨尔公约》(The Ramsar Convention),以下简称《湿地公约》(Wetland Convention)][①]要求充分认识湿地的生态功能,对之加以国内与国际行动相结合的长远保护。又如,《生物多样性公约》(Convention on Biological Diversity)不仅以公约的法律形式确认保护生物多样性这一全人类共同关切的问题,还承认各国对自己的生物资源拥有主权权利,指出该公约的目标是按照其有关条款从事保护生物多样性、持续利用其组成部分以及公平合理分享由利用遗传资源而产生的惠益;实施手段包括遗传资源的

---

① 此项公约英文全称是 Convention on Wetland of International Importance Especially as Waterfowl Habitat,是为制止对湿地的侵占和损害,确认湿地的基本生态作用及其经济、文化科学和娱乐价值而订立的国际公约。公约于 1971 年 2 月 2 日在拉姆萨尔通过,1975 年 12 月 21 日生效。1982 年 12 月 3 日在巴黎通过了《修正关于特别是水禽生境的国际重要湿地公约的议定书》,并于 1988 年 10 月 1 日生效。该公约于 1992 年 7 月 31 日对中国生效。

适当取得及有关技术的适当转让，同时要调整对这些资源和技术的一切权利，并提供适当的资金。

二、建议书及其他文件

联合国教科文组织的有关建议书及其他一些国际组织、国际会议的文件如决议、计划、议程等，也有相应的规范功能，并会在诸如怎样理解相关问题、如何制定政策和具体做法上给予相应的指导。

1972 年 11 月 16 日，与《世界遗产公约》同时出台于第 17 届联合国教科文组织大会的《关于在国家一级保护文化和自然遗产的建议》（Recommendation Concerning the Protection, at National Level, of the Cultural and Natural Heritage），就是《世界遗产公约》的同步辅助文件。它指出，在一个生活条件加速变化的社会里，就人类平衡和发展而言至关重要的是为人类保存一个合适的生活环境，以便人类在此环境中与自然及其前辈留下的文明痕迹保持联系。为此，应该使文化和自然遗产在社会生活中发挥积极的作用，并把当代成就、昔日价值和自然之美纳入一个整体。这个建议还兼顾到大会历史上已经通过了的保护文化和自然遗产的其他国际文件，如 1956 年《关于适用于考古发掘的国际原则的建议》（Recommendation on International Principles Applicable to Archaeological Excavations）、1962 年《关于保护景观和遗址的风貌与特性的建议》（Recommendation Concerning the Safeguarding of the Beauty and Character of Landscapes and Sites）及 1968 年《关于保护受到公共或私人工程危害的文化财产的建议》（Recommendation Concerning the Preservation of Cultural Property Endangered by Public or Private Works），因为它们都是与世界遗产有密切联系的国际法铺垫。其中，第 12 届大会通过的《关于保护景观和遗址风貌与特性的建议》就强调，由于人类在各个时期不时使构成其自然环境的组成部分的景观和遗址的风貌与特征遭到损坏，从而使全世界各个地区的文化、艺术甚至极重要的遗产濒于枯竭；呼吁只要尚有可能，就要为保护各地的景观和遗址的风貌与特征采取积极必要的措施。可见，其内容就是有关世界遗产的雏形。所以，1972 年《关于在国家一级保护文化和自然遗产的建议》便由此希望补充并扩大这类建议中所规定的标准和原则的适用范围。

随着新问题的出现,国际法文件还要及时树立新观念。1976 年 11 月联合国教科文组织第 19 次大会通过《内罗毕建议》(The Nairobi Recommendation),即《关于历史地区的保护及其当代作用的建议》(Recommendation Concerning the Safeguarding and Contemporary Role of Historic Areas)。这个建议意识到必须对建筑群的整体,包括它的空间演变以及它的考古、历史、建筑、技术等诸多方面的信息进行分析,并形成书面文件,在此基础上来确定必须绝对严格地完全保护的建筑物和建筑群的规范。它还强调保证建筑群完整性在现代生活中的意义,并建议设立详细的规则,如严格的档案记录、公共和私人的空间及绿化调查登记、政府阻止拆除工程的依据等。显然,这样的整体观念只有在一定的历史阶段才会出现。

除建议书外,其他一些国际性文件也具有国际法上的普遍约束力。例如,1998 年 4 月联合国教科文组织在斯德哥尔摩召开的"政府间文化政策促进发展会议"所通过的《文化政策促进发展行动计划》(Action Plan on Cultural Policies for Development),就新形势下的政府间协作问题做了阐发。又如,1996 年伊斯坦布尔"城市最高级会议——人居会议"通过的《人居议程》(The Habitat Agenda)、1992 年里约热内卢"全球首脑会议"通过的《21 世纪议程》(Agenda 21)等,都与世界遗产的保护问题紧密相连。

三、国际宪章

在世界遗产的法律约束上,宪章一般针对专项的问题进行阐述,制定方针策略,较公约而言其制约范围和力度显然是有限的。但其专业引导性和指向性是很明确的,因而能够对公约起到辅助和补充的作用。

有些宪章具有较大的时空覆盖力,也成为重要的历史文献。像国际古迹遗址理事会的 1964 年 5 月《威尼斯宪章》(The Venice Charter),即《国际古迹保护与修复宪章》(International Charter for the Conservation and Restoration of Monuments and Sites),虽然产生年代早于《世界遗产公约》,但其广泛适用性,使它具有了较强的生命力。其后产生的 1987 年 10 月《华盛顿宪章》(The Washington Charter)即《保护历史城镇与城区宪章》(Charter for the Conservation of Historic Towns and Urban Areas)和 1982 年 12 月《佛罗伦萨宪章》(The

Florence Charter)，都是对《威尼斯宪章》的补充。后者常被当作《威尼斯宪章》的附件。

相似的情形还有国际现代建筑协会的《雅典宪章》(Athens Charter)。它出台于 1933 年 8 月。根据当时的历史发展状况，《雅典宪章》为城市规划提出了纲领性的观点，综合归纳了四项城市的基本社会功能——生活、工作、休憩和交通，而规划就是为了解决它们之间的相互关系和发展。45 年后，《马丘比丘宪章》(Charter of Miachu Picchu)于 1977 年 12 月诞生。它是针对《雅典宪章》的内容进行适应时代新状况的更新和充实，强调要促进专业的目标与职能，进行专业与专业之间的综合评述，指出宪章旨在促进公开的讨论和交流，并督促各国政府应用和采纳的有关改进世界上人类居住地质量的政策与措施。宪章还提醒，由于城市化过程正在席卷世界各地，已经刻不容缓地要求我们更有效地使用现有人力和自然资源。城市规划既然要为分析需要、问题和机会提供必需的系统方法，那么一切与人类居住地有关的政府部门的基本责任就是要在现有资源限制之内对城市的增长与开发制定指导方针。

宪章虽然是专门性主题的，但往往视角很宽，能够覆盖全面性的问题。像 2002 年 10 月的《上海宪章》，就很典型。它是在国际博物馆协会亚太地区的大会上产生的，级别看来并不高，但其主旨强调对于非物质遗产的博物馆手段的保护，尤其是提出了要创立跨学科、跨行业的方法，使所有种类的遗产融为一体，有效地对应文化、技术和经济全球化带来的威胁、挑战和机遇。这是具有创举性的。

四、宣言

宣言能够通过一种组织或一类群体所达成的共识，以鲜明的姿态表达共同的心声，体现集体的愿望，同时也将公约的精神广为传播。比较而言，宣言的激情色彩更浓一些，以真善美的动意呼唤社会的响应和重视。

除联合国体制的法律文件宣言外，与世界遗产主题相关的一些国际会议，常以宣言的形式发表主张，提倡相应的理念。1994 年在日本召开的关于世界遗产真实性的国际会议，发表了《奈良宣言》(全称为《奈良真实性宣言》，The Nara Document on Authenticity)，强调亚洲文化的特殊性和多样性，主张在理念和相应的保护方法上要根据遗产的区域或地方特质来确定。1998年"中国—欧洲历史城市市长会议"发表了保护和发展历史城市国际合作的《苏州宣言》(全称为《保护和发展历史城市国际合作苏州宣言》),着重强调应根据社会和经济发展的需要,加强对历史城市的保护,并且要按照可持续发展的原则,为未来寻求保护的途径和方法。

第三节 关于世界遗产的国内法

一、国内法中的"前公约概念"

一些国家和地区关于公法遗产的法律概念比较全面,一部法能够囊括全部的公法遗产形态。日本、韩国等国家的一些与遗产相关的法律,就体现出这样的一些特点。其"文化财"(文化财产)的概念含义较广,可以概括不同类型形态下的世界遗产。

日本的《文化财产保护法》(法律第214号)产生于1950年,之后在不同时代不断补充修正。该法将文化财产界定为四个种类:有形文化财产、无形文化财产、民俗文化财产、遗迹。有形文化财产包括建筑物、图片、雕塑、实用美术、手迹、经典著作、古文献;无形文化财产是指戏剧、音乐、实用美术等方面的技艺和技能;民俗文化财产包括民间习俗及相关的物品;遗迹的涵盖面很广,囊括了宫殿、城堡、古墓、要塞、桥梁、园林、峡谷、海岸、山峦、地质层、地貌地表、动植物及其生存环境等。

韩国于1962年制定、2012年修订的《文化财产保护法》(Cultural Heritage Protection Act)(法律第11228号),将韩国的文化财产也分为有形文化财产(Tangible Cultural Heritage)、无形文化财产(Intangible Cultural Heritage)、民俗文化财产(Folklore Materials)、纪念物(Monuments)四大类。其文化财产的划分,与日本基本一致。该法规定国家最重要的文化财产应予保护,并且要被指定为国家瑰宝(National Treasures)、重要无形文化财产(Important Intangible Cultural Heritages)、历史纪念物(Historical Materials)及自然遗迹(Natural

Monuments)。

日本、韩国法律中的"文化财产"的范畴,恰恰与《世界遗产公约》以及其后《保护非物质文化遗产公约》规定的遗产种类基本吻合;甚至还包含了联合国教科文组织"世界记忆工程"[①]中的保护范畴。事实上,将非物质文化遗产(旧称"口头与非物质遗产")的概念纳入世界遗产范畴就是由日本提议的。两部《文化财产保护法》的内部构造亦比较全面,保护责任、保护人、保护方法、经费使用、对公众开放义务及法律责任都有所涵盖。

与日本、韩国规定属于一类,我国台湾地区的"文化资产保存法"在思路上与日本的"文化财"相似。我国台湾地区的"文化资产保存法"于 1982 年制定,并于 2016 年最后修正。该规定强调,文化资产是指具有历史、文化、艺术、科学等价值,并经指定或登录的资产。这些资产分为七大类,包括:第一,古迹、历史建筑、聚落,指人类为生活需要所营建之具有历史、文化价值之建造物及附属设施群。第二,遗址,指蕴藏过去人类生活所遗留具历史文化意义之遗物、遗迹及其所定着之空间。第三,文化景观,指神话、传说、事迹、历史事件、社群生活或仪式行为所定着之空间及相关联之环境。第四,传统艺术,指流传于各族群与地方之传统技艺与艺能,包括传统工艺美术及表演艺术。第五,民俗及有关文物,指与国民生活有关之传统并有特殊文化意义之风俗、信仰、节庆及相关文物。第六,古物,指各时代、各族群经人为加工具有文化意义之艺术作品、生活及仪礼器物及图书文献等。第七,自然地景,指具保育自然价值之自然区域、地形、植物及矿物。

自然被视为文化的大范畴当中,在国内法中是很具特色的。对这一类产生于国际法之前的且与国际法规范范畴基本一致的国内法公法遗产概念,我们称为"前公约概念"。

---

① 世界记忆工程是联合国教科文组织 1992 年始发的一个项目,目的是实施联合国教科文组织宪章中规定的保护和保管世界文化遗产的任务,促进文化遗产利用的民主化,提高人们对文献遗产的重要性和保管的必要性的认识。世界记忆工程主要关注的是文献遗产,具体讲就是手稿、图书馆和档案馆保存的任何介质的珍贵文件,以及口述历史的记录等。《世界记忆名录》收编的是符合世界意义入选标准的文献遗产,是世界记忆工程的主要名录。

二、国内法中的"后公约概念"

相对"前公约概念"而言,"后公约概念"自然就出现了。"后公约概念"指根据《世界遗产公约》和《保护非物质文化遗产公约》而建立的国内法律体系所确定的概念。

澳大利亚最具典型性。它的世界遗产立法有系统而连贯的特点,较早确定了国内法中的"世界遗产"及相关概念群。1983 年澳大利亚就出台了《世界遗产保护法》(World Heritage Properties Conservation Act)。当时它已有 5 项世界遗产。其后,1984 年《土著与拖雷斯岛民遗产保护法》(Aboriginal and Torres Strait Islander Heritage Protection Act)、1999 年《环境与生态保护法》(Environment Protection and Biodiversity Conservation Act)和 2003 年《澳大利亚遗产管理法》(Australian Heritage Council Act)针对现实发展的要求,使规范的内容更加完善。各州也都有系列的专项立法,如南澳在 1981 年、1988 年、1993 年分别出台了《有史学价值的船骸区法》(Historic Shipwrecks Act)、《土著遗产法》(The Aboriginal Heritage Act)、《遗产法》(Heritage Act),对自己辖区内的遗产予以保护。

在法国《环境法典》(Code de l'environnement)中,第四卷是关于"自然遗产"(Patrimoine Naturel)主题的。与大多数国家的法律一样,法国法传统中没有自然遗产的概念,而有成熟的文化遗产概念。其《遗产法典》(Code du Patrimoine)即文化遗产法的集大成者。其自然遗产的理念当然也来自国际法,即 1972 年《世界遗产公约》。为与国际法接轨,《自然遗产法》独立出世。只是它没有被纳入《遗产法典》,而是进入了《环境法典》,因为在立法技术上前者更难融入。可见,"后公约概念"在国内法语境中需要循序渐进。

"后公约概念"的要点在于准确吸收公约的要旨,与公约默契衔接。像日本虽有着占优势的"前公约概念",但仍然紧密跟进。其于 2007 年最终修正的《文化财产保护法》(法律第 7 号),将文化财产分类调整为:有形文化财产、无形文化财产、民俗文化财产、埋藏文化财产、史迹名胜天然纪念物、重要文化的景观、传统的建筑群保存地区这六大类。与其早期的情形相比较,能够看出其跟随时代脚步、及时纳入国际法理念的发展轨迹。这样,使"前公约概念"与"后公约概念”呼应和互补起来。

三、立法在概念上的对接

由于各国概念基础不尽相同，亟须做好对接、调整及发展的工作，以保证世界遗产的概念范畴及价值方向的一致。

如何对接和调整，以我国的“文物”为例。

“文物”是古词。在《左传》中即有“文物以纪之，声明以发之”的语句，主要指礼乐典章制度。唐代开始有了另一种含义，即指具历史、艺术价值的古代遗物。杜牧有诗句“六朝文物草连空，天澹云闲今古同”。至今天，语言表达中基本上延续着后者这个含义。只是随着时代的推进，内容有所丰富。《中华人民共和国文物保护法》（以下简称《文物保护法》）第 2 条将“文物”分为六类：具有历史、艺术、科学价值的古文化遗址、古墓葬、古建筑、石窟寺和石刻、壁画；与重大历史事件、革命运动或者著名人物有关的以及具有重要纪念意义、教育意义或者史料价值的近代现代重要史迹、实物、代表性建筑；历史上各时代珍贵的艺术品、工艺美术品；历史上各时代重要的文献资料以及具有历史、艺术、科学价值的手稿和图书资料等；反映历史上各时代、各民族社会制度、社会生产、社会生活的代表性实物；具有科学价值的古脊椎动物化石和古人类化石。这是一个以叠加为方法的开放性概念，一直承担着法定“文物”的范畴界定作用。

但是，进入 21 世纪的 20 余年来，面对“世界遗产”“文化遗产”“自然遗产”“非物质文化遗产”等大批进入中国文化语境、社会语境、法治语境的词语以及与之相关的宏大的保护事业，我国现行的《文物保护法》显得有些力不从心，一些价值理念、概念范畴不能与新事物对接、呼应，给保护工作造成了相应的困难。在立法、行政、宣传和教育当中，均存在概念的不匹配、相互混同或模糊使用。

所以，“文物”与上述这些系列概念的关系不仅需要在理论上加以论证、厘清，更应在立法中得以确认。有了这样的基础，保护工作才能适应社会历史发展的要求。在倡导文化尊重、人与自然和谐共生的大环境下，分析和解决问题需要以全球性视角来加以考量。在这里，至少要考虑以下几个关键问题：第一，概念接轨首先要价值观接轨。公法遗产要有价值观的法律定位，而遗产价值观的法律定位直接体现在法定概念上。第二,将清晰的概念写进法律。法律应当规定明确的概念范畴,清晰的分类位阶,而不是规定参照其他法律。第三,在立法技术上,法律的整体文本、法律群的结构关系,都要因概念的整合而全部调整,有时甚至可能需要脱胎换骨。

第四节　世界遗产法的理论价值

由前述世界遗产的公法性质及对各类国内法“前公约概念”和“后公约概念”的框范,可以看到,法律正是以一个大概念对地球上具有最高文明价值和科学价值的遗产加以保护的。这是一个超越传统的崭新领域,从法律渊源、法律主体、法律关系到权利义务、实体程序,各方面的理论确认都需从头做起,前沿性和挑战性给了世界遗产法一个高起点的理论视野。

世界遗产概念的确定,这个行为本身就是以法律形式完成和体现的,联合国教科文组织以国际法上的公约的形式约定了这个需要进行全球性保护的重大事务。各缔约国随之的相关行动首先应当是各自国内法的建立健全,使国内法与国际法在目标、内容、做法上衔接、统一。这样,真正意义的法律保护才有实现的基础。

联合国编写的《条约手册》(Treaty Handbook)开篇写道:

联合国大会在其《千年宣言》中强调需要加强国际法治,并尊重一切国际公认的人权和基本自由,从而突出表明了新千年联合国在一个主要领域的重点活动。

联合国秘书长重申了其促进国际法治的承诺……秘书长努力增进各国对国际法治的尊重,他鼓励尚未加入多边条约的会员国加入这些条约。联合国已采取若干主动行动,协助各国加入多边条约,以此促进加强国际法治。[①]

① 联合国法律事务厅条约科编:《条约手册》,载联合国网 2012 年 12 月 1 日,https://treaties.un.org/doc/source/publications/THB/Chinese.pdf。

如果我们将世界遗产法界定为规范世界遗产的国际公法和国内公法的总称，那么，世界遗产法就是从法学的视野高度涵盖有关世界遗产的基本内容，所构成的理论体系有自身的特性。就法学理论及体系而言，它能够发现人本主义法学和生态主义法学的一个结合点，并超越传统法学分类而存在。这个学科呈现给我们的是集合了文化和自然精华的天地，是21世纪人类重新审视自己、认识世界的新视野。世界遗产法也横跨国际法学、国内相关的部门法学及理论法学，是新时代置于我们面前的极具关注价值的新课题。

法律主体的扩展性是世界遗产法最具挑战性的特点。国际法传统上的法律主体——国家、个人、国际组织、教会等，已不足以诠释世界遗产法上的主体，因为公约明确强调世界遗产是全人类共有的。一项世界遗产既是其所在地民族群体的，又是属于人类的。因此，法律主体就扩展出“民族”和“人类”。遗产一旦列入《世界遗产名录》（The World Heritage List）或《人类非物质文化遗产代表作名录》（Representative List of the Intangible Cultural Heritage of Humanity），就具备了为当地、所在国和全世界共同确认的遗产的多重身份。管理与保护它，要尊重所在国主权，要承担相应的国际义务，遵循共同承诺的国际准则，更要使它长久地为全人类所享有。

在这样的理论前提下，通过学科的建设及普遍的教育，在世界遗产保护的过程中要达到一些具体的技术目标。比如，促进各缔约国根据成熟的国际法准则长久地保存一大批对人类文明有突出普遍价值的遗产；统一不同政治制度、不同文化传统和不同经济发展水平的国家间的保护意识和工作水平；加强国际间的有效合作，使国际间的监督与国际社会的舆论压力对各缔约国产生影响；使各国的专业工作者和专业机构获得本国公众和政府的支持和理解，遗产保护的状况也能受到更广泛的关注；对世界遗产本身及相关的保护政策与技术手段进行完善，让关于世界遗产的理念得以普及。

对此成就，联合国教科文组织在2004年4月9日召开的第169届会议上形成的《增强世界遗产中心履行1972年〈保护世界文化和自然遗产公约〉实施职责的能力》文件，也给予了回顾式的评价：

1972年的《世界遗产公约》已经显示它是教科文组织一项成功而又影响较大的计划，从而取得了旗舰计划的地位。由于在此领域享有独一无二的主管职能,教科文组织比其他组织更具有竞争优势。作为和解与发展的一种手段,遗产的重要意义已经得到广泛的认可,也得到了联合国大会的承认,它已宣布2002年为“联合国文化遗产年”。教科文组织会员国已明确指出宣传和实施这项《公约》是教科文组织的战略优先事项。《世界遗产公约》正在为保护自然遗产和文化遗产做出重大贡献。此外,它也是促进国际合作的一份杰出文件以及接触与了解各种特性和不同文明所依据的价值观、知识和历史遗产的一种独一无二的手段,从而为不同文化之间的交流和巩固对话与和平做出贡献。①

联合国教科文组织不仅制定国际法文件,还积极敦促各国法律的制定和整理。教科文组织的电子数据库,就专门设有文化遗产法的类别。各国政府向这一“教科文组织文化遗产法数据库”(教科文组织电子数据库)提交保护文化遗产国家法律文本,包含相应的指导方针和程序,并为国家之间和国际社会在法律准据使用上提供便利。

① 联合国教科文组织:《增强世界遗产中心履行1972年〈保护世界文化和自然遗产公约〉实施职责的能力》,载联合国教科文组织网2005年3月6日,http://unesdoc. unesco. org/images/0013/001338/133856c. pdf。

Chapter 2 第二章

人类共同遗产

当“人权”一词明确写入我国《宪法》，个人权利的保护规范向各个相关法律部门渗透的时候，一个超越私权观念的公法概念已经悄然长大：人类共同遗产（Common Heritage of Mankind）——这一独立词语，为世界设定了一个需要集体关注的大目标，也给法学理论提出了具有挑战性的命题，值得倾注研究之力，挖掘其法之渊源，提升其理论高度。

法律上的“遗产”概念，无论国际法还是国内法，均经历了含义的丰富、扩展过程，直至产生公法上的独立意义。法律确认的公法上的“遗产”，具有开放和不断发展的特点。“人类共同遗产”作为主概念，其所包含的范畴随不同时期人类价值观的确立而更新与扩大。这个概念的壮大和成熟，使法律主体、遗产所有权归属等理论问题构成新的研究领域，并带来全球视野的认知与思维方法。

第一节　人类共同遗产的范畴

人类共同遗产是由国际法确认的为了人类的共同利益，以和平发展为目的的指向物。这是一个不断丰富和发展着的概念，迄今,已可分为实体性的和非实体性的两大类。

目前国际法所规定的人类共同遗产包括:

- 南极
- 外层空间
- 公海及其海底资源
- 世界遗产
- 文化多样性的格局
- 数字化遗产

南极、外层空间、公海及其海底资源、世界遗产这四类基本属于实体性的遗产,而文化多样性的格局和数字化遗产相对而言属于非实体性的遗产。

一、南极

1959 年 10 月,美国、苏联、英国、澳大利亚、智利、挪威、阿根廷、新西兰、法国、日本、比利时、南非等 12 个国家就南极问题开始会谈,并于同年 12 月签订了《南极条约》(The Antarctic Treaty)。1961 年 6 月,《南极条约》正式生效。

《南极条约》指出:

> 承认为了全人类的利益(the interest of all mankind),南极应永远专为和平目的而使用,不应成为国际纷争的场所和对象。
>
> 南极应只用于和平目的。一切具有军事性质的措施,例如,建立军事基地,建筑要塞,进行军事演习以及任何类型武器的试验,等等,均予以禁止。

"二战"后关于人类共同利益的价值观在国际立法中得以确立,南极事务可谓铺垫了一个好的基础。

二、外层空间

联合国大会于 1958 年 11 月 14 日通过决议指出,为了保障外层空间物体的发射完全用于科学及和平目的,应共同研究制定一套监督制度。同年 12 月 13 日,联合国大会再次通过决议,确认外层空间是人类共同利益所在,强调外层空间只能用于和平目的。

1967 年生效的《关于各国探索和利用包括月球与其他天体在内外层空间活动的原则条约》(Treaty on Principles Governing the Activities of States in the Exploration and Use of Outer Space, including the Moon and other Celestial Bodies)(以下简称《外空条约》)开篇即阐明:

确认为和平目的发展探索和利用外层空间,是全人类的共同利益(the common interest of all mankind),深信探索和利用外层空间应为所有民族谋福利,不论其经济或科学发展程度如何,希望在和平探索和利用外层空间的科学和法律方面,促进广泛的国际合作,深信这种合作将使各国和各民族增进相互了解,加强友好关系。

《外空条约》第 1 条规定,探索和利用外层空间(包括月球和其他天体),应为所有国家谋福利和利益,而不论其经济或科学发展程度如何,并应为全人类的开发范围。《外空条约》第 4 条又规定,各缔约国必须把月球和其他天体绝对用于和平目的。

尽管外太空与南极在地理及空间特征上并无直接联系,但关于人类共同利益的主题却在法律中得以贯穿。

三、公海及其海底资源

1982 年的《联合国海洋法公约》(United Nations Convention on the Law of the Sea,以下简称《海洋法公约》)结构庞大,规则详尽,在语言表述上更加明确了"人类共同"这一性质。

第 11 部分第 2 节标示,"支配'区域'的原则"为"人类共同遗产";第 136 条规定"'区域'及其资源是人类的共同遗产"("The Area and its resources are the common heritage of mankind")。而这里涉及的概念"区域"在第 1 条当中即已规定,"'区域'是指国家管辖范围以外的海床和洋底及其底土。"第 133 条明示,"'资源'是指'区域'内在海床及其下原来位置的一切固体、液体或气体矿物资源,其中包括多金属结核;从'区域'回收的资源称为'矿物'。"

从"矿物""资源"到"区域",这几个层次的概念一级级地支撑起了"人类共同遗产”的大原则。

《海洋法公约》强调：

意识到各海洋区域的种种问题都是彼此密切相关的，有必要作为一个整体来加以考虑，认识到有需要通过本公约，在妥为顾及所有国家主权的情形下，为海洋建立一种法律秩序，以便利国际交通和促进海洋的和平用途，海洋资源的公平而有效的利用，海洋生物资源的养护以及研究、保护和保全海洋环境，考虑到达成这些目标将有助于实现公正公平的国际经济秩序，这种秩序将照顾到全人类的利益和需要，特别是发展中国家的特殊利益和需要，不论其为沿海国或内陆国，希望以本公约发展一九七〇年十二月十七日第2749(XXV)号决议所载各项原则，联合国大会在该决议中庄严宣布，除其他外，国家管辖范围以外的海床和洋底区域及其底土以及该区域的资源为人类的共同继承财产，其勘探与开发应为全人类的利益而进行，不论各国的地理位置如何。

并且，在《海洋法公约》的整体文本中，“全人类的利益”和“人类共同遗产”的精神也贯穿于其中，成为体系，如：

为全人类的利益开发共同遗产。(第150条第9项)

“区域”内活动应由管理局代表全人类，按照本条以及本部分和有关附件的其他有关规定，和管理局的规则、规章和程序，予以安排、进行和控制。(第153条第1款)

定期审查制度要求详细审查：

本部分和有关附件支配勘探和开发“区域”资源制度的各项规定，是否已达成其各方面的目标，包括是否已使全人类得到利益；(第155条第1款第1项)

审查会议应确保继续维持人类共同遗产的原则，为确保公平开发“区域”资源使所有国家尤其是发展中国家都得到利益而制定的国际制度……(第155条第2款)

这些条款呼应和强调的“全人类的利益”和“人类共同遗产”，构成了明亮而高调的法律主线。

四、世界遗产

从时间的顺序看,世界遗产的出现起到了承前启后的作用,贯穿起了人类共同遗产的前后两大部分。《世界遗产公约》的前言中即明示:

保护不论属于哪国人民的这类罕见且无法替代的财产,对全世界人民都很重要;部分文化或自然遗产具有突出的重要性,因而需作为全人类世界遗产的一部分加以保护。

作为人类共同遗产中的一个重要组成部分,世界遗产加入这个大概念的行列时间并不是最早的,但内容是非常丰富的,并且,与其他部分有着相辅相成的关系。比如,世界自然遗产与南极互补;世界遗产是文化多样性格局的具体呈现形式。其密切的勾连显现出不可分割的整体性质。

五、文化多样性的格局

文化特性是文化多样性的构成因素,每一种文化及其特性以独立的品格存在,与其他文化共同构成文化多样性格局。每一项文化遗产及非物质文化遗产就是文化特性的结晶,它们共同记录和描述着某种文化多样性的面貌。

联合国教科文组织于2001年11月2日通过了《教科文组织世界文化多样性宣言》(UNESCO Universal Declaration on Cultural Diversity)。文化多样性首次被确认为"人类的共同遗产"。《教科文组织世界文化多样性宣言》第1条在"特性、多样性和多元化"的主题下确认,文化多样性是人类的共同遗产:

第1条　文化多样性——人类的共同遗产

文化在不同的时代和不同的地方具有各种不同的表现形式。这种多样性的具体表现是构成人类的各群体和各社会的特性所具有的独特性和多样化。文化多样性是交流、革新和创作的源泉,对人类来讲就像生物多样性对维持生物平衡那样必不可少。从这个意义上讲,文化多样性是人类的共同遗产,应当从当代人和子孙后代的利益考虑予以承认和肯定。

文化多样性呈现出来并非具象的形态,或可触可摸。它应当是一种和谐而有机的大局面,可称为文化多样性的格局。

2005 年 10 月 20 日联合国教科文组织大会又通过了《保护和促进文化表现形式多样性公约》(Convention on the Protection and Promotion of the Diversity of Cultural Expressions)。该公约旨在加强文化与可持续发展之间的联系,建立一种创新型国际合作模式。它重申尊重人权和基本自由、各种文化平等的尊严、公平地享受文化并向世界开放各种文化。公约承认作为身份、价值和精神载体的各种文化活动、遗产和服务的特定性质。因此,它承认各国制定各项政策的权利。这些政策应在本国领土上促进文化表现形式多样性的充分发展,鼓励公平地享受世界上各种文化表现形式。公约要求各缔约方保证为国内外文化交流提供便利。

该公约仍然强调文化多样性是人类极其宝贵的共同遗产,还提出尊重人权和基本自由,所有文化享有同等尊严和受到同等尊重,加强国际互助与合作,经济和文化的发展要互为补充,保持可持续、共享、公开和平衡。

《保护和促进文化表现形式多样性公约》指出:

确认分享作为文化这一人类基本特征之主要形式的多样性和对话之惠益是所有个人和社会的基本权利;

意识到作为人类共同遗产的文化多样性是可持续发展的根本动力,因此,它对于人类就如同生物多样性对于生物界那样是必不可少的;

意识到在民主、宽容和社会公正的环境下充分发展的文化多样性对于国家和国际范围的和平与安全是不可或缺的。

联合国教科文组织 2006 年 12 月 19 日宣布,《保护和促进文化表达多样性公约》于 2007 年 3 月 18 日生效。根据规定,这个公约在第 30 个缔约方批准后的 3 个月后生效。到 2006 年 12 月 18 日又有 13 个国家以及欧洲联盟委员会的批准加入这个公约,使缔约方达到了 35 个。它们是:阿尔巴尼亚、奥地利、白俄罗斯、保加利亚、玻利维亚、布基纳法索、厄瓜多尔、爱沙尼亚、喀麦隆、加拿大、克罗地亚、丹麦、芬兰、法国、吉布提、危地马拉、立陶宛、卢森堡、印度、马达加斯加、马里、马耳他、毛里求斯、墨西哥、摩纳哥、纳米比亚、秘鲁、摩尔多瓦、罗马尼亚、塞内加尔、斯洛伐克、斯洛文尼亚、西班牙、瑞典、多哥。

时任联合国教科文组织总干事松浦晃一郎(Koïchiro Matsuura)在讲话中说,该公约2005年10月获得联合国教科文组织大会通过,仅一年多批准国家就超过了生效所需数目,是该组织所有有关文化的国际公约中批准国数量增长最快的一个公约。由于这个公约第27条准许区域经济一体化组织作为缔约方加入,因此欧洲联盟委员会也被作为缔约方接纳。

《保护和促进文化表达多样性公约》重申了成员国制定文化政策的主权,而促进国际合作则是该公约的核心。该公约尤其强调了文化对发展的促进作用,文化多样性被视为"人类的共同遗产",但同时也必须保护知识产权以鼓励创作。这个公约的目的是使国际社会能够更好地保护古往今来的文化多样性。

教科文组织加深强调了世界遗产事务与文化多样性的密切关系,认为1972年《世界遗产公约》、2003年《保护非物质文化遗产公约》和《保护和促进文化表达多样性公约》,为国际社会保护文化多样性提供了一个有力的行动框架。

《保护和促进文化表现形式多样性公约》生效后,缔约方大会第一届会议2007年6月18日至20日在巴黎联合国教科文组织总部举行。缔约方大会是该公约的最高机构,首先必须任命大会主席和报告人,然后通过《内部条例》并选举24名政府间委员会成员,该委员会在大会的领导下开展工作。

至缔约方大会第一届会议召开,已有62个缔约方批准、同意或接受《保护和促进文化表现形式多样性公约》。56个国家已于2007年3月20日,即在该届会议闭幕前3个月批准了该公约,理所当然地成为有权参加缔约方大会第一届会议的国家。

按批准时间先后顺序,缔约方包括:加拿大、毛里求斯、墨西哥、罗马尼亚、摩纳哥、玻利维亚、吉布提、克罗地亚、多哥、白俄罗斯、马达加斯加、布基那法索、摩尔多瓦共和国、秘鲁、危地马拉、塞内加尔、厄瓜多尔、马里、阿尔巴尼亚、喀麦隆、纳米比亚、印度、芬兰、奥地利、法国、西班牙、瑞典、丹麦、斯洛维尼亚、爱沙尼亚、斯洛伐克、卢森堡、立陶宛、马耳他、保加利亚、塞浦路斯、南非、爱尔兰、希腊、巴西、挪威、乌拉圭、巴拿马、中国、圣卢西亚、冰岛、安道尔、突尼斯、约旦、意大利、亚美尼亚、德国、智利、尼日尔、葡萄牙、安曼、科特迪瓦、牙买加、加蓬、前南斯拉夫马其顿共和国、古巴、孟加拉国以及作为区域经济一体化组织的欧盟。

联合国教科文组织认为,随着该公约的生效,教科文组织目前已经拥有一套完整的法律文件,由涉及了文化多样性大致内容的 7 个公约构成,尤其是关于文化两大支柱的内容:物质和非物质文化遗产以及现当代的创作。

六、数字化遗产

2003 年《保存数字化遗产宪章》(Charter on the Preservation of Digital Heritage)出台,成为数字化时代一份十分适时的法律文件。

《保存数字化遗产宪章》在导言中即提道:"认识到这一数字化遗产正濒临消失的危险,为当代人和后代人保存这份遗产是全世界关心的紧迫问题,牢记《教科文组织世界文化多样性宣言》",而设立宪章。

同时,考虑到任何形式的遗产的消失都是全人类遗产的损失,遵循教科文组织的组织法规定,应保证对图书、艺术作品及历史和科学文物等世界遗产之保存与维护,以维护、增进及传播知识。教科文组织的"全民信息"计划为制定信息政策和保护有记载的知识提供了一个讨论和行动的框架,而"世界记忆"计划旨在确保世界文献遗产的保存和普遍使用。所以,"注意到信息和创造性表达方式方面的这些资源的生产、传播、使用和保存越来越多地采用数字化的形式,从而产生了一种新的遗产,即数字化遗产,意识到对这份遗产的长久使用将对人类知识的创造、交流和共享提供更多的机会,也将为各种权利提供保护和增强责任感。"

《保存数字化遗产宪章》第一个标题即提示:"数字化遗产是共同遗产"(The Digital Heritage as a Common Heritage),并给出数字化遗产的概念:

人类的知识或表达的内容,无论是文化、教育、科学和行政管理方面的,还是涉及技术、法律、医学及其他领域的,都越来越多地以数字化的形式产生出来,或从现有的模拟形式转换成数字化形式。那些本来就是以数字化形式产生的"原生"数字化资源,除了数字化形式外,别无其他形式。

数字化资源的形式多种多样,且日益增多,包括文本、数据库、静止的和活动的图像、音频、图形、软件和网页等。它们存在的时间一般不长,需要有目的地生产、保持和管理才能保存下来。

这些资源大多具有长久的价值和意义,是应当为当代人和后代人保护和保存的遗产。这一遗产可以以任何语言存在于世界任何地方,也可以涉及人类知识或表达的任何领域。

第二节　人类共同遗产理念的培育

由人类共同遗产的范畴构成看,它是一个集合性概念。这样的概念性质,不是一朝一夕形成的,在理论及立法当中均需历练与完善。

在理论上,人类共同遗产经历了萌芽、发展的过程。当代的学者们也在尽心地梳理人类共同遗产的学说发展脉络:1935 年,约瑟夫·克洛尔第一次提出这一学说,即普遍公共领域是人类共同享有的财产(domaine public universal qui inform le patrimoine commun de I' humanite)。1950 年以后,在 A. A. 科卡等学者那里得到了提倡,如提出外层空间具有公共属性(die rietliche nature des weltraums)。1967 年,马耳他的学者阿姆·帕多在《共同的遗产:海洋和世界秩序选集 1967—1974》一书中阐明,人类共同遗产学说的五个要点:对该遗产无人具有所有权;共同管理;共同受益;只为和平目的使用;为人类包括未来世代,保护该遗产。①

这些早期的学说针对南极大陆、公海海域、外层空间,为防止世界大战的重演,保障和平发展的未来,创造性地确立了人类共同遗产的概念及其要素。强调前述的五个要点,以确认其“共同”的属性。

至世界遗产事务出现,文化特性被主流价值观所强调。其后,数字化又巨大地影响了全球的生活。尤其是世界迈入 21 世纪后,人类共同遗产的概念不断扩展,范畴更加丰富。在理念上亦与时俱进,不断完善。

在法实践中,共同利益的问题被关注也可以追溯一段历程。早在 1813 年,法官亚历山大·克罗可(Alexander Croke)在 Marquis de Somerueles 一案的判决意见中就指出,艺术与科学一样,“不能被认为是这个或那个民族的财产,而是

---

① [美]爱蒂丝·布朗·魏伊丝:《公平地对待未来人类:国际法、共同遗产与世代间衡平》,汪劲等译,法律出版社 2000 年版,第 52～53 页。

全人类的财产并属于全人类的共同利益”。①

1954 年的《关于发生武装冲突情况下保护文化财产的公约》(Convention for Cultural Property in the Event of Armed Conflict)[以下简称《海牙公约》(The Hague Convention)]及以后的相关国际公约均沿袭了这样的观点,法律的不断确定使“共同利益”和“共同遗产”的观念得到巩固,并逐渐普及开来,贯穿下去。

第三节 相关法律群

法的价值取向明晰,法律的内在力量就应是一致的。我们以南极、外层空间、文化多样性为例,可考察法律群在一个主题统帅下的聚合力度。

一、与南极相关的法律群

与南极相关的法律群构成主要有:

1.《关于环境保护的南极条约议定书》

《关于环境保护的南极条约议定书》(The Protocol on Environmental Protection to the Antarctic Treaty)1991 年 10 月 4 日在德国布来梅市签署,1998 年 1 月 14 日开始生效。

2.《保护南极海豹公约》

《保护南极海豹公约》(Convention on the Conservation of Antarctic Seals-CCAS)1972 年 6 月 1 日在英国伦敦签署,1978 年 3 月 11 日开始生效。

3.《南极海洋生物资源保护公约》

《南极海洋生物资源保护公约》(Convention on the Conservation of Antarctic Marine Living Resources-CCAMLR)1980 年 5 月 20 日在澳大利亚堪培拉签署,

---

① [德]沃尔夫刚·格拉夫·魏智通主编:《国际法》,吴越等译,法律出版社 2002 年版,第 686、690 页。

1982 年 4 月 7 日开始生效。

4.《保护南极动植物议定措施》

《保护南极动植物议定措施》(The Agreed Measures for the Conservation of Antarctic Fauna and Flora)1964 年 7 月 2 ~ 13 日,在布鲁塞尔召开的第三次南极条约协商国会议上签署。

5.《南极矿产资源活动管理公约》

《南极矿产资源活动管理公约》(Convention on the Regulation of Antarctic Mineral Resources Activities-CRAMRA)1988 年 6 月 2 日在新西兰惠灵顿签署。

二、与外层空间相关的法律群

关于外层空间的法律群构成,除 1967 年生效的《外空条约》外,主要还有:

1. 1968 年生效的《营救宇航员、送回宇航员和归还射入外层空间的物体的协定》(Agreement on the Rescue of Astronauts, the Return of Astronauts and the Return of Objects Launched into Outer Space, 以下简称《营救协定》, Rescue Agreement)

2. 1972 年生效的《空间物体所造成损害的国际责任公约》(Convention on International Liability for Damage Caused by Space Objects, 以下简称《责任公约》, Liability Convention)

3. 1976 年生效的《关于登记射入外层空间物体的公约》(Convention on Registration of Objects Launched into Outer Space, 以下简称《登记公约》, Registration Convention)

4. 1984 年生效的《指导各国在月球和其他天体上活动的协定》(Agreement Governing the Activities of States on the Moon and Other Celestial Bodies, 以下简称《月球协定》, Moon Agreement)

5.《各国探索和利用外层空间活动的法律原则宣言》(Declaration of Legal Principles Governing the Activities of States in the Exploration and Uses of Outer Space, 1963)

6.《各国利用人造地球卫星进行国际直接电视广播所应遵守的原则》(Principles Governing the Use by States of Artificial Earth Satellites for

International Direct Television Broadcasting,1982)

7.《关于从外层空间遥感地球的原则》(Principles Relating to Remote Sensing of the Earth from Outer Space,1986)

8.《关于在外层空间使用核动力源的原则》(Principles Relevant to the Use of Nuclear Power Sources in Outer Space,1993)

9.《关于开展探索和利用外层空间的国际合作,促进所有国家的福利和利益,并特别要考虑到发展中国家的需要的宣言》(Declaration on International Cooperation in the Exploration and Use of Outer Space for the Benefit and in the Interest of All States, Taking into Particular Account the Needs of Developing Countries,1996)

10.《空间千年:关于空间和人的发展的维也纳宣言》(The Space Millennium:Vienna Declaration on Space and Human Development,1999)

以上两组法律群均有突出的聚合特征,使法律规范既具体又完整。世界遗产的出现使得法律群的结构更加立体、多元,之后的文化多样性的格局和数字化遗产更是与之不可分割。

三、与文化多样性相关的法律群

在2005年《保护和促进文化表现形式多样性公约》正式出台之前,联合国及教科文组织对文化多样性问题相关的技术与法律问题进行过多年探讨。

2003年3月12日联合国教科文组织第166届会议文件《制订一份文化多样性准则性文件的可行性:对相关的技术与法律问题的初步研究》(Preliminary Study on the Technical and Legal Aspects Relating to the Desirability of A Standard-Setting Instrument on Cultural Diversity),特别以"与文化多样性有关的国际文件"(International Instruments Relating to Cultural Diversity)一节,列出了40余件法律文件,展示了国际法律在此问题上的探究历程。其中,仅联合国通过的文件就有以下15件。

《世界人权宣言》,Universal Declaration of Human Rights(1948年)

《经济、社会及文化权利国际公约》,International Covenant on Economic,

Social and Cultural Rights(1966 年)

《公民权利和政治权利国际公约》, International Covenant on Civil and Political Rights(1966 年)

《消除一切形式种族歧视国际公约》, International Convention on the Elimination of All Forms of Racial Discrimination(1966 年)

《消除对妇女一切形式歧视公约》, International Convention on the Elimination of All Forms of Discrimination Against Women(1979 年)

《关于人民大众参加文化生活并对之做出贡献的建议书》, Recommendation on Participation by the People at Large in Cultural Life and Contribution to It(1976 年)

《各国人民权利阿尔及尔宣言》, Algiers Declaration on the Rights of Peoples (1976 年)

《消除基于宗教或信仰原因的一切形式的不容忍和歧视宣言》, Declaration on the Elimination of All Forms of Intolerance and Discrimination based on Religion and Belief(1981 年)

《非居住国公民个人人权宣言》, Declaration on the Human Rights of Persons Who are not Nationals of the Country in which They Live(1985 年)

《发展权利宣言》, Universal Declaration on the Right to Development(1986 年)

《儿童权利公约》, International Convention on the Rights of the Child(1989 年)

《在民族或族裔、宗教和语言上属于少数群体的人的权利宣言》, Declaration on the Rights of Persons Belonging to National or Ethnic, Religious and Linguistic Minorities(1992 年)

《维也纳宣言和行动纲领》, Vienna Declaration and Programme of Action (1993 年)

《北京宣言和行动纲要》, Beijing Declaration and Platform for Action(1995 年)

《德班新千年宣言和行动纲要》, Durban Declaration and Programmes of Action(2001 年)

这些法律文件,记载了联合国对文化多样性问题坚持始终的关注。其中,有些事务尚未全面展开,但其重要性已经凸显出来。如水下文化遗产,既有特殊性,又有普遍性,与所有人类共同遗产都相关。水下文化遗产是历史的一个重要侧面,作为人类共同遗产的一部分,水下文化遗产面临的威胁与日俱增。随着勘探技术的迅猛发展,深入海底越来越便利,海底沉船残骸或水下遗址中发现的物品的利用与交易成为一项相当常见而且利润丰厚的活动。海洋考古遗址被掠夺,在很多情况下造成珍贵的科学和文化材料的损失甚至毁坏。因此,亟须通过国际法的实施保护水下文化遗产,造福全人类。

第四节　世界遗产作为人类共同遗产

因公法遗产的共同属性而产生的相应的理论体系必然要与其同步建立,并生长壮大。被国际法确认为人类共同遗产,使新的法哲学问题摆在了面前。虽然人类共同遗产这一概念的渊源是国际法,但其所延伸的法理问题是多方面、多层次的。将其中的各种关系梳理清楚,给遗产的共同属性以理论的阐发和支撑,是基本的研究需求。由于世界遗产的指向对象及数量构成,与传统的带有地理整体性特点的人类共同遗产有了存在状态上的差别,更有了法律认知及法律判断上的差别。

一、法律主体扩展

理论上的第一个大命题,即法律主体的扩展。从法律主体看,其范围要有跨越性的扩张。国际法传统上的国家、个人、国际组织、教会、教皇,[①]显然不能全面解释“人类共同遗产”的法律主体全部。由此,“人类”这个最大的集体性概念需被考虑并确认成为法律上的主体。

---

① 西方的国际法理论普遍认为教会、教皇不隶属于任何国家,拥有国际法上独立的主体地位。

法律中所强调的"mankind as a whole"①,其本质的含义在于"作为一个整体的人类"。那么,具有法律人格的"人类"享有着集体权利,在集体目标上产生了同一性。

南极、公海、外空具有空间的整体性,形成一个易于寻找的目标指向,它们所具有的全人类共有这一性质能够一目了然,也能够顺畅地构建诠释逻辑。世界遗产、文化多样性的格局、数字化遗产在形态上显现得更加多元、复杂,而实质目标是一致的。

二、世界遗产的权利层阶

当遗产的法律主体扩展至全人类,关于世界遗产的权利归属问题也需要进行法律上的全新定位。虽然人类共同遗产这一概念的渊源是国际法,但其所延伸的法理问题是多方面的。世界遗产被国际法程序确认后,涉及国家、法人、个人等各个层级的权利归属问题便凸显出来。

(一)个人的权利

如果私有财产成为世界遗产,其法律上的身份就将是丰富而独特的。

以墨西哥的世界遗产路易斯·巴拉干的住宅工作室为例,可以从三个层次来看这项遗产。

墨西哥:路易斯·巴拉干的住宅工作室②

Luis Barragán House and Studio

Date of Inscription:2004

Criteria:(i)(ii)

Property:0.1161 ha

Buffer Zone:22.943 ha

Mexico City

① "mankind as a whole"的提法见《海洋法公约》序言和《世界遗产公约》序言。

② 这个标注形态表示遗产名称、进入《世界遗产名录》的时间、所符合的世界遗产标准、面积、位置和编号。后同。

N19 24 40.312 W99 11 32.472

Ref:1136

首先,这项遗产是艺术家巴拉干个人的财产;其次,根据世界遗产的法定程序,它由墨西哥政府申报并承担保护职责,在这个层次上它应属于国家遗产;最后,作为世界遗产它属于全人类的共同遗产。这样递进的多重身份并不产生法律矛盾,显现出世界遗产不仅给全球的遗产理念以新的活力,也给法律带来诸多的新元素。

《世界遗产名录》对"路易斯·巴拉干的住宅工作室"的概要描述是:"这个位于墨西哥城郊的建筑于 1948 年建造完成,设计师是路易斯·巴拉干。这个建筑是'二战'后建筑创意工作的杰出代表。这幢混凝土结构的建筑面积共有 1161 平方米,有一个地下室及两层楼,还有一个私人小花园。巴拉干将现代艺术与传统艺术、本国与流行结合起来,形成了一种全新的风格。这种风格具有极大的影响力,特别是在当代花园、广场以及景观设计上。"

(二)族群的权利

物质的文化抑或非物质文化,一定是在某个群体的历史、生活中一同成长的,而一个群体的历史、生活又是依托于某种自然环境的。因而,族群对于遗产的天然权利是世界遗产所有权这一理论问题中较为突显的层面。尤其是全球各国的土著群体,涉及的权利问题非常具有典型性。

联合国教科文组织世界遗产中心政策和法律执行部主席莎拉·M. 蒂琴(Sarah M. Tichen)的论述意味深长,点出了实质:

> 许多世界遗产地无论被提名的原因是什么,对当地土著人而言都意味着很多东西。他们可能声称对遗产地的土地、海洋和天空拥有自己的权力和利益。
>
> 对有些遗产地的保护是建立在对传统的保护以及传统土地使用制度的基础上的。在有些情况下土著人与保护区的管理机构展开了合作,而在其他情况下土著人则被迁到了保护区以外的地方,从而为这些保护区以其自然价值被提名为世界遗产铺平了道路。
>
> 世界遗产委员会于 1992 年对文化景观的认同促使国际社会以一种新的眼光来看待土著人拥有的与保护区相关的价值、权力和利益。紧随着这种认同的

开始,澳大利亚将乌卢鲁—卡塔曲塔(Uluru-Kata-Tjuta)国家公园作为世界文化遗产重新提名,新西兰也把汤加里罗(Tongariro)国家公园作为文化遗产重新提名。

2000 年 11 月在澳大利亚的凯恩斯,第一次世界遗产土著人论坛与世界遗产委员会会议同时召开。这个论坛的与会者和观察员来自澳大利亚、加拿大、新西兰和所罗门群岛等国家,总数超过了 70 人。

这次论坛的一个关键提案是建立一个世界遗产土著人专家委员会(World Heritage Indigenous People Committee of Experts, WHIPCOE)作为对 IUCN、ICOMOS 和保护和修复文化遗产国际研究中心(International Centre for the Study of the Preservation and Restoration of Cultural Property, ICCROM)工作的补充,并且支持世界遗产委员会有关专家建议的目标,这些建议是针对与世界遗产公约执行有关的所有土著人民的知识、传统和文化价值所提出的。①

澳大利亚:乌卢鲁—卡塔曲塔国家公园

Uluru-Kata Tjuta National Park

Date of Inscription:1987

Extension:1994

Criteria:(v)(vi)(vii)(ix)

Property:132, 566 ha

Northern territory

S25 19 60 E131 0 0

Ref:447rev

《世界遗产名录》对"乌卢鲁—卡塔曲塔国家公园"的概要描述是:"乌卢鲁国家公园坐落在以红色沙土地为优势的澳洲中部,以其壮观的地质学构造而闻名于世。乌卢鲁是一块巨大的圆形柱石,而卡塔曲塔则似一块石头圆屋顶坐落在乌卢鲁西部,形成了世界上最古老人类社会之一的传统信仰体系的一部分。乌卢鲁—卡塔曲塔传统的拥有者是阿南古土著人。"

---

① [英]莎拉·M. 蒂琴(Sarah M. Tichen):《精神上的挑战:短暂的历史》,载《世界保护》2001 年第 2 期。

(三)国家的所有权

“国家一级”的政府主导世界遗产的申报、保护工作,是《世界遗产公约》及《保护非物质文化遗产公约》所确定的。世界遗产委员会和保护非物质文化遗产委员会均为法定的政府间组织,在法定程序上世界遗产事务是政府行为。

两个公约所规定的“国家一级”的重要作用,明确了国家在世界遗产事务方面的相关权利和义务。因此,与所有的国际法事务一样,国家是当然的法律主体。体现在立法机关和行政机关公权力层面上,对世界遗产的所有权是非常独特的。

(四)人类共享的权利

如前所述,《世界遗产公约》及《保护非物质文化遗产公约》的基本原则和精神强调“人类共有”,所以不仅国际法主体增加了全新的范畴,而且将权利问题提升至最高的境界。

代表国际法主流精神的相关法律文件,都正面表述了“人类”与遗产的密切关系。《世界遗产公约》指出:“保护不论属于哪国人民的这类罕见且无法替代的财产,对全世界人民都很重要;部分文化或自然遗产具有突出的重要性,因而需作为全人类世界遗产的一部分加以保护。”《保护非物质文化遗产公约》也指出:“保护人类非物质文化遗产是普遍的意愿和共同关心的事项。”公法性质的集体权利在此被定性。

三、保护中的管理问题

无论在联合国教科文组织,还是在世界遗产拥有国国内,世界遗产管理都是较早被关注的问题。要达到有效保护世界遗产的目的,相应的管理理念、管理规则和管理方法,必须紧紧跟上。因而研究世界遗产这种以国际法手段所缔造的不可替代的实在事物,首当其冲的便是将管理纳入视野。我们甚至可以将世界遗产管理学看作世界遗产法的一个重要分支,是一门既要求理论更注重实际应用的学科。

一方面,世界遗产事务的起点是国际法,具有整体性及总原则性。另一方面，每个国家、每个地区、每个遗产项本身，特点不一。因此，管理首先要有总论，同时又构成针对不同对象、不同类别甚至不同文化传统的管理制度。

管理体系可以尝试不同的思路。比如，根据一国国情或相近国情，构成“国情框架中的管理”；“文化圈管理”，如阿拉伯文化圈有相通的特点；“地区性管理”，如大洋洲的世界遗产具有共性。

管理体系还可以根据世界遗产本身的类别研究管理的规律。这样更为直观。例如，国家公园的管理、历史城市的管理、山脉岩画的管理等，分条、分块，点线结合，都比较清晰。

世界遗产管理是一个非常现实的问题，所有拥有世界遗产的国家，每项遗产地的政府和遗产地管理者，都需要具备基本的世界遗产理论素养，同时掌握一套科学的、对各自遗产地有效的管理方法。

在管理中，遗产保护和旅游是一对永恒的矛盾体，相关的解决方案也需持久谈论和更新。世界遗产委员会曾在 1993 年世界遗产大会上，就自然遗产和双重遗产旅游问题的专家会议做了通报。这个技术性研究的会议由世界遗产中心召集，1993 年 11 月 22 日至 27 日在塞内加尔的达喀尔举行，联合国环境规划署(United Nations Environment Programme，UNEP)和世界旅游组织(World Tourism Organization，WTO)都参加了会议的组织工作。来自 30 多个国家的 40 余个世界遗产地的管理者出席了会议，就 6 项主要议题展开研究：旅游与物质便利；旅游产业的市场关联；旅游者管理；教育与宣传；相关规划；可容量及其控制。与会者都认为，应制定旅游者管理方面的政策，并提议建立国家范围或地区范围的对世界遗产地管理者的考核制度。

Chapter 3 第三章

国家遗产

在世界遗产事务、非物质文化遗产事务和其他公法遗产事务逐渐渗透于各国社会生活，传统的文物保护、风景名胜保护、民间民族文化保护遇到种种新挑战的情势下，相应的适应时代和面向未来的制度建设就必须跟进。就国内法而言，一套正确的完善的实用的规则制度体系，有益于树立有关遗产的正确理念，也能够使遗产保护的效果真正到位。

第一节 “国家遗产”和“国家遗产制度”[①]

在法律性质上“国家遗产”(National Heritage)属于公法意义上的遗产概念，在国家法当中占有不可或缺的地位，且自身的体系是相对独立的“国家遗产制度”。换言之，建立“国家遗产制度”的目的在于形成一套正确的完善的规则体系，使社会能够树立有关公法遗产的正确理念，使遗产保护效果真正到位，从而显现其优势和意义。

---

① 为强调本章所涉关键概念的专有性和独立性，在通篇行文中将对“国家遗产”“国家遗产制度”均加引号，以便于阅读。

一、“国家遗产”和“国家遗产制度”的概念

“国家遗产”是经过国家法律确定的、国家拥有所有权的物质的和非物质的文化与自然财富。一般而言，各国以国名作为“国家遗产”的称谓，如“英国遗产”（English Heritage）、“加拿大遗产”（Canadian Heritage）、“澳大利亚遗产”（Australian Heritage）。

“国家遗产制度”是指国家法体系中关于“国家遗产”的价值、原则、规范的总和。它形成一个完整的法律机制，在一个国家秩序的规则运作中形成必然的组成部分。成功的“国家遗产制度”不仅能够全面、科学、有效地保护国家的遗产资源，对于一个国家的文化传统、文化创造、文化形象及国力综合水平的保障，也至关重要。

二、“国家遗产”的公法性质

由法律性质来看，“国家遗产”是公法意义上的遗产概念。如前所述，公法是相对于私法而言的，遗产亦有公法、私法之别。从“遗产”作为法律用语的词源属性看，这个概念在私法上的应用，是习惯性的、常规性的，在私法上的语义稳定性很强。而当它超越了私法上的概念时，其公法上意义独立性亦非常显著。

尽管各国的国家遗产及制度情况不尽相同，但国家法一般也采取与国际法一致的用语思路，如英语即以“heritage”作为公法遗产的用语选择，排除了传统语义的影响和制约。各语种也会根据本地情况，依此思路确认用语。

就汉语而言，由于语种特点及传统流脉的单一，问题没有纠结在多个词语的选择上，但正如前所述，同是“遗产”一词，公法和私法之分则须泾渭分明。关于国家遗产及制度所展开论证的支点也正是建立在这一公法遗产概念的基础之上的。

三、“国家遗产制度”的构成要素

对于经过国家法律确定的、国家拥有所有权的物质的和非物质的文化与自然财富，其安全、完好地存续仰仗于一套“国家遗产制度”的建立，即在国家法体系中使“国家遗产”的价值、规则有完整的法律运作机制。而且，在国际法通用的概念“人类共同遗产”的大背景之下，“国家遗产”这一概念以及与其相关的“国家遗产制度”对于国家法律的完善是不可或缺的。亦即在国际法参与遗产保护的现当代情势下，各国国内法必须有相应的衔接制度——“国家遗产制度”。这种“国家遗产制度”应当是一套活的运作体系，还要保障运作顺畅和健康的常态，因而对其构成要素需要进行梳理，更需要进行理论构建。

要旨之一，有正确的价值选择。建立“国家遗产制度”，与建立任何一个类别的法律制度一样，基本价值先要确立。简言之，即法律选择什么方向，什么是对是合法，什么是错是非法。价值取向是法律体系的精神支柱，使法律有自己的灵魂。

要旨之二，有精神聚合的立法体系。经由立法确认“国家遗产”的概念，并确认关于“国家遗产”的价值、原则、规范，这是核心要素，也是制度建立的实质内容。无论法律群规模有多大，整个立法体系的精神应当是一致的。法律数量、法律分支的多寡，都不能削弱其整合功能，亦即把法律冲突及其可能降到最小。

要旨之三，有行政组织及相关机构。组织法是“国家遗产制度”能够运转的保障。组织法设立行政组织和相关的专业机构。行政组织即政府机关，对应“国家遗产”的政府工作。根据已有的国外经验，在政府机关上，一般以“国家遗产局(部)”或“文化遗产局(部)”为组织名称，统筹“国家遗产”的保护工作。根据需要，法律还可以设置与“国家遗产”保护工作紧密联系的专业机构，如“国家遗产委员会”和“国家遗产专业技术审查委员会”等。

要旨之四，有同步而行的理论支撑。理论支撑是任何制度的建立都需要的，不仅是建立之前，建立起来及其运作过程均须有同步的理论帮助和理论修正。关于“国家遗产制度”的理论研究如果相对成熟，能够适时地为法律及法律执行中的各种问题提供支撑。

第二节　“国家遗产制度”在一些国家的建立情况

综观已有的法律制度实践，很多国家的“国家遗产制度”不仅建立了起来，而且正在渐进壮大。一些公法遗产意识产生较早的国家，在长期的保护遗产历程中建立起了较完善的“国家遗产制度”。在这里，以“显性制度”和“非显性制度”做一个大致的分类。显性和非显性仅仅是相对而言的，前者明示出了“国家遗产”的相关概念，后者未明示，但是它们的精神内核是一致的，体系与价值取向是趋同的，都构成了完整的“国家遗产制度”。

显性制度在西方国家渊源较深，特征上具有一定共性，同时各国亦有各自的独立性。比如在英国法当中，其《国家遗产法》(National Heritage Act，1983，1997，2002)就确立了“English Heritage”(英国遗产)的概念。这无疑奠定了稳固的法律价值观基础，构成了国内公法上的“遗产”框架。在法国，法律所采用的法语中的“patrimone”(遗产)经历了由“私”到“公”的巨大发展，公法遗产与传统的私法遗产没有拖泥带水的瓜葛，而是形成了自身的法定体系。在公法遗产立法的系统性方面，澳大利亚也具有一定的典型性。澳大利亚具有的典型性在于它的国家遗产立法有系统而连贯、形散神不散的特点。2003 年的《澳大利亚遗产管理法》(Australian Heritage Council Act)出台，是澳大利亚建立“国家遗产制度”的标志，“Australian Heritage”(澳大利亚遗产)的概念就此被法律确定。加之横向、纵向的法律群亦切实、充分，“国家遗产制度”亦属显性。

非显性制度的体现与有“前公约概念”的国家和地区有所关联。虽然国内立法早于公约，但在公法遗产立法的系统性方面，韩国、日本和我国台湾地区等东亚地域更具创建性的民族特色，又不乏前瞻视野。

韩国 2012 年修订的《文化遗产保护法》(法律第 11228 号，2012 年 1 月 26 日)所分的有形文化遗产、无形文化遗产、民俗文化遗产、纪念物以及国家瑰宝、重要无形文化遗产、历史纪念物、自然遗迹，呈现了国家遗产的基本形态。2005 年修订的《国语基本法》(法律第 7368 号，2005 年 1 月 27 日)第 2 条“基本理念”中也明示：“使国家和国民认知国语是民族第一文化遗产也是文化创造的原动力。所以必须认真发展国语,确立民族文化的本体性,并继承给后代。"可见,其"国家遗产制度"的面向较广,并能够运行起来。

日本可以说是东亚国家中较早全面立法的国家。其《文化财保护法》(法律第214号)1950年创制初始,即集有形文化财、无形文化财、民俗文化财、遗迹[①]之大成,对应了数十年之后国际法所规范的物质文化遗产、非物质文化遗产和自然遗产的全部。这也是称其为非显性制度的原因,表面看没有"国家遗产"字样,但有"国定财"体系。因而实际上的"国家遗产制度"是存在的,而且其内核精准,法律承载力也相当大。事实上,它也较大程度地影响了韩国和我国台湾地区[②]相关制度的建立及完善。

值得注意的是,这些国家和地区的法律关注国际大环境,因国际法的发展而随时更新和调整自己国内的法律,包括法律的理念、法律的价值取向,以及基本概念、分类范畴、规范标准、保护措施等具体内容。比如,日本现行的《文化财保护法》(1950年制定,2007年修正,法律第7号),将文化财分类为:有形文化财、无形文化财、民俗文化财、埋藏文化财、史迹名胜天然纪念物、重要文化的景观、传统的建筑群保存地区这七大类,与其早期的情形相比较,能够看出其跟随时代脚步、及时纳入国际法理念的发展轨迹,并与世界整体的遗产保护步伐合拍。

各国的遗产资源构成和法律传统不同,"国家遗产制度"的建立均受到本国文化认知传统、所属法系和立法制度的制约,因而各国的"国家遗产制度"的外部形态不是也不可能是整齐划一的。同时,有生命的法律制度的活力就在于适时调整和修正自身,使其自身更加健康,更加适用于遗产的全面有效的保护。

对于经过国家法律确定的、国家拥有所有权的物质的和非物质的文化与自然财富,其安全、完好地存续仰仗于一套"国家遗产制度"的建立,即在国家法体系中使"国家遗产"的价值、规则有完整的法律运作机制。成功的"国家遗产制度"不仅能够全面、科学、有效地保护国家的遗产资源,对于一个国家的文化传统、文化创造、文化形象及国力综合水平的保障,也至关重要。

---

① 这里的"遗迹"是一个涵盖力很大的概念,包括宫殿、城堡、古墓、要塞、桥梁、园林、峡谷、海岸、山峦、地质层、地貌地表、动植物及其生存环境等。

② 我国台湾地区的"文化资产保存法"于1982年制定,经1次增订、6次修正,由61条增至113条。2016年7月27日施行现行"法律"。

第三节　建立"国家遗产制度"的意义

从前述法理分析来看，为了科学、有效地将世界遗产、非物质文化遗产及其他公法遗产等事务的规则予以实施，根据各国的基本情况而建立一套制度是必要可行的。由此，提出建立"国家遗产制度"的理念和路径，并论证其法理上的合理性和实践中的可执行性。

一、全面有效地保护国家的遗产资源

"国家遗产"应当是一个涵盖力很强的概念，同时具有一定的开放性，国家的文化财富、精神财富、环境财富均囊括其中。具体的体现就是已经很成熟的分类——物质文化遗产、非物质文化遗产和自然遗产。

需要注意的是，类型成熟是《世界遗产公约》和《保护非物质文化遗产公约》实施成功的结果，而所有类型的遗产之间的相互依存性也越来越受到重视。法律理念和法律执行上，"考虑到非物质文化遗产与物质文化遗产和自然遗产之间的内在相互依存关系"①的精神一以贯之，注重和强调文化与自然的相互依赖性、物质文化遗产与非物质文化遗产的一体性。

不仅是大类型之间，即使是次类型②之间，诸如建筑遗产、遗产城市、人类起源地、工业遗产、农业遗产、民居遗产、地质地貌、草原湿地、冰原冰川、海洋海岸遗产、路线遗产、跨地跨国遗产等，无论分类如何复杂，它们也都有着公法上遗产的共同属性。正是这一法律属性，凝聚了它们。因而，保护它们的法律机制

---

① 参见《保护非物质文化遗产公约》（联合国教科文组织，巴黎，2003 年 10 月 17 日）前言。

② 在《世界遗产公约》及其操作准则中设定的大类型是：文化遗产、自然遗产、文化与自然双重遗产、文化景观。在执行法律的数十年实践中，遗产项目不断增加和丰富，从而在各大类型下形成各种层次的小类型，我们称为次类型。次类型本身依照不同的标准可以有不同的分类规范。在《保护非物质文化遗产公约》及其操作准则中，规定了口头传说和表述、表演艺术、社会风俗礼仪节庆、有关自然界和宇宙的知识和实践、传统的手工艺技能五大范畴，在执行中也衍生出诸多次类型，比如文化空间、戏剧、史诗、音乐、舞蹈等。

亦不应分散。

二、有利于物质类遗产和非物质文化遗产的一体性保护

尽管《世界遗产公约》(1972 年)和《保护非物质文化遗产公约》(2003 年)的出台时间相差 31 年,但无论在内容上抑或意义上,它们都是不可分割的亲缘法律。这两部公约所确定的物质类世界遗产与人类非物质文化遗产彼此相依,共同构成了丰满完整的公法遗产概念,确认了其"人类共同遗产"[①]属性,并使遗产的全球性保护得到了法定理念和法定规则的强力支撑。

从实际的执行效果上看,依照两个公约规则而产生的物质类遗产和非物质文化遗产,它们之间如果能够彼此呼应、彼此映衬,则会使公法遗产的结构层次有所提升,并达到较高的境界,我们可称为"遗产对儿"。具体而言,即同一个遗产资源地既拥有物质类遗产,又拥有非物质文化遗产,且两者密切关联,甚至不可分割,彼此互补构成一组"遗产对儿"。一项遗产无论属于物质类的还是非物质类的,都不可能是完全独立存在的,其必然有孕育、成长、发展的环境和土壤。而这当中的相关要素,均为不可或缺的遗产组成部分。"遗产对儿"能够立体地展现某一个遗产资源地的地方文化样态,强调出文化遗产与所有的人文要素、与自然环境的一体性,从而体现物质类世界遗产和人类非物质文化遗产的突出的普遍价值以及公法遗产事业的重要意义。因而,国家层面的法律确认非常关键,"国家遗产制度"能够从起始处确保其正确的两类遗产互生互惠的发展方向。

三、提高行政效率

保护公法上的遗产,政府管理是制度建设中的主导因素。政府的行政机制的优劣,决定着整体保护的效果。应当承认,对于遗产事务而言,多部门管理的弊端显而易见。公法遗产是国家、民族利益的反映,国家行政机关的职责应到

---

① 已经由国际法所确认的"人类共同遗产"有:南极;外层空间、公海及其海底资源、世界遗产与人类非物质文化遗产、文化多样性的格局、数字化遗产。

位,功能也应充分显现。因此,集中行政权,避免行政资源的无效消耗,是必不可少的。

可以说,“国家遗产”在文保、环保、教育、科学等多层面上要求渗透到位,同时也为这些领域增添了前所未有的合作任务。

第四节 我国建立“国家遗产制度”的基础和路径

根据我国的法律体系的规律和特征,在当代语境下,对建立“国家遗产制度”的思路、方法应当有立体的审视和全盘的把握,设置出的标准和规则不仅要符合整体的大环境要求,还应是能够面向未来的可持续机制。达至这样的高度,必须先解决面临的问题,理顺各种复杂的关系,奠定良好的基础。

需要解决的问题由小到大均会存在,对其中具体问题进行认真而到位的解决,才能保障宏观大局的成功。就我国的法治发展背景和实践工作历程而言,建立“国家遗产制度”是情势所趋,在思路及方法上需要兼顾这种制度的共通属性和对中国法律体系的适应性,并具有前瞻的视野。要通过创制关于“国家遗产”的主干法律、设置行政组织及权限、加强理论研究、实施教育方略,从而达至其功能的发挥和长效目标的实现。

一、创制主干法律

立法作为纲,需要在法律体系上重构。我们预设一部《国家遗产法》作为主干法律,那么,连贯的主干内容要体现出来。一些关键概念需在法律中厘定,如“国家遗产”的名称要选择“中华遗产”或“中国遗产”;设定“国家遗产”的管辖组织机构及其职责;框定“国家遗产”的范畴;设立“国家遗产”保护工作的标准、程序;设立与“国家遗产”相关的研究教育系统。

其后,围绕主干法律要形成“国家遗产”法律群的基本架构,使主干法律的价值观渗透于相关下位法中。从上位法到下位法,都应有相对完整的机制,并直接有效地对“国家遗产”予以法律上的保障。

二、设置行政组织及权限

在法律的框架下设置行政机关并授以权力，管辖“国家遗产”事务，这是法律运作机制的核心。根据国外已有的一些经验，行政机关的构成模式主要有宏大型和具体型两种。前者具有大而广的权限，遗产及准遗产事务均须管辖，加拿大国家遗产局就是这一类型的代表；后者的权力则较为具体，直接管辖被确定为遗产的部分，北欧一些国家（如瑞典、挪威）的文化遗产局，韩国的文化遗产厅，即为此种类型。两者各具优势，均为成熟的运作模式。

从我国的背景来看，无论采用大部制抑或既有模式，国家遗产局（部）这样的政府部门均可以存在其中，发挥不可缺少的作用。由此，相应的管理机制也才能够跟进和完善。

三、深化理论研究

如前所述，面对“世界遗产”“文化遗产”“自然遗产”“非物质文化遗产”和“文化景观”渐渐进入中国的社会语境、法律语境、文化语境以及学术语境，并且与之相关的保护事业成为诸多行业日常工作的重要内容，系统性的理论研究和理论支持处处需要。理论是滋养“国家遗产制度”的养分。它提炼出“国家遗产制度”的价值理念、法理精神和原则追求，并渗透于立法、执法、行政、宣教之中。理论也将概念范畴、技术规范梳理出来，提高法律的明晰性和易执行性。

因此，“国家遗产”以及“国家遗产制度”就应当在理论上加以论证、厘清。有了这样的理论基础，理念和规则才会在立法中得以确认，保护工作才能适应当今及未来社会发展的要求。在强调文化多样性、生物多样性、人与所处环境可持续关系的人类步伐中，以全面视角来建立理论基础，针对现实问题能够加以分析和解决，必须全力启动和跟进。

四、实施教育方略

“国家遗产”的基本知识不应搁置于知识体系的尖端，属于少数人所有，而是需要进行宣教与普及。对于“国家遗产”的保护，让有保护意识、一定知识和良好习惯的人群成为“国家遗产”的软环境，比成本高昂的硬件或严苛的惩罚更加有效。

在准确研究的基础上，要将“国家遗产”及“国家遗产制度”的内容纳入规范教育系统中，使其成为知识结构中的重要环节。比如，在中学开设基础课程，在大学本科、研究生阶段设置高级课程及研究方向，不仅能对未来的公民普及应具备的知识，更能为将来需求量越来越大的“国家遗产”保护地、政府机关、研究教育机构输送专业人才。

Chapter 4 第四章

世界遗产组织法

世界遗产事务的管辖组织由上至下,形成庞大的系统。管理世界遗产事务以官方行为为主,各层级的行政组织要依法履行相应的职责。随着世界遗产事务的发展壮大,世界遗产的相关组织也得到了不断完善(见图1)。

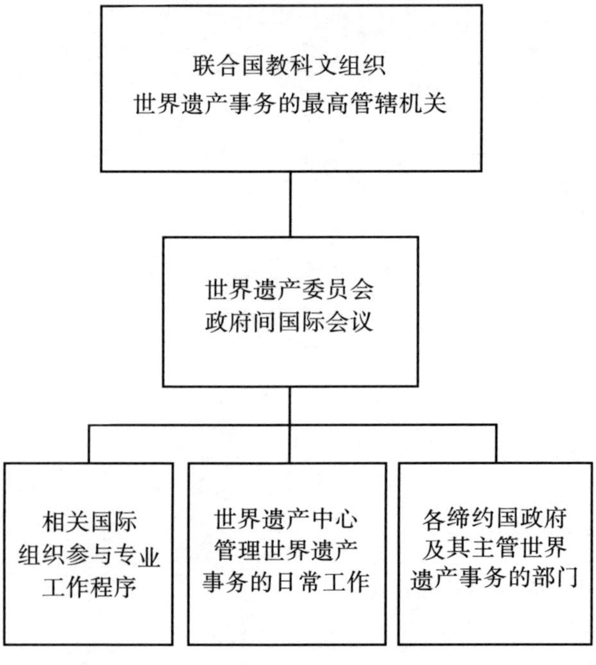

图1　世界遗产事务组织体系

第一节　联合国教科文组织体系

一、联合国教科文组织

联合国教科文组织是世界遗产事务的最高管辖机关，统领世界遗产的所有工作。其总部设在巴黎。

1945年11月在英国伦敦召开的联合国大会上通过了《联合国教育、科学及文化组织组织法》（以下简称《联合国教科文组织组织法》）（Constitution of the United Nations Educational, Scientific and Cultural Organization），1946年11月4日正式生效。当时即有20个国家交存了接受书。这些国家因此成为教科文组织的创始国。

联合国教科文组织的创始国是：澳大利亚（Australia）、巴西（Brazil）、加拿大（Canada）、中国（China）、捷克斯洛伐克（Czechoslovakia）、丹麦（Denmark）、多米尼加共和国（Dominican Republic）、埃及（Egypt）、法国（France）、希腊（Greece）、印度（India）、黎巴嫩（Lebanon）、墨西哥（Mexico）、新西兰（New Zealand）、挪威（Norway）、沙特阿拉伯（Saudi Arabia）、南非（South Africa）、土耳其（Turkey）、英国（United Kingdom）、美国（United States）。

1946年12月联合国教科文组织成为联合国专门机构，其后在全球很快得到壮大。1950年，联合国教科文组织的会员为59个。1954年，苏联成为该组织第70个会员国。1960～1962年，由于非殖民化进程，24个新成立的非洲国家加入该组织。截至2020年10月，联合国教科文组织拥有正式会员（Member States）193个、准会员（Associate Members）11个。[①]

自联合国教科文组织诞生以来，共有10个国家曾先后暂时离开过该组织。

---

① 按照《联合国教科文组织组织法》“准会员之权利与义务”一章规定，“其国际关系不自行承担责任之领土及领土群可被接纳为本组织之准会员”。现有的准会员为：阿鲁巴、开曼群岛、法罗群岛、英属维尔京群岛、澳门（中国）、托克劳、圣马丁、库拉索、安圭拉、蒙特塞拉特等。

例如,南非于 1956 年退出联合国教科文组织,种族隔离制度废除之后,又于 1994 年重返该组织。1984 年美国对联合国教科文组织的管理和方针提出批评,决定退出该组织。不久,英国和新加坡也退出了联合国教科文组织。继英国 1997 年重返该组织之后,美国于 2003 年重返联合国教科文组织。2020 年,美国和以色列再次退出。

联合国教科文组织在联合国的整体组织体系中,与劳工组织、粮农组织、卫生组织等重要机构同属于经济社会理事会,管理事务均与日常社会民生紧密联系。根据《联合国教科文组织组织法》的规定,联合国教科文组织的宗旨与职能是:

1. 做前瞻性研究。研究明天的世界需要什么样的教育、科学、文化和传播。

2. 进行知识的发展、传播与交流。主要依靠研究、培训和教学来实现。

3. 制定准则。起草和通过国际文件和法律建议。

4. 专门化信息的交流。

从世界遗产事务的性质来看,与以上联合国教科文组织的宗旨和职能非常吻合。可以说,联合国教科文组织与世界遗产事务有着天然的密切关系,联合国教科文组织在通过世界遗产事务推动全球和平发展方面,起到了不可忽视的重要作用。

联合国教科文组织(UNESCO)的标识为如图 2 所示。

图 2　联合国教科文组织(UNESCO)的标识

二、世界遗产委员会

根据《世界遗产公约》,联合国教科文组织设立了专门管辖世界遗产事务的权力机构——世界遗产委员会(World Heritage Committee)。世界遗产委员会召开的年会全称为世界遗产委员会大会(Session of the World Heritage Committee,以下简称世界遗产大会)。世界遗产委员会的性质是政府间组织,于1976年11月成立,由21名成员组成,委员会成员每两年改选其中的1/3。委员会内由7名成员构成世界遗产委员会主席团,主席团每年举行两次会议,筹备委员会的工作。委员会每年在不同的国家举行一次世界遗产大会,审议和批准各国所申报的遗产进入《世界遗产名录》,并对世界遗产的保护工作进行监督和政策指导。

世界遗产大会的主要议程和任务有:评选出该年度新的一批世界遗产项,正式列入《世界遗产名录》;遴选濒危世界遗产;讨论修改操作准则;制定新的政策。

三、世界遗产中心

由于世界遗产历年增多,世界遗产事务的日常工作日益繁重,1992年联合国教科文组织正式设置了世界遗产中心(World Heritage Centre,WHC),即“公约执行秘书处”,与联合国教科文组织总部同在巴黎。该中心协助缔约国具体执行《世界遗产公约》,对世界遗产委员会提出建议,执行世界遗产委员会的决定,对日常的相关工作进行处理。

与世界遗产中心工作密切关联的是世界遗产基金(World Heritage Fund,WHF)。世界遗产基金分别设于纽约和巴黎。该基金是一项信托基金,基金会管理世界遗产相关的财务工作。基金的资金来源应主要包括:缔约国的义务纳款和自愿捐款;国际组织、公共机构、私立机构或个人提供的捐款、赠款或遗赠;基金款项所得利息;募捐的资金和为该基金组织的活动的所得收入等。

四、非物质文化遗产委员会

依照《非物质文化遗产公约》的规定，在公约生效之后，将在联合国教科文组织内设立政府间保护非物质文化遗产委员会（Intergovernmental Committee for the Safeguarding of the Intangible Cultural Heritage，以下简称非物质文化遗产委员会）。该委员会由参加大会之缔约国选出的 18 个缔约国的代表组成；在该项公约缔约国的数目达到 50 个之后，委员会委员国的数目将增至 24 个。

公约对非物质文化遗产委员会的选举和任期规定如下：委员会委员国的选举应符合公平的地理分配和轮换原则；委员会委员国由该公约缔约国大会选出，任期 4 年；但第一次选举当选的半数委员会委员国的任期为 2 年。这些国家在第一次选举后抽签指定；大会每两年对半数委员会委员国进行换届；大会还应选出填补空缺席位所需的委员会委员国；委员会委员国不得连选连任两届；委员会委员国应选派在非物质文化遗产各领域有造诣的人士为其代表。

公约规定，在不妨碍公约赋予委员会的其他职权的情况下，委员会的职能是：宣传公约的目标，鼓励并监督其实施情况；就好的做法和保护非物质文化遗产的措施提出建议；按照第 25 条的规定，拟订利用基金资金的计划并提交大会批准；按照第 25 条的规定，努力寻求增加其资金的方式方法，并为此采取必要的措施；拟订实施公约的业务指南并提交大会批准；根据第 29 条的规定，审议缔约国的报告并将报告综述提交大会；根据委员会制定的、大会批准的客观遴选标准，审议缔约国提出的申请并就以下事项作出决定：列入第 16、17 条和第 18 条述及的名录和提名；按照第 22 条的规定提供国际援助。

委员会的工作方法共分四项：委员会对大会负责，它向大会报告自己的所有活动和决定；委员会以其委员的 2/3 多数通过自己的议事规则；委员会可临时设立它认为对执行其任务所需的咨询机构；委员会可邀请在非物质文化遗产各领域确有专长的任何公营或私营机构以及任何自然人参加会议，就任何具体的问题向其请教。

第二节 相关国际组织

世界遗产委员会对世界遗产的评估、监控、创立和技术支持工作,主要依靠三个独立的国际组织担任顾问团工作。这三个国际组织为:国际遗迹遗址理事会(ICOMOS)、保护和恢复文化遗产国际研究中心(ICCROM)、世界自然保护联盟(IUCN)。

一、国际遗迹遗址理事会

国际遗迹遗址理事会1965年成立,现总部设在巴黎,是从事文化遗产保护理论、方法、科学技术的研究、运用和推广工作的非政府间国际组织,在全球享有很高的声誉。它负责对所有被提名进入《世界遗产名录》的世界文化遗产进行评估。同时,该组织和世界自然保护联盟在评估文化与自然双重遗产和文化景观遗产工作中紧密配合。

国际遗迹遗址理事会拥有来自150多个国家的10,500余名成员。他们都是建筑学、考古学、艺术史、规划学、遗产地管理和保护方面的专家。

国际遗迹遗址理事会(ICOMOS)的标识如图3所示。

International Council on
Monuments and Sites

Conseil International
des Monuments et des Sites

图3 国际遗迹遗址理事会(ICOMOS)的标识

二、保护和恢复文化遗产国际研究中心

保护和恢复文化遗产国际研究中心的性质是政府间组织,这个政府间组织被授权推动世界范围内所有类型文化遗产的保护工作,是国际上文化遗产领域

从事培训、专家服务、文献资料与研究的专门机构。该组织于 1959 年在罗马成立，截至 2020 年 11 月拥有 137 个成员国。

保护和恢复文化遗产国际研究中心的重要任务是通过培训、信息、调查研究、合作及宣传等方式致力于文化遗产的保护工作。1996 年以来，它已经在世界各地组织了相关的培训活动，并且已经开发了富有新意的教育工具、研究方法和材料。

作为一个咨询机构，保护和恢复文化遗产国际研究中心主要就某些遗产地的具体问题向世界遗产委员会提供技术性建议，同时也对有关培训工作的提案和战略提出意见。在保护文化景观遗产方面，与世界自然保护联盟也有密切的合作。

保护和恢复文化遗产国际研究中心（ICCROM）的标识如图 4 所示。

ICCROM

图 4　保护和恢复文化遗产国际研究中心（ICCROM）的标识

三、世界自然保护联盟

世界自然保护联盟是在联合国教科文组织的支持下于 1948 年成立的，总部设在瑞士日内瓦。

世界自然保护联盟的英文原名为 The International Union for the Conservation of Nature and Natural Resources，1990 年以后改名为 The World Conservation Union，IUCN 的简称不变。2011 年，又确定新名为 International Union for Conservation of Nature。该联盟由 1400 多个政府组织和非政府组织构成，拥有 17,000 多名专业人员。

世界自然保护联盟是联合国教科文组织在《世界遗产公约》的自然遗产事

务方面的特别合作伙伴。它的任务有三方面：首先，世界自然保护联盟对所有被提议参评的世界自然遗产、世界文化与自然遗产、文化景观遗产进行评估。其次，世界自然保护联盟就已有的世界自然遗产地的保护状况向世界遗产委员会进行报告。最后，世界自然保护联盟大力开展培训工作和相关能力的培养，并努力提高有关方面的积极性，特别是在遗产项所在的地区。

为了帮助各方面在世界遗产工作中保持尽可能高的标准，世界自然保护联盟制定了全体人员要坚持的三个基本原则。

1. 合作是极为重要的。我们所有的行动都是通过与其他组织及利益相关者合作而完成的，特别是世界遗产中心、公约的其他咨询机构以及缔约国等。

2. 可靠的科学是基础。联盟最强有力的一点就是它在科学的可信度上的高水平、一贯性和客观性。之所以能够保持这一特点，是因为我们从我们的科学网络中，尤其是世界保护区委员会（World Commission on Protected Areas, WCPA）和世界保护监测中心（UNEP-WCMC, United Nations Environment Programme World Conservation Monitoring Centre），汲取了专门的知识和技能。

3. 解决问题需要有切实可行的办法。我们工作的一个重要内容是查明世界遗产地所面临的威胁，而且，我们并不只是作出报告，还要寻求切实可行的具有创新性的解决办法。

世界自然保护联盟（IUCN）的标识如图 5 所示。

图 5　世界自然保护联盟（IUCN）的标识

四、其他相关组织

世界遗产事务的综合性很强,工作的实施需要来自各方面的人员。这使其他与世界遗产事务相关的组织也要适时地加入世界遗产的工作当中。与世界遗产委员会和世界遗产中心有密切工作关系的国际组织主要还有:

1. 国际教育计划学会 International Institute for Educational Planning(IIEP)

2. 国际教育组织 International Bureau of Education(IBE)

3. 海洋利用政府间组织 Intergovernmental Oceanographic Commission(IOC)

4. 非洲适应干旱与创新文化组织 Arid Climate Adaptation and Cultural Innovation in Africa(ACACIA)

5. 景观建筑国际联盟 International Federation of Landscape Architects (IFLA)

6. 伊斯兰会议组织 Organization of Islamic Conference(DIC)

7. 伊斯兰教科文组织 Islamic Educational, Scientific and Cultural Organization(ISESCO)

8. 世界保护监测中心 World Conservation Monitoring Centre(WCMC)

9. 世界遗产城市组织 Organization of World Heritage Cities(OWHC)

10. 国际建筑师协会 International Union of Architects(UIA)

11. 世界遗迹基金会 World Monuments Fund(WMF)

12. 文化与遗产国际研究中心 International Centre for Cultural and Heritage Studies(ICCHS)

13. 世界遗产信息网 The World Heritage Information Network(WHIN)

有些组织是由世界遗产事务而派生的,如处于日益壮大的态势中的世界遗产城市组织,对世界遗产的类型清晰化及其保护起到了推进作用。

世界遗产城市组织标识如图 6 所示。

图 6　世界遗产城市组织标识

第三节　缔约国组织法

一、《世界遗产公约》缔约国

缔约国队伍的逐渐壮大，是《世界遗产公约》成功实施的基本保证因素。缔约国的发展状况，能从一个方面反映世界遗产事务的进程。

各缔约国以批准(Ratification,R)、接受(Acceptance,Ac)、加入(Accession,A)、赞同(Notification of succession,S)等方式加入《世界遗产公约》的状况如表 1 所示。

表 1　《世界遗产公约》缔约国名单
(以加入时间排序)

序号 No.	交存日期 Date of Deposit (日/月/年)	缔约国 State Party	方式 Type
1	07/12/1973	美国 United States of America	R
2	07/02/1974	埃及 Egypt	R
3	05/03/1974	伊拉克 Iraq	Ac
4	07/03/1974	保加利亚 Bulgaria	Ac
5	06/06/1974	苏丹 Sudan	R
6	24/06/1974	阿尔及利亚 Algeria	R
7	22/08/1974	澳大利亚 Australia	R

续表

序号 No.	交存日期 Date of Deposit (日/月/年)	缔约国 State Party	方式 Type
8	23/09/1974	刚果 Congo(Democratic Rep. of)	R
9	23/10/1974	尼日利亚 Nigeria	R
10	23/12/1974	尼日尔 Niger	Ac
11	26/02/1975	伊朗 Iran(Islamic Rep. of)	Ac
12	10/03/1975	突尼斯 Tunisia	R
13	05/05/1975	约旦 Jordan	R
14	16/06/1975	厄瓜多尔 Ecuador	Ac
15	27/06/1975	法国 France	Ac
16	04/07/1975	加纳 Ghana	R
17	13/08/1975	叙利亚 Syrian Arab Republic	Ac
18	14/08/1975	塞浦路斯 Cyprus	Ac
19	17/09/1975	瑞士 Switzerland	R
20	28/10/1975	摩洛哥 Morocco	R
21	13/02/1976	塞内加尔 Senegal	R
22	29/06/1976	波兰 Poland	R
23	23/07/1976	加拿大 Canada	Ac
24	23/07/1976	巴基斯坦 Pakistan	R
25	23/08/1976	德国 Germany	R
26	04/10/1976	玻利维亚 Bolivia	R
27	05/04/1977	马里 Mali	Ac
28	12/05/1977	挪威 Norway	R
29	20/06/1977	圭亚那 Guyana	Ac
30	06/07/1977	埃塞俄比亚 Ethiopia	R
31	02/08/1977	坦桑尼亚 United Republic of Tanzania	R
32	23/08/1977	哥斯达黎加 Costa Rica	R
33	01/09/1977	巴西 Brazil	Ac

续表

序号 No.	交存日期 Date of Deposit （日/月/年）	缔约国 State Party	方式 Type
34	14/11/1977	印度 India	R
35	03/03/1978	巴拿马 Panama	R
36	20/06/1978	尼泊尔 Nepal	Ac
37	23/06/1978	意大利 Italy	R
38	07/08/1978	沙特阿拉伯 Saudi Arabia	Ac
39	23/08/1978	阿根廷 Argentina	Ac
40	13/10/1978	利比亚 Libyan Arab Jamahiriya	R
41	07/11/1978	摩纳哥 Monaco	R
42	14/11/1978	马耳他 Malta	Ac
43	16/01/1979	危地马拉 Guatemala	R
44	18/03/1979	几内亚 Guinea	R
45	20/03/1979	阿富汗 Afghanistan	R
46	08/06/1979	洪都拉斯 Honduras	R
47	25/07/1979	丹麦 Denmark	R
48	17/12/1979	尼加拉瓜 Nicaragua	Ac
49	18/01/1980	海地 Haiti	R
50	20/02/1980	智利 Chile	R
51	09/04/1980	赛舌尔 Seychelles	Ac
52	06/06/1980	斯里兰卡 Sri Lanka	Ac
53	30/09/1980	葡萄牙 Portugal	R
54	07/10/1980	也门 Yemen	R
55	22/12/1980	中非共和国 Central African Republic	R
56	09/01/1981	科特迪瓦 Côte d'Ivoire	R
57	02/03/1981	毛里塔尼亚 Mauritania	R
58	24/03/1981	古巴 Cuba	R
59	17/07/1981	希腊 Greece	R

续表

序号 No.	交存日期 Date of Deposit (日/月/年)	缔约国 State Party	方式 Type
60	06/10/1981	阿曼 Oman	Ac
61	05/01/1982	马拉维 Malawi	R
62	24/02/1982	秘鲁 Peru	R
63	04/05/1982	西班牙 Spain	Ac
64	19/05/1982	布隆迪 Burundi	R
65	14/06/1982	贝宁 Benin	R
66	16/08/1982	津巴布韦 Zimbabwe	R
67	07/10/1982	耶路撒冷 Jerusalem	A
68	27/11/1982	莫桑比克 Mozambique	R
69	07/12/1982	喀麦隆 Cameroon	R
70	03/02/1983	黎巴嫩 Lebanon	R
71	16/03/1983	土耳其 Turkey	R
72	24/05/1983	哥伦比亚 Colombia	Ac
73	14/06/1983	牙买加 Jamaica	Ac
74	19/07/1983	马达加斯加 Madagascar	R
75	03/08/1983	孟加拉国 Bangladesh	Ac
76	28/09/1983	卢森堡 Luxembourg	R
77	01/11/1983	安提瓜和巴布达 Antigua and Barbuda	Ac
78	23/02/1984	墨西哥 Mexico	Ac
79	29/05/1984	英国 United Kingdom of Great Britain and Northern Ireland	R
80	04/06/1984	赞比亚 Zambia	R
81	12/09/1984	卡塔尔 Qatar	Ac
82	22/11/1984	新西兰 New Zealand	R
83	22/01/1985	瑞典 Sweden	R
84	12/02/1985	多米尼加 Dominican Republic	R
85	15/07/1985	匈牙利 Hungary	Ac

续表

序号 No.	交存日期 Date of Deposit (日/月/年)	缔约国 State Party	方式 Type
86	19/09/1985	菲律宾 Philippines	R
87	12/12/1985	中国 China	R
88	22/05/1986	马尔代夫 Maldives	Ac
89	10/07/1986	圣基茨和尼维斯 Saint Kitts and Nevis	Ac
90	30/12/1986	加蓬 Gabon	R
91	04/03/1987	芬兰 Finland	R
92	20/03/1987	老挝 Lao People's Democratic Republic	R
93	02/04/1987	布基纳法索 Burkina Faso	R
94	01/07/1987	冈比亚 Gambia	R
95	17/09/1987	泰国 Thailand	Ac
96	19/10/1987	越南 Viet Nam	Ac
97	20/11/1987	乌干达 Uganda	Ac
98	10/12/1987	刚果 Congo	R
99	27/04/1988	巴拉圭 Paraguay	R
100	28/04/1988	佛得角 Cape Verde	Ac
101	14/09/1988	韩国 Republic of Korea	Ac
102	12/10/1988	白俄罗斯 Belarus	R
103	12/10/1988	俄罗斯 Russian Federation	R
104	12/10/1988	乌克兰 Ukraine	R
105	07/12/1988	马来西亚 Malaysia	R
106	09/03/1989	乌拉圭 Uruguay	Ac
107	06/07/1989	印度尼西亚 Indonesia	Ac
108	10/07/1989	阿尔巴尼亚 Albania	R
109	02/02/1990	蒙古国 Mongolia	Ac
110	16/05/1990	罗马尼亚 Romania	Ac
111	30/10/1990	委内瑞拉 Venezuela	Ac

续表

序号 No.	交存日期 Date of Deposit (日/月/年)	缔约国 State Party	方式 Type
112	06/11/1990	伯利兹 Belize	R
113	21/11/1990	斐济 Fiji	R
114	28/05/1991	巴林 Bahrain	R
115	05/06/1991	肯尼亚 Kenya	Ac
116	16/09/1991	爱尔兰 Ireland	R
117	08/10/1991	萨尔瓦多 El Salvador	Ac
118	14/10/1991	圣卢西亚 Saint Lucia	R
119	18/10/1991	圣马力诺 San Marino	R
120	07/11/1991	安哥拉 Angola	R
121	28/11/1991	柬埔寨 Cambodia	Ac
122	31/03/1992	立陶宛 Lithuania	Ac
123	10/06/1992	所罗门 Solomon Islands	A
124	30/06/1992	日本 Japan	Ac
125	06/07/1992	克罗地亚 Croatia	S
126	26/08/1992	荷兰 Netherlands	Ac
127	28/08/1992	塔吉克斯坦 Tajikistan	S
128	04/11/1992	格鲁吉亚 Georgia	S
129	05/11/1992	斯洛文尼亚 Slovenia	S
130	18/12/1992	奥地利 Austria	R
131	13/01/1993	乌兹别克斯坦 Uzbekistan	S
132	26/03/1993	捷克 Czech Republic	S
133	31/03/1993	斯洛伐克 Slovakia	S
134	12/07/1993	波斯尼亚和黑塞哥维亚 Bosnia and Herzegovina	S
135	05/09/1993	亚美尼亚 Armenia	S
136	16/12/1993	阿塞拜疆 Azerbaijan	R
137	29/04/1994	缅甸 Myanmar	Ac

续表

序号 No.	交存日期 Date of Deposit (日/月/年)	缔约国 State Party	方式 Type
138	29/04/1994	哈萨克斯坦 Kazakhstan	Ac
139	30/09/1994	土库曼斯坦 Turkmenistan	S
140	10/01/1995	拉脱维亚 Latvia	Ac
141	04/04/1995	多米尼加 Dominica	R
142	03/07/1995	吉尔吉斯斯坦 Kyrgyzstan	Ac
143	19/09/1995	毛里求斯 Mauritius	R
144	27/10/1995	爱沙尼亚 Estonia	R
145	19/12/1995	冰岛 Iceland	R
146	24/07/1996	比利时 Belgium	R
147	03/01/1997	安道尔 Andorra	Ac
148	30/04/1997	马其顿 Former Yugoslav Republic of Macedonia	S
149	10/07/1997	南非 South Africa	R
150	28/07/1997	巴布亚新几内亚 Papua New Guinea	Ac
151	23/10/1997	苏里南 Suriname	Ac
152	15/04/1998	多哥 Togo	Ac
153	21/07/1998	朝鲜 Democratic People's Republic of Korea	Ac
154	13/08/1998	格林纳达 Grenada	Ac
155	23/11/1998	博茨瓦纳 Botswana	Ac
156	23/06/1999	乍得 Chad	R
157	06/10/1999	以色列 Israel	Ac
158	06/04/2000	纳米比亚 Namibia	Ac
159	12/05/2000	基里巴斯 Kiribati	Ac
160	27/09/2000	科摩多 Comoros	R
161	28/12/2000	卢旺达 Rwanda	Ac
162	23/01/2001	纽埃岛 Niue	Ac
163	11/05/2001	阿拉伯联合酋长国 the United Arab Emirates	A

续表

序号 No.	交存日期 Date of Deposit (日/月/年)	缔约国 State Party	方式 Type
164	28/08/2001	萨摩亚群岛 Samoa Island	Ac
165	11/09/2001	塞尔维亚和黑山 Serbia and Montenegro	S
166	22/10/2001	不丹 Bhutan	R
167	24/10/2001	厄立特里亚 Eritrea	Ac
168	28/03/2002	利比里亚 Liberia	Ac
169	09/04/2002	巴巴多斯 Barbados	Ac
170	24/04/2002	马绍尔群岛 Marshall Islands	Ac
171	06/06/2002	科威特 Kuwait	R
172	11/06/2002	帕劳 Palau	Ac
173	13/06/2002	瓦努阿图 Vanuatu	R
174	22/07/2002	密克罗尼西亚 Micronesia(Federated States of)	Ac
175	23/09/2002	摩尔多瓦 Republic of Moldova	R
176	03/02/2003	圣文森特和格林纳丁斯 Saint Vincent and the Grenadines	R
177	25/11/2003	莱索托 Lesotho	Ac
178	03/04/2004	汤加 Tonga	Ac
179	07/01/2005	塞拉利昂 Sierra Leone	R
180	16/02/2005	特立尼达和多巴哥 Trinidad and Tobago	R
181	30/11/2005	斯威士兰 Swaziland	R
182	28/01/2006	几内亚比绍 Guinea-Bissau	R
183	03/06/2006	黑山 Montenegro	S
184	25/07/2006	圣多美和普林西比 Sao Tome and Principe	R
185	03/08/2007	吉布提 Djibouti	R
186	16/01/2009	库克群岛 Cook Islands	R
187	10/03/2010	赤道几内亚 Equatorial Guinea	R
188	12/08/2011	文莱德鲁萨兰 Brunei Darussalam	R
189	08/12/2011	巴勒斯坦 Palestine	R

续表

序号 No.	交存日期 Date of Deposit (日/月/年)	缔约国 State Party	方式 Type
190	19/06/2012	新加坡 Singapore	R
191	15/05/2014	巴哈马 Bahamas	R
192	09/03/2016	南苏丹 South Sudan	R
193	31/10/2016	东帝汶 Timor-Leste	R
194	23/07/2020	索马里 Somalia	R

二、《保护非物质文化遗产公约》的缔约国

《世界遗产公约》的姊妹公约是《保护非物质文化遗产公约》，其缔约国状况见表2。

表2　《保护非物质文化遗产公约》缔约国名单

(以加入时间排序)

序号 No.	交存日期 Date of Deposit (日/月/年)	缔约国 State Party	方式 Type
1	15/03/2004	阿尔及利亚 Algeria	A
2	04/06/2004	毛里求斯 Mauritius	R
3	15/06/2004	日本 Japan	Ac
4	18/06/2004	加蓬 Gabon	Ac
5	20/08/2004	巴拿马 Panama	R
6	02/12/2004	中国 China	R
7	07/12/2004	中非共和国 Central African Republic	R
8	14/01/2005	拉脱维亚 Latvia	Ac
9	21/01/2005	立陶宛 Lithuania	R
10	03/02/2005	白俄罗斯 Belarus	A
11	09/02/2005	韩国 Republic of Korea	Ac

续表

序号 No.	交存日期 Date of Deposit (日/月/年)	缔约国 State Party	方式 Type
12	15/02/2005	塞舌尔 Seychelles	R
13	11/03/2005	叙利亚 Syrian Arab Republic	R
14	02/05/2005	阿拉伯联合酋长国 United Arab Emirates	R
15	03/06/2005	马里 Mali	R
16	29/06/2005	蒙古国 Mongolia	R
17	28/07/2005	克罗地亚 Croatia	R
18	03/08/2005	埃及 Egypt	R
19	04/08/2005	阿曼 Oman	R
20	05/09/2005	多米尼克 Dominica	R
21	09/09/2005	印度 India	R
22	20/09/2005	越南 Viet Nam	R
23	23/09/2005	秘鲁 Peru	R
24	07/10/2005	巴基斯坦 Pakistan	R
25	12/10/2005	不丹 Bhutan	R
26	21/10/2005	尼日利亚 Nigeria	R
27	23/11/2005	冰岛 Iceland	R
28	14/12/2005	墨西哥 Mexico	R
29	05/01/2006	塞内加尔 Senegal	R
30	20/01/2006	罗马尼亚 Romania	R
31	27/01/2006	爱沙尼亚 Estonia	R
32	31/01/2006	卢森堡 Luxembourg	R
33	14/02/2006	尼加拉瓜 Nicaragua	R
34	24/02/2006	埃塞俄比亚 Ethiopia	R
35	24/02/2006	塞浦路斯 Cyprus	R
36	28/02/2006	玻利维亚 Bolivia	R
37	01/03/2006	巴西 Brazil	R

续表

序号 No.	交存日期 Date of Deposit (日/月/年)	缔约国 State Party	方式 Type
38	10/03/2006	保加利亚 Bulgaria	R
39	17/03/2006	匈牙利 Hungary	R
40	23/03/2006	伊朗 Iran(Islamic Republic of Iran)	R
41	24/03/2006	斯洛伐克 Slovakia	R
42	24/03/2006	摩尔多瓦 Republic of Moldova	R
43	24/03/2006	比利时 Belgium	R
44	24/03/2006	约旦 Jordan	R
45	27/03/2006	土耳其 Turkey	R
46	31/03/2006	马达加斯加 Madagascar	R
47	04/04/2006	阿尔巴尼亚 Albania	R
48	10/05/2006	赞比亚 Zambia	R
49	18/05/2006	亚美尼亚 Armenia	R
50	30/05/2006	津巴布韦 Zimbabwe	R
51	13/06/2006	马其顿 Former Yugoslav Republic of Macedonia	R
52	13/06/2006	柬埔寨 Cambodia	R
53	06/07/2006	摩洛哥 Morocco	R
54	11/07/2006	法国 France	R
55	13/07/2006	科特迪瓦 Côte d'Ivoire	R
56	21/07/2006	布基纳法索 Burkina Faso	R
57	24/07/2006	突尼斯 Tunisia	R
58	24/07/2006	洪都拉斯 Honduras	R
59	25/07/2006	圣多美岛和普林西比 Sao Tome and Principe	R
60	09/08/2006	阿根廷 Argentina	R
61	18/08/2006	菲律宾 Philippines	R
62	25/08/2006	布隆迪 Burundi	R
63	14/09/2006	巴拉圭 Paraguay	R

续表

序号 No.	交存日期 Date of Deposit (日/月/年)	缔约国 State Party	方式 Type
64	02/10/2006	多米尼加 Dominican Republic	R
65	25/10/2006	危地马拉 Guatemala	R
66	25/10/2006	西班牙 Spain	R
67	06/11/2006	吉尔吉斯斯坦 Kyrgyzstan	R
68	15/11/2006	毛里塔尼亚 Mauritania	R
69	03/01/2007	希腊 Greece	R
70	08/01/2007	黎巴嫩 Lebanon	Ac
71	17/01/2007	挪威 Norway	R
72	18/01/2007	阿塞拜疆 Azerbaijan	R
73	18/01/2007	乌拉圭 Uruguay	R
74	01/02/2007	圣卢西亚 Saint Lucia	R
75	23/02/2007	哥斯达黎加 Costa Rica	R
76	12/04/2007	委内瑞拉 Venezuela	Ac
77	27/04/2007	尼日尔 Niger	R
78	29/05/2007	古巴 Cuba	R
79	04/06/2007	摩纳哥 Monaco	Ac
80	30/08/2007	吉布提 Djibouti	R
81	19/09/2007	纳米比亚 Namibia	R
82	08/10/2007	也门 Yemen	R
83	15/10/2007	印度尼西亚 Indonesia	Ac
84	18/10/2007	莫桑比克 Mozambique	R
85	24/10/2007	肯尼亚 Kenya	R
86	30/10/2007	意大利 Italy	R
87	04/12/2007	伯利兹 Belize	R
88	10/01/2008	沙特阿拉伯 Saudi Arabia	Ac
89	29/01/2008	乌兹别克斯坦 Uzbekistan	R

续表

序号 No.	交存日期 Date of Deposit (日/月/年)	缔约国 State Party	方式 Type
90	13/02/2008	厄瓜多尔 Ecuador	R
91	20/02/2008	几内亚 Guinea	R
92	18/03/2008	格鲁吉亚 Georgia	R
93	19/03/2008	哥伦比亚 Colombia	R
94	21/04/2008	斯里兰卡 Sri Lanka	Ac
95	21/05/2008	葡萄牙 Portugal	R
96	27/05/2008	乌克兰 Ukraine	R
97	17/06/2008	乍得 Chad	R
98	19/06/2008	苏丹 Sudan	R
99	16/07/2008	瑞士 Switzerland	R
100	29/07/2008	莱索托 Lesotho	R
101	01/09/2008	卡塔尔 Qatar	R
102	12/09/2008	巴布亚新几内亚 Papua New Guinea	R
103	18/09/2008	斯洛文尼亚 Slovenia	R
104	02/10/2008	巴巴多斯 Barbados	Ac
105	21/11/2008	朝鲜 Democratic People's Republic of Korea	R
106	10/12/2008	智利 Chile	R
107	15/01/2009	格林纳达 Grenada	R
108	05/02/2009	多哥 Togo	R
109	18/02/2009	捷克 Czech Republic	Ac
110	23/02/2009	波斯尼亚和黑塞哥维那 Bosnia and Herzegovina	R
111	30/03/2009	阿富汗 Afghanistan	Ac
112	09/04/2009	奥地利 Austria	R
113	13/05/2009	乌干达 Uganda	R
114	11/06/2009	孟加拉国 Bangladesh	R
115	14/09/2009	黑山 Montenegro	R

续表

序号 No.	交存日期 Date of Deposit (日/月/年)	缔约国 State Party	方式 Type
116	17/09/2009	海地 Haiti	R
117	25/09/2009	圣文森特和格林纳丁斯 Saint Vincent and the Grenadines	R
118	30/10/2009	丹麦 Denmark	A
119	26/11/2009	老挝 Lao People's Democratic Republic	R
120	06/01/2010	伊拉克 Iraq	R
121	19/01/2010	斐济 Fiji	R
122	26/01/2010	汤加 Tonga	Ac
123	16/03/2010	马拉维 Malawi	R
124	01/04/2010	波斯瓦纳 Botswana	Ac
125	15/06/2010	尼泊尔 Nepal	R
126	17/06/2010	赤道几内亚 Equatorial Guinea	R
127	30/06/2010	塞尔维亚 Serbia	R
128	22/07/2010	特立尼达和多巴哥 Trinidad and Tobago	R
129	17/08/2010	塔吉克斯坦 Tajikistan	R
130	22/09/2010	瓦努阿图 Vanuatu	R
131	27/09/2010	牙买加 Jamaica	R
132	28/09/2010	刚果民主共和国 Democratic Republic of the Congo	R
133	07/10/2010	厄立特里亚 Eritrea	R
134	26/01/2011	瑞典 Sweden	R
135	16/05/2011	波兰 Poland	R
136	26/05/2011	冈比亚 Gambia	R
137	12/08/2011	文莱德鲁萨兰 Brunei Darussalam	R
138	18/10/2011	坦桑尼亚 United Republic of Tanzania	R
139	02/11/2011	帕劳 Palau	R
140	25/11/2011	土库曼斯坦 Turkmenistan	R
141	08/12/2011	巴勒斯坦 Palestine	R

续表

序号 No.	交存日期 Date of Deposit (日/月/年)	缔约国 State Party	方式 Type
142	28/12/2011	哈萨克斯坦 Kazakhstan	R
143	17/04/2012	贝宁 Benin	R
144	15/05/2012	荷兰 Netherlands	Ac
145	16/07/2012	刚果 Congo	R
146	13/09/2012	萨尔瓦多 El Salvador	R
147	09/10/2012	喀麦隆 Cameroon	R
148	30/10/2012	斯威士兰 Swaziland	Ac
149	21/01/2013	卢旺达 Rwanda	R
150	13/02/2013	密克罗尼亚 Micronesia(Federated States of Micronesia)	R
151	21/02/2013	芬兰 Finland	Ac
152	01/03/2013	瑙鲁 Nauru	R
153	10/04/2013	德国 Germany	Ac
154	25/04/2013	安提瓜和巴布达 Antigua and Barbuda	R
155	23/07/2013	马来西亚 Malaysia	R
156	08/11/2013	安道尔 Andorra	R
157	13/11/2013	萨摩亚 Samoa	Ac
158	20/11/2013	科摩罗 Comoros	R
159	07/03/2014	巴林 Bahrain	R
160	07/05/2014	缅甸 Myanmar	R
161	15/05/2014	巴哈马 Bahamas	R
162	09/04/2015	科威特 Kuwait	R
163	14/04/2015	马绍尔群岛 Marshall Islands	Ac
164	22/12/2015	爱尔兰 Ireland	R
165	06/01/2016	佛得角 Cabo Verde	R
166	20/01/2016	加纳 Ghana	R
167	07/03/2016	几内亚比绍 Guinea-Bissau	Ac

续表

序号 No.	交存日期 Date of Deposit (日/月/年)	缔约国 State Party	方式 Type
168	09/03/2016	南苏丹 South Sudan	R
169	15/04/2016	圣基茨和尼维斯 Saint Kitts and Nevis	R
170	03/05/2016	库克群岛 Cook Islands	R
171	10/06/2016	泰国 Thailand	R
172	31/10/2016	东帝汶 Timor-Leste	R
173	13/04/2017	马耳他 Malta	R
174	12/05/2017	图瓦卢 Tuvalu	A
175	05/09/2017	苏里南 Suriname	R
176	02/01/2018	基里巴斯 Kiribati	R
177	22/02/2018	新加坡 Singapore	R
178	11/05/2018	所罗门群岛 Solomon Islands	R
179	23/07/2020	索马里 Somalia	R
180	28/07/2020	安哥拉 Angola	R

三、缔约国的相关组织及责任

根据《世界遗产公约》和《保护非物质文化遗产公约》的要求，各国政府依照本国法律规定的程序，以批准、接受、赞同或加入公约的方法，成为缔约国。

《世界遗产公约》要求，各缔约国应视本国具体情况尽力做到以下几点：

1. 通过一项旨在使文化和自然遗产在社会生活中起一定作用并把遗产保护工作纳入全面规划计划的总政策；

2. 如本国内尚未建立负责文化和自然遗产的保护、保存和展出的机构，则建立一个或几个此类机构，配备适当的工作人员和为履行其职能所需的手段；

3. 发展科学和技术研究，并制订出能够抵抗威胁本国文化或自然遗产的危险的实际方法；

4. 采取为确定、保护、保存、展出和恢复这类遗产所需的适当的法律、科学、技术、行政和财政措施；

5. 促进建立或发展有关保护、保存和展出文化和自然遗产的国家或地区培训中心，并鼓励这方面的科学研究。

尤其是要求缔约国应通过一切适当手段，特别是教育和宣传计划，努力增强本国人民对世界文化和自然遗产的赞赏和尊重。

《保护非物质文化遗产公约》也强调，为了确保其领土上的非物质文化遗产得到保护、弘扬和展示，各缔约国应努力做到：

1. 制定一项总的政策，使非物质文化遗产在社会中发挥应有的作用，并将这种遗产的保护纳入规划工作；

2. 指定或建立一个或数个主管保护其领土上的非物质文化遗产的机构；

3. 鼓励开展有效保护非物质文化遗产，特别是濒危非物质文化遗产的科学、技术和艺术研究以及方法研究；

4. 采取适当的法律、技术、行政和财政措施。

这些规定所涉及的保护层面非常清晰，法律、科学、技术、教育、财政等均在一个有机整体当中。而实现这些目标，归根结底还需要有效的机构来组织和保障实施。因而，各缔约国的国内法也要规定本国世界遗产事务的管辖机关，履行相关的职责。

比如，在我国，世界遗产事务由政府的住建行政部门和文化行政部门分别管辖。从长远计，如果能够设立专门机构集中管辖，当然是最为理想的。

Chapter 5 第五章

自然遗产

《世界遗产公约》确定了文化遗产(Cultural Heritage)、自然遗产(Natural Heritage)两种遗产类型。文化遗产主要以文物、建筑群、遗址为主,能够体现人类的杰出创造,见证各个历史阶段的文明。自然遗产具有科学研究和自然审美的价值,包括自然地貌、动植物生境区和天然名胜区。

将地球上的自然状貌纳入世界遗产,与文化遗产视为人类遗产的同一整体,是世界遗产事务从初始时即显现出来的明智之举。1965 年,在保护自然方面具有成熟理念和较丰富经验的美国提出了将自然遗产纳入公约内容的意见。1968 年,世界自然保护联盟(IUCN)也建议,将自然遗产的部分融入世界遗产的范畴,使之成为一个大概念。由此,自然遗产的介入使世界遗产的概念有了先天的完整性优势,经过数十年的考验,愈加证明其到位。大地书写地球的历史,万物解析自然的法则,人只是自然法则中的组成部分。

第一节　自然遗产的范畴和标准

一、法定范畴和标准

《世界遗产公约》确定“自然遗产”为：

1. 自然面貌

从审美或科学角度看具有突出的普遍价值的由物质和生物结构或这类结构群组成的自然面貌。

2. 地质地理结构和动植物生境区

从科学或保护角度看具有突出的普遍价值的地质和自然地理结构以及明确划为受威胁的动物和植物生境区。

3. 天然名胜和自然区域

从科学、保护或自然美角度看具有突出的普遍价值的天然名胜或明确划分的自然区域。

《执行〈世界遗产公约〉的操作准则》(Operational Guide Lines for the Implementation of the World Heritage Convention)中第Ⅱ.D部分对自然遗产规定了4个标准，标准序号与文化遗产衔接：

(ⅶ)绝妙的自然现象，或具有罕见的自然美和审美价值的地带。

(ⅷ)构成代表地球演化史中重要阶段的突出例证，包括生命记录、行进中的重要地貌发展的地质过程、重要的地质地貌特征。

(ⅸ)构成代表具重要意义的进行中的生态和生物演化过程，陆地、活水、海洋海岸生态系统及动植物群落发展的突出例证。

(ⅹ)最重要和有意义的珍稀濒危动植物种的自然栖息地，是生物多样性的真实体现，它包括从科学和保护的角度来看具有突出普遍价值的濒危动植物的自然栖息地。

研究这四个标准，并分析实际操作的结果，我们会发现，自然遗产有自己的特质和规则,对自然遗产的确认注重审美价值和科学价值这两个大的方面,审美价值比较直观,科学价值则需综合的验证。这两方面并重,缺一不可。与人类的创造物文化遗产不同,自然遗产是用自己的方式书写地球史;而冠之以“遗产”,又是以人类的判断力和鉴赏力来拥趸视觉上最美、生态系统最健康、地貌形态最独特的地方,让人类所能认知的自然界的历史长河展示其精彩的过程,也使人类今天依然享用着的自然环境得到最好的尊重与爱护。

二、描述地球的历史

人类的历史只是地球历史长河中的一瞬间,地球的历史才是我们迄今所能认知的最长的时间性对象。自有大气圈形成,地球的历史已有46亿年,可以划分成不同等级的地质时代单位,即宙、代、纪、世、期、时等。研究地质年代的同位素测定方法告诉我们,宙为4个:冥古宙、太古宙、元古宙、显生宙。约6亿年前至今皆属显生宙,分三个代:古生代、中生代、新生代。古生代包含:寒武纪、奥陶纪、志留纪、泥盆纪、石炭纪、二叠纪。中生代包含:三叠纪、侏罗纪、白垩纪。新生代包含:第三纪、第四纪。第三纪划分为:古新世、始新世、渐新世、中新世、上新世。第四纪划分为:更新世、全新世。

地球的演进,主要在于它自身的变化。人类的出现及人类因生存活动进行的破坏或维护,仅是一种非自然力的因素,不是书写地球历史的真正动力,更不是以世界遗产手段所关怀的对象和强调的理念。

当造山运动开始,地球的大规模“雕塑”在漫长的成长中渐渐成形,并显出千姿百态。许多地方的地貌还处在发育期,一些地方的火山活动到今天仍然活跃。地球的历史是由地球自己书写的,因而,每一项相关的世界遗产都在为自己所在的那一页做着描述。

在地球自身演化的过程中,地球上的生物系统也成为地球演进史中不可分割的组成部分。生物系统有“五界”:原核生物界、原生生物界、真菌界、植物界、动物界。“五界”生物伴随着地质地貌的演变,也构成悠长的历史线索。生物演化的直接证据是化石,而各种成规模的化石遗址地带,正是世界遗产所要关注和吸纳的。

由世界遗产的自然标准及自然遗产项实际构成的总体情况看,自然遗产以各国国内已经适用的国家公园、自然保护区和生物圈等形式构成。世界遗产将全球这些形式中最具科学价值的部分发掘出来,以择取自然中的精华为手段,写成了独特的"地球的教科书"。

三、严苛的"大区域"要求

自然遗产要体现世界遗产的原则和精神,则需具备自然价值方面的特色,其拥有的规模,在量的上面应当是充分的,否则便不具有说服力。具体表现出来,即每一项遗产都有较大的面积,被称为"大区域"(Large Size)。

《执行〈世界遗产公约〉的操作准则》第Ⅱ.F部分第101段要求,依据世界遗产标准(vii)至(x)申报的遗产,划定的边界要反映其成为世界遗产基本条件的栖息地、物种、过程或现象的空间要求。其范围必须包括与具有突出的普遍价值地段紧邻的足够大的区域,以保护其遗产价值不因人类的直接侵蚀和该区域外资源开发而受到损害。可见,"大区域"是一个显性要素。

"大区域"自然遗产的直观特点当然就是覆盖面积大。例如,俄罗斯的金山—阿尔泰山(Golden Mountains of Altai),在辽阔的苍宇中占地面积达328万公顷。又如,委内瑞拉的卡奈依马国家公园的面积相当于欧洲比利时的国土面积;或者说,比美国马里兰州的面积还要大。从这个意义上讲,在世界遗产的诸多种类当中,"大区域"自然遗产更具有系统性的先天特质。

俄罗斯:金山—阿尔泰山

Golden Mountains of Altai

Date of Inscription:1998

Criteria:(x)

Property:1,611,457 ha

450 km Southwest of Novosibirsk,in the Altai Republic

N50 28 0 E86 0 0

Ref:768rev

《世界遗产名录》对"金山—阿尔泰山"的概要描述是:"科米原始森林位于乌拉尔地区和乌拉尔山脉的冻土地带,占地328万公顷。和欧洲北部的另一片大面积的原始森林一样,这一广博范围内的针叶树、白杨、白桦、泥炭沼、河流以及天然湖泊，已经被监控和研究了 50 多年。针叶树林地带的自然发展，为生物研究提供了宝贵的资料。”

足够的“大区域”，才能保证生态系统的完整性及生物多样性。所以，除了符合前述的 4 个标准之外，每项自然遗产地还必须符合《执行〈世界遗产公约〉的操作准则》规定的“整体环境”（Conditions of Integrity）条件：

1. 必须包含自然生态关系必备要素的全部内容或者绝大部分内容；

2. 必须有相当充分的地域面积，能够自我维持生态平衡；

3. 必须具有维护物种延续的生态系统；

4. 濒危物种遗址应具有维持濒危物种生存所需的生境条件，特别要保护迁徙性的物种种群；

5. 遗产所在地必须有令人满意的长期立法调节，以做到制度化的保护。

这个“整体环境”的要求从实质上看还是非常严苛的，而这种严苛又是极其必要的。它们所强调的正是自然遗产项所应具有的全部内在的内容，直观地体现出来，就是“大区域”。自然地理地貌及生态系统的价值，要求有这样的“大区域”。由这样的思路来理解具备“整体环境”的自然遗产项，便能够使它们的具体样貌明晰起来。

第二节　自然遗产的次级类型

在执行公约并产生自然遗产的过程中，要严格按照法定标准审定遗产项，展示其法律准则所要求的典型的科学价值和审美价值。因而，自然遗产的次级类型并不强调与学术分类的密切契合，比如地质地貌没有突出沉积岩、岩浆岩、变质岩这样的分类。在公约执行 20 年后的发展时期，尤其强调名录中稀缺的类型，如稀树草原、海洋海岸、冰川冰原，并更加重视活态的遗产资源，如处于生长中的地质地貌。

图 7 体现自然遗产的部分次级类型。

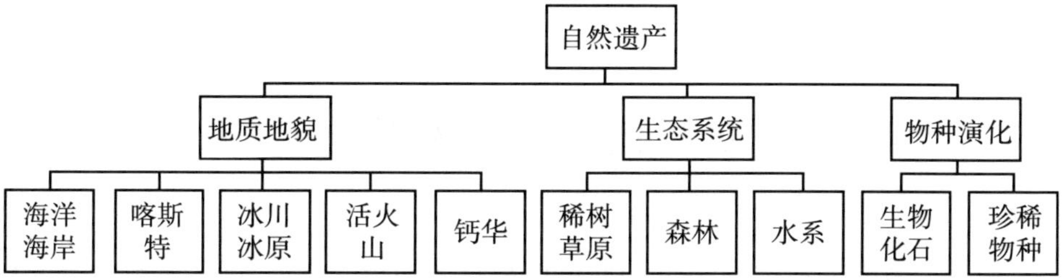

图 7　自然遗产的次级类型

在大多数情况下，一项自然遗产并不需要特别强调属于何种小类型，因为在综合标准之下能成为自然遗产的往往是集大成者，即遗产本身在地质地貌、物种演化、生态系统等方面均具备典型性。比如，能够全部符合自然遗产的 4 条标准的遗产项，体现的就是这种集大成的特点。

全部符合自然遗产 4 条标准遗产项主要有：

1. 澳大利亚昆士兰湿热带地区（Wet Tropics of Queensland）

2. 澳大利亚大堡礁（Great Barrier Reef）

3. 澳大利亚西澳鲨鱼湾（Shark Bay, Western Australia）

4. 新西兰蒂瓦希普纳穆—新西兰西南部地区（Te Wahipounamu-South West New Zealand）

5. 俄罗斯贝加尔湖（Lake Baikal）

6. 赛舌尔玛依谷地自然保护区（Vall de Mai Nature Reserve）

7. 美国黄石国家公园（Yellowstone National Park）

8. 美国大雾山国家公园（Great Smoky Mountains National Park）

9. 美国大峡谷国家公园（Grand Canyon National Park）

10. 洪都拉斯雷奥普拉塔诺生物圈保留地（Rio Platano Biosphere Reserve）

11. 委内瑞拉卡奈依马国家公园（Canaima National Park）

12. 厄瓜多尔加拉帕戈斯群岛（Galapagos Islands）

13. 马来西亚姆尔山国家公园（Gunung Mulu National Park）

14. 哥斯达黎加、巴拿马塔拉曼卡保护区国家公园（Talamanca Range-La Amistad Reserves/La Amistad National Park）

15. 中国三江并流（Three Parallel Rivers of Yunnan Protected Areas）

第三节　自然遗产的科学价值与审美价值

由法定范畴和整体的法定标准可以提炼出自然遗产应同时具备的两大特质：科学价值与审美价值。进入《世界遗产名录》的自然遗产，可以展示大自然的绮丽独特、非凡壮观，同时也呈现地质地貌、物种演化、生态系统方面的充足的科学证据。这里通过英国贾恩茨考斯韦角及其海岸、加拿大艾伯塔省恐龙公园、澳大利亚昆士兰湿热带地区、中国九寨沟名胜风景区等遗产项，来分析和感受自然遗产在科学价值和自然审美方面的特质。

英国：贾恩茨考斯韦角及其海岸

Giant's Causeway and Causeway Coast

Date of Inscription：1986

Criteria：(vii)(viii)

Property：70 ha

County Antrim，Northern Ireland

N55 15 0 W6 29 7

Ref：369

北爱尔兰的贾恩茨考斯韦角及其海岸，由无数奇异的六角形巨石排列而成。初看，如人工建造之工程，既规则又浩大。

奇异的地貌，常会孕育美丽的传说。贾恩茨考斯韦角的传说是关于巨人的故事：爱尔兰远古时期的巨人麦克库尔要与苏格兰的巨人盖尔决斗，因此在海中修建了巨石堤道。完工后回家休息，准备积蓄精力后沿堤道赴苏格兰与对手交战。盖尔闻讯，捷足先登，沿堤进入爱尔兰刺探情况。他看到了熟睡中麦克库尔的巨大身躯，并听到麦克库尔的妻子谎称那只是他们刚生下的孩子。盖尔自思，孩子尚且如此，其父该有多么巨大。于是慌张，不战而退，并在回程中拆毁了其身后的石堤，只剩一段残堤留在了爱尔兰的海岸。因了这个民间传说，贾恩茨考斯韦角及其海岸故又名“巨人岬”。

其实,巨人岬是“柱状玄武岩”自然奇观,是这种独特自然现象的完美的表现。在北爱尔兰安特令平原边沿,沿着海岸在玄武岩悬崖的山脚下,大约由4万个巨柱组成的贾恩茨考斯韦角从大海中伸出来,形成岩石海岬。

经过近300年来地质学家的研究,已给出了一个科学的结论。根据其构造,确定了它是在白垩纪末至第三纪初(5000万~6000万年前)由活火山不断喷发而成。火山活动使一股股玄武岩熔流涌出地壳,灼热的熔岩在逐渐冷却、收缩、结晶的时候,爆裂成规则的六边形。同时熔岩爆裂时所产生的节理具有垂直伸展的特点,在沿节理流动的水流作用下,形成六角形岩柱的聚集。岩柱经海浪长久冲蚀,造就了参差高低的形貌。

这个奇观被确定为自然遗产,对地球科学的发展也是一个推动,同时更为生动描述地球的历史增添了神奇亮丽的一笔。

加拿大:艾伯塔省恐龙公园

Dinosaur Provincial Park

Date of Inscription:1979

Criteria:(vii)(viii)

Property:7493 ha

N50 46 4 W111 29 32

Ref:71

19世纪早期人类开始了对恐龙的科学认识,1824年在英格兰首次发现了侏罗纪和早期白垩纪的恐龙化石。1889年开始,在加拿大艾伯塔省的东南谷地不断发现有大量的化石,被确定为恐龙化石富层。1955年,艾伯塔省省立恐龙公园正式建立。1985年,落成了蒂勒尔古生物博物馆,使人们认知更加生动可感的远古恐龙世界。馆中呈现了一处处化石发掘遗址及正在发掘的现场,一具具完整的巨型恐龙骨骼。一条名为“恐龙之路”的长廊长达47千米,再现了恐龙时代的生活景象。艾伯塔省恐龙公园的化石品种分属7个科45个属,是全球恐龙记录最为丰富的地方。

地质层中储藏着遥远年代的生命体秘密,那是远比人类出现早得多的生命迹象。在太古宙,有了大气圈和水圈,细胞开始形成,光合自养厌氧微生物存在了。至元古宙,蓝藻、真核藻类、低等无脊椎动物出现。古生代寒武纪,三叶虫、甲胄鱼繁盛。其后漫长的过程中,逐渐出现爬行动物、哺乳动物、鸟类。

在澳大利亚多次发现了的地球早期生物化石,涵盖时间跨度很大。澳大利亚的世界遗产在相当的程度上也将这方面的成就体现了出来。如西澳的鲨鱼湾地带,就包含有反映原始藻类和细菌群落生命过程的叠层遗迹化石,是肉眼可以看见的最早的有机群体;澳大利亚哺乳动物化石遗址,则有从渐新世到中新世的哺乳动物的记录,大量的化石表明了 2000 万年以来哺乳动物的进化历程。

澳大利亚:西澳大利亚鲨鱼湾

Shark Bay,Western Australia

Date of Inscription:1991

Criteria:(vii)(viii)(ix)(x)

Property:2,200,902 ha

S25 29 10 E113 26 10

Ref:578

澳大利亚:澳大利亚哺乳动物化石遗址

Australian Fossil Mammal Sites(Riversleigh/Naracoorte)

Date of Inscription:1994

Criteria:(viii)(ix)

Property:10,326 ha

S19 4 60 E138 43 0

Ref:698

澳大利亚:昆士兰湿热带地区

Wet Tropics of Queensland

Date of Inscription:1988

Criteria:(vii)(viii)(ix)(x)

Property:893, 453 ha

S15 39 0 E144 58 0

Ref:486

九寨沟名胜风景区

Jiuzhaigou Valley Scenic and Historic Interest Area

Date of Inscription：1992

Criteria：(vii)

Property：72,000 ha

Nanping County，Sichuan Province

N33 05 E103 55

Ref：637

《世界遗产名录》对“贾恩茨考斯韦角及其海岸”的概要描述是：“在北爱尔兰安特令平原边沿，沿着海岸在玄武岩悬崖的山脚下，大约由四万个巨柱组成的贾恩茨考斯韦角从大海中伸出来。这个著名的名胜就如同传说中的巨人跨过海峡到达苏格兰。300年来，地质学家们研究其构造，了解到它是在第三纪（大约5000万～6000万年前）由活火山不断喷发而成的。这个壮观景点同时推动了地球科学的发展。”

《世界遗产名录》对“艾伯塔省恐龙公园”的概要描述是：“除了秀丽的风景之外，坐落在艾伯塔省的这个公园还有许多极为重要的‘爬行动物时代’的化石，特别是其中的60多个分别代表了七种恐龙的化石，可以追溯到7500万年前。”

《世界遗产名录》对“昆士兰湿热带地区”的概要描述是：“这一地区位于澳大利亚的最东北端，绝大部分地区由潮湿森林组成。这里的环境特别适合于不同种类的植物、袋鼠以及鸟类生存，同时给那些稀有的濒危动植物也提供了良好的生存条件。”

《世界遗产名录》对“九寨沟名胜风景区”的概要描述是：“九寨沟位于四川省北部，连绵超过72,000公顷，曲折狭长的九寨沟山谷海拔超过4800米，因而形成了一系列形态不同的森林生态系。它壮丽的景色因一系列狭长的圆锥状喀斯特溶岩地貌和壮观的瀑布而更加充满生趣。沟中现存140多种鸟类，还有许多濒临灭绝的动植物物种，包括大熊猫和四川扭角羚。”

第四节 行进中的自然遗产

在自然遗产的丰富资源中,多样的类型和立体的形态已经构成。其中,行进中(on-going)的自然遗产就是非常具有凸显价值的一部分,有力地诠释着世界遗产的内在精神和追求目标。

一、何谓行进中的自然遗产

行进中的自然遗产是指那些地质地貌、生态生物的构成要素处于持续变动状态的自然遗产。这些遗产本身不仅见证了地球历史漫长的塑造过程,还继续着它们自身的发展演化进程。自2005年《世界遗产公约》的执行法《执行〈世界遗产公约〉的操作准则》对世界遗产的标准进行了较大调整后,有关自然遗产的理念更鲜明地体现出对“行进中”这一要点的强调。这4条标准在确认系统性、完整性的基础上,对记录地质地貌、生态生物发展过程的行进状态,增加并加强了表述。“行进中”成为标准内容中一个重要的组成部分;或者说,是一个显性的指标。

从外部形式上看,自然遗产可能往往是动态的,比如,瀑布、河流、森林,总是处于直观的动态。但是,这并非“行进中”的全部含义。“行进中”作为法定标准中的重要指标,更加注重自然遗产深度的状态以及对其专业价值的认知。

作为构成代表地球演化史中重要阶段的突出例证,作为构成代表具有重要意义的陆地、活水、海洋海岸生态系统及动植物群落发展的突出例证,自然遗产不仅要包括行进中的重要地貌发展的地质过程、重要的地质地貌特征,还要包括进行中的生态和生物演化过程。自然遗产的完整性以及“大区域”的整体条件要求,均与行进中的状态有着密切的内在关联。行进中的自然遗产不仅见证了地球历史漫长的塑造过程,还继续着它们自身的发展演化进程。

二、自然遗产如何处于行进中

体现未间断的地质地貌、生态生物发展变化的进程，是行进中的自然遗产所担当的使命。自然遗产中有典型性的具体案例，是解释自然遗产如何处于深度的行进中状态的最好实证。

（一）范例一：中青年期的喀斯特地貌

美国：猛玛洞穴国家公园

Mammoth Cave National Park

Date of Inscription：1981

Criteria：（vii）（viii）（x）

Property：21，191 ha

N37 11 14 W86 6 11

Ref：150

猛犸洞穴国家公园于 1941 年依照美国国家公园法的制度规则而建立，位于美国肯塔基州。世界遗产委员会认定，猛玛洞穴国家公园是世界上最大的自然洞穴群和地下长廊，也是石灰岩地貌构成的典型代表。国家公园及其地下超过 560 公里的长廊为多种植物和动物提供了栖息地，其中包括许多濒危物种。①

肯塔基州中西部的地质历史本身就丰富悠久，大约 2.4 亿年前这里是汪洋大海。随着地壳的抬升，海水退去，海相沉积物固结为可溶性岩层。含二氧化碳的水流沿石灰岩的裂隙，进行着溶蚀的活动。地表水渗入地下，地下洞穴系统便开始了发育阶段。必须注意的是，猛犸洞穴现正处于喀斯特地貌发育的青年至中年阶段，因此仍在不断地拓宽、加深之中。这正是它作为自然遗产并处于“行进中”的要点所在。

---

① 参见联合国教科文组织：《世界遗产名录》（网络版），载世界遗产中心网 2019 年 7 月 29 日，http：//whc.unesco.org/en/list/150。

(二)范例二:陆地的高度每年抬升3厘米

瑞典、芬兰:高海岸地和瓦尔肯群岛

The High Coast Kvarken Archipelago-Finland and Sweden

Date of Inscription:2000

Extension:2006

Criteria:(viii)

Property:336,900 ha

N63 17 60 E21 18 0

Ref:898bis

这是一项由瑞典和芬兰共享的跨国遗产。瑞典一方的海岸高地于2000年成为世界遗产,位于波的尼亚湾西海滨,是波罗的海向北延伸的一部分。这片海岸面积为142,500公顷,其中80,000公顷为海洋部分,有大量的近海群岛。[①]由于冰河作用、冰川消融及海面新陆地抬升的共同作用,形成了该地区一系列的湖泊、海湾和高达350米的低丘等不规则地形。自9600年前冰川从高海岸最后消融以来,陆地不断抬升,最高达285米。这就是地质学上的"均衡反弹"(equilibrium rebound)。海岸高地作为末次冰期的海岸遗址,为认识地球表面冰冻和陆地抬升区域形成的重要过程提供了极好的证据。

芬兰一方的瓦尔肯群岛于2006年作为扩展项目加入已是世界遗产的海岸高地项目中,二者成为一项世界遗产。瓦尔肯群岛包含5600个小岛,遗产总面积达到194,400公顷,其中15%为陆地,85%为海洋。地面主要为10,000~24,000年前大陆冰层融化形成的不规则脊状延伸的搓板冰碛。[②] 在冰川快速均衡抬升过程中,小岛不断地从海面升起,原来被冰川压迫而下沉的大陆,逐渐以较快的速度抬升。海岸线不断推进,岛屿慢慢形成并联结在一起,半岛也在扩张,湖泊由海湾演变而来,继而成为块状沼泽与湿地。因此,从科学角度讲瓦

---

① 参见联合国教科文组织:《世界遗产名录》(网络版),载世界遗产中心网2019年7月29日,http://whc.unesco.org/en/list/898。

② 参见联合国教科文组织:《世界遗产名录》(网络版),载世界遗产中心网2019年7月29日,http://whc.unesco.org/en/list/898。

尔肯也是认知和研究地壳均衡现象的典型区域。

在全球同类地质过程中,科学领域开始认识并研究这种“均衡反弹”现象,正是由此地而发祥。更为重要的是,这项跨国的自然遗产中的陆地仍然在以平均每年将近3厘米的速度抬升,即处在“行进中”。

(三)范例三:冰川每天前行3米

阿根廷:冰川国家公园

Los Glaciares National Park

Date of Inscription:1981

Criteria:(vii)(viii)

Property:726,927 ha

S50 0 0 W73 14 57.984

Ref:145

除南极洲和格陵兰岛外,地球上最大的冰原就在南美安第斯山南段了。山谷冰川、冰斗冰川、山麓冰川、悬冰川等各种现代冰川类型,汇聚于此,科学价值极高,研究和欣赏环境都是非常理想的。1937年,阿根廷在这里建立了冰川国家公园。

这里的冰川是“行进中”的冰川,经历了第四纪冰期的冰川以每天3米的速度前进,因而,与河水相接触的冰舌如高墙垒筑,在行进中就不断有巨大的冰块挤离冰川,轰然劈落,溅起巨浪,声震八方。景象之壮观,奇妙而罕见。因此,世界遗产委员会评价道:“冰川国家公园风景秀美,峰峦叠嶂,冰川湖泊星罗棋布,其中包括长达160公里的阿根廷湖。在遥远的源头,三川汇流,奔涌注入奶白色冰水之中,将硕大的冰块冲到湖里,冰块撞击如雷声轰鸣,蔚为壮观。”①

随着全球变暖,雪线上升,冰川的自然价值和科学价值日益凸显。像冰川国家公园这样的自然遗产属凤毛麟角。全球各地纳入世界遗产的冰川,或以冰川本身为主体出现,或作为某项自然遗产中的组成部分出现,都是十分宝贵的。例如,加拿大的落基山公园群及美国、加拿大共有的两项遗产,均为自然含量丰富的“大区域”并包含冰川的世界遗产。更加弥足珍贵的是,前行的冰川将行进

① 参见联合国教科文组织:《世界遗产名录》(网络版),载世界遗产中心网2019年7月29日,http://whc.unesco.org/en/list/145。

中的自然遗产活态地呈现了出来。

三、行进中的自然遗产的关联价值

(一)发展性

行进中的重要地貌发展的地质过程和重要的地质地貌特征,以及行进中的生态和生物演化过程,就在这些活态中得到印证。比如,前述猛犸洞穴国家公园,不仅诠释了地球进化历史的各个阶段,而且对正在经历的地质过程进行实时描述;伴随地质过程,属于当地独特的野生动物也在发展进化过程之中。又如,夏威夷火山国家公园(Hawaii Volcanoes National Park),有世界上最活跃的两座活火山——冒纳罗亚山(海拔 4170 米)和基拉韦厄火山(海拔 1250 米),犹如两座巨塔俯瞰着太平洋。① 火山猛烈的喷发不断地改变周围的景观,熔岩流展现了奇妙的行进中的地质构造过程。

从这个意义上讲,自然遗产写就的"地球的教科书",其实是一部随时添加内容的未完成的教科书。

(二)完整性

公法所确认的自然遗产相关价值追求是全方位的,其中,在对世界遗产完整性的要求上较为体现突出。《执行〈世界遗产公约〉的操作准则》第Ⅱ.E 部分第 78 段规定,只有同时具有完整性和(或)真实性的特征,且有恰当的保护和管理机制确保遗产得到保护,遗产才能被视为具有突出的普遍价值。②

完整性主要包括记录的完整性和生态的完整性。记录方面的完整性较为综合,指文化遗产和自然遗产能够将自身的发生、发展历史有效地呈现出来。生态的完整性则主要适用于自然遗产,指一个遗产项目内部生态系统的平衡和

---

① 参见联合国教科文组织:《世界遗产名录》(网络版),载世界遗产中心网 2019 年 7 月 29 日,http://whc.unesco.org/en/list/409。

② "突出的普遍价值"是世界遗产法的核心关键词。《执行〈世界遗产公约〉的操作准则》第 II.A 部分第 49 段有确切的解释:"突出的普遍价值指罕见的、超越了国家界限的、对全人类的现在和未来均具有普遍的重要意义的文化和(或)自然价值。因此,该项遗产的永久性保护对整个国际社会都具有至高的重要性。"

可持续发展。当然，完整性不是一个绝对概念，因为所有的保护区域都不是一个完全独立的孤岛，而是与周围环境、毗邻生态系统相联系的。

由此，自然遗产的完整性也可以用两个“充足”予以概括。其一，遗产地叙述地球历史的证据材料的充足。比如，有着 20 亿年岩系的科罗拉多大峡谷国家公园（Grand Canyon National Park），其地层、规模都占据了优势的话语地位，证据可谓充足。其二，生态系统构成的实体证据的充足。比如，印度尼西亚的科莫多国家公园（Komodo National Park），科莫多岛上的每一个生态环节都得到保护，科莫多龙①这一核心物种生存所需要的生态系统才能保持其说服力。

（三）关联性

《执行〈世界遗产公约〉的操作准则》第Ⅱ.E 部分第 93 段和第 94 段明确强调了自然遗产完整性的关联因素，并规定了专业性较强的指标要求。在地质地貌方面，依据标准（viii）申报的遗产必须包括其自然关系中所有或大部分重要的相互联系、相互依存的因素。例如，“冰川期”遗迹要满足完整性条件，则需包括雪地、冰河本身和凿面样本、沉积物和拓殖（如条痕、冰碛层及植物演替的先锋阶段等）。如果是火山，则岩浆层必须完整，且能代表所有或大部分火山岩种类和喷发类型。

在生态生物方面，依据标准（ix）申报的遗产必须具有足够的规模，且包含能够展示长期保护其内部生态系统和生物多样性的重要过程的必要因素。例如，热带雨林地区要满足完整性条件，需要有一定的海拔层次、多样的地形和土壤种类、群落系统和自然形成的群落；同样，珊瑚礁必须包括诸如海草、红树林和其他为珊瑚礁提供营养沉积物的临近生态系统。

这样，在专业认知上确认具有系统关联性的自然地带，无论是地质地貌还是生态生物，作为自然遗产都能够具有科学的承载力度。

（四）系统性

自然遗产“整体环境”的相应条件，诸如“维持濒危物种生存所需的生境条

---

① 科莫多龙（Varanus komodoensis）是一种大型蜥蜴，是爬行类动物中形象最类似恐龙的活体物种。

件”“自然生态关系必备要素”“相当充分的地域面积”“维护物种延续的生态系统”，这些条件之间是无法分割、相互制约的关联关系。它们彼此支撑，缺一不可。前述科莫多国家公园案例，就颇为典型。科莫多龙这种大型蜥蜴要实现物种生存繁衍，其活动空间应足够大，环境因素中的丛林、海水、沙滩不可缺少；它食用所需的是小型动物及鸟蛋、龟蛋等，因而这些动物的生境也首先必须得以保障。所有的环节都紧紧相扣，每一个部分都不能缺失。

世界遗产事务伊始，关于自然遗产的法定标准在整体上突出审美价值和科学价值这两个方面。在这两个大方向之下，描述地球本身的发展变迁是一项重要使命。其中，体现未间断的地质地貌、生态生物发展变化的过程，是必需的组成部分。自然遗产不仅要发现地球的过去，更要让过去与“行进中”的现在衔接起来，在“行进中”看到未来。

Chapter 6 第六章 国家公园

从通俗角度看,自然遗产作为世界遗产的一个大类,地球上所拥有的地质地貌、山岳、河流、湖泊、森林、草原、荒漠等,均可能成为其下属的次级类型。然而,基于世界遗产法定标准所要求的综合性,自然遗产的最佳保护形式是成熟的国家公园制度或类似于国家公园的自然保护区制度。

第一节 概 说

国家公园是由一种制度体系来支撑的,是指国家为了永续地保护自然环境,按法定的程序和科学的标准,将完整的生态系统和地质遗迹划定范围,全面加以保护的大面积的自然区域。因为是以法定的程序和科学的标准划定范围,并且保护这些被划定的自然区域要全面到位,所以国家公园制度就非常重要。所有对国家公园的保护,人们对国家公园的探究、享用,均要在制度的框架内实现,依照制度规则实施管理、研究、游览等活动。

一、国家公园制度的由来

尽管国体、整体、所属法系以及法律制度不同，但大多数国家均建立了国家公园制度，成体系、有规模地对领土内具有科学价值和审美价值的大自然加以保护。无论国土面积大小，只要有未被破坏的或可恢复的生态系统，有能够充分描述地球演变的地质地貌，都可以用国家公园制度来全面保护。

例如尼泊尔，国土面积不大，却拥有两个大型的国家公园——萨加玛塔国家公园（Sagarmatha National Park）和皇家奇特旺国家公园（Chitwan National Park）。萨加玛塔国家公园，为珠穆朗玛峰南麓连绵的群山和广袤地域，不仅有雪峰冰谷，还有鲜花遍地；它蕴藏着丰富的物种，在它的三个植被带——乔木带、灌木带、苔藓带有数百种动植物，雪豹、麝鹿更属稀有。皇家奇特旺国家公园则位于尼泊尔南部拉伊平原的天然动物保护区，是印度和尼泊尔之间喜马拉雅丘陵地带中为数不多的未遭破坏的自然区域之一，也是世界上已经罕见的亚洲独角犀牛的栖息之地和孟加拉虎的最后藏身地之一。二者同样是世界遗产。

在一些国家，文化遗产的保护也被纳入国家公园制度中。亦即，国家公园成为一个广义的概念，使一个国家的重要环境资源和重要文化遗产以一种全面的一以贯之的制度予以长久的保护。例如美国，就是这种选择广义国家公园制度的国家。世人耳熟能详的自由女神像国家纪念地（Statue of Liberty National Monument）、纽约克林顿城堡国家纪念地（Castle Clinton National Monument），均作为美国的文化遗产保护地被纳入国家公园制度，由美国国家公园局管辖。

国家公园制度创始于美国。如果要列举美国对世界做出的贡献，那么应首推国家公园制度。1872 年 3 月 1 日，美国国会通过了一项具有历史意义的法律《辟黄石河源头区域建立公园法》（An Act to Set Apart A Certain Tract of Land Lying near the Headwaters of the Yellowstone River as A Public Park, Approved March 1, 1872；以下简称《黄石法》，Yellowstone Act）。该法宣布，为了人民的利益，将确定的区域划定为公众公园和休闲地，建立了黄石国家公园。法律要求，黄石国家公园属于全体人民，“自此在美国法律下予以保存，并不得开垦、占据或买卖”。由此，正式开启了国家公园制度的历史进程。

从1872年世界上第一个国家公园——黄石国家公园诞生,国家公园制度发展到今天已经非常成熟,并为世界各地所普遍采用。国家公园制度的长处在于最具完整性地保护、保持生态原貌,使其免遭损伤和破坏。联合国教科文组织《世界遗产名录》的213项自然遗产中,约有八成是由拥有国的国家公园申报而来,大多分布于美洲、非洲、大洋洲和南部亚洲各国。

二、国家公园制度中的组织机构

作为一国的重要制度,必然需要统管的组织机构。或言,组织机构是国家公园制度的关键组成部分。

在红杉树国家公园(Sequoia National Park)、优胜美地国家公园(Yosemite National Park)、风洞国家公园(Wind Cave National Park)、落基山国家公园(Rocky Mountain National Park)等11个国家公园继黄石国家公园又陆续建立后,美国于1916年设立了国家公园局(National Park Service),旨在通过国家公园的方式,保存自然景观、野生生态及其蕴含其中的历史;同时将这些存在提供给当时的人们及其未来的世世代代享用。依照《建立国家公园局法》(An Act to Establish A National Park Service, and for Other Purposes, Approved August 25, 1916),国家公园局全面、垂直管理所有国家公园的专门事务。其后越来越走向正轨,不断充实。至今,国家公园局一以贯之地发挥着它统管国家公园的优势,履行职责,保护自然,服务民众。

各个国家虽然国情不同,但在所建立的国家公园制度当中,组织机构均为核心要素。基本特点是在国家一级或者联邦一级设置国家公园局,垂直管理全国所有的国家公园。有的国家将国家公园局为独立行政机构,有的国家将国家公园局设置于环境部、国土部或农业部等大部之下。

每个国家的国家公园均有各自的标识,统一使用。此外,在拥有国家公园制度的国家,每个国家公园还有属于自己的标识。

三、国家公园区域的划定

将完整的生态系统和地质遗迹划定范围,要提炼和归纳具有普遍性的标准。自然资源作为现代法律要保护的一个大范畴,地球上所拥有的地质地貌、山岳、河流、湖泊、森林、草原、荒漠等,均可成为其纳入的对象。在国家范围内保护自然资源,最佳形式就是划定大面积、原生态、原地貌的完整区域进行全面保护。这也是成熟的国家公园制度的标志之一。

怎样确定可划定区域,这方面可参照的法定规则较为稳定。比如《世界遗产公约》及其执行法,就有一定的权威性。

世界遗产的标准是基于各国法律及各环保组织的专业标准综合而来的,具有集大成的特点。综合地看,对自然遗产的确认注重审美价值和科学价值这两个大的方面,审美价值比较直观,科学价值则需综合的验证。这两方面并重,缺一不可。

划定的国家公园区域与确定自然遗产路径一致,既要体现国家公园的价值理念,还须符合一个通用的划定标准。具体操作下来就是拥有足够规模、足够覆盖面积的"大区域"(Large Size)特征。①

足够的"大区域",才能保证生态系统的完整性及生物多样性。所以,除了符合具体的标准之外,每个国家公园还必须符合一个整体性条件。此条件仍可参照《执行〈世界遗产公约〉的操作准则》规定的"整体环境"(conditions of integrity)条件来审视。"整体环境"的相应条件,诸如"维持濒危物种生存所需的生境条件""自然生态关系必备要素""相当充分的地域面积""维护物种延续的生态系统",是无法分割、相互制约的关联因素。它们彼此支撑,都很重要。

"整体环境"就是在一个制度保障的框架里,有足够健康的可持续发展的环境和生态。当然,在不同的地方,这个"整体环境"要求的构成因素和具体表现都会有自己的一套系统。

国家公园区域的划定要有利于全方位保存、保持天然的地质地貌结构形态,保证区域生态系统的稳定发展。它的优势百余年来影响了许多国家,其合理性为全世界所认同,并具有普遍的共识及相互推动。在各种自然保护的形态中,国家公园当然以最具完整性地保持整体生态原貌为优势,从而通过这些优势诠释对待自然的正确态度。

① "大区域"要求可参见本书第五章第一节。

再来看看黄石国家公园,它在这方面仍然是典型范例。黄石国家公园总面积大约有 8983 平方千米。它广袤的天然森林中有世界上最大的间歇泉集中地带,占全球此类地貌的 2/3。这些地热奇观是世界上最大的活火山存在的证据之一。它上一次喷发形成的火山口范围大约相当于整个公园面积的一半。大黄石生态系统是地球上保留的最大且完好的温带生态系统之一,而黄石国家公园正是这个生态系统的核心。

第二节　立　　法

由前述内容可以了解到,建立国家公园要靠法律来推动和规范,没有法律,国家公园无从谈起。因而,立法是先导。从分类来看,各国的法律因所属法系不同,发展历史长短不同,法律呈现的状态就各有特点。从不同法系的角度入手,能够在整个面上分析出国家公园立法的概貌。

一、英美法系

英美法系即判例法系,以美国、加拿大、英国为代表。至于国家公园立法,美国当然最具典型性。

美国属判例法系,每一项法律所针对的事务比较具体。在美国国会的立法历程中,有关国家公园的法律、法案数以千计。在如此浩繁的“法海”中,还需要识别和归纳其规律。虽然每建立一个国家公园都需要一部法律来确定,但美国建立国家公园和保护一个国家公园并非总是“一园一法”,法律的构成状态实际上呈现得非常多样。

(一)一园多法

一园多法的情形,如有关黄石国家公园的法律,曾经适用和迄今仍然有效的就有多部,可统称“黄石国家公园法”(Yellowstone National Park Act)。具体如下:

1872 年《辟黄石河源头区域建立公园法》(An Act to Set Apart A Certain Tract of Land Lying Near the Headwaters of the Yellowstone River as A Public Park, Approved March 1, 1872)(for short Yellowstone Act)

1894 年《保护黄石国家公园鸟类和动物暨惩罚犯罪法》(An Act to Protect the Birds and Animals in Yellowstone National Park, and to Punish Crimes in Said Park, and for Other Purposes, Approved May 7, 1894)

1894 年《黄石国家公园租约法》(An Act Concerning Leases in the Yellowstone National Park, Approved August 3, 1894)(已废止)

1996 年《要求国家公园局消除布鲁氏菌病对黄石国家公园野牛群困扰的法案》(A Bill to Require the National Park Service to Eradicate Brucellosis Afflicting the Bison in Yellowstone National Park, and for Other Purposes, 1996)

(二)一法多园

一法多园的情形,也很常见。如 1980 年的《建立比斯坎国家公园、改善杰斐逊堡垒国家纪念碑行政管理、扩展福吉谷国家历史公园,以及其他目的法》(An Act to Establish the Biscayne National Park, to Improve the Administration of the Fort Jefferson National Monument, to Enlarge the Valley Forge National Historical Park, and for Other Purposes, 1980),将一个地区或内容相关或地域相关的多个保护地,由一部法律来加以规范。

(三)一般规则

有关国家公园的一般规则,即不针对某个国家公园的法律,亦为数量不寡的立法形态。例如,2004 年《国家公园系统法律的技术修正案》(National Park System Laws Technical Amendments Act of 2004)即属此类。在国家公园制度发展到一定阶段,必然会对一般规则产生需求。一般规则既能够阶段性、概括性地解决问题,也能够横向地贯通所有的法律。

二、大陆法系

大陆法系立法的主要特征是法典化。一部数千条的法典可以规范一项大的事务。同时,法典与法典之间还有极其畅通的联系,涉及有关联的内容均会互为体现。

法国是大陆法系的代表,一部《环境法典》(Code de l’environnement)囊括了自然保护地的所有规范。就可供借鉴的经验而言,法国具有丰富的法律资源和成熟的立法技术。

日本也属于法典国家,1957 年《自然公园法》可以说是 1950 年《文化财保护法》的自然遗产版。《自然公园法》以庞大的规模将具有国际理念的、日本模式的国家公园规范得有条不紊。

三、其他的混合型法系

前两类法律体系之外,也存在富有混合特点的国家公园法。该类国家公园法规范的国家公园包含三个要点:其一,具有特殊自然景观、地形、地物、化石及未经人工培育自然演进生长之野生或孑遗动植物,足以代表国家自然遗产者。其二,具有重要之史前遗迹、史后古迹及其环境,富有教育意义,足以培育国民情操,需由国家长期保存者。其三,具有天赋育乐资源,风景特异,交通便利,足以陶冶国民情性,供游憩观赏者。

由以上内容梳理下来,可以了解到:国家公园制度就是一种为了世代的利益和环境福祉,依法对具有科学价值和审美价值的自然区域予以划定,并由法定的组织机构管辖,进行生态地貌保护、科研教育、休憩观赏活动的整体机制。其中包含的要素有:针对性明确的法律、划定的区域范畴、有管辖权的组织机构、人类活动与自然环境可持续的平衡规则。这些要素融于一体,从而形成国家公园制度。

第三节　价值理念

国家公园制度是人类主动选择和创立的一种保护自然的机制,必然有其明确的目的和价值追求。归纳而言,国家公园制度价值包括荒野的权利、全民的利益、代际责任、真实性与完整性这几个方面的要素。

一、荒野的权利

用人类的法律赋予大自然以权利，于是，大自然在法律上的具有了人格，即“法律人格”。具有“法律人格”的主体，除自然人、法人外，还有大自然、动物。具有“法律人格”的主体就意味着拥有法定的权利。

根据《美国国家公园》的资料，19 世纪中后期当西方国家的多数人还沉浸在驯服自然的热情中，一些有识之士开始意识到保存和保护自然面貌的迫切性及深远意义。画家乔治 · 盖特林（George Catlin）就提议，应当设立“国家的公园”，“一个国家的公园，包含了所有野生的植物和动物，以及自然美景的原始面貌”。山社（Sierra Club）的创始人之一约翰 · 穆尔（John Muir）将荒野视为生态与精神上双重需求，反对无节制的砍伐和放牧，为“荒野的权利”而奔波、呼吁。1870 年，一支 19 人的土地测量队发现了黄石地区的资源和价值。① 次年，美国国会拨款派遣地质科考队进行勘察，大有收获。这是促使两年后《黄石法》诞生的一种先期推力，其“荒野的权利”的理念也成为百余年贯穿始终的法律价值观。

“荒野的权利”寓意大自然的权利，主张对自然的尊重。地质地貌、生态系统完整、真实、永续地保存下去。

二、全民的利益

以国家法律的形式宣布成立国家公园，全民的利益这个要素是与生俱来的。国家公园伊始，法律明确的就是全民的利益。这种法定利益的主体是全新的一个集体性概念——全民，具体体现为欣赏、休憩、健身等活动。

1872 年的《黄石法》首创性地明示，“为了全民的利益，划定为公众公园和休闲地”，建立黄石国家公园。黄石国家公园“自此在美国法律下予以保存，并

---

① 参见[美]理查德 · 福特斯：《美国国家公园》，大陆桥翻译社译，中国轻工业出版社 2003 年版，第 12 ~ 13 页。

不得开垦、占据或买卖”。其后的百余年国家公园法的发展，一直贯穿着这条全民利益的“红线”。

由此，相应的法律就超越私法，具有了公法特质，也不断发挥着公法的功能。国家公园法也在公法的范畴中不断地茁壮成长。

同时，一个更加显性的话题就是民众的环境福祉，国家公园给了这个主题实现最大的可能性。在当代，国家公园制度更加强调关于民众环境福祉方面的价值。国家公园的目的与意义强调全民共享，为未来子孙后代考虑。因而，在生态文明的大主题之后，环境福祉的理念也应当高调呈现。

三、代际责任

代际责任是当代法律最重要的要素之一，也是一个核心理念。不仅仅是环境法，也不仅仅是美国法，在关涉可持续发展的所有法律中代际责任均为重要理念。

对于自然环境，代际责任必然突显。一代又一代（from generation to generation）的诚实爱护，是最为基础的条件。每一代人的责任就是，真实、完整地将自然遗产传给下一代。代代相传，才会有可持续的未来。因此，所有有关国家公园的定义中，代际责任为必需的构成要素。

这种代际责任的理念，也成为国际法采纳并广泛适用的原则。例如，联合国教科文组织在阐述《世界遗产公约》的意义时就强调，对于拥有生态学方面丰富资源的遗产地来说，它们面临着来自贫穷和社会不平等的巨大压力；它们往往是当地人的家园，也是关于人与自然的关系以及如何可持续利用自然资源的无价的传统知识宝库。《世界遗产公约》帮助这些遗产地吸引了国际上的关注，帮助管理和保护工作的改善。但是，还有很长的路要走：公约应该给当地人提供更多的选择，使遗产地能够证明自己在实现《生物多样性公约》的目标方面具有潜力。如果公约最终失败了，我们将给子孙后代留下一个贫瘠的地球，预先剥夺了他们享有环境的权利。

在这样的认识基础上可以明确看到，代际责任是环境保护、文化保护等事业的重要主题，在国家公园的建立和保护中也必然要渗透和贯彻。

因美国是国家公园制度的发祥地，所以在美国国家公园法的庞大体系中进行深度分析,了解其案例、数据、历史发展基本脉络、现有活力等多方面内容,归纳其内在精神、法律理念,可以发现其要旨更具有典型性。

正如百余年前的《建立国家公园局法》(An Act to Establish A National Park Service, and for Other Purposes, Approved August 25, 1916)所说,国家公园法的目的是:保护天然美景、自然和历史对象,其中包括野生动物;为人们提供欣赏大自然的机会;并以一以贯之的理念和方式,保证将未受损害的大自然留给未来世代享用。

四、真实性与完整性原则①

关于国家公园中真实性、完整性的标准确定,应当参照国际通行理念和方法。真实性和完整性是与具体遴选标准相配合的原则性标准,需要整体被考虑。

对于国家公园而言,真实性原则有自己的逻辑体现。总体来讲,作为自然遗产的国家公园就是地球本身的产物,具有纯粹的原真特征。完整性方面,要考虑在生态和自然证据完整基础上的行政区域因素。

为保持真实性、完整性不受侵害,国家公园都应当设有"缓冲带"(buffer zone)。设缓冲带的要求使得国家公园与人类社会活动可能产生的冲突有所缓解,也能有效预防自然资源的无谓损失。缓冲带的缺失会潜伏或直接出现一系列对自然的危害,从而导致其失去完整性。由此,真实性和完整性在国家公园制度中也应当被设置为原则性的价值追求,并作为整体衡量尺度的组成部分。

国家公园体制有利于全方位保存、保持天然的地质地貌结构形态,区域生态系统的稳定发展。它的优势百余年来影响了许多国家,其合理性为全世界所认同,并且国家之间具有普遍的共识及相互推动。在世界遗产中,国家公园当然以最具完整性地保持整体生态原貌的样例为选择目标,从而通过这些遗产项诠释对自然的态度。

《生物多样性公约》为保护区确定了一个概念:"保护区"是指一个划定的

① 关于真实性与完整性原则参见本书第九章第三节内容。

地理界限,为达到特定保护目标而指定或实行管制和管理的地区。就保护区的性质而言,十分符合世界自然遗产的“整体环境”的要求。因而,《执行〈世界遗产公约〉的操作准则》和《生物多样性公约》在这方面的目标不谋而合。同时,保护区在规模上的大区域性也凸显出来。

第四节　体系与发展

如前所述,国家公园制度产生和发展的每一步都离不开立法。建立一个国家公园需要立法,成立一个国家公园局需要立法,解决国家公园发展过程中遇到的大问题也需要立法。国家公园能够形成系统,意味着相关法律也具有自身的体系。前文所用“国家公园法”,就是对关于国家公园法律体系、法律规范的总称。而且,有了国家公园法,国家公园制度才能构建起来,并实施下去。在发展了近 150 年之后,国家公园法的历史已呈现丰富的内容。考察不同时期的国家公园法及其特点,能够把握到法律作为国家公园制度根本保障的整体情况。

一、创始国及早期设立国家公园国家的法律

(一)《优胜美地法》

一般的国家公园研究中,对国家公园起源的共识性的认知是 1872 年的黄石国家公园。但由于法律的先导规范作用,在国家公园法方面的历史则可以再往前追溯一段时间。

美国国家公园局认为,1864 年的《加利福尼亚州优胜美地谷和马里波萨巨杉林地授权法》(An Act Authorizing A Grant to the State of California of the“Yo-Semite Valley”, and of the Land Embracing the“Mariposa Big Tree Grove”, Approved June 30,1864),以下简称《优胜美地法》(Yosemite Act),是美国国家公园的第一部法律。的确,从实质上看,该法具备了其后国家公园法在理念及

思路上的基本要素,虽然没有直接使用"公园"一词,但亦不失为一个国家公园法的雏形。

优胜美地国家公园于1984年以自然遗产类型成为世界遗产。《世界遗产名录》对优胜美地国家公园做了这样的概要描述:"位于加利福尼亚中心的以许多山谷、瀑布、内湖、冰山、冰碛闻名于世的优胜美地国家公园,给我们展示了世上罕见的由冰川作用而成的大量的花岗岩形态。在它海拔600~4000米中,还发现了许多世上稀有的植物和动物种类存活。"

美国:优胜美地国家公园

Yosemite National Park

Date of Inscription:1984

Criteria:(vii)(viii)

Property:307,934 ha

California

N37 44 46 W119 35 48

Ref:308

其后,再接续1872年的《黄石法》,国家公园法系统不断前行,其中不乏困难和危机。至上世纪末,大致构成了8个发展阶段:

- 早期(The Early Years),1864~1918
- 国家公园系统定义期(Defining The System),1919~1932
- 新政期(The New Deal Years),1933~1941
- 贫困期(The Poverty Years),1942~1956
- 资源管理问题时期(Questions of Resource Management),1957~1963
- 生态革命时期(The Ecological Revolution),1964~1969
- 转型与扩展期(Transformation and Expansion),1970~1980
- 系统性威胁期(A System Threatened),1981~1992

在系统性威胁期,最典型的案例就是黄石国家公园的8年濒危世界遗产史。进入新世纪之后,美国国家公园还经历了是否要私有化的大讨论,并跨过了艰难的低谷,随后步入正常的轨道。

(二)加拿大的跟进

紧随美国的加拿大,几乎与美国同步开始国家公园事务。综合性的法律《加拿大国家公园法》(Canada National Parks Act, 1930, 1974, 1988, 1999, 2015),则在 20 世纪 30 年代初创制,之后不断完善。

《加拿大国家公园法》在开篇就阐明了设立国家公园的意义:加拿大国家公园是为了加拿大人民的利益,依据本法及相关条例、法令设定的教育及休憩之地。国家公园必须保持其原有价值,以保证未来世代能够享受未受损害的自然环境。

这当中包含几个要点:第一,国家公园目的——为教育、休憩及全民的利益;第二,手段——国家公园由法律确定;第三,代际责任——世代相沿。其法律价值的要素及法律精神与美国法并无二致。

该法的主要理念是:将生态完整性放在第一位;设立管理规划和检查制度。这个法律将具有重要的地理学、地质学、生物学、历史意义或风景价值的地域以国家遗产的形式永久地保护下来;同时鼓励公众理解、鉴赏和享用这些自然遗产,从而将遗产完整无损地留给后代。通过法律的实施,具有代表性的陆上景观、海洋景观及生态系统的样本得到确认和维护。

《加拿大国家公园法》本身并未向法典发展,其独特的技术特点在于,所有的加拿大国家公园的法定信息,均作为附文载入,成为法律的有机组成部分。法律条文与法律执行所保护的对象相互呼应,十分明晰。

关于自然保护,除《加拿大国家公园法》外,加拿大的联邦法律主要还有:1973 年颁布的《野生动植物法》(Canada Wildlife Act)、《渔业法》(Fisheries Act);1989 年颁布的《濒危物种法》(Endangered Species Act);1917 年颁布、1994 年修订的《候鸟保护法》(Migratory Birds Convention Act)。

与美国相似,每一个国家公园的建立或取消都要通过议会的程序。如果某个省欲支持建立一个国家公园,省政府就要与联邦政府签订一项协议,将土地转交给联邦政府。

当然,各省立法也构成各自的系统。例如,艾伯塔省的主要相关法律有:《省立公园法》(Provincial Park Act)、《森林法》(Forest Act)、《野生动植物法》(Wildlife Act)、《历史资源法》(Historic Resources Act)、《荒野区、生态保护区和自然区法》(Wilderness Areas, Ecological Reserves and Natural Areas Act)等。又如,不列颠哥伦比亚省有:《公园法》(Parks Act)、《生态保护区法》(Ecological Reserve Act)、《区域公园法》(Regional Parks Act)、《遗产保护法》(Heritage Conservation Act)、《森林法》(Forest Act)、《野生动植物法》(Wildlife Act)、《环境土地利用法》(Environment Land Use Act)等。各成系统并非各自为政,这些法律在内容上和法律精神上是相连贯的。

(三)阿根廷的精粹

阿根廷亦属于早期与北美步伐一致的国家。1900 年阿根廷政府就要求议会制定法律保护伊瓜苏瀑布。1922 年,被称为南美洲第一个国家公园的莫雷诺国家公园成立。设立国家公园基本上借鉴美国法,且"一园一法"和"一园多法"的立法形式较为常用。

1980 年颁布的一部突出管理的法律《国家公园、自然遗址和自然保护区法》(Ley 22. 351, de los Parques Nacionales, Monumentos Naturales y Reservas Nacionales),全面规定国家公园事务管理规则,也将历史上诸多设立国家公园的法律纳入了该法,并废止了 1970 年和 1972 年的相关旧法律。根据该法律,阿根廷国家公园局(Administración de Parques Nacionales)为管辖机关。

阿根廷现已有 34 个国家公园,以冰川国家公园和伊瓜苏国家公园最具代表性。而当年以莫雷诺名字命名的冰川已是现今阿根廷冰川国家公园的一个组成部分。

整体而言,属于早期创始阶段发展起来的国家,其国家公园法体现的特点是:较为纯粹。即以国家公园囊括了全部自然环境的保护范畴,形成了优质的系统的自然环境保护机制,保证了国家公园制度的运转。

二、跟进时期国家的法律

由于国家公园法律制度的诸多优势,法律移植和借鉴大面积展开。20 世纪五六十年代,一些国家开始快速学习美洲经验,成为后起之秀。后起之秀的国家,其国家公园法一方面要吸收北美法的理念,一方面要适应本国的立法制度,因而呈现出较为多样的形态及独特性。

仍以日本1957年《自然公园法》为例。尽管日本1950年的《文化财保护法》将自然也包含进“文化”这个广义概念中，但不影响《自然公园法》的产生。二者的关系在法律中处理得比较通顺。比如，在认定级别上，诸如国立公园、国定公园、都道府县立公园的级别认定及其程序，在两部法律中高度统一。二者既是亲缘法律，又具有相对独立性。

根据《自然公园法》的规定，环境大臣负责管理日本的国家公园事务。环境省内部设有自然环境局国家公园课，并在北海道东部地区、北海道西部地区、关东南部地区等10个地方设置自然保护事务所，具体负责执行《自然公园法》和落实该法律的实施细则。

三、全面发展时期国家的法律

世界范围内全面展开国家公园制度，是一种良性的铺展，法律的创制和提升也显现大范围的成就。

例如在亚洲，国家公园制度推广得也比较顺畅和平稳。泰国1961年《国家公园法》（National Park Act 1961，*B. E.* 2504）通过，同年产生第一个国家公园——考艾国家公园（Khao Yai National Park）。韩国1995年《自然公园法》，参照的是日本法。马来西亚的《国家公园法》（National Park Act，1980，2013）属于法典性质，受到较大范围的重视。

需要注意的是，无论各国法律形态多么不同，国家公园的精神内涵却需高度一致，这就是国家公园法的普遍价值。

这种国家公园法的普遍价值，使国家公园本身这个概念的确定也具有极其顺畅的一致性。按照世界自然保护联盟（IUCN）的定义，一个国家公园应具有以下特点：有一个或多个生态系统，通常没有或很少受到人类占据或开发的影响，这里的物种具有科学的、教育的和欣赏的特定作用，或者存在具有高度审美价值的景观；国家采用一定的措施，在整个范围内阻止或禁止人类的占有或开发等活动，尊重区域内的生态系统、地质地貌及具有审美价值的对象，以此保证国家公园的建设；该区域的旅游观光活动必须以游憩、教育及文化陶冶为目的，并得到有关部门的批准。这些要素无论在何国的法律中，均须渗透、贯彻。

在跟进时期和全面发展时期进行国家公园法治建设的国家，有一个共同特点——法律规定的自然保护地的类型多样,诸如自然保护区、海洋公园、区域国家公园、自然遗址等形态,并存保护。

第五节　国家公园制度的经验典型

一、经验典型:法国法的技术

因法国的国家公园法起步较晚,其综合情况与我国的相似度较高,故其优秀的立法技术的可借鉴性不容忽视。法典的全面、立体、互通等优势,以及自然保护地各种类型的并存及兼顾,均具有较大的可借鉴性。

(一)宪法级法律

宪法级法律:《环境宪章》(LOI constitutionnelle n° 2005 – 205 du 1er mars 2005 relative à la Charte de l'environnement),倡导性地提出了有关环境保护的理念。

《环境宪章》要求法国人要认识到:环境是人类的共同遗产;未来发展和人类的生存都离不开自然环境;人类对自然的索取必需受到限制,自然资源需处在一个平衡的状态中;人类的生活及其发展演变对自然环境的影响越来越大;过度生产和过度开采对自然资源及生物多样性的削弱愈加严重;为了国家的根本利益、为当代人的需要、为后代人和其他民族的人民,必须保护环境,以确保未来可持续的发展。

《环境宪章》就环境权做出了明确的规定:

第1条　人人都有权生活在一个平衡的、得到敬畏的健康环境中。

第2条　人人都有保护和参与改善环境的责任。

第3条　人人都应当遵守法律,以防止有可能给环境带来的侵害,以及需承担的相应的后果。

第4条　人人都应当依法对已造成损害的环境的挽救做出贡献。

第 5 条　当某种科学上不能确定，但有可能对环境造成严重负面影响或不可逆转的伤害时，政府在其职责范围内应当确保，启动预警措施，执行风险评估，使用准确的应激方法，应对损害的发生。

第 6 条　公共政策必须促进可持续发展，并且应当保障环境保护、经济发展和社会进步之间的平衡。

第 7 条　人人都有权根据法律设定的条件和范围，获得政府掌握的环境信息，参与环境的公共决策。

第 8 条　鼓励营造良好的教育和培训环境，帮助公民了解相关的权利和义务。

第 9 条　鼓励研究和创新，对保护环境和可持续发展作出贡献。

第 10 条　鼓励法国与欧洲及国际社会的合作。①

（二）《环境法典》

《环境法典》（Code de l'environnement）以国家公园为主题，以及与国家公园密切相关的内容主要体现在立法部分第三卷中。法典立法部分第三卷"自然空间"（Espaces naturels）的第三编为"公园和保护区"（Parcs et réserves）。

第三编包含的章次为：第一章"国家公园"（Parcs nationaux）、第二章"自然保护区"（Réserves naturelles）、第三章"区域自然公园"（Parcs naturels régionau）、第四章"海洋保护区"（Aires marines protégées）、第五章"国家公园和区域自然公园的共同条款"（Dispositions communes aux parcs nationaux et aux parcs naturels régionaux，仅一条，是关于共同禁止转基因的条款）和第六章"生物保护圈和国际重要湿地"（Réserves de biosphère et zones humides d'importance internationale）。由此可以看到其关于自然保护对象体系的庞大和类型的多样。

此外，《环境法典》第三卷第三编前后的编次也与之有紧密的联系。第三卷第二编"海岸线"（Littoral）、第四编"自然遗址"（Sites）、第五编"景观"（Paysages）、第六编"接触自然的方式"（Accès à la nature）和第七编"绿色和蓝

---

① 全文译自 LOI constitutionnelle n° 2005 – 205 du 1er mars 2005 relative à la Charte de l'environnement，载法国政府网 2017 年 1 月 20 日，https://www.legifrance.gouv.fr/loda/id/JORFTEXT000000790249/。

色框架”(Trame verte et trame bleue),则更加接近制度实施方面的内容。

从《环境法典》第三卷各编以看出,由于国家公园制度在法国起步较晚,法律则不设定以国家公园覆盖所有的自然保护地的类型。其选择是,基本类型均保留,法律的作用是调整好所有类型之间的关系。法典第四卷“自然遗产”(Patrimoine naturel)更加体现这一原则,自然遗产一方面接轨国际法《世界遗产公约》,另一方面与第三卷中所有的类型要相互协调。

《环境法典》为建立和保护国家公园的可为规范做了规定:可以在陆地或海洋的自然环境中,特别是包含野生动物、植物、土壤、地层、大气和水,以及景观的自然环境中,建立国家公园。根据具体情形,国家公园还可以包括有特殊意义的文化遗产。国家公园重要的目的是,防止生物多样性受到损害,确保自然环境的组成、外观和演化均得到保护。

该法典对国家公园的范畴界定与国际通行的概念基本一致。国家公园是由一个或多个陆地或海洋的地理或生态系统构成,为了公众的利益,为了未来的可持续发展,而保护起来的划定的空间范围。

《环境法典》还规定,国家公园可以全部或部分地成为区域自然公园。这对于跨地区的国家公园作为区域自然公园时,在管辖权上可能产生的矛盾做了规避。但这并不意味着分割,在国家公园层面上,它依然有自身完整性的保障。即区域的归区域,国家的归国家。对“绿线”和“蓝线”的确定,使保护范畴清晰化。“绿线”主要明确国家公园等保护区的界限划定,“蓝线”设定国家公园等自然保护区域与周边经济发展的平衡与协调。

(三)行政权属

执行《环境法典》而产生的法国国家公园(Parcs nationaux de France,PNF)、海洋保护区和海洋公园(The Agence des aires marines protégées et parcs naturels marins),由法国环境、能源与海洋事务部(Ministry of the Environment,Energy and Marine Affairs)管辖、监督。

法国1963年开始建立本国的国家公园,发展至今,法国国家公园遍布法国本土及其海外属地,均由法国政府的环境、能源与海洋事务部管理协调整个系统。法国国家公园总体面积为9162平方公里,占法国本土总面积的2%以上。其中在法国本土的国家公园核心区总面积为3710平方公里。

法国的国家公园本身在组织性质上属于 Établissement public à caractère administratif(EPA),类似于公共事业单位,具有公法法人(personne morale de droit public)的资格身份。由此,法国所有的国家公园在自身的组织法上、在公法法人的权利及职责上,具有同样的法定属性。作为公共机构,它们的统一特性较为突出,每一个国家公园的组织体系均由国务行政立法的方式确定。

此外,1967 年法国创建区域自然公园(Parcs naturels régionau,PNRs),现有 53 个区域自然公园,占法国领土的 17%,约有 70,000 平方公里的公园内有超过 4200 个社区与超过 300 万的居民。

区域自然公园通过政府法令建立,由法国的国家政府和所属地的地方政府共同管辖。其目的同样是为了保护自然风光和文化遗产以及可持续经济发展。在某地区建立区域自然公园,可以覆盖美丽的天然景色,以及有人居住的乡村地区。

区域自然公园设置目标要兼顾人类的生存与可持续经济发展的平衡。同时,要针对每个公园独特的景观,考虑文化遗产所处的天然环境因素,制定相应的指导方针和保护措施。区域自然公园在促进生态研究和推动自然科学领域的公众教育方面,也更加便利。

每个区域自然公园每 12 年由法国政府复核其资质,重新确认所涵盖的面积以及保护方略,并由法国总理批准。

(四)立法技术的延伸

法国法在立法技术方面的优势不仅体现在一部法典或法律之内,还体现在所有有关联的法典或法律之间。法国法的规范触角能够在整个法律体系的所有部分得到呼应。

就国家公园法方面的内容而言,由于涉及休憩功能及全民共享目的,因而在《旅游法典》(Code du tourisme)第三卷第四编第三章第二节“国家公园与区域公园”(Section 2:Parcs nationaux et régionaux)的主题下,将《环境法典》第三卷第三编第一章和第三章第 L. 331 - 2、L. 331 - 3、L. 362 - 1、L. 333 - 1 至 L. 333 - 3、L. 362 - 1 条相关的保护和准入规则纳入其中,设置为《旅游法典》L. 343 - 2 至 L. 343 - 5 条“国家公园”和“区域自然公园”可执行的规定,即 Sous-section 1:Parcs nationaux(Articles L343 - 2 à L343 - 3)和 Sous-section 2:

Parcs naturels régionaux(Articles L343 - 4 à L343 - 5)。规范通用,法典之间距离有多远都不是问题。由此例可见法国法的技术所达到的“你中有我,我中有你”的境界,这对于理解和执行法律大有裨益。创立或者编纂一部法律或者法典时,其他法律、法典有关联的部分都能够被提取、被修改,以保持整个法律体系中所有内容的一致性,先天地解决了法律可能产生冲突的问题。

二、经验典型:澳大利亚的方法

方法是指法律中规定的对国家公园的管理制度,尤其是体现政府分工的行政管理制度。澳大利亚的“国定州辖”是一种特色,即国会立法设立国家公园、各州政府管辖国家公园——这与美国、加拿大、法国都非常不同。

(一)法律的更迭

澳大利亚现行的法律是《环境与生物多样性保护法》(Environment Protection and Biodiversity Conservation Act 1999)。1999 年,该法取代了 1975 年施行的法律《国家公园和野生动物保护法》(National Parks and Wildlife Conservation Act 1975),后者被废止。《环境与生物多样性保护法》还将 1983 年的《世界遗产保护法》(World Heritage Properties Conservation Act 1983)等相关法律也一并纳入,使保护理念和方法更有涵盖力。

尽管澳大利亚法整体上属于英美法系,但在具体的发展、更替过程中,也会灵活选择法律编纂或整合方式。《环境与生物多样性保护法》明显体现出一些法典化的特征,将以往较为零散的法律整合进一部大的法律。其优点是,减少了法律冲突,增加了可执行性,时代特征也比较突出。

对具体的国家公园的保护,国会法律依然继续发挥作用,以使新旧法律良性过渡,直至完善。比如,2013 年的《卡卡杜国家公园法》(Completion of Kakadu National Park Act 2013)将原有的同一保护地的法律《昆噶拉规划区法》(Koongarra Project Area Act 1981)废止,完成了一整段的历史跨越。

根据联邦法律的变化,各州法律也与时俱进。比如,新南威尔士州的立法,就显现了州特色。2010 年该州将 1974 年的《国家公园与野生动物法》(National Parks and Wildlife Act 1974)大幅度修改,出台了《国家公园与野生动物法修正案》(National Parks and Wildlife Amendment Act 2010)。其中,濒危野生动物保护证书制度、行政管理权力具体化等内容,均为新的突破。

(二)《环境与生物多样性保护法》的规范范畴

规范范畴,即该法所覆盖的事务对象。在《环境与生物多样性保护法》中,国家遗产(National Heritage)、世界遗产(World Heritage)是两个大的范畴,在该法中以大量条款予以规范。国家公园则不再特别强调。

除国家公园外,澳大利亚其他保护地的类型还有:自然公园、海洋保护区、历史保护区、海岸保护区、原住民保护区等。这些类型均在《环境与生物多样性保护法》中予以分类规定。

皇家国家公园(Royal National Park)1879 年 4 月 26 日宣布成立,是澳大利亚的第一个国家公园。迄今国家公园数量已超过 500 个,占地超过 280,000 平方公里,国家公园总面积占澳大利亚的土地面积的 4%。

(三)法定管理权属

依照《环境与生物多样性保护法》的规定,澳大利亚所有的国家公园,由不同类别、不同层级的部门管辖(见表 3)。一般情况下,国家公园由所在州的州政府管辖。

表 3　澳大利亚国家公园管理权属

部门名称	管辖范围
澳大利亚首都领地与市政服务局 Australian Capital Territory and Municipal Services Directorate	管辖首都地区的国家公园
国家公园总署 Director of National Parks	管辖北领地的乌鲁努卡塔曲塔、卡卡杜;库克群岛、圣诞岛、诺福克岛、杰维斯湾的国家公园
新南威尔士国家公园与野生动物局 New South Wales National Parks and Wildlife Service	管辖新南威尔士的国家公园

续表

部门名称	管辖范围
北领地公园与野生动物委员会 Parks and Wildlife Commission of the Northern Territory	管辖北领地的国家公园(乌鲁努卡塔曲塔、卡卡杜除外)
昆士兰公园与野生动物局 Queensland Parks and Wildlife Service	管辖昆士兰的国家公园
南澳环境、水及自然资源部 South Australian Department of Environment, Water and Natural Resources	管辖南澳的国家公园
塔斯马尼亚公园与野生动物局 Tasmania Parks and Wildlife Service	管辖塔斯马尼亚的国家公园
维多利亚公园局 Parks Victoria	管辖维多利亚的国家公园
西澳公园与野生动物部 Western Australian Department of Parks and Wildlife	管辖西澳的国家公园
澳大利亚环境部 Australian Department of the Environment 下设司:澳大利亚公园司 Parks Australia	负责协调全国的国家公园管理事务

根据《环境与生物多样性保护法》的规定,成立有一个合作机构,名为"国家公园总署"(Director of National Parks),管理澳洲附近所属英联邦的国家公园及有特殊地位或特殊法律关系的国家公园。环境部的澳大利亚公园司协助其管理工作。

三、特殊经验:黄石国家公园 8 年濒危史

濒危是指濒危世界遗产,即黄石国家公园有过 8 年的濒危世界遗产经历。

作为世界上第一个国家公园的黄石国家公园,于 1978 年成为第一批世界遗产中的一员,符合自然遗产全部的 4 条标准,属于自然遗产的首选典型范例。

世界自然保护联盟(IUCN)在 1995 年 2 月 28 日写信给联合国教科文组织,请求世界遗产委员会干预并阻止在黄石国家公园周边采矿。除采矿威胁之外,信中对黄石国家公园面临着的各种各样的其他威胁也有更为详细的描述:

1. 在公园外围潜在的地热开采和其他地下水钻探正威胁着公园举世闻名的地热资源；

2. 伐木、石油和天然气开采、筑路、采矿、民宅建筑和新的居民聚集点持续侵犯着公园周围的敏感的荒野和重要的野生动物生境，而公园的健康和完整性依赖于此；

3. 生境的破坏和日益增加的人与熊的冲突危害了已经受威胁的灰熊；

4. 在公园中可随处漫游的野牛，如果跨越公园边界通常遭到屠杀；

5. 非法引入红点鲑鱼威胁了黄石国家公园原有的刺喉鲑鱼，而后者正是灰熊、小型哺乳动物和鸟类重要的食物资源；

6. 在离黄石国家公园的东北边界仅几公里的上游地区有一巨大的废物堆积，尽管对其进行了几次清污尝试，但其仍不停地向苏达巴特（SodaButte）溪流中渗溶重金属和酸污染物；

7. 一年四季不断增加的参观和考察产生了过于拥挤的问题，打扰了野生动物。

世界遗产委员会写信给美国内务部副部长，并将协会的信转交给他，希望他对非政府组织提出的问题做出答复。美国内务部随即邀请世界遗产委员会派调查团前来调查。调查团对一家采矿公司在黄石国家公园上游开发采矿破坏遗产生存环境问题展开大规模调查。世界遗产委员会在履行了公约规定的“与缔约国协商”程序后，于 1995 年 12 月柏林会议上，决定将黄石国家公园列入《濒危世界遗产名录》（List of World Heritage in Danger）。

世界遗产委员会将其列为濒危世界遗产所提出的理由，是经过实地考察归纳出来的：

1. 公园东北边界外 4000 米处，计划采矿，将影响威胁公园；

2. 违规引入非本地物种——湖生红点鲑鱼与本地的刺喉鲑鱼竞争；

3. 道路建设与游人压力；

4. 野牛的普鲁氏菌病可能危害周边地区的家畜。

黄石国家公园被列入《濒危世界遗产名录》，迫使当时的美国政府作出了史无前例的决定，即用联邦财产与金矿公司拥有的财产进行交换来阻止采矿。美国政府于 1996 年以 6500 万美元收购了计划采矿的私人土地，有效地解除了开采金矿对黄石国家公园的威胁。美国内政部计划再花费 75,000 美元把一条下水道从老忠实间歇泉(Old Faithful Geyser)和盆地最活跃的地区移走,从而保护该地区的间歇泉和地下水资源,同时防止了废水处理系统受到破坏。

美国在其他方面也采取了一系列的行动。一个管理北美野牛的长期计划开始执行。该计划的目标是要保护好野生的、自由分布的野牛,避免它们的布鲁氏病传染到家畜。

可以说,世界遗产委员会有关将黄石国家公园列入《濒危世界遗产名录》的决定,推动了非政府组织寻求国际支持阻止采矿的行动。这个案例第一次提供了一种途径,使科学专长可被引导并为民众所共享。它将美国的主要联邦机构也带入了公众话题,使他们不得不对金矿的提案有所表态。这次取得的成功,也使越来越多的人来主动关注世界遗产的生存状态问题。

在2002年6月召开的第26届会议上,世界遗产委员会仍建议把黄石国家公园留在《濒危世界遗产名录》中,并邀请当地政府与世界自然保护联盟和世界遗产中心(WHC)合作,为第27届会议准备一个报告。该报告内容要包括当地政府开展各项行动计划的步骤,并对监督黄石国家公园完整性恢复工作进展情况的参数和条件做出了技术定义。2003年7月的第27届世界遗产大会上,在经过了激烈的争论后,黄石国家公园在《濒危世界遗产名录》上停留了8年后,终被解除。

其实,8年濒危史不能说解决了黄石国家公园所有的显性和潜在的问题。1988年过于放纵的山火造成的大范围森林凋零还没有得到应有的生态恢复,2016年的大火更是扩张了凋敝的面积。游人压力依然严重,园内机动车道拥堵成为常态。但这种以各方积极干预从而解决问题的思路和方法,还是十分有价值的。

美国:黄石国家公园

Yellowstone National Park

Date of Inscription:1978

Criteria:(vii)(viii)(ix)(x)

Property:898, 349 ha

Northwest Corner of the State of Wyoming and Relatively Small Adjacent Areas of the States of Montana and Idaho

N44 27 38 W110 49 40

Ref:28

第六节　国家公园制度如何实施

一、普及理念

当国家公园由理念到法律、政府机构、管理方法都建立起来时,它必定影响一个国家的社会生活和民众行为。人们认识自然、对待自然的起点和思路,都受到框范、引导和熏陶。正如《美国国家公园》的开篇所讲:"现代居民对于原始地貌,有种来自内心深处的需求。国家公园体制具体实现了这种需求,并将这种思想与理念影响至全世界。"

国际社会也同样重视全球范围内的国家公园,国际法强调环境是全球共同的资源,国家或群体享有环境权,更有国际环境保护的责任和义务。理论体系中所涉环境权、环境立法、国际合作等问题,其目标是通过在国家、社会重要部门和人民之间建立新水平的合作来建立一种新的和平的全球伙伴关系,公正合理地满足当代和世世代代的发展与环境需要。国家公园的方式,恰恰是最好的沟通渠道。

国家公园内往往集中着世界各地的参观者,在传播国家公园意义的同时也具有和平的意义。从理念上把环境保护纳入和平的概念,使之成为和平因素的一部分,是人类发展视野的扩大。人类社会的可持续发展,不仅要求人与人、民族与民族、国家与国家的和谐、安定,更要求人类与自然的协调共存。

二、政府职责

国家公园事务伊始,其法定性质为公有,因此政府的主导和管理职责在国家公园的制度实施中至关重要。与管理其他事务的政府机构不同,国家公园管理组织(一般称国家公园局)级别较高,但所做工作又非常细致、全面。

国家公园管理组织的主要职责应当包括:其一,依照国家公园法全面保护和管理所辖国家公园;其二,处理所辖国家公园在生态维护、游人接待、宣传教育、安全保障等方面的日常事务;其三,制定所辖国家公园的游人行为规范和内部管理规则;其四,履行法律规定的保护和管理国家公园的其他特别职责。

国家公园管理组织还应当合理设置编制,建立能力全面的高质量的国家公园管理队伍,为国家公园的保护提供人力保障。国家公园管理组织要由国家公务员、专业技术人员、日常服务人员和园区巡护人员组成,按需要设岗位。国家公园管理组织应当加强对各类人员的业务培训,不断提高各类人员的基本素养和工作能力。

三、自然自身的"管理"

大自然有着组合、更新、平衡生态系统的能力,其本身的逻辑脉络有序而完整。国家公园较常遇到的是自然灾害,看似破坏力惊人,能造成巨大损失。但是,称自然灾害只是人类的视角,对于大自然本身而言它就是优化生态结构、促进物种持续的调节方法,是自我"管理"的过程。

2006 年,瑞典遇到了一个炎热而干燥的夏天。是年的 8 月 11 日至 18 日,在北方的木达斯国家公园(Muddus National Park),雷电引起的森林大火蔓延了 4.5 平方公里的面积。大火主要是地火,有少量的皇冠火。大火所过之处,烧光了地表植被,乔木变得焦黑。但是,一年之后地表植物开始冒出新芽;两年后,地表植物生机勃勃,浆果果实遍地。这证明植物的根系是活的。同样活着的还有云杉,它们被烧得光秃、漆黑的树干三年后长出了新绿,四年后完全复苏,更加繁茂。

根据瑞典农业科技大学、吕勒奥理工大学等多家科研团队的跟踪研究,大火之后国家公园的物种结构得到了改善,通过烧掉森林中的地表植被和一些树木,反而能保持系统更完善的生物多样性。研究认为,在瑞典,其实森林燃烧的总量还是偏少;这本身就是对生物多样性的威胁。在 20 世纪之前,瑞典的森林每年燃烧了大约 1% 的林木。21 世纪以来,每年平均燃烧大约 0.01%;2006 年这一年,达到了大约 0.02%(40 平方公里)。如果一些应该被留下的物种及其生境需要依赖大火来改善,那么,增加在某些区域的燃烧是有必要的。

因而,山火成为大自然自我“管理”的手段。为了保护生物多样性,山火对生态的影响也被科学研究有所重视。

四、国家公园与社区生活的平衡

国家公园制度的历史约 150 年,而人类则长期以各种方式定居于不同地方。在一个划定的区域设立国家公园,必然要在一定程度上与人类的活动产生矛盾。

国家公园区域内包含部落、村庄或传统社区的情况,是最为常见的。在国家公园周边,有农庄、牧场、乡镇、小城市,亦属常态。重要的是,要调整好国家公园保护与居民生活的关系。如果过分发展经济,或商业化,对国家公园是巨大的威胁。在二者之间保持谨慎的永续的平衡关系,对生态、对文化都有益处。

将地球上的自然状貌纳入人类文明法律保护的对象范畴,并将自然遗产以及与之不可分割的文化遗产视为珍贵的财富,是国家公园制度从初始时即显现出来的明智之举。大地书写地球的历史,万物解析自然的法则,人也应当是自然法则中的一个组成部分。

人类用自己的设计的国家公园制度善待自然,其实也善待了自己。唯其如此,方能达成万物之间的良性关系。尽管经过了百余年的历史,在当下的时代,人们对国家公园的向往,甚至依赖,依然是新鲜的生命需求和精神慰藉。保持和修正国家公园制度,同样是常做常新的伟大事业。

Chapter 7
第七章
物质类文化遗产

第一节　文化遗产的范畴和标准

物质类文化遗产是指《世界遗产公约》确定的文化遗产，亦相对于非物质文化遗产而言。《世界遗产公约》给“文化遗产”的概念是三个类型范畴：

1. 文物

从历史、艺术或科学角度看具有突出的普遍价值的建筑物、碑雕和碑画、具有考古性质成分或结构、铭文、窟洞以及联合体。

2. 建筑群

从历史、艺术或科学角度看，在建筑式样、分布均匀或与环境景色结合方面，具有突出的普遍价值的单立或连接的建筑群。

3. 遗址

从历史、审美、人种学或人类学角度看具有突出的普遍价值的人类工程或自然与人联合工程以及考古地址等地方。

公约的配套文件《执行〈世界遗产公约〉的操作准则》(Operational Guide Lines for the Implementation of the World Heritage Convention)为世界遗产的评定提供了具体的依据。对于世界文化遗产，其中的第Ⅱ.D 部分规定，凡提名列入《世界遗产名录》的文化遗产项目，必须符合下列一项或几项标准方可获得批准：

（ⅰ）代表一种人类的创造性天才杰作；

（ⅱ）能在一定时期内或世界某一文化区域内，对建筑艺术、纪念物艺术、城镇规划或景观设计方面的发展产生过重要影响；

（ⅲ）能为一种已消逝或仍在延续的文明或文化传统提供一种独特的至少是特殊的见证；

（ⅳ）可作为一种建筑或建筑群或科技成就或景观的杰出范例，展示出人类历史上一个（或几个）重要阶段；

（ⅴ）可作为传统的人类居住地、使用地或海洋利用的杰出范例，代表一种（或几种）文化，或代表人类与环境的融汇，尤其在不可逆转之变化的影响下变得易于损坏；

（ⅵ）与具有突出普遍意义的事件或现行传统或思想或信仰或文学艺术作品有直接或实质的联系。（世界遗产委员会认为该项标准更适宜与其他标准一起适用）

见证文明由文化遗产的概念范畴、具体执行标准升华出来，同时又反射出相关国际法文件原色的精神实质。

文明当然是人类创造的，与人类的发展紧密相关。世界遗产见证文明其实是在建立一个坐标系上，将人类所创造的产物中的精华串联起来。纵向以时代连接，横向将地域连接。通过每一项具体的文化遗产见证文明，遗产项就成为具象的符号。而文明具体符号不是孤立的，或一群建筑，或一座城市，或一塚王陵等。它们必然连带着历史背景、文化传统及哲学理念。例如，在文化遗产行列中的俄罗斯圣彼得堡历史名城及遗址群、印度泰姬陵、日本广岛和平纪念公园，其意义不只在于遗产的物质本体，它们的历史文化蕴含更是其不可分割的部分。

俄罗斯：圣彼得堡历史名城及遗址群

Historic Centre of St. Petersburg and Related Groups of Monuments

Date of Inscription：1990

Criteria：(i)(ii)(iv)(vi)

St. Petersburg Region

N59 57 00 E30 19 06

Ref:540

印度:泰姬陵

Taj Mahal

Date of Inscription:1983

Criteria:(i)

Uttar Pradesh,Agra District

N27 10 27.012 E78 02 31.992

Ref:252

日本:广岛和平纪念公园

Hiroshima Peace Memorial(Genbaku Dome)

Date of Inscription:1996

Criteria:(vi)

Hiroshima Prefecture

N34 23 E132 27 13

Ref:775

《世界遗产名录》对“圣彼得堡历史名城及遗址群”的概要描述是:“被称为‘北方的威尼斯’的圣彼得堡,以其无数的河道和400多座桥梁而闻名于世,这就是在彼得大帝统治下于1703年开始实施的宏大城市规划的一个重要成果。此地后改名为列宁格勒(位于苏联),而且与十月革命密切相关。它的建筑遗产与巴洛克式建筑风格和纯古典式建筑风格极其和谐,如同我们在海军部、冬宫、大理石宫以及爱尔米塔什博物馆所见到的那样。”

《世界遗产名录》对“泰姬陵”的概要描述是:“泰姬陵是一座白色大理石建成的巨大陵墓清真寺,是莫卧儿皇帝沙贾汗为纪念他心爱的妃子而于1631年至1648年在阿格拉建的。泰姬陵是印度穆斯林艺术最完美的瑰宝,是世界遗产中令世人赞叹的经典杰作之一。”

《世界遗产名录》对“广岛和平纪念公园”的概要描述是:“随着人类所创造的毁灭性力量的释放,广岛和平公园成为人类半个多世纪以来为争取世界和平所取得成就的力量象征。”

第二节　文化遗产的次级类型

一、文化遗产类型的丰富性

世界遗产事务伊始，文化大类的世界遗产就多于自然遗产。第 44 届世界遗产大会之前，物质文化遗产总数就有 869 项，文化与自然双重遗产 39 项。40 余年的发展，其本身也在类型上分出了若干层次（见图 8）。

文化大类的世界遗产由人类文明的发展红线贯穿：史前文明——→古代文明——→现当代文明。以这条线索为纲，各层次的大小类型遗产形成有序的网络。例如，人类起源遗址、畜牧农耕遗迹、城市遗产、宗教遗产、商业遗产、防御工事、大工业遗产、科技遗产，均为较成熟的类型。它们各自又包含多寡不一的小类型，如皇宫、大学、居住区、广场、墓葬等附属于城市，村庄、梯田、种植园附属于农业文明。依此而推，类型十分丰富、立体。

小类型中，也各显特性。比如，进入《世界遗产名录》的大学，就有美国的夏洛茨维尔的蒙蒂塞洛和弗吉尼亚大学、委内瑞拉的加拉加斯大学城等。

美国：夏洛茨维尔的蒙蒂塞洛和弗吉尼亚大学

Monticello and University of Virginia in Charlottesville

Date of Inscription：1987

Criteria：(i)(iv)(vi)

Virginia

N38 1 58 W78 30 14

Ref：442bis

委内瑞拉：加拉加斯大学城

Ciudad Universitaria de Caracas

Date of Inscription：2000

Criteria:(i)(iv)

Municipality of Libertador,Caracas

N10 29 26.628 W66 53 26.448

Ref:986

《世界遗产名录》对“夏洛茨维尔的蒙蒂塞洛和弗吉尼亚大学”的概要描述是:“托马斯·杰斐逊(1743~1826)是美国独立宣言的起草者、美国的第三任总统,同时也是一位专精新古典建筑的建筑师。他设计的蒙蒂塞洛(Monticello,1769~1809)是他自己的农庄;另外,他按照自己的理想所建造的‘学院村’(Academical Village,1817~1826)至今仍是弗吉尼亚大学的核心地带。杰斐逊所使用的建筑架构立基在古典主义,象征新美国共和体系的灵感来自于欧洲大陆的传统文化,以及未来美国将出现的新文化。”

《世界遗产名录》对“加拉加斯大学城”的概要描述是:“加拉加斯大学城是现代建筑运动中的著名典型。它是将大量建筑物及功能融入一套连接清晰的综合性建筑群体之中。这群建筑包括了现代建筑与视觉艺术的杰作,如带有亚历山大·卡尔德‘云烟’的大学礼堂曼格纳、奥林匹克体育馆、隐藏的大厦。”

文化遗产的部分次级类型如图 8 所示。

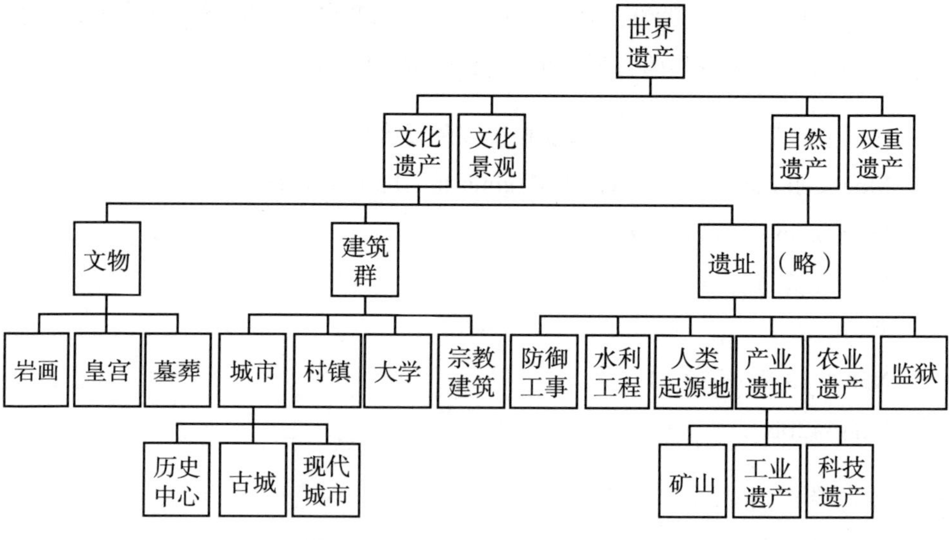

图 8　文化遗产的部分次级类型

二、文化遗产类型的交叠性

各种类型之间不是完全孤立的，彼此有所交叉重叠或汇合。比如"遗产路线"（heritage routes）就可能涉及商业遗产、防御工事和宗教遗产。

人类商业行为具有国际化的历史性特点，在世界遗产的大家族当中已成为较突出的一个分支，同时作为世界遗产的潜在资源仍很丰富。除商业城市外，商旅路线作为一种文化路线（Cultural Routes）就非常值得挖掘。1994 年 11 月，在西班牙召开了题为"路线：作为文化遗产的组成部分"（Routes as a Part of our Cultural Heritage）的世界遗产专家会议。1995 年《执行〈世界遗产公约〉的操作准则》解释了"遗产路线"的新概念。这种遗产由物质因素作为基础，承载着跨国家、跨地域的多元文化对话和交流的印迹，沿着一条路线而见证某一历史时空文化交融的史实和特征。

总体讲来，文化路线主要包含：宗教路线，如西班牙、日本的朝圣路线；防御路线，如中国、英国的长城；商旅路线，如"熏香之路""丝绸之路"。成功成为世界遗产的文化路线呈上升趋势，并在完善之中。这些已经列入《世界遗产名录》的属于遗产路线的遗产项，均值得作为样本范例进行探究。尤其是以色列的熏香之路、西班牙的圣地亚哥·德·孔波斯特拉朝圣之路，资源更为多元。

以色列：熏香之路——内盖夫的沙漠城市

Incense Route—Desert Cities in the Negev

Date of Inscription：2005

Criteria：(iii)(v)

Negev Region

N30 32 27.996 E35 9 38.988

Ref：1107rev

西班牙：圣地亚哥·德·孔波斯特拉朝圣之路

Route of Santiago de Compostela

Date of Inscription：1993

Criteria：(ii)(iv)(vi)

Autonomous Communities of Aragon, Navarre, la Rioja, Castile-Leon and Galicia

N42 27 33 W5 53 00

Ref:669bis

《世界遗产名录》对“熏香之路——内盖夫的沙漠城市”的概要描述是:“以色列内盖夫沙漠的香和香料之路起始于南阿拉伯半岛最东端,结束于西奈半岛的北端,总长度超过2000千米,其中约100千米的部分穿过以色列南部内盖夫地区。当时,以色列驼队跨越阿拉伯沙漠,沿南阿拉伯海岸港口城市都是这个庞大贸易网的一部分。”

《世界遗产名录》对“圣地亚哥·德·孔波斯特拉朝圣之路”的概要描述是:“德·孔波斯特的圣地亚哥之路是由欧洲议会宣布为第一笔欧洲文化投资建造的。它穿越法国和西班牙边境,自古至今一直是朝圣者们通往冈斯特拉的圣地亚哥之路。沿路有1800座建筑,无论是宗教的,还是世俗的,都有重大的历史意义。这条路对于中世纪时期促进伊比利亚半岛和欧洲其他地区的文化交流起到了十分重要的作用。同时还是基督教信仰征服社会各阶层的人和全欧洲的人的见证。”

三、文化遗产类型的发展性

在世界遗产事务中,文明的含义非常之广。作为文明见证的世界遗产,久远的历史遗存与现当代的智慧创造具有同等的保留和保护价值。曾经的文明和今天的文明,共同构成人类发展进程的脉络。

只要具有突出的普遍价值,符合法律文件中所设立的标准,任何地方、任何时代的产物都有可能成为世界遗产,都是能够恒久地留传后世的财富。最能够体现这种动态可创造性的,就是世界遗产中的“现代遗产”(Modern Heritage)。

“现代遗产”的概念被界定为19世纪以后产生的人类的杰出创造,属于文化遗产的范畴,结果上也可以是文化景观遗产和双重遗产。1987年巴西利亚、2007年悉尼歌剧院成为世界遗产,是人们对“现代遗产”认知中的较熟知的实例。

巴西:巴西利亚

Brasilia

Date of Inscription:1987

Criteria:(i)(iv)

Federal District

S15 47 W47 54

Ref:445

澳大利亚:悉尼歌剧院

Sydney Opera House

Date of Inscription:2007

Criteria:(i)

Property:5. 8 ha

Buffer zone:438. 1 ha

New South Wales

S33 51 24 E151 12 55

Ref:166rev

《世界遗产名录》对"巴西利亚"的概要描述是:"1956 年得到巴西利亚被确认为国家中心并作为首都的许可。它是城市设计史上的里程碑。城市规划专家卢西奥·科斯塔和建筑师奥斯卡·尼迈尔设想了城市的一切,从居民区和行政区的布置到建筑物自身的对称,巴西利亚常常被比作鸟的形状。它表现出城市和谐的设计思想,其中政府建筑表现出惊人的想象力。"

《世界遗产名录》对"悉尼歌剧院"的概要描述是:"悉尼歌剧院是 20 世纪艺术和建筑学方面的伟大纪念碑。悉尼歌剧院坐落于悉尼海港大桥边,以其奇特的造型闻名于世,是悉尼乃至澳大利亚的标志。悉尼歌剧院的设计师——丹麦人约恩·乌特松也因这个建筑一举成名。"

虽然"现代遗产"首先是以时间来划定,但其内容的展开在理论上讲是没有界限的。重要的是在 19 世纪以后产生了哪些、何种具有突出的普遍价值的财富,这是时代所决定的。记录工业文明的产物诸如铁路、工厂、盐矿、煤矿、火车站等,都是现代进程中的物化标志,也具备了成为世界遗产的可能性。2004 年和2005年广播电台和地球子午线测量地点进入世界遗产队伍,吸收了前所未有的新类型遗产,传达出更为丰富的内容。2016年跨国遗产"勒·柯布西耶具有杰出贡献的现代建筑作品"(The Architectural Work of Le Corbusier, an Outstanding Contribution to the Modern Movement),以阿根廷、比利时、法国、德国、日本、印度、瑞士七国共有的方式,又拓展了多元的思路。

阿根廷、比利时、法国、德国、日本、印度、瑞士:勒·柯布西耶具有杰出贡献的现代建筑作品

The Architectural Work of Le Corbusier, an Outstanding Contribution to the Modern Movement

Date of Inscription:2016

Criteria:(i)(ii)(vi)

Property:98.4838 ha

Buffer zone:1409.384 ha

N46 28 6.29 E6 49 45.61

Ref:1321rev

《世界遗产名录》的概要描述高度评价了这项分布在7个国家、由17件勒·柯布西耶建筑作品组成的遗产,认为它们以崭新的建筑语言超越了传统,反映了现代建筑在20世纪期间应对新的建筑技术的挑战,以适应社会的更多需求。这些创造性天才的杰作,也证明了国际化的建筑在整个星球的成功实践。

世界遗产中的文化遗产以最高的人文价值见证人类的文明历程,而文明历程应当是不断线的。史前文明、农耕文明、宗教文明、城市文明、商业文明、产业文明、科技文明等,都要以具体的遗产项作为文明见证的实体符号。因而,"现代遗产"是文化遗产红线上的必然段落,见证两个世纪以来的人类发展步伐。

在"现代遗产"中工业与科技遗产十分凸显,因为工业与科技文明往往具有革命性,一些突破性的成就会成为改变人类生活的里程碑。世界遗产重视对工业与科技文明的确认,以见证近现代文明的脚步。

欧洲是工业与科技文明发展的故乡,英国及其殖民地常常被认为是这方面的典范。2004年还举办了题为"英国的工业世界遗产:世界遗产与工业文明"

的专家学术会议，以英国为核心，展开对工业世界遗产的研究。2019 年英国的卓瑞尔河岸天文台成为世界遗产。这是世界上最早建成的射电天文台之一，初建于 1945 年，至今仍在使用。这座天文台由若干射电望远镜和工程工作室、控制室等功能性建筑物组成，主要用于研究由雷达系统探测到的宇宙射线。作为遗产它不仅标志了传统光学天文学向射电天文学的过渡，还对流星、月球、类星体探测、量子光学和航天器跟踪等领域的科学研究发展产生了重大的影响，深度改变了人类对宇宙的理解。

英国：卓瑞尔河岸天文台
Jodrell Bank Observatory
Date of Inscription：2019
Criteria：(i)(ii)(iv)(vi)
Property：17.38 ha
Buffer zone：18,569.22 ha
N53 14 2.1 W2 18 13.9
Ref：1594

世界遗产事务每年都处于变动之中。指导思想有所调整，操作方法便必须随之变化。每年召开世界遗产大会，修改《执行〈世界遗产公约〉的操作准则》均为重要议程。修改是为了适应新的发展形势，充分体现世界遗产的原则及所主张的价值观。世界遗产委员会早在 1998 年第 22 届世界遗产大会上就明确强调，应将眼光放宽放远，加强研究和补充尚有欠缺的部分，如田园景观、传统乡村、当代建筑等。田园景观和传统乡村在性质上非常贴近文化景观，而文化景观就是在世纪交替之际产生的全新遗产类型。它追求人与自然环境的协调、平衡关系，以强调地球和人类的可持续发展。而当代建筑在其后的世界遗产事务发展中，得到了持续的补充。直到弗兰克·劳埃德·赖特的 20 世纪建筑作品（The 20th-Century Architecture of Frank Lloyd Wright）进入名录，可以说，这项遗产选择了美国建筑师赖特于 20 世纪上半叶设计的包括落水山庄、雅各布别墅和古根海姆博物馆在内的 8 座建筑。这些建筑诠释了赖特提出的“有机建筑”（organic architecture）理念，特点是开放式的平面布局、模糊的室内室外界限，以及钢铁、混凝土等材料的全新使用方法。每一栋建筑都体现了针对住宿、宗教、工作及娱乐需求的创新解决办法。

美国:弗兰克·劳埃德·赖特的20世纪建筑作品
The 20th-Century Architecture of Frank Lloyd Wright
Date of Inscription:2019
Criteria:(ii)
Property:25. 723 ha
Buffer zone:710. 103 ha
N39 54 20. 055 W79 27 59. 312
Ref:1496rev

四、文化遗产类型中的典范

40余年来最为成熟的文化遗产类型当属城市。在1984年召开的第8届世界遗产大会上,讨论并确立了优秀城市的4个范畴及其显著特征和标准:

1. 城市是特定历史阶段的文化产物,能够完整地被保护起来,其遗存未被后来的历史发展所影响和破坏。整个城市以及那里同样需要保护的周边环境,都作为保护对象列入了名录,如巴西的欧鲁普雷图历史城区(Historic Town of Ouro Preto)和也门的城墙环绕的希巴姆老城(Old Walled City of Shibam)。

巴西:欧鲁普雷图历史城区
Historic Town of Ouro Preto
Date of Inscription:1980
Criteria:(i)(iii)
State of Minas Gerais
S20 23 20 W43 30 20
Ref:124

也门:城墙环绕的希巴姆老城
Old Walled City of Shibam
Date of Inscription:1982

Criteria:(iii)(iv)(v)

Hadramaut Governorate, in the Wadi Hadramaut, Seiyun District

N15 55 37 E048 37 36

Ref:192

《世界遗产名录》对“欧鲁普雷图历史城区”的概要描述是:“欧鲁普雷图建于17世纪末,欧鲁普雷图(黑金)是18世纪黄金潮的焦点和巴西的黄金年代。随着19世纪金矿资源的枯竭,欧鲁普雷图的影响下降,但是许多的教堂、桥梁和喷泉仍然保留着,作为过去城市繁荣和巴洛克雕刻家亚历昂德里诺非凡才华的见证。”

《世界遗产名录》对“城墙环绕的希巴姆老城”的概要描述是:“16世纪的希巴姆城堡被军事防御墙环绕,是基于垂直建筑规则建造的最古老,最杰出的都市规划典范之一。在悬崖上的这座塔状建筑给人印象深刻,由此这座城市得名‘沙漠中的曼哈坦鸡尾酒’。”

2. 城市是沿着一个典型特点不断发展并得到保护的,某些时段可能会出现自然环境方面的特殊情况,但其后的阶段依然延续着历史的一贯风格,如秘鲁的库斯科古城(City of Cuzco)和瑞士的伯尔尼古城(Old City of Berne)。

秘鲁:库斯科古城

City of Cuzco

Date of Inscription:1983

Criteria:(iii)(iv)

City of Cuzco

S13 31 20 W71 59 00

Ref:273

瑞士:伯尔尼古城

Old City of Berne

Date of Inscription:1983

Criteria:(iii)

Property:84, 684 ha

Canton of Berne

N46 56 53 E7 27 01

Ref:267

《世界遗产名录》对“库斯科古城”的概要描述是:“库斯科古城位于秘鲁的安第斯山脉,在印加统治者帕查库蒂之下发展成为一个复杂的城市的中心,具有独特的宗教和行政的职能。古城的四周是清晰可见的农业,手工业和工业区。当16世纪西班牙人占领这块土地时,入侵者保留了原有的建筑,但同时又在这衰落的印第安城内建造了巴洛克风格的教堂和宫殿。”

《世界遗产名录》对“伯尔尼古城”的概要描述是:“伯尔尼古城,公元12世纪建在阿尔河环绕的山丘之上,1848年成为瑞士的首都。从伯尔尼古城的建筑,可见历史的变迁。古城保留了16世纪典雅的拱形长廊和喷泉。这座中世纪城镇的主体建筑在18世纪重新修建,并保留了原来的历史风貌。”

3.“历史中心”与前两类不同,是指古代城市所覆盖的区域,同时这些区域被现代城市建筑所包围,共同构成一个既古老又年轻的大城市。历史中心必须依照历史学的尺度,最大限度地并严格地划出所应保护的遗产范围,而且要确保其相邻环境的有计划有目的地管理。这类遗产以意大利、梵蒂冈的罗马历史中心(Historic Centre of Rome)、突尼斯的突尼斯麦地那(Medina of Tunis)和叙利亚的大马士革古城(Ancient City of Damascus)为范例。

意大利、梵蒂冈:罗马历史中心

Historic Centre of Rome, the Properties of the Holy See in that City Enjoying Extraterritorial Rights and San Paolo Fuori le Mura

Date of Inscription:1980

Extension:1990

Criteria:(i)(ii)(iii)(iv)(vi)

Province of Roma, Lazio region(IT)/Vatican City State(VA)

N41 53 24.8 E12 29 32.3

Ref:91bis

突尼斯:突尼斯的麦地那

Medina of Tunis

Date of Inscription:1979

Criteria:(ii)(iii)(v)

Tunis

N36 49 E10 10

Ref:36

叙利亚:大马士革古城

Ancient City of Damascus

Date of Inscription:1979

Criteria:(i)(ii)(iii)(iv)(vi)

Administrative District of Damascus

N33 30 41 E36 18 23

Ref:20

《世界遗产名录》对"罗马历史中心"的概要描述是:"根据传说,罗马是在公元前753年由罗慕鲁斯及雷姆斯所创建。罗马原先是罗马共和时期的中心,后来成为罗马帝国时期的首都,更在公元4世纪时成为基督教世界的首都。公元1990年,世界遗产所登录的范围延伸至乌尔班八世时期建造的城墙,包含了罗马市民广场、奥古斯都大帝陵墓、哈德连大帝陵墓、万神殿、图拉真圆柱、马库斯·奥勒利乌斯圆柱等上古时期的文化纪念物,以及罗马教廷时期的宗教及公共建筑等。"

《世界遗产名录》对"突尼斯的麦地那"的概要描述是:"突尼斯首都——突尼斯,远从公元5世纪开始便以橄榄油贸易而繁荣。公元698年,阿拉伯军队攻陷东罗马帝国掌管下之迦太基,突尼斯遂逐渐发展成一座伊斯兰都市。公元12~16世纪于阿尔摩哈德与哈夫西德斯王朝统治下之突尼斯,被认为是伊斯兰世界中最繁荣富庶的城市之一。旧城内大约700处古遗址,包含宫殿、清真寺、陵墓、伊斯兰学校(madrasas)以及喷泉,见证了突尼斯城过往的繁荣盛景。"

《世界遗产名录》对"大马士革古城"的概要描述是:"建于公元前3000年的大马士革,为中东最古老的城市之一。中世纪时,大马士革便是一座繁荣的工艺中心城,其精湛的手工艺则展露于刀剑及织品上。大马士革拥有125个不同时期遗留下来的纪念性遗迹,当中最具特色的便是建于8世纪时的伍麦叶大清真寺,其建于一座亚述神殿遗址上。”

4. 城市里的一些部分或孤立的单元,尽管是残存物,但足以证明历史城市的整体特色,能够诠释历史城市曾经的辉煌。这类遗产以埃及历史上的开罗(Historic Cairo)和挪威卑尔根的布吕根区(Bryggen District in Bergen)为范例。

埃及:历史上的开罗

Historic Cairo

Date of Inscription:1979

Criteria:(i)(v)(vi)

Governorate of al-Qahirah(Cairo)

N30 3 0 E31 15 39.996

Ref:89

挪威:布吕根区

Bryggen

Date of Inscription:1979

Criteria:(iii)

City of Bergen,County of Hordaland

N60 23 50.0 E5 19 23.0

Ref:59

《世界遗产名录》对“历史上的开罗”的概要描述是:“隐藏于现代化都市开罗背后的秘密,是这里是世界最古老的伊斯兰城市。许多著名的清真寺、浴池、喷泉及宗教学院,自10世纪起,开罗便成为伊斯兰世界的中心,并于14世纪时达到黄金时期。”

《世界遗产名录》对“布吕根区”的概要描述是:“布吕根区是卑尔根的一个旧码头。该遗迹告诉人们这是14世纪到16世纪中叶时汉萨同盟贸易帝国的一个重镇。这里曾发生过多起火灾,最后一起是在1955年,烧毁了布吕根地区美丽的木头房子,但是其主要建筑仍然保存下来了。如今残存的58幢建筑大部分被用作艺术家的工作室。”

城市从来就负载着丰富文化积累和历史剧变。这4个类型看似由形式上划分,实则均与文化、历史同体,形式里包含了巨大的内容。城市是世界遗产中的一个大项,几乎所有的国家都不能避开城市而申报世界遗产。有的国家基本上就是以城市取胜的。因而,将城市分类是非常必要的,有利于把握尺度。

由于传统城市较多,1984年的会议还决定,暂不评审在20世纪建成的新城市,对其审查、批准工作在足够的传统城市进入《世界遗产名录》之后在进行。其后至1987年,现代城市开始纳入评审范畴。1993年9月6~8日第1届世界遗产城市大会在摩洛哥的非斯召开。这是世界遗产城市组织的例会,也是世界遗产事务系列会议之一。

世界遗产城市组织网站提供了已经加入这个组织的城市名单。截止到2016年8月,有280个城市列入其中。我国的承德、平遥、丽江以及中国澳门,是这个组织的正式成员。[①] 以下列举的是较早加入该组织的非洲、亚洲、大洋洲具有代表性的世界遗产城市。

非洲 Africa

莫桑比克:莫桑比克岛

Island of Mozambique

肯尼亚:拉姆老城

Lamu Old Town

阿拉伯地区 Arab States

叙利亚:阿勒颇古城

Ancient City of Aleppo

叙利亚:大马士革古城

Ancient City of Damascus

摩洛哥:非斯的麦地那

Medina of Fez

---

① 资料参见世界遗产城市组织网2017年2月1日,http://www.ovpm.org/index.php? module=Ovpm&func=liste&mm=1034。

阿尔及利亚:阿尔及尔城堡

Kasbah of Algiers

摩洛哥:马拉喀什的麦地那

Medina of Marrakesh

也门:萨那古城

Old City of Sana'a

也门:城墙环绕的希巴姆老城

Old Walled City of Shibam

也门:扎比得历史古城

Historic Town of Zabid

突尼斯:苏萨的麦地那

Medina of Sousse

突尼斯:突尼斯的麦地那

Medina of Tunis

亚洲及太平洋 Asia and the Pacific

越南:顺化古建筑群

Complex of Hué Monuments

尼泊尔:加德满都谷地

Kathmandu Valley

中国:丽江老城

Old Town of Lijiang

老挝:琅勃拉邦城

Town of Luang Prabang

菲律宾:维甘历史城市

Historic Town of Vigan

城市如何保护,尤其是这类有深刻蕴含的世界遗产城市如何保护及发展,也一直是国际社会始终坚持探讨的问题。例如,2005 年 10 月《世界遗产公约》缔约国大会通过的《维也纳保护具有历史意义的城市景观宣言》(Declaration on the Conservation of Historic Urban Landscapes)就曾阐发过如下原则:

1. 功能用途、社会结构、政治环境以及经济发展均不断变化。这种变化体现在对历史城市景观的结构性干预中。承认它们是城市传统的一部分,需要决策者高瞻远瞩,胸怀整个城市,而且需要与其他有关方面和利益相关方进行对话。

2. 历史城市景观中当代建筑的关键难题是,一方面要顺应发展潮流,促进社会经济改革和增长,另一方面又要尊重前人留下的城市景观及其大地景观布局。充满活力的古城,尤其是世界遗产城市,需要一种以保护为主要出发点的城市规划和管理政策。在这个过程中,绝不能危害古城的本来面貌和完整性,而后者又是由各种因素决定的。

3. 物质和功能性干预的主要目的是通过改善生活、工作、娱乐条件并且在不损害从古城的结构及形式特点和意义中产生的现存价值的前提下改变其用途,从而提高生活质量和生产效率。这意味着不仅要提高技术标准,而且要在编制正式目录并对其价值进行评估的基础上对历史环境进行修复并开展当代开发,还要增加高质量的文化表现形式。

第三节　文化景观

一、文化景观类别的出现

随着人类生存理念的变化,世界遗产内容和种类也是在不断调整中的。在公约通过20年之后,文化景观作为一个全新的遗产类型出现。文化景观的概念创始于1992年召开的第16届世界遗产大会。这次大会作出了吸纳具有世界意义的杰出文化景观进入《世界遗产名录》的决定。文化景观由此成为世界遗产的一个崭新类别,为世界遗产概念内涵增添了新的成分。追随人类生存理念的更新和完善,文化景观以特有的视角和遴选范围,强调人类与自然环境共存共荣、持续发展的特性,追求人与环境彼此不相伤害的境界,体现人类的生产、生活与大自然所达成的长期的和谐与平衡。

来自澳大利亚、加拿大、埃及、法国、德国、新西兰、斯里兰卡和英国的八国专家组提交了他们所选出的可以以“文化景观”命名的遗产项,其中包括考古地、历史区、生态景观、地质景观、建筑景观等。世界遗产中心与非政府组织国际遗迹遗址理事会、世界自然保护联盟也参与了文化景观概念与范畴的确定。世界遗产委员会采纳了由国际遗迹遗址理事会代表提交的报告，决定修改《执行〈世界遗产公约〉的操作准则》，增加用以评定有突出价值的文化景观的相应内容，建立一个预备性的文化景观名录（Tentative Lists of Cultural Landscapes）。吸纳杰出的文化景观进入《世界遗产名录》中的决定，为世界遗产概念内涵的发展开创了新时代。作为一个单独的遗产类别，文化景观以独特的视角和选取的范围，既不同于文化遗产对文化的倾情关注，也与自然遗产对自然的关爱有所区别。

文化景观遗产主要代表“自然与人类的共同作品”（combined works of nature and man）。一般来说，文化景观有以下类型：

1. 由人类有意设计和建筑的景观。包括出于美学原因建造的园林和公园景观，它们经常（但并不总是）与宗教或其他纪念性建筑物或建筑群有联系。

2. 有机进化的景观。它产生于最初始的一种社会、经济、行政以及宗教需要，并通过与周围自然环境的相联系或相适应而发展到目前的形式。它又包括两种类别：一是残遗物（或化石）景观，代表一种过去某段时间已经完结的进化过程，不管是突发的或是渐进的。它们之所以具有突出、普遍价值，还在于显著特点依然体现在实物上。二是持续性景观，它在当今与传统生活方式相联系的社会中，保持一种积极的社会作用，而且其自身演变过程仍在进行之中，同时又展示了历史上其演变发展的物证。

3. 关联性文化景观。这类景观列入《世界遗产名录》，以与自然因素、强烈的宗教、艺术或文化相联系为特征，而不是以文化物证为特征。

作为连接自然与文化的纽带，文化景观概念的确立，拓宽了关于生物多样性和文化多样性相互交叉关系的思维，能督促相关工作按照明确的目标去制定协同计划，以保护在传统的保护区范围外的遗产资源的多样性。

文化景观的概念含义非常广泛，被世界遗产委员会采纳并用以“表达人和自然相互作用产生的作品”（manifestations of the interaction between humankind and its natural environment），在世界遗产的历史中有深远意义。世界遗产委员会表示，文化景观遗产类别的出现，使《世界遗产公约》的实施和执行特点也有了一些变化;其后的世界遗产认定,会越来越向认可文化和自然遗产之间的相互关系方面努力。显而易见,在文化景观遗产诞生之后,人们的认识发生了许多变化,对文化景观所代表的人与自然的关联,明显重视起来。

1993 年秋天,关于文化景观问题的专家会议在德国泰姆普林(Templin)举行。会议决定,修订《执行〈世界遗产公约〉的操作准则》的内容,以利于文化景观的评定;同时,文化景观的申报、批准和收录,适用世界遗产标准中文化遗产的 6 个标准。

二、文化景观概览

截至第 44 届世界遗产大会召开,在《世界遗产名录》中得到确认的文化景观遗产为 114 项。其中,法国卢瓦尔河谷诗情画意的家园景色、菲律宾安第斯山伊富高人世世代代耕作的稻米梯田、新西兰诠释着土著毛利人价值观与生活细节的汤加里罗国家公园、波兰卡瓦里巧夺天工的园林公园等,都具有典范性。

这类强调人类日常生活融入自然环境的文化景观遗产项给以往"皇气"(如皇宫、帝王墓)及"神气"(如教堂、神殿、寺庙)十足的世界遗产中添加了富有生机的"人间烟火",开拓了朝宜居的、可持续的方向发展的思路。

表 4 为部分文化景观名单,可增进对文化景观遗产的理解。

表 4　文化景观名单

(以遗产名称的英文字母顺序排列)

国家 State Party	遗产名称 Official Title
墨西哥	龙舌兰景观及龙舌兰酒业遗存 Agave Landscape and Ancient Industrial Facilities of Tequila
瑞典	奥兰南部农业景观 Agricultural Landscape of Southern Öland
葡萄牙	阿尔托杜劳葡萄酒地区 Alto Douro Wine Region
乌克兰	塔里克古城 Ancient City of Tauric Chersonese and its Chora
叙利亚	叙利亚北方古村庄 Ancient Villages of Northern Syria
西班牙	阿兰尤斯文化景观 Aranjuez Cultural Landscape
古巴	最早的咖啡种植园考古景观 Archaeological Landscape of the First Coffee Plantations in the South-East of Cuba

续表

国家 State Party	遗产名称 Official Title
伊朗	巴姆城及文化景观 Bam and its Cultural Landscape
塞纳加尔	巴萨利族、法拉族和贝迪克族的文化景观 Bassari Country: Bassari, Fula and Bedik Cultural Landscapes
德国	高地公园 Bergpark Wilhelmshöhe
英国	布莱那维工业景观 Blaenavon Industrial Landscape
瓦努阿图	里奥马塔酋长领地遗址 Chief Roi Mata's Domain
意大利	奇伦托和迪亚诺河谷国家公园 Cilento and Vallo di Diano National Park with the Archeological Sites of Paestum and Velia, and the Certosa di Padula
哥伦比亚	哥伦比亚咖啡文化景观 Coffee Cultural Landscape of Colombia
英国	康沃尔郡就西德文郡矿业景观 Cornwall and West Devon Mining Landscape
意大利	阿马尔菲塔那海岸景观 Costiera Amalfitana
阿富汗	巴米扬山谷考古遗迹和文化景观 Cultural Landscape and Archaeological Remains of the Bamiyan Valley
印度尼西亚	巴厘岛文化景观 Cultural Landscape of Bali Province: the *Subak* System as a Manifestation of the *Tri Hita Karana* Philosophy
中国	红河哈尼梯田文化景观 Cultural Landscape of Honghe Hani Rice Terraces
葡萄牙	辛特拉文化景观 Cultural Landscape of Sintra
西班牙	特拉蒙塔那山区文化景观 Cultural Landscape of the Serra de Tramuntana
立陶宛/俄罗斯	克罗涅岬 Curonian Spit
瑞典	豪辛兰装饰农舍 Decorated Farmhouses of Hälsingland
加蓬	洛佩—奥坎德生态系统及遗迹文化景观 Ecosystem and Relict Cultural Landscape of Lopé-Okanda
奥地利/匈牙利	弗托—奈斯德勒西文化景观 Fertö/Neusiedlersee Cultural Landscape
德国	德松—乌利兹皇家公园 Garden Kingdom of Dessau-Wörlitz
阿塞拜疆	戈布斯坦岩石艺术文化景观 Gobustan Rock Art Cultural Landscape
奥地利	奥赫里德地区及它的文化历史和自然景观 Hallstatt-Dachstein/Salzkammergut Cultural Landscape
日本	平泉：佛教圣地 Hiraizumi-Temples, Gardens and Archaeological Sites Representing the Buddhist Pure Land

续表

国家 State Party	遗产名称 Official Title
匈牙利	霍尔托巴吉国家公园 Hortobágy National Park-the *Puszta*
以色列	熏香之路——内盖夫的沙漠城市 Incense Route—Desert Cities in the Negev
日本	石见银山银矿遗迹及其文化景观 Iwami Ginzan Silver Mine and its Cultural Landscape
法国	圣艾米伦区 Jurisdiction of Saint-Emilion
波兰	卡瓦利泽布日多夫斯津:巧夺天工的园林公园 Kalwaria Zebrzydowska: the Mannerist Architectural and Park Landscape Complex and Pilgrimage Park
立陶宛	克拿维考古遗址 Kernavč Archaeological Site (Cultural Reserve of Kernavč)
埃塞俄比亚	孔索文化景观 Konso Cultural Landscape
多哥	古帕玛库景观 Koutammakou, the Land of the Batammariba
巴布亚新几内亚	卡克早期农业遗址 Kuk Early Agricultural Site
加拿大	格兰派景观 Landscape of Grand Pré
葡萄牙	皮克岛酒庄文化景观 Landscape of the Pico Island Vineyard Culture
瑞士	拉沃葡萄园梯田 Lavaux, Vineyard Terraces
毛里求斯	山丘文化景观 Le Morne Cultural Landscape
捷克	列德里斯—瓦尔提斯文化景观 Lednice-Valtice Cultural Landscape
中国	庐山 Lushan National Park
安道尔	马德留—克拉罗尔—配拉菲塔峡谷 Madriu-Perafita-Claror Valley
南非	马邦布维文化景观 Mapungubwe Cultural Landscape
津巴布韦	马托博山 Matobo Hills
意大利	托斯卡纳的美第奇别墅和花园 Medici Villas and Gardens in Tuscany
马来西亚	马六甲与乔治城 Melaka and George Town, Historic Cities of the Straits of Malacca
中国	五台山 Mount Wutai
德国/波兰	马斯科夫公园/马扎科夫斯基公园 Muskauer Park/Park Mużakowski
法国	加莱的矿山遗址 Nord-Pas de Calais Mining Basin
蒙古国	鄂尔浑峡谷文化景观 Orkhon Valley Cultural Landscape

续表

国家 State Party	遗产名称 Official Title
尼日利亚	奥孙—奥索博神树林 Osun-Osogbo Sacred Grove
黎巴嫩	圣谷 Ouadi Qadisha(the Holy Valley) and the Forest of the Cedars of God (Horsh Arz el-Rab)
巴勒斯坦	南耶路撒冷的文化景观 Palestine: Land of Olives and Vines-Cultural Landscape of Southern Jerusalem, Battir
美国	帕帕哈瑙莫夸基亚国家海洋保护区 Papahānaumokuākea
巴林	采珠业:岛屿经济的见证 Pearling, Testimony of an Island Economy
哈萨克斯坦	泰姆格里考古景观岩刻 Petroglyphs within the Archaeological Landscape of Tamgaly
意大利	韦内雷港、五村镇及沿海群岛 Portovenere, Cinque Terre, and the Islands (Palmaria, Tino and Tinetto)
墨西哥	瓦哈卡州中央谷地的亚古尔与米特拉史前洞穴 Prehistoric Caves of Yagul and Mitla in the Central Valley of Oaxaca
法国/西班牙	比利牛斯—珀杜山 Pyrénées -Mont Perdu
阿根廷	塔夫拉达·德乌玛瓦卡 Quebrada de Humahuaca
菲律宾	菲律宾安第斯山上的稻米梯田 Rice Terraces of the Philippine Cordilleras
南非	里希特斯韦特文化与植物景观 Richtersveld Cultural and Botanical Landscape
巴西	里约热内卢 Rio de Janeiro: Carioca Landscapes between the Mountain and the Sea
印度	比莫贝特卡石窟 Rock Shelters of Bhimbetka
英国	伦敦基尤皇家植物园 Royal Botanic Gardens, Kew
马达加斯加	安布西曼加的皇家蓝山行宫 Royal Hill of Ambohimanga
肯尼亚	米吉肯达卡亚圣林 Sacred Mijikenda Kaya Forests
日本	纪伊山脉圣地与参拜通 Sacred Sites and Pilgrimage Routes in the Kii Mountain Range
意大利	皮埃蒙特及伦巴第圣山 Sacri Monti of Piedmont and Lombardy
塞内加尔	萨卢姆河三角洲 Saloum Delta
英国	圣基尔达岛 St Kilda
克罗地亚	斯塔里格雷德平原 Stari Grad Plain
尼日利亚	苏克文化景观 Sukur Cultural Landscape

续表

国家 State Party	遗产名称 Official Title
吉尔吉斯斯坦	苏莱曼太圣山 Sulaiman-Too Sacred Mountain
法国	喀斯和塞文：地中海农牧文化景观 The Causses and the Cévennes, Mediterranean agro-pastoral Cultural Landscape
法国	卢瓦尔河谷 The Loire Valley between Sully-sur-Loire and Chalonnes
伊朗	波斯园林 The Persian Garden
匈牙利	托考伊葡萄酒地区历史文化景观 Tokaj Wine Region Historic Cultural Landscape
新西兰	汤加里罗国家公园 Tongariro National Park
越南	长安综合景观 Trang An Landscape Complex
澳大利亚	乌卢鲁—卡塔曲塔国家公园 Uluru-Kata Tjuta National Park
德国	莱茵河上游中部河谷 Upper Middle Rhine Valley
意大利	瓦尔·迪奥西亚 Val d'Orcia
老挝	瓦普庙文化景观 Vat Phou and Associated Ancient Settlements within the Champasak Cultural Landscape
挪威	维加群岛文化景观 Vegaøyan— The Vega Archipelago
古巴	比尼亚莱斯山谷 Viñales Valley
意大利	皮埃蒙特葡萄园景观 Vineyard Landscape of Piedmont：Langhe-Roero and Monferrato
奥地利	瓦休文化景观 Wachau Cultural Landscape
中国	杭州西湖文化景观 West Lake Cultural Landscape of Hangzhou
冰岛	丁威勒国家公园 Þingvellir National Park

文化景观在评定时适用文化遗产的标准，同时强调人与所处环境的相融。2005 年联合国教科文组织的《世界遗产名录》当中，开始以“CL”将文化景观遗产特别标注出来，以示其独立的意义及价值。2006 年以后的新晋项目则注重在遗产名称上强调“文化景观”性质，并尽量以“Cultural Landscape”来完善遗产名称，明示其所属类型。

三、文化景观范例

文化景观遗产的确定，实际上是从对新西兰汤加里罗国家公园（Tongariro

National Park)的重新认识开始的。

新西兰:汤加里罗国家公园

Tongariro National Park

Date of Inscription:1990

Extension:1993

Criteria:(vi)(vii)(viii)

Property:79, 596 ha

S39 17 27 E175 33 44

Ref:421bis

《世界遗产名录》对"汤加里罗国家公园"的概要描述是:"根据文化景观标准的设立,1993 年汤加里罗成为第一个文化景观。地处公园中心的群山对毛利人具有文化和宗教意义,象征着毛利人社会与外界环境的精神联系。公园里有活火山、死活山和不同层次的生态系统以及非常美丽的风景。"

1990 年新西兰汤加里罗国家公园作为文化遗产入选《世界遗产名录》,是从汤加里罗国家公园对毛利人的生活影响的角度去认识的,依据的是文化遗产遴选标准的第 6 条"与具特殊普遍意义的事件或现行传统或思想或信仰或文学艺术作品有直接或实质的联系"。

汤加里罗在自然遗产意义方面的贡献,是在 3 年后才逐步被各方面深入认识并提交世界遗产委员会的。1993 年,由于人们重新认识了汤加里罗国家公园在自然方面的价值以及国家公园与毛利人文化的对应关系,世界遗产委员会决定按照自然遗产遴选条件标准的第 2 条(人类与自然环境相互关系的突出例证)、第 3 条(独特稀有绝妙的自然现象或地貌),[①]将汤加里罗国家公园确认为文化与自然双重遗产。适逢文化景观遗产的概念及标准的诞生并实施,汤加里罗国家公园被认为更符合文化景观遗产所归纳的关联性文化景观的特征。将它列入《世界遗产名录》,是因为它以与自然因素、强烈的宗教、艺术或文化相联系为特征,而不是以文化物证为特征。汤加里罗国家公园因此成为第一个以文

① 这是当时的世界遗产标准,2005 年以后《执行〈世界遗产公约〉的操作准则》对标准进行了调整。相关内容参见本书第九章第一节。

化景观遗产的名义列入《世界遗产名录》的遗产项。

文化景观的其他较早的范例，如菲律宾科迪勒拉山的稻米梯田、冰岛丁威勒国家公园等，亦为探究和诠释文化景观理念提供了资源。

菲律宾：菲律宾科迪勒拉山的稻米梯田

Rice Terraces of the Philippine Cordilleras

Date of Inscription: 1995

Criteria: (iii) (iv) (v)

Ifugao Province, Cordillera Region, Luzon Island

N16 56 02 E121 08 12

Ref: 722

Inscription Year on the List of World Heritage in Danger: 2001

冰岛：丁威勒国家公园

þingvellir National Park

Date of Inscription: 2004

Criteria: (iii) (vi)

Property: 9270 ha

Bláskógabyggð municipality, district of Arnessysla

N64 15 13. 7 W21 02 14. 1

Ref: 1152

《世界遗产名录》对“菲律宾科迪勒拉山的稻米梯田”的概要描述是：“两千年以来，伊富高山上的稻田一直是沿着山坡种植的。代代相传的知识、神圣的传统和微妙的社会平衡使这里形成了一道美丽的风景，表现了人类与环境之间的融合。”

《世界遗产名录》对“丁威勒国家公园”的概要描述是：“丁威勒国家公园是一个曾经在冰岛历史上很受关注的会议——阿尔廷（露天议会）的召开地。阿尔廷始于公元930年，并一直持续到公元1798年。会议讨论相关的法律，强调自由民主的理念。由于位于火山活动频繁地带，对于阿尔廷会议所留下的只有国家公园，及大约50个用草皮和石头建造的摊棚的碎片。这些遗留的古迹向后人证实了这个会议的存在。”

Chapter 8 第八章
非物质文化遗产

第一节　非物质文化遗产的概念

一、非物质文化遗产的词义性质

物质遗产（tangible heritage）和非物质遗产（intangible heritage）中 tangible 和 intangible 在英文中的基本词义是“可触得到的”和“触不到的”，在汉语表述中亦有用“有形的”和“无形的”来概括的。这些词语选用的优劣并不存在什么问题，重要的是要明确物质遗产是物态的事物，而非物质文化遗产却不能够固化，更易消失，保护和保存难度更大。

非物质文化遗产相对于物质类遗产而言，与之互为补充，互为诠释。2003 年《保护非物质文化遗产公约》第 2 条首先对“非物质文化遗产”的概念进行了界定：“‘非物质文化遗产’指被各群体、团体、有时为个人视为其文化遗产的各种实践、表演、表现形式、知识和技能，及其有关的工具、实物、工艺品和文化场所。各个群体和团体随着其所处环境、与自然界的相互关系和历史的条件不断使这种代代相传的非物质文化遗产得到创新，同时使他们自己具有一种认同感和历史感，从而促进了文化多样性和人类的创造力。在本公约中，只考虑符合现有的国际人权文件，各群体、团体和个人之间相互尊重的需要和可持续发展的非物质文化遗产。”

《教科文组织世界文化多样性宣言》(UNESCO Universal Declaration on Cultural Diversity)第7条“文化遗产——创作的源泉”中指出,每项创作都来源于有关的文化传统,但也在同其他文化传统的交流中得到充分的发展。因此,各种形式的文化遗产都应当作为人类的经历和期望的见证得到保护、开发利用和代代相传,以支持各种创作和建立各种文化之间的真正对话。这从一个方面深化了非物质文化遗产的含义。

二、非物质文化遗产的名称演化过程

1989年11月联合国教科文组织第25届大会上通过了《关于保护传统文化和民俗的建议书》(Recommendation on the Safeguarding of Traditional Culture and Folklore)。建议要求各会员国充分意识到大量包含丰富的文化特性和各地民族文化渊源的口头遗产正面临消失的危险。应当采取法律手段和一切必要措施,对那些容易受到严重威胁的遗产施行保护。

1997年11月,联合国教科文组织第29次全体会议上通过了建立人类口头与非物质遗产代表作的决议,“口头与非物质遗产”(Oral and Intangible Heritage)的概念被确认。

联合国教科文组织执行委员会在第155次会议上制定了关于由联合国教科文组织宣布人类口头与非物质遗产代表作的评审规则。确立的定义是:传统的民间文化是指来自某一文化社区的全部创作,这些创作以传统为依据、由某一群体或一些个体所表达并被认为是符合社区期望的,作为其文化和社会特性的表达形式、准则和价值通过模仿或其他方式口头相传。它的形式包括:语言、文学、音乐、舞蹈、游戏、神话、礼仪、习惯、手工艺、建筑艺术及其他艺术。除此之外,它的形式还包括传统形式的联络和信息。在此依据之上,2001年宣布了第一批人类口头与非物质遗产代表作(Masterpieces of Oral and Intangible Heritage)共19项。其后,于2003年和2005年分别产生第二批28项、第三批43项人类口头与非物质遗产代表作,总共宣布了人类口头与非物质遗产代表作90项。

2003年10月,联合国教科文组织又通过了《保护非物质文化遗产公约》,

确认了"非物质文化遗产"(Intangible Cultural Heritage)的新概念来替代"口头与非物质遗产"。同时,根据公约中的过渡条款,在等待公约正式实施的过程中,联合国教科文组织继续以两年一次的进度评选人类口头与非物质遗产代表作,直至公约实施并正式建立名录。名录建立后,这些代表作也正式过渡为公约所称的人类非物质文化遗产代表作(Representative of the Intangible Cultural Heritage of Humanity)。

2006年1月20日,批准该公约的国家数量达到了标准(30个以上),因而此公约于2006年4月20日正式生效。2009年,公约所设的两个名录《人类非物质文化遗产代表作名录》(The Representative List of the Intangible Cultural Heritage of Humanity)、《急需保护的非物质文化遗产名录》(List of the Intangible Cultural Heritage in Need of Urgent Safeguarding)正式建立。

从建议到公约,表明了非物质文化遗产保护工作的稳步发展。在1989年的《关于保护传统文化和民俗的建议书》中,联合国教科文组织就指出,非物质类的文化遗产是人类的共同遗产,是促进各国人民和各社会集团更加接近以及确认其文化特性的强有力手段,这是《保护非物质文化遗产公约》的一个先声。公约保持这个精神,继续强调非物质文化遗产是文化多样性的载体,是可持续发展的保证,是密切人与人之间的关系以及他们之间进行交流和了解的要素;它的作用是不可估量的。公约还特别要求,各个群体和团体随着其所处环境、与自然界的相互关系和历史条件的变化不断使代代相传的非物质文化遗产得到创新,同时使他们自己具有一种认同感和历史感,从而能够促进文化多样性和人类的创造力。

三、非物质文化遗产的内容层次

对《保护非物质文化遗产公约》给出的非物质文化遗产的定义,应当有三个层次的解析。第一个层次,"被各群体、团体、有时为个人视为其文化遗产的各种实践、表演、表现形式、知识和技能,及其有关的工具、实物、工艺品和文化场所。"这是一个关于基本内涵的定义,将非物质文化遗产的基本范畴予以确定。第二个层次,"各个群体和团体随着其所处环境、与自然界的相互关系和历史的条件不断使这种代代相传的非物质文化遗产得到创新,同时使他们自己具有一种认同感和历史感,从而促进了文化多样性和人类的创造力”,强调的是动态、活态和具有持续生命力的特征。第三个层次,“只考虑符合现有的国际人权文件,各群体、团体和个人之间相互尊重的需要和顺应可持续发展的非物质文化遗产。”这是一个必须被重视的严格的遴选要求,作为完整定义的组成部分不可或缺,特别地强调人权法原则在非物质文化遗产事务中的渗透。

由此能够分析出这一法定概念的要旨在于,无论是保护历史多么悠久的非物质文化遗产,其目标要符合当代的国际法体系中的价值准则。在执行上,尤其是要注意发现非物质文化遗产资源当中容易携带的消极的、不利于人权保护的内容,并要将之剔除掉。与当代人权法原则相抵触的,必定不在非物质文化遗产的考虑之内。比如,带有对女性歧视内容的传统、对未成年人身心成长有所伤害的习俗,均需谨慎对待,不能轻易将之认定为非物质文化遗产代表作。

根据非物质文化遗产的定义,非物质文化遗产在形式上还包括以下方面:

1. 口头传说和表述,包括作为非物质文化遗产媒介的语言;

2. 表演艺术;

3. 社会风俗、礼仪、节庆;

4. 有关自然界和宇宙的知识和实践;

5. 传统的手工艺技能。

确定非物质文化遗产的意义当然不限于公约所给出的这些形式本身,或保证它们完好延续下去这样一种单纯的结果上。其彰显的价值观,渗透在所有相关的横向国际事务当中,为同一个和平发展目标服务。

《联合国教科文组织发展纲领》中强调:文化遗产不限于纪念馆和文艺著作,有一个无形的组成部分,即口头传说、风俗、语言、音乐、舞蹈、表演艺术,许多民族特别是少数民族及土著社会仍沿袭着深深地植根于过去的反映他们自身的必不可少的渊源文化。这种无形的大自然遗产显得更是脆弱。如果我们想要维护文化的多样性并加强文化的多重性的话,保护遗产就是一件紧迫的事情。想给这些事物注入生命力,首先要做的事情是以我们设想的行动形式给年轻人增加一种意识,即传统文化和大众文化具有丰富性。特别要注意传统文化和大众文化对现代文化做出贡献。在这种过渡当中要特别强调妇女的作用,恢复各种传统的表现形式。联合国教科文组织将鼓励成员国制定全面的政策保护和恢复他们的无形遗产,给他们技术进步的益处,既能培养专家,也能传播文化遗产的意义。

文化多元化的保护不能靠单纯的对历史文物的保护来实现,还必须提倡对非物质文化遗产的保护和开发。这是文化创造性的考验,也是活的文化的动力。

第二节 非物质文化遗产的早期形态

由于非物质文化遗产在概念演进上的曲折脉络,其自身分类也进行了相应的修正。从历史过程看,早期阶段的"人类口头与非物质遗产"主要由两种非物质文化遗产表现形式构成:

1. 一种定期发生的文化表现形式,如音乐或戏剧表演,宗教仪式或各类节庆仪式。

2. 一个文化空间,定义为一个集中举行流行和传统文化活动的场所,也可定义为一段通常定期举行特定活动的时间。这一时间和自然空间是因空间中传统文化表现形式的存在而存在的。

文化表现形式(Cultural Expression)显然是一个统称,包含若干的小类。文化空间(Cultural Space)是关于非物质文化遗产的重要术语,是一种包容量很大的非物质文化遗产构成形式,将文化显现为日常化的细节,还可以容纳其他的非物质文化遗产类型于自己的形式之中。

至成熟期,《非物质文化遗产公约》所确定的表现形式更为细化,即口头传说和表述,包括作为非物质文化遗产媒介的语言;表演艺术;社会风俗、礼仪、节庆;有关自然界和宇宙的知识和实践;传统的手工艺技能。但是,其核心内涵是不变的。

属于文化表现形式的遗产多为具体可感的形态。例如,传统知识和工艺技能,常常与族群文化一同生长,也是地域文化的结晶。一代代人以口传心授的方式教授、流传手上的技艺,使之能够表达心声、诠释价值,构成一种整体文化的象征。其中,木质手工艺及制品在世界各地比较通行,但各地的地理特征和人文特征会使得木质手工艺千姿百态,如宗教气息浓重的十字架工艺、低洼潮湿地带的木鞋工艺、狂野森林附近的兽形雕刻等，均呈现着自身的文化特性。

相对而言，文化空间的非具象因素更多。文化空间首先应有场所，可能会是一座岛屿、一片村镇、一块城市区域、一个自然地带。而重要的是，场所中必须有人的活动。人的文化行为与"场所"契合于一体，所谓文化空间才真正具有意义。文化空间就是能够在一种时空中承载和凝聚与之休戚与共的文化元素，并将之化为日常式的有亲近感的行为习惯。从一开始，文化空间就是一个重要的概念。它确定的是一种时空结合体，其中的内容丰富，可以集某一地区传统文化之大成。

第三节　非物质文化遗产的主要类型

一、史诗

史诗是一种综合的表现形式。语言、文学、历史、音乐、舞蹈往往是同体而生的，在文明的进程中相辅相成。当凝重而丰厚的文化积累至一定的阶段，语言、艺术就上升为史诗。史诗传承文化，充满了精神的力量。

符合非物质文化遗产的范畴的，也正是民族民间的一系列艺术样式，或隆重，或肃穆，或诙谐，或悠长，都使文化通过具体的艺术形式得以凝聚，也得以流传。音乐、舞蹈、诗歌与文化空间相比，其地域、空间方面的固定性并不十分突出，但却是非物质文化遗产的稳定因素。

中国：格萨尔王诗史传奇①

China-Gesar Epic Tradition

2009

中国西部和北部地区的西藏、蒙古族和土族少数民族地区一直流传着一位

① 这种标注形式表示人类非物质文化遗产代表作的名称和进入《人类非物质文化遗产代表作名录》的时间。本章后同。

共同的古代英雄的故事。这就是格萨尔王的故事。他被派到天堂去战胜妖魔鬼怪。他锄强扶弱,并最终统一了不同部落。将格萨尔王传说保留下来的说唱艺人将这部宏大的史诗故事(被称为“一串串起来的珍珠”)口口相传,并将其改编成诗歌、散文等多种带有区域性特点的形式,一直流传至今。

中国:玛纳斯

China-Manas

2009

聚居在中国西部新疆地区的柯尔克孜族人对自己是大英雄玛纳斯的后代而备感骄傲。他们用有名的口述玛纳斯史诗对玛纳斯的生活以及后代进行颂扬。在民众集会、当地的庆祝活动、音乐会以及婚礼、葬礼等仪式活动中,可以见到这种无伴奏吟唱的传统表现形式。

叙事与音乐、歌唱融合于一体,形成由口头传达的吟诵说唱形式。大多数的民族在历史发展过程中,都会孕育出史诗吟诵或故事说唱。

印度:吠陀传统颂歌

India-The Tradition of Vedic Chanting

2008

可以说,印度是文化传统和文化结构最为复杂的国家。印度有 4 种形式复杂的吠陀传统颂歌。吠陀传统颂歌也是世界上幸存的最古老的文化传统之一。

吠陀传统颂歌的语言优雅,是本身也很高雅的古典梵语的祖先。吠陀传统颂歌的诗节在传统的神圣仪式和典礼期间吟唱,并且在其社群中被天天背诵。吠陀是印度最古老的圣典,“吠陀”一词是“知识”之意。婆罗门教认为,颂歌是古圣人受神的启示写出来的。吠陀传统颂歌包括梵语诗和对哲学概念的理解,不仅在历史中占有重要的文化地位,在当代印度的社会生活中也仍然起着不可替代的作用。

韩国:盘索里史诗说唱

Republic of Korea-The Pansori Epic Chant

2008

盘索里史诗说唱起源于17世纪的朝鲜西南部,以音乐说唱的形式进行表演,由一名说唱者与一名鼓伴奏一起表演。这种表现形式极富有表现力和艺术感染力,是朝鲜民族丰富的表演艺术传统中最独特的表达方式之一,饱含着民族文化和精髓。盘索里史诗表演时,屏风芦席,一人击鼓,一人执扇,以唱为主,夹叙夹议。长篇传统段子,内容多为警世劝善。演员技艺精湛,听者击节喝彩。一般耗时3~5个小时,有的长达8个小时。

二、语言

(一)语言是文化遗产

怎样对待我们每天思维和表达都要使用的语言?这是一个每人都应当掌握答案的问题。在《旧约全书·创世记》中上帝让世人停止建造“巴别塔”以隔绝人们的交流,因而有了各种互不相通的语言。面对纷繁多样的语言,人类一直以来都在进行着不同经验的解释。圣经的说法给出的当然只是一种宗教的解释,带有被动、无奈的色彩。而今天,我们则需要从国家、民族乃至全球的全方位视角,对语言形成理性的认知和判断。

首先要明确,是法律确认了语言为文化遗产。一种语言具有的精神价值、文化气质,是拥有这种语言的民族的宝贵财富。在法律层面上确认语言的地位,是国家立法的基本职责之一。当代社会,许多国家在本国的法律中均明示了关于语言的定位。比如,法国的《法语使用法》第1条即明确指出:“根据宪法规定,法语为法兰西品格及文化遗产的基本要素。”

这样的定性,不仅语气坚定,其确认语言为文化遗产重要组成部分的意旨更是非常清晰。韩国的《国语基本法》第2条“基本理念”中也强调:

“国家应当使国民认知,国语是民族的第一文化遗产,也是文化创造的原动力。必须认真发展国语,确立民族文化的本体性,并传承给后代。”

韩国在将语言确认为文化遗产时还加上了“第一”这样的定语,可见其重视语言及语言与民族文化关系之程度。

确认语言为文化遗产,也是国际法上普遍的法定主旨。因而,“语言遗产”

(linguistic heritage)这样一个概念也适时产生。2001年《实施〈教科文组织世界文化多样性宣言〉的行动计划要点》(Main Lines of an Action Plan for the Implementation of the UNESCO Universal Declaration on Cultural Diversity)第5条指出:"保护人类的语言遗产,鼓励用尽可能多的语言来表达思想、进行创作和传播。"①由此,"语言遗产"的概念正式出现,使语言理念在新世纪有了一个理性的符合可持续发展目标的定位,并在相关的法律群当中形成了统一的价值取向和保护规则。尤其是《保护非物质文化遗产公约》出台以来,有关语言遗产的国际法体系愈加丰富、稳固。

(二)作为非物质文化遗产的语言

关于语言的法律价值观核心是什么呢?是语言多样性。语言多样性是文化多样性的标识,也是文化多样性的组成部分。语言多样性的实现,才能成就文化多样性。语言多样性格局的形成仰仗于每一种存活着的语言的特性保持。所有语言的特性和谐而互补地存在于人类社会,语言多样性才能够成立。2003年10月17日联合国教科文组织第32届大会通过的《保护非物质文化遗产公约》也纳入了这样的思路,视语言为非物质文化遗产的重要组成部分,同时语言还是所有非物质文化遗产的载体。通过非物质文化遗产事务在全球范围的开展,对语言作为文化遗产的理念也起到了一定的普及作用。

由于语言是人类认知世界的反映,是记录知识系统的载体,所以,关于语言与知识,语言与气候,语言与医药,语言与生产,语言与民俗等许多方面的传统内容,在非物质文化遗产的认定当中,也能够得到全面的展示及保护。

文化都附着于艺术的具体样式之中,而所有的艺术样式又都融汇在生活之中。所以,非物质文化遗产的丰沛资源是与生活生长在一起的。

伯利兹、洪都拉斯和尼加拉瓜:加利弗那语言、舞蹈和音乐

Belize-Honduras-Nicaragua-The Garifuna Language, Dance and Music

2008

---

① 英文原文为:Safeguarding the linguistic heritage of humanity and giving support to expression, creation and dissemination in the greatest possible number of languages,为"语言遗产"(linguistic heritage)概念的法源出处。

加利弗那人的祖先来自非洲,17 世纪时因反抗英法殖民者的统治而被流放到圣文森特(西印度群岛)。现在加利弗那人散居在洪都拉斯的伯利兹城以及危地马拉、尼加拉瓜的几座港口城市。据估计现有的 11,500 人,分为 10 个社区住在大西洋沿岸。

至今加利弗那人仍保持着自己的传统语言,即含有圣文森特原住民语言特点和非洲语言特点的"黑加勒比语"。从非洲祖先那里传下来的天性,使音乐和舞蹈在加利弗那社区交流中起着重要的作用。传统的乐器包括鼓、沙球、吉他和海龟壳,是在宗教典礼和日常生活中都能见到的基本物什。

而且,一些特殊物质形态的语言,也被纳入文化遗产保护的范畴。例如,2009 年进入名录的人类非物质文化遗产代表作中有一项西班牙的"戈梅拉岛(加纳利群岛)的口哨语言"(Whistled Language of the Island of La Gomera/Canary Islands),就是非常突出的范例。戈梅拉岛上的哨语以卡斯蒂利亚语即西班牙语为基础,通过吹口哨传达信息,适应于岛上的环境和生活。几个世纪以来,这种哨语以学校教授的方式世代相传,形成了一个可观的使用群体。超过 22,000 名岛上居民娴熟掌握并使用这种哨语,使之一直得以丰富和发展,成为今天世界上语法系统最完善、拥有人群最多的哨语。由于它与该岛文化的一体性,又被直接简称为"西尔沃·戈梅罗"(the Silbo Gomero)。

西班牙:戈梅拉岛(加纳利群岛)的口哨语言

Spain-Whistled Language of the Island of La Gomera(Canary Islands)

2009

(三)语言遗产保护行动

根据《教科文组织世界文化多样性宣言》规定,每个人都应当能够用其选择的语言,特别是用自己的母语来表达自己的思想。该宣言的配套文件《实施〈教科文组织世界文化多样性宣言〉的行动计划要点》提出了更加具体可行的准则,并特别强调:

- 保护人类的语言遗产,鼓励用尽可能多的语言来表达思想、进行创作和传播。

• 提倡在尊重母语的情况下，在所有可能的地方实现各级教育中的语言多样化，鼓励自幼学习多种语言。

联合国教科文组织还在国际语言年制定了把语言、文化和发展融为一体的战略。该战略着眼于巩固语言在发展战略中的作用并增进文化多样性和对话，强调在地方、国家和区域各级制定能够确保不同民族和社会群体间平衡沟通的语言政策，以促进各民族和语言群体和平共处，找出权力共享和文化间沟通机制，进而为建立民主制度和民主的政治文化创造条件。

全球战略预期的结果是，语言和多语言的使用应当成为国际、国家和地区立法、行政管理、网络空间、教育系统等方面的文化表现形式与交流的最重要的因素。最终，各国家应该制定出相关政策和战略，通过保护和振兴濒危语言、促进多语言的使用来保护语言多样性，以在维护文化多样方面为各社区和各民族提供同等机会。这样，才能够展望并描述出纵横交织的多样语言局面。实现目标，需要人们的关心和参与。

三、戏剧

戏剧是古老的人类艺术形式，存在于各民族的生活、宗教等活动当中。戏剧形式也是人类所有艺术中成熟较早的品种，其内容以语言的物质手段承载起来。各民族的戏剧，都记录着语言的兴衰发展，甚至标志着语言的辉煌顶峰。因而，作为非物质文化遗产，与史诗一样，戏剧与语言是同体的。

西班牙：埃尔切的神秘剧

Spain-The Mystery Play of Elche

2008

安息的圣母高洁而宁静，她永远被信徒们所祭奠和颂扬。美丽的圣母偶像被虔诚的人们抬着，在肃穆的音乐声中缓缓前行。人们吟诵赞美的诗句，颂扬圣母的伟大，并营造出一种神秘的气氛。通过调动音乐、形体、情节等各种因素，寓教义于戏剧表演之中。参与表演的人都是教徒，场地亦为真实的教堂，神秘剧的表演本身实际上同时也是宗教仪式。

神秘剧是中世纪欧洲宗教剧的生动记录，展示的是受拜占庭文化影响的中世纪文化。在埃尔切所保留的赞颂圣母的这种宗教仪式，至今成为独一无二的珍贵遗产。

神秘剧完全由歌唱构成，一般在8月14日至15日分为两幕演出。尽管与宗教内容紧密相连，也还是要先有剧本。这种剧的剧本也很特别，剧本中的文字多用巴伦西亚语写成，也有一些部分用拉丁文。最早的剧本可以追溯到1625年，从那时起人们就开始收藏剧本。由于历经各时代的文化潮流影响，神秘剧中的歌曲风格兼有文艺复兴时期和巴洛克时期的两种风格，两者相互交替。

日本：能剧和狂言

Japan-Nogaku Theatre

2008

如果将日本文化喻为一个稳固的三角形，能剧和狂言可以说是三角形中尖端的部分。这两种艺术形式或许还是了解日本高雅文化的必修课，为人们展示日本的“文化名片”。

能剧和狂言是两种不同的戏剧类型。它们的产生可以追溯到8世纪，随后的发展又融入了多种艺术表现形式，如杂技、歌曲、舞蹈和滑稽戏。今天，它们已经成为日本最主要的传统戏剧，主要以日本传统文学作品为脚本，在表演形式上辅以面具、服装、道具和舞蹈组成。能剧一般表现的是一种超现实世界，其中的主角人物是以超自然的英雄的化身形象出现的，由他来讲述故事并完成剧情的推动。现实中的一切，则以面具遮面的形式出现，用来表现幽灵、女人、孩子和老人。狂言是以滑稽的对白、类似相声剧一样的形式来表演。无论是能剧还是狂言，剧本所采用的语言均为中世纪时的口语。

伊朗：塔兹耶仪式戏剧艺术

Islamic Republic of Iran-The Ritual Dramatic Art of Ta’zīye

2010

塔兹耶（Ta’zīye 或 Ta’azyeh）是一种讲述宗教活动、历史故事、神话故事和民间传说的仪式性戏剧艺术。每场演出都有四个要素：诗歌、音乐、歌曲与动作。一些演出剧目中可能有上百个角色，分成历史、宗教、政治、社会、超自然的、真实的、虚构和幻想的角色等。每个塔兹耶的剧目都是独立的,有自己的主题、服装和音乐。表演充满了伊朗观众可以理解的丰富的象征手段、惯例、套路以及符号,但舞台上没有照明或装饰。表演者都是男性,包括女性角色也由男性扮演。大多数演员是业余的,在日常生活中靠别的职业维系生活,参加演出寻求的只是精神境界。塔兹耶的传承,是在师徒之间通过言传身教进行的。就功能而言,一方面,塔兹耶在伊朗文化、文学和艺术中具有突出的作用;另一方面,日常谚语也能从这种仪式性的戏剧中吸取精华而形成。它的表演在保留保存古老的传统、民族文化和伊朗神话同时,还帮助促进和加强了宗教和精神价值的传播,并有利于培养利他主义,加深人与人之间的友谊。塔兹耶为维护相关的手工艺术也起到了重要的作用,如服装制作、书法和乐器制作。塔兹耶具有的灵活性使得它成为不同社会群体的共同语言,从而促进了交流、团结和创造力的发挥。

中国:京剧

China-Peking Opera

2010

京剧是一种融合了唱、念、做、打的表演艺术。在中国各地都有广泛的表演,但北京、天津和上海仍是主要的演出中心。京剧的唱、念主要使用北京方言,剧本则遵循一系列注重形式和韵律的严格规则而创作。各剧目讲述历史、政治、社会和生活的故事,在娱乐的同时也传递信息。音乐在京剧中起到关键作用,不仅可以设定演出的节奏、营造出特别的气氛,而且还可以塑造人物并引导故事的进展。"文场"使用管弦乐器,如音质高亢的京胡和长笛,而"武场"则使用班鼓、大锣等打击乐器来烘托。演出的特点是演员表演程式化与象征风格。这些都是通过既定的手、眼、身、脚动作编排来实现的。传统上,舞台布景和道具比较简朴,但服饰华丽,脸谱夸张,并用简洁的符号、颜色和图案来描绘人物的个性与社会身份。京剧主要是在师徒之间进行传承,徒弟通过口头指导,观察和模仿学习基本表演技能。京剧被视为中国传统社会戏曲审美理想的集大成者,并且作为中国文化遗产得到广泛认可。

四、舞蹈和音乐

人类与生俱来的歌舞本能,以丰富的不断发展的样式延续下来,形成悠久的非物质文化遗产的宝库。

中国:侗族大歌

China-Grand Song of the Dong Ethnic Group

2009

中国南方贵州省侗族有一句广为流传的谚语"饭养身、歌养心"。他们以音乐的方式来传承文化和知识,并使这种方式在侗族人民特有的大合唱中得到了很好的体现。他们的大合唱分为几个声部,既没有乐器的伴奏也没有指挥。

印度尼西亚:印度尼西亚昂格隆

Indonesia-Indonesian Angklung

2010

昂格隆(Angklung)是印度尼西亚的一种乐器,主框架用竹子做成,当中用藤条线悬挂着两节到四节竹筒。竹筒由工匠大师精心地切割削尖,目的是当竹框摇动时可以产生特定的音调。每个昂格隆只产生一个音符或和弦,因此为了可以演奏曲调需要几个人共同合作。传统昂格隆使用五声音阶,但 1938 年音乐家登·索廷纳(Daeng Soetigna)为昂格隆中引进了全音阶,于是产生了著名的昂格隆帕达(Angklung Padaeng)。昂格隆与印度尼西亚的传统习俗、艺术和文化身份认同密切相关,常在水稻种植、收获及割礼仪式上得到演奏。制造昂格隆的特殊紫竹必须在一年中蝉鸣的那两个星期砍伐,并要砍离地面至少三节以上的部分,以确保根可以继续繁衍。昂格隆的教习依靠口头代代相传,但在越来越多的教育机构也可以学到。演奏昂格隆具有合作的性质,因此可以促进演奏者之间的相互合作、相互尊重的精神,并且提高纪律性、责任心、注意力、想象力和记忆力以及对艺术和音乐的感受力。

印度:查乌舞

India-Chhau dance

2010

查乌(Chhau)舞是印度东部的一项传统,表演的内容包括摩诃婆罗多和罗摩衍那史诗中的片段、当地民间传说及抽象主题等。查乌舞有三种不同风格,分别来自喜来奇拉(Seraikella)、普路赖(Purulia)和马约巴哈尼(Mayurbhanj)地区。前两个地区在舞蹈中使用面具。查乌舞蹈与地区节日,特别是春节(Chaitra Parva)的联系非常紧密。它的起源可追溯至原生舞蹈和武术实践。舞蹈的动作语汇包括模仿格斗技巧、鸟步和动物步态,以及农村家庭妇女的日常劳作动作。查乌由传统艺术家在家庭内传授给男性舞者,或在当地社区内进行传授。这种舞蹈的表演在晚间进行,表演场地是一个开放的空间,伴奏的是叫作莫呼里(Mohuri)和舍奈(Shehnai)的箫管演奏的传统及民间曲调。另外伴奏音乐中还有多种鼓声,可以主宰整个伴奏乐。查乌舞是这些社区文化不可分割的一部分。它把来自不同社会阶层的拥有不同的社会习俗、信仰、职业、语言和种族背景的人们结合在一起。然而,日益工业化、经济压力和新媒体的出现导致了集体参与的减少,社区文化正在逐渐远离他们的根。这是需要解决的急迫问题。

伊朗:呼罗珊的巴克谢音乐

Islamic Republic of Iran-The Music of the Bakhshis of Khorasan

2010

在霍腊散省,民间歌手“巴克谢”(Bakhshis)素以善于演奏一种 2 弦长颈的琉特属乐器都塔尔(Dotār)而著称。他们讲述的是伊斯兰和诺斯底诗歌与史诗中的神话、历史或传说等主题。他们的音乐以“马噶米”(Maghami)这一名字为人熟知,包括了器乐和声乐作品。声乐作品用土耳其语、库尔德语、土库曼语和波斯语演唱。那瓦伊(Navāyī)是最普遍的马噶米音乐:变化多样、声乐演唱、无节奏,并伴以诺斯底诗歌。其他类型也多姿多彩,如土耳其马噶米有:塔基尼(Tajnīs)和格拉耶力(Gerāyelī),宗教主题的沙卡塔伊(Shākhatāyī),古典浪漫风格的洛伊(Loy);是北霍腊散克尔曼的库尔德人的音乐。巴克谢把都塔尔的两根弦中的一根看作公弦,另一根看作母弦;公弦保持开放,而主旋律主要是在母弦上演奏的。

巴克谢音乐是通过传统师徒关系得以传习，有些仅限于在男性家庭成员或邻居之间进行，也有一些采取现代的方法，即一位大师为一群学生授课，而且学生有男有女，来自不同背景。音乐是传递历史、文化、道德和宗教的基础，因此，巴克谢的社会角色超越了单纯的叙述者。他们还被视为法官、调解员和治疗师；他们是民族和地区社会文化遗产的守护者。

在人类的社会生活过程中，宗教祭祀、欢度节日、庆祝丰收等活动，采用集体的共同歌唱这种形式，能够将人们的情感、祝愿、祈求充分表达出来，并营造出浓厚的气氛。歌唱的形式成为长久的传统，其文化价值便积淀起来。

格鲁吉亚：格鲁吉亚复调唱法

Georgia-Georgian Polyphonic Singing

2008

格鲁吉亚的复调歌唱演唱是当地欢庆节日时的一种演唱形式。复调歌唱所唱的复调歌曲名叫查克路罗。这是一种运用了比喻和多种乐音修饰的复调歌曲，由两位男声独唱演员和男声合唱团用熟练的技巧演唱。

查克路罗起源于公元 8 世纪早期当地的葡萄酒祭仪和葡萄酒文化，复调唱法则大约产生于 12 ~ 14 世纪格鲁吉亚文艺复兴时期，歌唱形式延续了千余年。

拉脱维亚、爱沙尼亚、立陶宛：波罗的海歌舞庆典

Latvia-Estonia-Lithuania-The Baltic Song and Dance Celebrations

2008

在爱沙尼亚、拉脱维亚和立陶宛，波罗的海歌舞表演庆祝是大规模的节日活动。歌舞表演一般持续数天，通常聚集 20,000 ~ 30,000 名歌手和大约 10,000 名舞蹈者参加。歌手和舞者大多是业余的，与专门的唱诗班和舞蹈家融为一体。爱沙尼亚、拉脱维亚和立陶宛这样的庆典，反映出多种音乐的传统，也是在波罗的海东岸广大地区扎根生长起来的。它于 18 世纪首先在爱沙尼亚形成习惯，唱诗班的歌唱形式在乡村和都市传播，并不断得到普及；舞蹈的元素来自 19 世纪的爱沙尼亚和拉脱维亚，1924 年在立陶宛也开始加入了歌舞庆典。

可以说,波罗的海歌舞庆典是见证波罗的海文化的重要表达方法。苏联时代,这种民间的歌舞表演及其庆祝活动也一直没有停顿。

古巴:东方兄弟音乐

Cuba-La Tumba Francesa, Music of the Oriente Brotherhood

2008

东方兄弟音乐是古巴当地文化和欧洲尤其是18世纪法国流行的舞会传统与音乐的相融合的产物。它以活泼的舞会形式,以歌唱和鼓乐敲打为特色。东方兄弟音乐演奏的主要乐器,是用挖空的整根木头精心制作而成,并且雕刻和绘制着表达一定主题的装饰。歌手中一般有一个主唱,先进行30分钟的歌唱表演。随之,舞蹈家挥舞鲜艳的围巾,彻夜欢庆。19世纪末是东方兄弟音乐的流行顶峰期,现在只在部分地区保留。

柬埔寨:柬埔寨皇家芭蕾

Cambodia-The Royal Ballet of Cambodia

2008

芭蕾的原意指所有形式的优雅舞蹈,并非仅指脚尖舞。因而,将柬埔寨传统的宫廷舞蹈定名为"皇家芭蕾",是非常妥帖的。逢加冕礼、婚礼及节庆,轻盈而细腻的皇家芭蕾都是仪式上重要的部分。其舞蹈风格与舞蹈语汇,是东南亚地区舞蹈形式的典型代表。

越南:雅乐,越南宫廷音乐

Vietnam-Nha Nhac, Vietnamese Court Music

2008

越南的宫廷雅乐深受中国文化的影响,融音乐、舞蹈、政治制度、道德教化于一体,定时地展现出来。在越南,每年雅乐作为场地音乐在大约100个典礼上隆重表演,包括周年纪念日和宗教假期,以及特别的事件(如加冕礼,葬礼或者正式的接待)。越南雅乐在阮氏(Nguyen)王朝(1802~1945年)时处于成熟阶段,成为宫廷仪式的必要部分。国王支持雅乐,准许雅乐正式作为宫廷音乐,给予了它特殊的地位,确定它成为一个王朝的权力和长寿的象征。雅乐的音乐系统,以宫廷管弦乐队为主体,以多种乐器为其特色。雅乐演奏者必须保持投入的精神状态,以精力集中地适应长仪式的演奏。雅乐还富有精神的内容,如向神和国王缴纳贡款、传达与天体演化理论相关的哲学思想。

西班牙:弗拉明戈

Spain-Flamenco

2010

弗拉明戈是一种融合了歌曲(cante)、舞蹈(baile)和音乐(toque)的艺术表现形式。虽然西班牙南部的安达卢西亚是弗拉明戈的中心,但是在穆尔西亚和埃斯特雷马杜拉地区也可以找到弗拉明戈的根。歌曲是弗拉明戈的声音表现,通常是男女声以坐姿演唱,没有伴唱。悲伤、喜悦、悲哀、欢乐与恐惧——所有的情感和思想状态都可以通过极具表现力的歌词传达出来,而且歌词真挚,具有短小精悍的特点。弗拉明戈的舞蹈充满激情,具有求偶的意味,表达了从悲伤到喜悦各种情态。舞蹈的技术很复杂,而且取决于表演者是男性(加重脚的使用)还是女性(动作更温和,有更多的感性动作)。弗拉明戈的音乐或吉他演奏艺术早已超越了它原先的伴奏功能。其他乐器还包括响板,同时还使用鼓掌声和脚踏声。

弗拉明戈常在宗教节日、礼仪、教堂仪式和私人庆典仪式上表演。这是许多社区和团体的身份标志,特别对吉塔诺人(罗姆人)社区来说更是如此,他们在弗拉明戈的发展中发挥了重要作用。弗拉明戈的传承已经经历了不同的时代,家庭、社会团体和弗拉明戈俱乐部在保存和传播弗拉明戈中都起到了关键作用。

西班牙:马略卡的西比尔咏唱

Spain-The Chant of the Sybil on Majorca

2010

整个马略卡 12 月 24 日的教堂子夜祷告上都会有西比尔咏唱。咏唱标志着一年一度的圣诞子夜弥撒,由一名男童或女童在两名以上的祭坛男女童声伴唱下进行演唱。他们边唱边穿过教堂走向圣坛,主唱的儿童在自己的正面直举着一把剑,而祭坛少年举着蜡烛。在歌曲的最后,歌手用剑在空中划十字。在马略卡岛进行的咏唱与其格鲁吉亚的根源基本相同:都是清唱,管风琴的伴奏只出现在每段的空隙。歌手的服装通常是一件白色或彩色的外衣,有时在领子和下摆地方有刺绣,并且经常带着斗篷。斗篷的颜色与外衣相同。这一仪式把马略卡岛教区的年老一代和年轻一代合到了一起,他们作为歌手、服装人员、监礼人及其他辅助者共同工作,从而确保这一文化遗产的传承。

五、手工技艺

手工艺及其制品,也是地域文化的结晶。一代代人以口传心授的方式教授、流传手上的技艺,使之能够表达心声、诠释价值,构成一种整体文化的象征。

在世界各地,木质手工艺及制品比较通行。但各地的地理特征和人文特征会使得木质手工艺千姿百态,如宗教气息浓重的十字架工艺、低洼潮湿地带的木鞋工艺、狂野森林附近的兽形雕刻等。

立陶宛、拉脱维亚:立陶宛的木制十字架工艺及其在立陶宛的象征
Lithuania-Latvia-Cross Crafting and its Symbolism in Lithuania
2008

在立陶宛,传统的木制十字架几乎就是生活的氛围,浸透在历史与现实的细节中。这种手工制作工艺反映了当地的文化特性、信仰和礼仪。

这种制作工艺的起源大约可以追溯到15世纪基督教传入立陶宛的时代。十字架工艺作为一种受欢迎的传统方式,表达了人们的历史、艺术、社会和民族价值观。十字架一般的高度为1.2米至2米,用木头为材质,上面雕刻有典型的花纹和几何图形,并在显著位置雕刻有基督或圣徒塑像。现在立陶宛尚有200名十字架工艺师从事十字架的制作。

十字架有时独处一方,有时成群林立。树林里、田野上、山泉旁、路口边,十字架随处可见。祈祷和祝福时十字架往往被视为神圣无比。除了宗教和社会意义外,十字架也有政治象征,如自由独立。从1920年起,十字架一直被用于纪念国家节日和重要仪式当中。

马达加斯加：扎非曼尼里村的木雕工艺

Madagascar-Woodcrafting Knowledge of the Zafimaniry

2008

与中国的木制建筑原理相近，马达加斯加扎非曼尼里村的木雕工艺不以金属连接固定，而是榫卯相接。这种代代相传的木制手工艺以生活为素材，能够创造出各式花样的艺术品和实用品。其价值不仅在于它是一项技艺，更在于它汇聚了生活的理念。例如，蜘蛛形状的木雕，在当地的文化里象征着家庭。沉默的木雕，也是表达心声、表达思想的媒介。

中国：中国传统木结构建筑技艺

China-Chinese Traditional Architectural Craftsmanship for Timber

2009

中国建筑文化的典型标志，木结构建筑在中国使用甚广。木质元件如柱子、梁、檩条、过梁以及支托都是用榫组装起来，最终构成一个具有抗震理念、柔软灵活的建筑整体。

中国：中国的剪纸艺术

China-Chinese Paper-Cut

2009

在中国，传统悠久、分布广泛的剪纸艺术亦属于手工艺术这一类。这样一种民间的地域文化形式，其特质和形态恰能形象地诠释非物质文化遗产的精神，因为民间剪纸是民间文化传承的重要载体，是民间最大众化的、最具有民间思维特性的叙事语言方式。人们心灵手巧，用想象、用剪刀裁出心中春光大好的生活景象。

无论地域和民族，在中国剪纸艺术都是日常生活中的一种基本的大众艺术形式。这种艺术形式主要由女性从事，技艺代代相传，往往从孩童时就已经开始学习了，在中国的农村地区尤其盛行。

伊朗：法尔斯地毯编织传统技艺

Islamic Republic of Iran-Traditional Skills of Carpet Weaving in Fars

2010

伊朗人在世界上以善于编织地毯而著称。位于伊朗西南法尔斯的地毯织工,更是其中的佼佼者。春天或秋天的时候,当地男子剪下羊毛,然后他们在地上安放搭建水平式织机,而女性开始将羊毛绕成纺线。主要染料都是纯天然的,如用茜草、靛蓝、莴苣叶、核桃皮、樱桃枝茎、石榴皮制作红色、蓝色、棕色和白色的染料。妇女们负责设计、选色和编织,并把他们游牧生活的场景编成地毯图案。他们没有任何编织设计图,所以也没有任何编织工可以编出两条一模一样的地毯。地毯的编织工作是把彩色纺线在羊毛纬线上打结,然后把地毯缝边,并把多出的羊毛烧掉,这样能够让图案变得更为生动。到最后的环节,还要清洗地毯。所有这些技能都是经过口头和实践传承的,如母亲教女儿使用不同材料和工具的技术,而父亲教儿子怎样剪羊毛和构造织机。

伊朗:卡山地毯编织的传统技艺

Islamic Republic of Iran-Traditional Skills of Carpet Weaving in Kashan

2010

卡山一直以来都是制作精美地毯的中心,当地有几乎 1/3 的居民从事地毯编织工作,织工中 2/3 是妇女。地毯编织过程首先从设计图案开始,对一系列既定的生活认知,如花朵、树叶、树枝、动物和历史场景进行精心编排。那里的织布机以“达尔”(Dar)这个名字为人所熟知,经线和纬线用的是棉线或丝线。地毯的绒面是用波斯结法把羊毛绒线或丝绒线绕在经线上打结形成的,打结后还要把住一排编好的纬线,用梳子敲打。精心编织的波斯结(也称为非对称打结)在卡山得到了广泛使用,使地毯的背面打的结精细均匀。卡山地毯的颜色来自天然染料,包括茜草根、核桃皮、石榴皮和藤叶。卡山地毯编织的传统技艺在祖母和母亲的指导下传授给下一代,做学徒要学习设计、染色、修剪、织机构建和工具制造等技术。

六、节庆习俗

(一)狂欢节

狂欢节是一种生活态度的集合性体现,参与其中的快乐个人构成了庞大的动感群体。在舞动着的同时,相互感染着的同时,属于当地文化的许多内在特质也被带动了起来。

美洲与欧洲的狂欢节庆各具特色,在非物质文化的构成形态上也具有相当大的代表性。

玻利维亚:奥鲁洛狂欢节

Bolivia-The Oruro Carnival

2008

奥鲁洛狂欢节是一个连续性的大型活动。狂欢要持续 10 天,舞蹈、音乐及特殊工艺制作的服饰会纷纷亮相。狂欢队伍以 20,000 名舞蹈家和 10,000 个音乐家的规模,在 4 平方千米的地方每次连续表演 20 个小时。这个狂欢节起源,可以追溯到一个哥伦比亚时期尤鲁人自己的传统盛大的节日。到 17 世纪,西班牙人禁止尤鲁人的节庆典礼,但尤鲁人伪装成天主教圣餐会,继续进行节日。从此,安第斯山神融入了基督偶像,安第斯神系中的神像天主教圣徒一样被崇拜,节日通过基督教 2 月 2 日著名的典礼形式被继续流传。

哥伦比亚:巴兰基利亚狂欢节

Colombia-The Carnival of Barranquilla

2008

巴兰基利亚(Barranquilla)是哥伦比亚最大的海港城市,大西洋省首府。巴兰基利亚的狂欢节一年一度。狂欢节期间,盛装的游行队伍走上街头,音乐、花车、美女使这座海滨城市充满了色彩和欢乐。巴兰基利亚狂欢节作为哥伦比亚国家文化遗产是加勒比沿岸地区最重要的节日之一。2001 年哥伦比亚政府将巴兰基利亚的狂欢节列为国家文化遗产。巴兰基利亚的丰富多彩的庆祝活动可能起源于殖民时期带到该地区的欧洲狂欢节仪式。19 世纪,原先的天主教狂欢节逐渐与本地区西班牙传统和西非奴隶的音乐的遗产相结合,使狂欢节成为一个在巴兰基利亚的所有种族社区都受到欢迎的壮观的庆祝典礼。

比利时:班时的狂欢节

Belgium-The Carnival of Binche

2008

班时的狂欢节是一个自发性的狂欢节庆祝活动,从中世纪就已经开始,一年一度,直至今天仍然坚持。参加者均以面具装扮自己,人们在提琴和鼓乐的激情演奏中,合着传统音乐的节奏跳舞、狂欢。在庆祝典礼之前6周,班时的居民就开始精心地进行准备,包括制作服装、音乐试练和狂欢彩排。与美洲的狂欢节不同,特殊的神秘面具,红色、白色和黑色服装,带有美丽的鸵鸟羽毛帽子,是班时狂欢节这个大型“假面舞会”的标志符号。

比利时:阿尔斯特的狂欢节
Belgium-The Aalst Carnival
2010

每年,当为期3天的狂欢节在基督教大斋期前的星期日正式拉开帷幕,比利时北部东佛兰德省阿尔斯特市市民一年的精心准备,终于走向高潮。狂欢与讽刺是节日的特点:一位狂欢节王子,在一个嘲笑本城生活中的政客的仪式上,接过城市的钥匙,象征性地成为市长;人们举行偶像游行,游行队伍中有巨人偶像和查理曼大帝传说中的贝亚德马的偶像;在中央广场举行驱赶冬季之鬼的扫帚舞;青年男子打扮成女性,身穿紧身胸衣、推着婴儿车、撑着破碎的雨伞化装游行;还有燃烧狂欢节偶像的仪式——在这个仪式上,人们尖叫着,持续一整晚的庆祝。彩车游行队伍除了精心准备的正式彩车以外,还会有许多即兴的非正式团体加入,对过去一年本地及世界大事尽情嘲弄。阿尔斯特狂欢节已有600多年历史,每年吸引的观众达到10万人。狂欢节是阿尔斯特市社会各阶层集体努力的结晶,也是该市在这一地区的身份象征。既有把握时代变化的创新,又秉承着古老传统,继续着狂欢节集体的尽情欢笑与有分寸的颠覆气氛,所有这一切把阿尔斯特城团结在一起了。

(二)仪式庆典

以群体为单位的传统文化,其最具爆发力地直接表现出来的方法,通常为仪式和重大庆典。或祭天、祭神、祭祖,或祈丰收、祈太平、祈康健,调动各种因素,成为综合的表达形式。

韩国：皇家宗庙祭祖仪式及神殿

Republic of Korea-Royal Ancestral Rite and Ritual Music in Jongmyo Shrine

2008

韩国皇家儒教神殿是韩国皇家王室祭拜先祖列宗的儒家神殿。神殿内供奉的是朝鲜王朝的祖先。每年5月的第一个周日，韩国皇家都要在宗庙神殿举行一次祭祖活动。仪式非常隆重，皇室后裔均要参加。祭祖活动中，圣器里摆满祭祀用的食物和美酒，盛装的宗教祭司头戴王冠代表王族。各类乐器和舞蹈，如锣、钟、琵琶、锡塔尔琴、长笛以及传统的64种舞蹈，都分别代表着阴和阳。

作为汉文化圈的组成部分，这种仪式以传统的中国儒家文化为基础，通过祭祀祖先和孝行，希望祖先的灵魂得到永久的安息。

卢森堡：埃希特纳赫的跳步游行

Luxemburg-The Hopping Procession of Echternach

2010

每年基督教五旬节星期二，在卢森堡最古老的城镇埃希特纳赫（Echternach）的中世纪市中心会进行一场跳步游行（Iechternacher Sprangprëssioun）。在公元1100年时就已有了关于这种游行的记录。它的出现建立在对圣威利布罗德（Saint Willibrord）的崇拜基础之上。圣威利布罗德是一名修道士，也是埃希特纳赫修道院的创始人。他因为传教活动、行善以及给人们治疗某些疾病而受人敬仰。尽管由于游行中的异教元素遭到教会反对，但长期的禁令并没有能够阻止游行在该地区以及附近其他地方的传播和受到社会各阶层的喜爱。在卢森堡及其他国家的教会最高层到场的情况下，游行队伍清晨从古修道院的庭院出发，歌手吟诵连祷文，随后8000名跳步者开始进发。他们根据一个代代相传的仪式，分成45组前行，最后以大教堂的礼拜结束。跳步游行是一项深深扎根于传统的宗教活动，并通过祈祷、歌曲和舞蹈这些表达崇拜的传统形式得到体现。如今，尽管这项游行活动有世俗化的倾向，但还是日益风行起来，并获得了民间及宗教当局的支持。每年来自卢森堡及邻近地区的参与者平均达到13,000名。

玻利维亚:安第斯山的萨满

Bolivia-The Andean Cosmovision of the Kallawaya

2003

萨满是一种古老的流传于欧亚大陆的神秘传统巫术,既融汇在历史中,同时又扑朔迷离。由于古老到无从考证确切的起源时间,它的足迹踏上美洲是足可采信的。玻利维亚安第斯山的萨满与传统的萨满在精神实质上应当说是基本一致的。这种仪式祭祀神医,祈求健康,希望生命的安康。

蒙古国:蒙古的传统节日那达慕

Mongolia-Naadam, Mongolian Traditional Festival

2010

那达慕大会是蒙古国的一个全国性的节日,每年从1月7日至13日举行,同时还举行三项传统比赛:赛马、摔跤和射箭。蒙古国那达慕与蒙古族长期以来在中亚广阔的草原上开展畜牧业的游牧文明密不可分的。整个那达慕大会期间还贯穿着口头传说、表演艺术、民族美食、手工艺等文化形式,如长调、呼麦泛音歌唱、贝尔格民间舞蹈和马头琴。节日期间蒙古人遵循特殊的仪式和做法,如穿着独特的服装和使用特殊工具和体育器具。大会的参加者都对参加竞赛的男女赛手和孩子极其推崇。竞赛获胜者还会因他们的成就获得称号,赞美的歌声和诗歌也会献给选手们。三项传统比赛与蒙古人的生活方式与生活条件有直接联系。这些技艺的传递在家庭成员之间进行,但现代也出现了正式的培训,特别是在摔跤和射箭方面。任何人都可以参加那达慕,而且被鼓励参加。那达慕的仪式和风俗促进了社区参与和团结,也突出了对自然和环境的尊重。

(三)人际交流

西班牙:叠人塔

Spain-Human Towers

2010

“卡斯特”(Castells)是由业余团体成员叠起来的人塔,通常是加泰罗尼亚城镇年度庆祝活动的一部分。传统叠人塔的地方一般是在市政厅阳台前面的广场上。人塔是由“卡斯特人”(Castellers)逐层站在同伴的肩膀上搭建起来的,一般可达六到十层。“躯干部分”,即所谓的“特隆”(Tronc),是指第二层以上的部分,每一层由两到五名身体强壮的男性支撑着身体较轻的男孩子或女孩子。“高层塔”(Pom de dalt)——是指人塔最高的三层——都是孩子。任何人都可以参加“平压”(Pinya),即塔的基础底层。人们可以通过服装、特别是衬衫的颜色来辨认每个团队。团队的腰带不仅是为了保护背部,而且也是在“卡斯特人”向上攀爬时可以借力的地方。在叠人塔之前、之间和之后,乐师们用一个叫“格拉拉”(Gralla)的管乐器,演奏传统旋律,同时也为塔的搭建设置节奏。叠人塔所需要的知识是在团队中代代相传的,只能依靠实践掌握。

叠人塔的整个过程紧张而感人,传达着技术的默契、协作的精神,集体性活动的欢乐,人与人之间的信任,充满着向上的力量,带出成就感和自豪感。

比利时:豪特姆年市,圣利芬斯—豪特姆年度冬季集市及牲畜市场

Belgium-Houtem Jaarmarkt, Annual Winter Fair and Livestock Market at Sint-Lievens-Houtem

2010

豪特姆年市(Houtem Jaarmarkt)是在比利时东南部东佛兰德省圣利芬斯—豪特姆(Sint-Lievens-Houtem)举办的一年一度的交易集市。每年 11 月 11 日至 12 日,这座村庄就成为比利时交易牛和纯种马的最后一个重要的露天市场。这是充满了生活气息,场景日常而温馨的非物质文化遗产。

土耳其:传统的索贝会

Turkey-Traditional Sohbet Meetings

2010

传统索贝会(Sohbet)在传播土耳其民间文学、民间舞蹈和音乐,农村戏剧以及社会价值中发挥了关键作用。土耳其男子定期在室内开会,特别是在冬天,他们一起讨论当地的社会和文化问题,维护传统,并鼓励团结、相互尊重,培养对社区的归属感。会议可能包括音乐、舞蹈和戏剧,同时还会享用地方菜肴。传统的索贝会议可以持续到凌晨。会议只对 15 岁或 16 岁以上男子开放,但不分种族、宗教或地位,其基本要求是来自诚实家庭,值得信赖并且尊敬长辈,而

不是赌徒或在公共场所的酗酒者。会员可能会因为误了会期而受到处罚，除非确实有情可原。母亲和妻子会鼓励家庭男性成员参加会议，从而能够获得相关的社会和文化利益。索贝会领导由选举产生或由长者提名，通常包括5～30人。在此，所有的社会成员享有平等的权利和义务。因而，索贝会对于传播社会正义、宽容、仁慈和尊重等伦理价值具有重要的教育功能。

第四节　习惯法对非物质文化遗产的贡献

习惯法并非停仅留于法理学的说教或法律史的遥远背影当中，在今天某些空间里它们仍是具体可感的。比如，一种历史悠久的民间法庭，一部口口相传的宪章，一套解决氏族纠纷的规范程序，仍然在现代生活中发挥着特有的作用。那么，它们怎样为世人所知并将其价值呈现为恰当的表现形式？文化遗产正是承载它们的最好框架。

当代法律所确认的文化遗产观，以国际法的价值取向为主导而铺展和渗透。比如，非物质文化遗产的概念就是在2003年联合国教科文组织出台的《保护非物质文化遗产公约》中诞生，之后渐渐成为当代社会语境中的常见关键词。截至2021年11月，根据国际法所规定的标准和程序进入《人类非物质文化遗产代表作名录》的非物质文化遗产已有549项，且类型渐丰。它们以独特的具象形态展现着世界各地各种文明的奇妙变迁，成为文化多样性的活态载体。这当中，就包含着诸多习惯法的内容，不仅构成了非物质文化遗产这一全球性事务运作当中十分亮眼的风景，也为有关法治结构及习惯法研究等方面的问题给出了有益启示。

一、千年的水法庭

西班牙拥有的一项非物质文化遗产包括两个民间传统的裁判机构及其制度，一个是“木西亚平原的智者委员会”（the Council of Wise Men of the Plain of Murcia），一个是“巴伦西亚平原的水法庭”（the Water Tribunal of the Plain of

Valencia)，合称"西班牙地中海地区盆地的水利灌溉法庭"(Irrigators' Tribunals of the Spanish Mediterranean Coast)。这些传统的关于水资源管理的司法裁判机关，可以追溯到9世纪，千年来为维护一方土地的用水秩序而代代传承，至今天仍然发挥着它们的司法裁判作用。

在西班牙东南沿海地区，密布着奔向地中海的诸多河流，相关流域的农田灌溉、人畜饮用等问题就是民生的基本问题。日常用水中不可避免产生矛盾，诸如上下游分配不均、引水过程被污染之类的纠纷也必须得到解决。因而，像西班牙地中海地区盆地的水利灌溉法庭这种适用于河水流域的民间水法庭，就应运而生。它们在用水分配、用水管理及水纠纷解决等方面，具有地域性的优势。

在现代国家法的体制下，西班牙地中海地区盆地的水利灌溉法庭得到了国家法的承认。这也就意味着这种传统的民间性质的司法制度与现代国家法共同存在，互为补充，并能够产生比单一的国家法制度更好的司法效果和社会效果。

这两个司法机构的成员均由民主选举产生，保证了其权威性和被民众广泛尊重。木西亚平原的智者委员会由7名具有地域代表性的委员组成，管辖权可以覆盖23,313名土地拥有者所在的区域。巴伦西亚平原的水法庭则是在9个社区中选举出8名代表来组成裁判机构；这8人代表了总共11,691人的利益。

在裁判形式上，委员会和法庭成员并不"简化"。他们也会身着法袍、正襟危坐，也会巡回地方、深入乡间。他们注重的是效率，通常都能够以口头的方式，快速、透明、公正、贴切地处理水事务和解决水纠纷。可以说，他们既有类似传统长老会的威信，又具有与所有法庭一样的严肃性和约束力。

除司法本身的作用外，水利灌溉法庭作为了解当地社群生活的钥匙，还发挥着一个关键作用，即标志当地的文化习俗。这一点是非物质文化遗产代表作应具备的基本要素，当然也应该是这项非物质文化遗产的明显的外部功能。当法庭判决下达并得以执行，它在形式上就具有了庄重的仪式效果，成为当地法律文化的具象诠释。而水法庭这一悠久传统，又以司法的形式涵盖了一方水土上的整体文化特质。

正如《西班牙水法》的前言中所说，水是一种并不充裕的自然资源，而它对于生命和人类的大多数经济活动来说又是必不可少的。水是不可替代的，是不可能只凭人的意志而扩大和增加的,而且在时间和空间分布上它又是不规律的。在这样的认知前提下,将西班牙地中海地区盆地的水利灌溉法庭纳入国家的水管理、水司法机制,无疑是一个明智的做法。由此,木西亚平原的智者委员会和巴伦西亚平原的水法庭这两个司法机构在持久应用这方面就非常具有代表性。所谓持久应用,即把民间传统司法手段应用于一贯的调处机制之中,以一珠露滴映西班牙司法秩序的历史及现实面貌和特色。

西班牙:西班牙地中海地区盆地的水利灌溉法庭

Spain-Irrigators' Tribunals of the Spanish Mediterranean Coast

2009

二、不变的大宪章

"在古鲁堪法嘎宣读的《曼迭宪章》"(The Manden Charter, proclaimed in Kurukan Fuga)由马里申报,与"西班牙地中海地区盆地的水利灌溉法庭"同年进入《人类非物质文化遗产代表作名录》。

联合国教科文组织对这项非物质文化遗产的评语指出:"在 13 世纪初期,一场大的军事胜利以后,曼丁格帝国(Mandingo Empire)的创始者和领袖在古鲁堪法嘎集会,宣读了新的《曼迭宪章》。"曼丁格帝国即古马里帝国(Mali Empire),1235 年由西非地区各主要群体扩展组合而成。曼丁格帝国管辖的领土范围位于尼日尔河的上游盆地、几内亚和现在的马里之间,曾经是北部非洲以南的广阔内陆中历史最悠久的国家,也是西非中世纪时一个强大伊斯兰教帝国。

《曼迭宪章》在历史情境下虽然只是口头宣读的,但它是世界上最早的宪章之一,而且以规范全面、价值取向经得起时间考验为特色。宪章包括前言和七大章,涵盖了多方面的内容。七章的主题分别为:以多样的方式保持社会安定、人身的不可侵犯、教育、国家的统一、食品的安全、废除劫掠奴隶的制度、言论自由和贸易自由。

由于拥有丰富的黄金资源,占据作为主要贸易中心的优越地理位置,同时还垄断了对穿越撒哈拉沙漠商路的征税权,曼丁格帝国成为彼时最重要的伊斯兰文化与财富中心之一。这也是造就这部颇有法典风范的宪章出现的历史文化背景。

值得关注的是，曼丁格人占主导地位的传统文化的具体形式，如音乐、祭祀、口头故事、口头史诗等，是其表达思想、记录历史的基本载体。因而，口读法典并以仪式烘托之，是自然而然的现象，其庄严的效果通过神圣仪式能够得以充分显现。

尽管帝国在 17 世纪已经消失，但宪章的语言和宣读宪章的传统仪式在曼丁格人的马林克(Malinke)氏族中一直流传下来，并且以父传子的方式编撰成法典代代相承。为保持这一传统习惯法的生命力，在位于古鲁堪法嘎这块河谷平原开阔地带的堪嘎巴村(Kangaba)，每年都组织一次口读法典活动，再现仪式的风貌。

有了丰富的文化历史，宪章的后续影响力才会不断延伸、流传。起源于古马里帝国的曼丁格人在今天仍然是不可忽视的文化族群，目前的人口数大约是 530 万，分布于现今的大约 10 个西非国家。由于在公元 800 ~ 1400 年穆斯林的商业和文化渗透，改信伊斯兰教成为曼丁格人的选择。这种宗教传统延续至今，目前仍有超过 99% 的曼丁格人信奉伊斯兰教。这种文化力量对宪章的延续，是带动，也是佐证。

从今天的价值视角来看《曼迭宪章》及其庆典仪式，正如马里和欧美的相关专家及研究者所普遍认为的：它是珍贵的法律资源，经过了几个世纪的沧桑，依然传达着和平、友爱、互助的精神，彰显着不衰的价值判断和价值追求。

的确，无论宪章的内容还是其承载的价值标准，都与今天的主流法律价值观相吻合。尽管不是全部，但已很有意义。非物质文化遗产本身的相关国际法的明确原则之一也强调，非物质文化遗产代表作所包含的主要内容不得与今天的法律价值观相左，尤其是人权法方面的。如果有冲突(比如，某个非物质文化遗产预备项目中包含歧视妇女、破坏生态环境等因素)，则必谨慎避之。

对于在古鲁堪法嘎宣读的《曼迭宪章》所具有的持续发展的意义，非物质文化遗产政府间委员会的评价指标中强调：这项非物质文化遗产能够使其社会成员认识到，《曼迭宪章》及其传统仪式是其整体遗产中的重要组成部分，是一种习惯法，这种习惯法是他们在尊重自然和适应不断变化的环境时，在规范自己的社会生活的基础上，逐渐形成的。它经过一代又一代的口口相传，提高了族群的归属感、认同感和社会的意识。

马里:在古鲁堪法嘎宣读的《曼迭宪章》

Mali-the Manden Charter, proclaimed in Kurukan Fuga

2009

三、悠久的家族法

哥伦比亚的“瓦尤社群话事人使用的规范体系”(The Wayuu Normative System, applied by the Pütchipü'üi/Palabrero)也是一项人类非物质文化遗产代表作,其内容更加具体细致。

瓦尤社群居住在横跨哥伦比亚和委内瑞拉的瓜希拉半岛上。他们管理社会与个人行为的立法体系包含了一整套原则、程序和仪式,而其核心理念则非常温和,强调和平解决问题。当地的道德权威人士,即“话事人”(Pütchipü'üi或Palabreros),就使用这一主要建立在补偿规则基础之上的体系,来解决当地母系氏族中的冲突和争端。当出现问题时,纠纷双方,无论是侵害方还是受害方,都会寻求“话事人”的权威。在分析案情之后,“话事人”会宣布他的裁决。裁决均坚持和平解决冲突的本意,化解矛盾,均衡利益。在手段上,主要采用补偿。当然,补偿一般是象征性的;诸如宝石项链、牛、绵羊和山羊,都可以作为补偿品。如果是严重的侵害行为,也用补偿的形式来解决,只是要作为特殊事件来处理,原、被告双方的家庭成员会均被要求参加,以利于达成和解,从而重建社群的和谐关系。

虽然瓦尤的母系氏族的特点决定了“话事人”的身份一般是“舅父”,但这不是重点。重点是,获得“话事人”地位的人必须在伦理道德上无可指摘。当“话事人”的话语发挥效力,处理纠纷的对话形式便得以成立,“话事人”采用各种有效的话语技术,而且分析和判断都非常谨慎、睿智,颇具司法特色,呈现着传统家族法的“影像”。

哥伦比亚:瓦尤社群话事人使用的规范体系

Colombia-the Wayuu Normative System, applied by the Pütchipü'üi (Palabrero)

2010

现代理念下的非物质文化遗产以其崭新的视角及方式,呈现了传统法律文化的多姿风貌。一些沿袭数百年甚至上千年的习惯法,与它们所在的地域文化融为一体,对于当地的社会生活及当地的每一个居民都具有不可替代的意义。由这些习惯法的发展状态和效果可以看到,悠久的民间法律习俗可以保有持久而隽永的活力,并且能够和现代法治互补并存;传统制度与现代制度在形式上尽管有差别,但价值观上的一致能够使它们遥相呼应,共同发挥作用。同时,在研究层面上还可以探索将习惯法的相关研究方法纳入文化遗产的研究方法系统之中,找到学术领域及学术手段的增长点,为原本陌生的事物之间搭起桥梁。

Chapter 9 第九章

世界遗产法定标准分析

第一节 《世界遗产公约》确定的标准

一、初始标准

初始标准在20世纪70年代设立,《世界遗产公约》的配套文件《执行〈世界遗产公约〉的操作准则》(Operational Guidelines for the Implementation of the World Heritage Convention)为世界遗产的评定提供了具体的依据。对于世界文化遗产,其中第Ⅱ.D部分规定凡提名列入《世界遗产名录》的文化遗产项目,必须符合下列一项或几项标准方可获得批准:

(ⅰ)代表一种独特的艺术成就,一种创造性的天才杰作;

(ⅱ)能在一定时期内或世界某一文化区域内,对建筑艺术、纪念物艺术、城镇规划或景观设计方面的发展产生过大影响;

(ⅲ)能为一种已消逝的文明或文化传统提供一种独特的至少是特殊的见证;

(ⅳ)可作为一种建筑或建筑群或景观的杰出范例,展示出人类历史上一个(或几个)重要阶段;

(ⅴ)可作为传统的人类居住地或使用地的杰出范例,代表一种(或几种)文化,尤其在不可逆转之变化的影响下变得易于损坏；

（ⅵ）与具有突出普遍意义的事件或现行传统或思想或信仰或文学艺术作品有直接或实质的联系（只有在某些特殊情况下或该项标准与其他标准一起作用时，此款才能成为列入《世界遗产名录》的理由）。

《执行〈世界遗产公约〉的操作准则》中第Ⅱ.D 部分对自然遗产规定了4个标准，独立排列序号：

（ⅰ）构成代表地球演化史中重要阶段的突出例证。它包含代表地质历史的主要“纪”，如古生物代中的寒武纪、奥陶纪、志留纪、泥盆纪、石炭纪、二迭纪等。

（ⅱ）构成代表进行中的重要地质过程、生物演化过程以及人类与自然环境相互关系的突出例证。它包含地质过程、冰川作用、火山作用；生物进化、生物群系的样例。

（ⅲ）独特、稀有或绝妙的自然现象、地貌或具有罕见自然美的地带。它包括对人类最重要的生态系统的最好样例、自然特色（如河流、山岳、瀑布等）、覆盖广袤的自然植被和突出的自然与文化因素结合体。

（ⅳ）尚存的珍稀或濒危动植物种的栖息地。它包括从科学和保护的角度来看具有突出普遍价值的濒危动植物生长地。

二、标准的变化与变化后的标准

依据《执行〈世界遗产公约〉的操作准则》，世界遗产的遴选共有10条标准。2005年之前，一直以文化遗产的6条、自然遗产的4条标准分别适用和标示。2005年以后，不再分两部分标准，整合于一体，自然遗产标准的顺序有所改动，总序号与文化遗产衔接，标准中的内容也有所调整（见表5）。[①]

这样，能够整体地考量遗产标准，文化与自然应为一体、不可分割的精神要旨也传达了出来。

---

① 有关《执行〈世界遗产公约〉的操作准则》第Ⅱ.D 部分调整后的文化遗产的标准，以及调整后的自然遗产的标准，详细内容参见本书第五章第一节和第七章第一节。

表 5　新旧对照的世界遗产遴选标准

改变前后	文化遗产的标准						自然遗产的标准			
改变前	(i)	(ii)	(iii)	(iv)	(v)	(vi)	(i)	(ii)	(iii)	(iv)
改变后	(i)	(ii)	(iii)	(iv)	(v)	(vi)	(viii)	(ix)	(vii)	(x)

2007 年以后所公布的新晋世界遗产(标准调整后开始申报的项目),在名录的描述中,适用改变后的标准及其序号。

三、标准的深化

在公约不断实施的过程中,其主旨才得到了逐步的诠释,以指导实践更加完善。比如,早期属于“人造的自然”的农田、庄园、园林等,被划归自然遗产的部分,但随着观念的发展,被普遍认为是人类智慧的产物,属于文化遗产范畴。这样,不仅先后归类不同,适用标准也随之改变。

对自然标准前后的表述进行对比分析,也可以提炼出理念上的新取向:淡化文化遗产与自然遗产界限,而强调它们的合一性;人是自然的组成部分,而不是脱离自然的外在审视者;文化和自然的最佳状态是长久、亲密地生长在一起。自然遗产标准的序号不再独立重起,而是接续文化遗产标准,显示世界遗产 10 个标准的不可分割性。这些理念上深化了的世界遗产标准为其后的走向提供了指引。

就标准的具体适用而言,通过遗产项亦可以加深强调标准的意义。精要地理解和概括文化遗产的 6 条标准,可以说第 1 条强调艺术成就,第 2 条强调重大影响,第 3 条强调的是文明或传统的见证,第 4 条注重的是建筑上的范例,第 5 条的中心是关于人类的居住文明。从字面意义上看,这些条件都应是不难理解的。用此评判文化遗产,操作上也是比较清晰、易行的。但需要注意的是第 6 条的条件,必须特别加以分析理解。

第 6 条标准表述为“与具特殊普遍意义的事件或现行传统或思想或信仰或文学艺术作品有直接或实质的联系”,并特别注明“只有在某些特殊情况下或该项标准与其他标准一起作用时,此款才能成为列入《世界遗产名录》的理由”,2005 年以后的适用标准又注明“世界遗产委员会认为该项标准更适宜与其他标准一起适用”。

对现有的根据第 6 条之条件入选的文化遗产的实例进行考察，操作这一标准的基本思路是比较清晰的。归纳起来，主要与历史事件、特殊历史阶段、特殊人物密切相关。比如，津巴布韦 1986 年入选的大津巴布韦遗址（Great Zimbabwe National Monument），同时符合（i）（iii）（vi）三个标准，与非洲最古老王朝这一特殊的历史意义有关。美国的夏洛茨维尔的蒙蒂塞洛和乔吉尼亚大学（Monticello and University of Virginia in Charlottesville）符合（i）（iv）（vi）三个标准，与总统杰弗逊在建筑上的特殊贡献密切相关。加拿大的北美野牛“死亡之涧”（Head-Smashed-In Buffalo Jump）、美国的独立宫（Independence Hall）和自由女神像（Statue of Liberty）则都是只符合（vi）这一项标准，因为它们只见证和标志单独的突出事件。

正如标准中所设的附加条件，与第 6 条有关的遗产项可分为两大类。一类是只符合这一条标准而独立存在的，均属“特殊情况”；另一类是与其他标准一同适用而成立。

必须明确的是，“与具特殊普遍意义的事件有直接或实质的联系”的遗产，并不一定是正面的人类的伟大创造、伟大贡献。人类的灾难、战争、罪恶的遗迹等，也适用这一条标准，以反面的形式强调正面的精神。这样的世界遗产都是文化遗产，它们用沉重的记录标示光明的主题。

早在 1978 年公布的第一批世界遗产当中，非洲塞内加尔的那座以贩卖黑奴的罪恶而出名的戈雷岛（Island of Gorée），就是依照这样的原则进入文化遗产之列的。今天的戈雷岛作为博物馆式的场所，整体保留了当年贩奴的硬件遗存，建筑物及周边场地和海域以及铁栅、镣铐等，都体现了当年将要成为奴隶的黑人与故土生离死别的场景。人类历史上规模最大、路途最长的集体奴役行为，被血泪斑斑地见证出来。

作为理性的科学研究，对黑暗的历史需持中肯的态度，以确保反面遗产的积极意义。2004 年，联合国教科文组织就以“纪念反抗和废除奴隶制度”为主题，在加纳召开了一次学术会议，专门研究“奴隶交易线路”上的遗产保护问题。

所有的努力，都是在提醒人们记住，《世界人权宣言》所强调的“人人享有本宣言所载之一切权利与自由，不分种族、肤色、性别、语言、宗教、政见或他种主张、国籍或门第、财产、出生或他种身份”,“人人有权享有生命、自由与人身安全”,以及“任何人不容使为奴役;奴隶制度及奴隶贩卖,不论出于何种方式悉应禁止”,都不再仅仅是抽象的条文,而是可触可见的真实物态。

第二节 《保护非物质文化遗产公约》确定的标准

一、早期的标准

联合国教科文组织执行委员会第154次会议指出,“口头遗产”和“非物质遗产”是不可分的,因此在鉴别中,在“口头遗产”的后面加上了“非物质”的限定。联合国教科文组织执行委员会在155次会议上制定了关于由联合国教科文组织宣布“人类口头与非物质遗产代表作”的评审规则。这份规则对联合国教科文组织提出“人类口头与非物质遗产”的目的以及“人类口头及非物质遗产”的定义作出了详尽解释:

号召各国政府、非政府组织和地方社区采取行动对那些被认为是民间集体的保管和记忆的口头及非物质遗产进行鉴别、保护和利用。只有这样,才能保证这些文化特异性永存不灭。联合国教科文组织的宣布也是为了鼓励个人、团体、机构和组织根据联合国教科文组织的宗旨,积极配合其有关纲领和1989年《保护传统文化和民俗建议书》对有关的口头及非物质遗产进行管理、保存、保护和利用。

评选的标准主要有两个:

其一,具有杰出的文化代表性,对有关群体和文化多样性具有特殊价值;

其二,需要保护的紧迫性,特别是因面临社会变革等因素缺乏保护而将消失的文化艺术形式。

具体的评选标准一共有四条:

1. 参选作品应该具备体现人类的创造天才的优秀作品的特殊价值。

2. 具有特殊价值的非物质文化遗产的集中体现。

3. 在历史、艺术、人种学、社会学、人类学、语言学及文学方面有特殊价值的民间传统文化表达。

4. 符合“联合国教科文组织宣布人类口头及非物质遗产代表作”规则的五项条件是：

(1) 表明其深深扎根于文化传统或有关社区文化历史之中。

(2) 能够作为一种手段对民间的文化特性和有关的文化社区起肯定作用，在智力借鉴和交流方面有重要价值，并促使各民族和各社会集团更加接近，对有关的群体起到文化交流和社会交往的现实作用。

(3) 能够很好地开发技能，提高技术质量。

(4) 对现代的传统具有唯一见证的价值。

(5) 由于缺乏抢救和保护手段，或加速的演变过程、或城市化趋势、或适应新环境文化的影响而面临消失的危险。

二、进入《人类非物质文化遗产代表作名录》的标准

《保护非物质文化遗产公约》的执行法《执行〈保护非物质文化遗产公约〉的操作准则》(Operational Directives for the Implementation of the Convention for the Safeguarding of the Intangible Cultural Heritage, June 2008)共 4 章，规定了非物质文化遗产代表作的详尽细则。

在该操作指南的第一章当中，规定了进入两个名录的具体标准。

进入《人类非物质文化遗产代表作名录》的具体标准为 5 条：

要求申报缔约国在申报文件中说明拟议列入《人类非物质文化遗产代表作名录》的遗产符合以下所有标准：

R.1　该遗产属于《公约》第 2 条定义的非物质文化遗产。

R.2　将该遗产列入名录，有助于确保扩大该非物质文化遗产的影响，提高对其重要意义的认识，促进对话，从而体现全世界的文化多样性，并有助于见证人类的创造力。

R.3　制订的保护措施对该遗产可起到保护和宣传作用。

R.4　在社区、群体，或适当时有关个人尽可能最广泛的参与下，在其自由

事先知情同意下,该遗产得以申报。

R.5 该遗产已按《公约》第 11 条和第 12 条的规定,列入申报缔约国境内的非物质文化遗产清单。

三、进入《急需保护的非物质文化遗产名录》的标准

进入《急需保护的非物质文化遗产名录》的标准,在前一名录《人类非物质文化遗产代表作名录》的基础上,强调了特别需要保护的前提条件,使用"面临严重威胁""难以为继"等词语标示其程度,共 6 条:

U.1 该遗产属于《公约》第 2 条定义的非物质文化遗产。

U.2 a. 尽管社区、群体,或适当时有关个人和缔约国做出了努力,但该遗产的生存能力仍然受到威胁,因此该遗产急需保护;或者

b. 该遗产面临严重威胁,若不立即保护,将难以为继,因此,该遗产特别急需保护。

U.3 制订保护措施,使社区、群体,或适当时有关个人能够继续演绎和传承该遗产。

U.4 在社区、群体,或适当时有关个人尽可能最广泛的参与下,在其自由事先知情同意下,该遗产得以申报。

U.5 该遗产已按《公约》第 11 条和第 12 条的规定,列入申报缔约国境内的非物质文化遗产清单。

U.6 在极为紧急的情况下,经与有关缔约国正式协商,根据《公约》第 17.3 条,将该遗产列入名录。

第三节 真实性与完整性标准

真实性(authenticity)和完整性(integrity)是与具体遴选标准相配合的原则性标准,《执行〈世界遗产公约〉的操作准则》设立真实性和完整性的要求,不仅

适用于申报，更适用于保护，有利于遗产从申报到保护的长期发展。

一、真实性

真实性之于世界遗产，就意味着不可替代性。不可替代，是世界遗产的重要特点之一。而世界遗产的不可替代，也就意味着唯一性。“唯一”的含义告诉我们，每一项世界遗产如果一旦消失，就永远也不会回来了。它不能靠克隆、复建、复制或其他的任何手段而再生。即便以各种形式“再生”，亦与世界遗产的真实性相悖。

比如，伊拉克境内的巴比伦古城仅存的一座城门伊斯塔尔门（因唯一，故通常亦称巴比伦门）在今天身处异地，就是一个实例说明。在19世纪英国人大肆劫掠雅典帕特农神庙后，德国考古专家们则想到了位于伊拉克境内的巴比伦古城遗址。1887年开始，在建筑师罗伯特·科尔德威（Robert Koldewey）的带领下，德国考古队在该遗址上整整挖掘了20多年。稀世珍宝的巴比伦门，竟被德国人生生拆卸下来，分成小块的大理石运回德国。原真的巴比伦门现存于德国柏林帕加马博物馆（近东博物馆），而现在伊拉克巴比伦门的原址上却建造有一座照原样复制的“赝品”。这个“赝品”不是故意的，而是无奈的。

赝品当然不能成为世界遗产，巴比伦门是一个历史的玩笑，也是文化的悲哀。但需要注意的是，世界遗产在真实性的确认及理解上其实并非真假巴比伦门那样简单清晰，还有许多枝蔓会给实际操作带来难题。因而，《执行〈世界遗产公约〉的操作准则》第Ⅱ.E部分第79～86段不仅规定了真实性的原则，还就真实性的基本范畴、内涵、表现形式及维护等问题做了规定。在重建的纬度上，要求必须为原有遗产的本来面貌，不能靠想象改变原有遗产，或添枝加叶增加原本没有的部分。

这里一个关键性问题即真实性的尺度。多数文化遗产都需要整理修复，只是程度不同，比如埃及卢克索的两个神庙、印度尼西亚的婆罗浮屠，都要将散落的瓦砾般的碎石依照原有的纹路，按原来的位置拼接起来，恢复为柱体、墙体或整体建筑物。又如圣彼得堡的冬宫，在第一次世界大战时其内外部所有的豪华装饰物全部被洗劫，只剩下建筑物框架，今天能够看到的蓬荜生辉是按照原设计重新装饰的。所以，有的遗产需用替代材料重建或部分重建，但原则应该是整旧如旧。比如我国的长城,原有的城砖基本遗失,现在恢复起来的段落要靠新材料重建。

由此我们会发现,修复性遗产的真实性是很难以一个尺度来全盘把握和衡量的。每一项遗产皆有自身的特殊性。它们共同遵循法律和科学认可的真实性原则,同时又不拘泥于所有的细节。比如"人类非洲起源说"可能会颠覆周口店北京人是中国人祖先的认知,但并不能抵销周口店北京人遗址作为重要的人类起源考古遗址的真实性。

另外,尽管《执行〈世界遗产公约〉的操作准则》未提及,但对于自然遗产而言,真实性原则也有自己的逻辑体现。总体讲来,自然遗产就是地球自己的产物,具有纯粹的原真特征。早期的自然遗产包括"人造的自然",如农田、人工花园等。但在操作实践过程中,人们逐渐认识到真正的自然是不可再造的,因而改变理念和操作规则,"人造的自然"一般则归入文化景观。

二、完整性

完整性是针对世界遗产个体而言,即每一项世界遗产都应具备完整性。《执行〈世界遗产公约〉的操作准则》第Ⅱ.E 部分第 87 ~95 段针对世界遗产的完整性做了相应的规定。如本书第五章所论,世界遗产的完整性主要包括纪录的完整性和生态的完整性。

每一项文化遗产和自然遗产能够将自身的发生、发展历史有效地呈现出来,这就是记录方面的完整性。除具有记录的完整性外,多数自然遗产还必须体现生态的完整性。每一项涉及物种描述的自然遗产内部生态系统的平衡和可持续发展的意义,都呼应着看似抽象的完整性原则。

文化遗产的完整性与真实性是密切联系的,其"完整"的含量要求根据不同遗产的不同内容而体现,大致的层次为:

第一,原真的整体面貌。例如,巴黎塞纳河沿岸,其城市的原真整体面貌始终保持,具有充分的完整性。

法国:巴黎塞纳河畔

Paris, Banks of the Seine

Date of Inscription:1991

Criteria:(i)(ii)(iv)

Property:365 ha

Ile de France

N48 51 30 E2 17 39

Ref:600

《世界遗产名录》对“巴黎塞纳河畔”的概要描述是:“从罗浮宫到埃菲尔铁塔或是从协和广场到凡尔赛宫,巴黎的历史变迁被看作源于塞纳河。当豪斯曼的宽阔广场和林荫道影响着19世纪末和20世纪全世界城市主义的时候,巴黎圣母院和圣徒教堂成为建筑上的杰作。”

第二,修复而再现基本原貌或部分原貌,如印尼的婆罗浮屠、柬埔寨的吴哥古迹、中国的长城等。有些基本上将原貌的大致样态展现了出来,有的即使不能全部再现历史样貌,完整性依然不打折扣。

中国:长城

The Great Wall

Date of Inscription:1987

Criteria:(i)(ii)(iii)(iv)(vi)

Liaoning, Jilin, Hebei, Beijing, Tianjin, Shanxi, Inner Mongolia, Shaanxi, Ningxia, Gansu, Xinjiang, Shandong, Henan, Hubei, Hunan, Sichuan, Qinghai Provinces, Municipalities and Autonomous Regions

N40 25 E116 05

Ref:438

《世界遗产名录》对“长城”的概要描述是:“约公元前220年,一统天下的秦始皇,将修建于早些时候的一些断续的防御工事连接成一个完整的防御系统,用以抵抗来自北方的侵略。在明代(1368~1644年),又继续加以修筑,使长城成为世界上最长的军事设施。它在文化艺术上的价值,足以与其在历史和战略上的重要性相媲美。”

第三,残留遗迹,如伊朗的波斯波利斯、巴基斯坦的摩亨佐达罗、秘鲁的昌昌古城等。尽管它们是通常意义上的“死城”,但在考古价值上的完整性却是极其到位的。

伊朗:波斯波利斯

Persepolis

Date of Inscription:1979

Criteria:(i)(iii)(vi)

Fars

N29 56 04 E52 53 25

Ref:114

《世界遗产名录》对“波斯波利斯”的概要描述是:“这座由大流士一世建于公元前518年的古代城市波斯波利斯,为阿契美尼德王朝之都城。其宏伟壮观的宫殿遗迹群建于半人工半天然之基台上,而灵感则源自美索不达米亚地区。此古城遗址对了解古波斯帝国而言颇具考古研究价值。”

巴基斯坦:摩亨佐达罗考古遗迹

Archaeological Ruins at Moenjodaro

Date of Inscription:1980

Criteria:(ii)(iii)

Sind

N27 19 45 E68 08 20

Ref:138

《世界遗产名录》对“摩亨佐达罗考古遗迹”的概要描述是:“在公元前3000年,这座规模宏大的城市建在印度河流域。摩亨佐达罗全部由毛坯砖建成。此地包括一座卫城,建在巨大的路基上,周围建有壁垒。这座低矮的城市遵循着严格的标准,从遗迹中能看出早期的城市设计的方式。”

秘鲁:昌昌城考古地区

Chan Chan Archaeological Zone

Date of Inscription:1986

Criteria:(i)(iii)

Property:600 ha

District of Huanchaco

S8 5 60 W79 4 59.988

Ref:366

Inscription Year on the List of World Heritage in Danger:1986

《世界遗产名录》对"昌昌城考古地区"的概要描述是:"奇穆王国的首府昌昌位于秘鲁北部海岸,其余公元15世纪时发展臻于顶峰,然而维持不久便为印加人所征服。这座前哥伦布时期最具规模的考古遗址,经过完整的规划设计,从遗址内九座各自独立的城堡或称宫殿的遗址看来,可知当时即有严苛的政治和社会层级制度。"

自然遗产的完整性,如本书第五章自然遗产部分所述,强调"充足"二字。一方面,在叙述地球的地质地貌历史和生物演进历史上,有充分全面的证据材料,即历史证据充足。另一方面,活态物种所依存的生境及生物关系是否为健康完整的生态系统,是生态系统的构成指标,即实体证据充足。

依照世界遗产的范围划定标准和规则,无论文化遗产还是自然遗产,都应当设有"缓冲带"。世界遗产事务早期的缓冲带观念主要适用于自然遗产的保护,缓冲带的理念借鉴于国家公园制度和自然保护区制度。随着执行公约的实践愈来愈成熟,认识到缓冲带对于文化遗产同样适用,且同样重要。如果缓冲带缺失,那么一些潜在的或突显的危害可能会对世界遗产造成无法挽回的损失,也导致世界遗产完整性的丧失。为了有效预防遗产的无谓损失,未雨绸缪,应预先设置缓冲带,以避免或减缓人类的生存活动与保护世界遗产之间有可能发生的矛盾。

失去完整性的其他因素也很多,且彼此间互相关联。当一项世界遗产失去完整性,或面临失去完整性和真实性,它就变得危险起来。身处危机之中,需要《濒危世界遗产名录》加强提示,予以改善。

三、真实性和完整性的实例分析

仍以科莫多国家公园(Komodo National Park)为例。科莫多国家公园是一项自然遗产，其真实性、完整性在于为一个珍稀物种而建立整套的保护机制，使其生存环境的完整、丰富保持下来。

印度尼西亚：科莫多国家公园

Komodo National Park

Date of Inscription：1991

Criteria：(vii)(x)

Property：219, 322 ha

East Nusa Tenggara Province

S8 32 36 E119 29 22

Ref：609

在印尼有一种叫“科莫多龙”(Varanus Komodoensis)的大型蜥蜴，是爬行类动物中形象最类似恐龙的活体物种。科莫多龙生活在印尼的科莫多岛，故名为“科莫多龙”。现存的大型蜥蜴全球已不足30种，科莫多龙为其中最大的一种，属蜥蜴亚目巨蜥科。它的体长达3～4米，体重近150千克，身材样貌古旧而神秘，强壮而结实，浑身长满了鳞片，舌头细长且前端分叉，牙齿尖利，但性情比较温驯。

保护这种绝无仅有的动物，重要的在于它的生存环境，包括海岸、林木、食物链等生境条件。因而，建立国家公园，全方位、大面积保护整体生态，才能真正保护科莫多龙。这种保护思路与自然遗产的法定条件“整体环境”，即“维持濒危物种生存所需的生境条件”“自然生态关系必备要素”“相当充分的地域面积”“维护物种延续的生态系统”，完全一致。它们综合于一体并且彼此相互制约、相互支撑，诠释了真实性和完整性的要旨。自然遗产的“整体环境”就是强调要在一个制度保障的框架里，有足够健康的可持续发展的环境和生态。当然，在不同的地方，这个“整体环境”要求的构成因素和具体表现都会有自己的一套系统。这也正体现了真实性和完整性原则的可适用性。

《世界遗产名录》对“科莫多国家公园”的概要描述是：“这些火山岛上生活着大约5700只巨大的蜥蜴。它们的外观和好斗的行为使之被称作‘科莫多龙’。除此没有其他地方发现它们的生存踪迹。这就引起了科学家们研究进化论的极大兴趣。这里，干旱的热带大草原上高低不平的山坡，小块多刺的绿色植物和沙滩上闪耀的白色浪花，珊瑚上涌动的蓝色海水形成了鲜明的对照。”

Chapter 10 第十章
世界遗产的法定程序

第一节　申 报 程 序

成为世界遗产,关键在于以质得名,而非以量取胜。以质得名又在于所有的法定实质标准和程序要件均合乎规定,法定的申报条件、申报必需的各项材料、专业的考察评估、世界遗产委员会大会的审查批准等,一切要在法定的程序规则框架当中完成。如果不谙政策,则会产生申报误区,导致目的走偏,违背世界遗产的基本精神。

《世界遗产公约》要求各缔约国先将它们各自具有突出普遍价值的遗产地列出清单,然后,把经筛选有可能成为世界遗产的项目作为预备名单呈报联合国教科文组织世界遗产中心。

当一个缔约国决定把某地提名为世界遗产时,该国必须填写特制的提名表格。特别要提及的是,各国必须按照世界遗产委员会制定的标准,说明为什么某地独具重要性而要求列入《世界遗产名录》,而且还要说明该项目目前的保护和管理状况。如能提供该项目与其他同类遗产的比较分析情况,将会更有利。国际遗迹遗址理事会(ICOMOS)和世界自然保护联盟(IUCN)作为专业组织评审这些项目,并向世界遗产委员会提交报告,世界遗产委员会大会再做出入选、推迟或不入选的决定。

为保障一个具有典型性的、均衡性的《世界遗产名录》,世界遗产委员会努力做到世界遗产地在各地区(如非洲、阿拉伯国家、亚洲和太平洋、欧洲、北美、拉丁美洲和加勒比海)分布的均衡。1994 年,世界遗产委员会决定,尤其要确保《世界遗产名录》的地区文化和自然多样性,并通过了制定具有代表性的、均衡性的《世界遗产名录》"全球战略"(Global Strategy)。

申报的具体步骤分示如下:

缔约国:

1. 批准、加入、接受、赞同《世界遗产公约》,成为公约缔约国,进行本国文化和自然遗产的保护工作;

2. 设立具有突出普遍价值的遗产的预备清单;

3. 遴选出当年申报的项目;

4. 向联合国教科文组织世界遗产中心提交申报文件。

联合国教科文组织世界遗产中心:

1. 审核申报文件;

2. 将申报文件提交给下列组织:

(1)文化遗产——国际遗迹遗址理事会(ICOMOS);

(2)自然遗产——世界自然保护联盟(IUCN);

(3)双重遗产——同时呈递给以上两个组织。

之后,文化遗产和自然遗产项目的专业考察评估工作分别进行(见图 9 和图 10)。

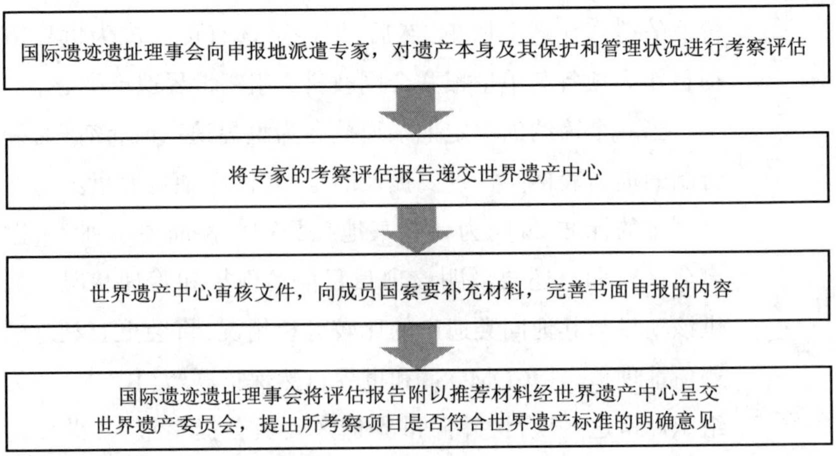

图 9 文化遗产的考察程序

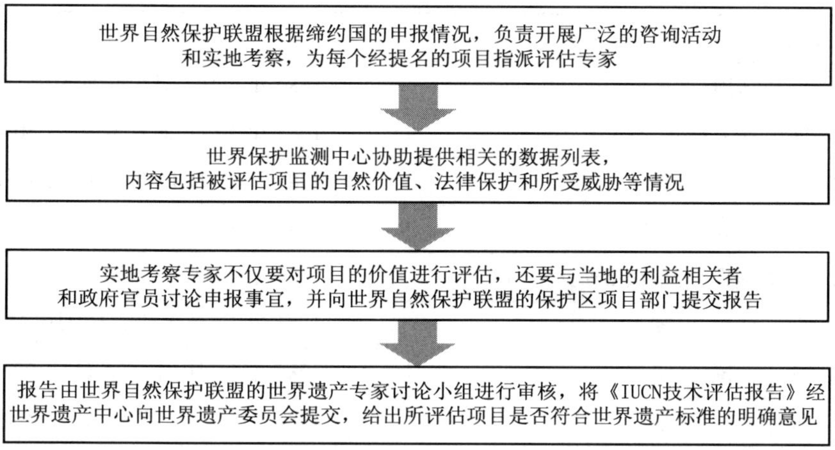

图 10　自然遗产的考察程序

第二节　确 认 程 序

前期申报工作做完之后，世界遗产正式的确认要在世界遗产委员会大会(Session of the World Heritage Committee)完成。世界遗产委员会在大会过程中，行使如下权力：

1. 向成员国索要补充材料；

2. 拒绝将所申报的遗产列入《世界遗产名录》；

3. 接受申报，将所申报的遗产列入《世界遗产名录》。

每届大会均产生一批新的世界遗产，它们都是在严格的确认程序中诞生的。截至 2021 年 6 月，业已召开的世界遗产委员会大会有 43 届(见表 6)。

表 6　历届世界遗产大会

会议届次	召开地点	日期
第 1 届	法国，巴黎	1977 年 6 月 27 日至 7 月 1 日
第 2 届	美国，华盛顿	1978 年 9 月 5 日至 9 月 8 日
第 3 届	埃及，卢克索	1979 年 10 月 22 日至 10 月 26 日

续表

会议届次	召开地点	日期
第 4 届	法国,巴黎	1980 年 9 月 1 日至 9 月 5 日
第 5 届	澳大利亚,悉尼	1981 年 10 月 26 日至 10 月 30 日
第 6 届	法国,巴黎	1982 年 12 月 13 日至 12 月 17 日
第 7 届	意大利,佛罗伦萨	1983 年 12 月 5 日至 12 月 9 日
第 8 届	阿根廷,布宜诺斯艾利斯	1984 年 10 月 29 日至 11 月 2 日
第 9 届	法国,巴黎	1985 年 12 月 2 日至 12 月 6 日
第 10 届	法国,巴黎	1986 年 11 月 24 日至 11 月 28 日
第 11 届	法国,巴黎	1987 年 12 月 7 日至 12 月 11 日
第 12 届	巴西,巴西利亚	1988 年 12 月 5 日至 12 月 9 日
第 13 届	法国,巴黎	1989 年 12 月 11 日至 12 月 15 日
第 14 届	加拿大,班夫	1990 年 12 月 7 日至 12 月 12 日
第 15 届	突尼斯,迦太基	1991 年 12 月 9 日至 12 月 13 日
第 16 届	美国,圣菲	1992 年 12 月 7 日至 12 月 14 日
第 17 届	哥伦比亚,卡塔赫纳	1993 年 12 月 6 日至 12 月 11 日
第 18 届	泰国,普吉	1994 年 12 月 12 日至 12 月 17 日
第 19 届	德国,柏林	1995 年 12 月 4 日至 12 月 9 日
第 20 届	墨西哥,梅里达	1996 年 12 月 2 日至 12 月 7 日
第 21 届	意大利,那不勒斯	1997 年 12 月 1 日至 12 月 6 日
第 22 届	日本,京都	1998 年 11 月 30 日至 12 月 5 日
第 23 届	摩洛哥,马拉喀什	1999 年 11 月 29 日至 12 月 4 日
第 24 届	澳大利亚,凯恩斯	2000 年 12 月 27 日至 12 月 30 日
第 25 届	芬兰,赫尔辛基	2001 年 12 月 11 日至 12 月 16 日
第 26 届	匈牙利,布达佩斯	2002 年 6 月 24 日至 6 月 29 日
第 27 届	法国,巴黎	2003 年 6 月 29 日至 7 月 5 日
第 28 届	中国,苏州	2004 年 6 月 28 日至 7 月 7 日
第 29 届	南非,德班	2005 年 7 月 10 日至 7 月 18 日
第 30 届	立陶宛,维尔纽斯	2006 年 7 月 8 日至 7 月 16 日
第 31 届	新西兰,基督城	2007 年 6 月 23 日至 7 月 2 日

续表

会议届次	召开地点	日期
第 32 届	加拿大,魁北克	2008 年 7 月 2 日至 7 月 10 日
第 33 届	西班牙,塞维利亚	2009 年 6 月 22 日至 6 月 30 日
第 34 届	巴西,巴西利亚	2010 年 7 月 25 日至 8 月 3 日
第 35 届	法国,巴黎	2011 年 6 月 19 日至 6 月 29 日
第 36 届	俄罗斯,圣彼得堡	2012 年 6 月 25 日至 7 月 5 日
第 37 届	柬埔寨,金边和暹粒	2013 年 6 月 16 日至 6 月 27 日
第 38 届	卡塔尔,多哈	2014 年 6 月 15 日至 6 月 25 日
第 39 届	德国,波恩	2015 年 6 月 28 日至 7 月 8 日
第 40 届	土耳其,伊斯坦布尔 法国,巴黎[1]	2016 年 7 月 10 日至 7 月 20 日 2016 年 10 月 24 日至 10 月 26 日
第 41 届	波兰,克拉科夫	2017 年 7 月 2 日至 7 月 12 日
第 42 届	巴林,麦纳麦	2018 年 6 月 24 日至 7 月 4 日
第 43 届	阿塞拜疆,巴库	2019 年 6 月 30 日至 7 月 10 日
第 44 届	中国,福州	因故推迟

[1]因土耳其 2016 年 7 月 16 日军事政变,在伊斯坦布尔召开的世界遗产大会的原定日程没有全部完成;未完成的会议安排在巴黎联合国教科文组织总部于 2016 年 10 月 24 日至 26 日继续召开。

综合而言,法定程序是比较细致复杂的,粗线条讲大致为:缔约国先建立国家级遗产名录或国家申报世界遗产的预备清单;向世界遗产委员会提交完备的申报表格和相关文件;世界遗产委员会的咨询专家实地考察并提交考察报告;世界遗产大会认真审议后作出批准、延期审议或否决的决定,被批准的项目进入《世界遗产名录》。

第三节　后续程序

成为世界遗产只是迈开了第一步,后续的保护工作更加艰巨。依照公约的法律价值观及法定程序,缔约国必须保障世界遗产持续的真实性、完整性。

世界遗产的认定对遗产地必然产生多方面的影响,因而当地政府和管理机构的责任和义务在后续工作中必须凸显出来。

所在国对于遗产地的有效保护当然是列入《世界遗产名录》的前提条件,同时更是持久坚持的目标。正面地看,被认定为世界遗产后,会使遗产所在国的保护工作得到进一步的加强。因为,政府必须做到:

1. 先于国际社会对保护工作负起责任来。

2. 确保以最高的标准实施保护工作。有时可能需要加强国家的立法,而更多的时候需要更严格地解释和贯彻现行的政策。

在实际保护工作中,一些有争议的案例说明政府的确需要向世界同时也向公众表明他们保护本国世界遗产地的态度。像世界自然保护联盟这样的国际组织在向世界遗产委员会提交的关于保护状况的常规工作报告中,也反映了世界遗产地面临的种种问题,要求促使有关国家的政府加强保护工作的力度。

在国际社会方面,联合国教科文组织的几次警告,使后续监督程序颇显重要:

1. 2019 年 12 月,联合国教科文组织警告越南长安文化景观的旅游压力过大,游客超量。

2. 2008 年 1 月 18 日,联合国教科文组织世界遗产中心反对俄罗斯在圣彼得堡历史中心建造一座塔。

3. 2008 年 1 月 31 日,世界遗产中心批评德国在德累斯顿易北河谷地带建造桥梁,破坏景观。

4. 2007 年,世界遗产中心批评中国澳门在松山顶建造 126 米高的大楼。松山灯塔景区是世界遗产澳门历史中心的组成部分。

其中,“澳门历史中心”在 2005 年进入《世界遗产名录》之后不到两年即受到质疑,尤应引起警惕。

中国:澳门历史中心

Historic Centre of Macao

Date of Inscription:2005

Criteria:(ii)(iii)(iv)(vi)

Property:16. 1678 ha

Buffer zone:106.791 ha

Macao Special Administrative Region

N22 11 28.651 E113 32 11.26

Ref:1110

《世界遗产名录》对“澳门历史中心”的概要描述是:“澳门历史中心保存了澳门四百多年中西文化交流的历史精髓。它是境内现存年代最远、规模最大、保存最完整和最集中的中西式建筑交相辉映的历史城区。”

世界保护区委员会(World Commission on Protected Areas,WCPA)前主席阿德兰·菲利普(Adrian Phillips)曾撰文指出,世界遗产的后续保护工作还要做三个方面的工作。

其一,是吸引捐助。世界遗产的认定带来的另一个结果是:那些存在问题的保护区,特别是在发展中国家的保护区,可以在国际社会的帮助下,达到作为世界遗产所要求的标准。这些帮助可能只是世界遗产基金支持下的一些相对有限的技术援助,然而这些援助会渐渐多起来。比如一些具有较强实力的捐助者,像全球环境基金(Global Environment Facility,GEF)已经把世界遗产地视为捐助的目标。不仅如此,联合国基金会已经决定将其生物多样性基金中的很大一部分用于世界遗产地的保护工作。

国际援助的一个特别关注焦点,是那些已被列入《濒危世界遗产名录》中的遗产地。如果没有《世界遗产公约》,国际社会很可能已经由于地区冲突等原因而最终放弃了许多位于非洲中部的重要保护区。

其二,不能将遗产地视为孤岛。值得庆幸的是,世界遗产的认定所带来的好处并不仅限于世界上有限的遗产地。这些遗产地并非“无视生态环境的海洋中的孤岛”而被单独拿来作为有关环境保护义务方面的示范。相反地,它们应该成为在更大的范围内保护环境的模范。

这就是几乎所有的世界遗产地都是所在国国家保护区系统一部分的原因所在。它们应该为保护区管理工作树立起可以推广的标准,使本国和国外的其他遗产地能够学习它的经验。

其三,是提高保护能力。现在,有不少发展中国家的世界遗产地成了特别国际性援助的重点。这些援助旨在通过对人员的培训等工作来提高保护区的管理水平。这些项目也可以面向其他保护区的工作人员，其目的是开发一些有效工具，以用于对世界遗产地管理工作的有效性进行监测。①

第四节 缔约国大会议事规则

除世界遗产委员会大会，《世界遗产公约》的缔约国大会（General Assembly of States Parties），也是世界遗产事务重要的法定程序。2003 年 10 月 15 日联合国教科文组织通过《〈保护世界文化和自然遗产公约〉缔约国大会议事规则》（General Assembly of States Parties to the Convention Concerning the Protection of the World Cultural and Natural Heritage），专门厘定了《世界遗产公约》缔约国大会的程序规范。

《〈保护世界文化和自然遗产公约〉缔约国大会议事规则》共分参加会议、大会的组织、会务处理、会议秘书处四部分内容。

第一部分"参加会议"共两条，主要是对代表资格、代表权利的规定。按照规定，代表分"正式代表"和"列席代表"两类。另外还可以有"观察员"出席会议。

正式代表的资格及权利为：

联合国教科文组织大会 1972 年 11 月 16 日所通过之《世界遗产公约》的所有缔约国的代表均可参加大会的工作，并享有表决权。

非《世界遗产公约》缔约国的联合国教科文组织会员国的代表和常驻联合国教科文组织的观察使团的代表，可以观察员身份参加大会工作，但无表决权；联合国组织的代表、联合国系统各组织和与联合国教科文组织订有互派代表协议的其他政府间组织的代表以及总干事邀请的政府间组织和非政府国际组织的观察员，可参加大会的工作，但也同样没有表决权。

议事规则第二部分为"大会的组织"，主要是对大会主席团组成的规定。大

① ［法］阿德兰·菲利普（Adrian Phillips）：《世界遗产与保护区》，载《世界保护》2001 年第 2 期。

会主席团由一名主席、一名或若干名副主席和一名报告人组成。

议事规则第三部分为“会务处理”，是此议事规则的核心，共有 11 条，包括下列相关内容：

1. 主席之职责；

2. 会议之公开；

3. 法定人数；

4. 发言次序及发言时间的限制；

5. 程序问题；

6. 程序性动议；

7. 工作语言；

8. 决议及修正案；

9. 表决；

10. 竞选世界遗产委员会之程序；

11. 世界遗产委员会委员之选举。

议事规则第四部分“会议秘书处”，主要规定了秘书处的职责和任务。

可以说，依照这份议事规则召开了缔约国大会，才会产生世界遗产委员会；产生世界遗产委员会，才能够召开世界遗产委员会大会。

Chapter 11 第十一章

世界遗产的基本政策

第一节　全球战略

自 1994 年启动了“全球战略”(Global Strategy)以来,世界遗产的法律框架更加稳固。全球战略是执行《世界遗产公约》的基本框架及方法。它建立在两个基础之上:具有突出的普遍价值的世界遗产的种类确定;世界遗产所在的区域。全球战略的目标在于保障《世界遗产名录》尽最大可能地体现均衡性和典型性。因而,它鼓励各个国家成为公约的缔约国,并要求各缔约国认真准备一个均衡协调的预备清单,申报的遗产项目在类型上、区域上都能够弥补现有《世界遗产名录》的缺憾。

一、均衡性和典型性

(一)类型上的均衡性和典型性

类型平衡是指世界遗产在种类分布上的均衡。均衡与否,集中体现在文化遗产与自然遗产在数量和覆盖面的差距大小上。

《世界遗产名录》从一开始,就出现自然与文化的数量上的失衡。1979 年第 3 届世界遗产大会上世界遗产总数为 57 项的时候，自然与文化的平衡问题即被提出讨论。其后，这个问题成为历年大会的议题。这届大会决定，每个国家代表团要保证自然遗产专家的数量；分配维护资金，无论用于文化遗产还是自然遗产，均不能超过60%；平衡自然与文化也是各国的责任；委员会要求缔约国将保护自然遗产作为基本职责，世界自然保护联盟应当进行沟通和指导，促进自然保护。

在1980年召开的第4届世界遗产大会上，美国代表团继续提出平衡问题，建议建立定期报告检查制度。大会决定，各缔约国要建立一个保障均衡的预备清单；定期会议的分管自然和分管文化两方的专家数要均衡；世界遗产委员会调用两方专家的数量也要对等。

经过多年酝酿和铺垫，世界遗产委员会于1994年通过了的关于促进《世界遗产名录》中的遗产分布平衡的“全球战略”，并召开了“全球战略”专家会议。其后，每届大会“全球战略”都成为讨论的重要内容和工作部署的要点。

至今，文化遗产和自然遗产在总数量上还是差距很大。2020年的数据是文化遗产869项，自然遗产231项。因此，类型均衡仍然是未来需要解决的问题。

文化遗产和自然遗产各自所包含的次级类型之间，也存在均衡与否的问题。如文化遗产中城市较多，而文化路线较少。自然遗产中喀斯特地貌较多，而冰川较少。这些次级种类的平衡，也是世界遗产事务的组成部分。

表7是第44届世界遗产大会之前各洲世界遗产类型数据对照表。

表7　各洲世界遗产类型数据对照

地区	文化遗产(C)	自然遗产(N)	双重遗产(M)	总数	占比/%
非洲	53	38	5	96	8.56
阿拉伯地区	78	5	3	86	7.67
亚洲和太平洋	189	67	12	268	23.91
欧洲和北美洲	453	65	11	529	47.19
拉美加勒比	96	38	8	142	12.67
全球总数	869	213	39	1121	100

（二）地域上的均衡性和典型性

从地球整体而言，如果世界遗产项只集中于某些地区，出现密布与稀疏甚至

“荒凉”的不均匀情况,就不能实现公约普适人类、爱护和赞美地球的真正目的。

因而,世界遗产在地域上的均衡是不可忽略的。世界遗产中心每年印制的世界遗产地图,以美洲、欧洲、亚太、非洲阿拉伯地区这四块版图为单位,标示世界遗产所处位置,从中即能直观地看出世界遗产地域分布的均衡程度。

本着以地球为本、人类发展的宗旨,地域均衡的意义十分重大。没有什么地方可以永远是“桃花源”,一切自然和文化财富皆需整体的持续维护。进入21世纪以来,世界遗产事务在加强地域均衡方面有了较大的突破。比如一直比较匮乏世界遗产项目的北极地区已经有了一定的补充,仅2004年就有俄罗斯的弗兰格尔岛自然保护区(Natural System of Wrangel Island Reserve)、丹麦的伊路利萨特冰湾(Ilulissat Icefjord)、挪威的维加群岛文化景观(Vegaøyan-the Vega Archipelago)。南极因没有国家主权,是独立意义的“人类共同遗产”,所以不适合在世界遗产事务上进行操作。

俄罗斯:弗兰格尔岛自然保护区

Natural System of Wrangel Island Reserve

Date of Inscription:2004

Criteria:(ix)(x)

Property:916, 300 ha

Buffer zone:3, 745, 300 ha

Chukot Autonomous Area

N71 11 20 W179 42 55

Ref:1023rev

丹麦:伊路利萨特冰湾

Ilulissat Icefjord

Date of Inscription:2004

Criteria:(vii)(viii)

Property:402, 400 ha

West coast of Greenland, Bay of Disko Bugt(Bight), Municipality of Ilulissat

N69 7 60 W49 30 0

Ref:1149

挪威：维加群岛文化景观

Vegaøyan-the Vega Archipelago

Date of Inscription：2004

Criteria：（v）

Property：103，710 ha

Buffer zone：28，040 ha

Nordland，Vega

N65 37 00.0 E11 45 00.0

Ref：1143

《世界遗产名录》对“弗兰格尔岛自然保护区”的概要描述是：“这里以世界上最大的太平洋海象群，和最高密度的古代北极熊牙齿而著称。这里还有从墨西哥海湾迁徙来的灰鲸以及10多种鸟类，如雪雁。这些物种中许多已经处于濒危状态，一些动植物只存在于这一个海岛上。这个岛上有417种植物已经被识别，是北极圈内其他岛上的植物种类的两倍以上。这里在地质学上也是一个重要的研究对象。”

《世界遗产名录》对“伊路利萨特冰湾”的概要描述是：“伊路利萨特冰湾位于格陵兰岛西岸，北极圈以北约250千米。该冰湾是少数几个通过格陵兰冰冠入海的冰河（Sermeq Kujalleq）出海口之一，也是世上最活跃的冰川之一。它以每年35，000立方米的速度增长，也就是相当于每年增长所有格陵兰岛冰的10%，比南极洲以外的任何其他冰河都多。巨大的冰床和迅速移动的冰川发出独特的声音，又被冰山所覆盖，形成一个令人敬畏的自然现象。”

《世界遗产名录》对“维加群岛文化景观”的概要描述是：“维加群岛最引人注目的，是当地居民1500年来始终如一的古朴的生活方式和他们的传统民族工艺。当地居民在相对封闭的环境中，依靠捕鱼和加工当地特有的鸭绒毛为生。岛上拥有渔村、码头、仓库、农庄和灯塔，也拥有早在石器时代人类生存和居住遗留下的痕迹。从9世纪开始，维加群岛就成为当地重要的鸭绒毛产出地和供给中心。岛上三分之一的居民以此作为收入的来源，也为绒毛加工业的发展作出巨大贡献。”

地域均衡的同时,如果也涵盖类型均衡,其意义就更加完整了。世界上历史悠久的国家,虽然拥有大量的文化遗产,但自然遗产、文化与自然双重遗产的拥有量却是零,有待继续改善。

(三)国家分布上的均衡性和典型性

主权的国家在尊严和权利上都是平等的,世界遗产事务更应体现这种平等。联合国教科文组织在世界遗产事务上的态度始终是善意的,鼓励非缔约国尽快签约,鼓励没有遗产项的缔约国积极申报。

所谓国家均衡,即体现为拥有世界遗产的国家应尽可能地多,且每个国家所拥有的世界遗产要与其综合实力相称。

数十年来,国家均衡的步伐稳健向前。仅2004年,就有5个国家实现了零的突破,它们是圣卢西亚、安道尔、冰岛、朝鲜和多哥。2008年,巴布亚新几内亚、沙特阿拉伯、圣马力诺和瓦努阿图又成为新的世界遗产拥有国。拥有世界遗产项的国家,在第44届世界遗产大会之前已达167个。

尚没有物质类世界遗产的《世界遗产公约》缔约国仍然有:

1. 巴哈马 Bahamas
2. 不丹 Bhutan
3. 文莱达鲁萨兰国 Brunei Darussalam
4. 布隆迪 Burundi
5. 科摩多 Comoros
6. 库克群岛 Cook Islands
7. 吉布提 Djibouti
8. 赤道几内亚 Equatorial Guinea
9. 厄立特里亚 Eritrea
10. 格林纳达 Grenada
11. 几内亚比绍 Guinea-Bissau
12. 圭亚那 Guyana
13. 科威特 Kuwait
14. 利比里亚 Liberia
15. 马尔代夫 Maldives

16. 摩纳哥 Monaco

17. 纽埃岛 Niue

18. 卢旺达 Rwanda

19. 圣文森特和格林纳丁斯 Saint Vincent and the Grenadines

20. 萨摩亚群岛 Samoa

21. 圣多美和普林西比 Sao Tome and Principe

22. 塞拉利昂 Sierra Leone

23. 南苏丹 South Sudan

24. 斯威士兰 Swaziland

25. 东帝汶 Timor-Leste

26. 汤加 Tonga

27. 特立尼达和多巴哥 Trinidad and Tobago

(四)文化上的均衡性和典型性

人类所有的文化都是平等的,没有高低贵贱之分,更无优劣之比。在这样一个基本的指导思想的框架下,世界遗产在文化上要体现均衡性,就是顺理成章的。

文化均衡与地域均衡、国家均衡是相辅相成的,同时又有自己的独立性意义。世界遗产项作为文化的物像代表,应具备全方位的视角,囊括所有的人类精华。这其中,宗教的因素具有较重的分量。世界遗产考虑宗教的均衡,肯定它们同等的文化价值及作用,才能最终彰显主流的价值观。

比如阿富汗,这样的均衡可谓具有典型性。其现有的两项世界遗产一项为佛教圣地巴米扬山谷文化景观和考古遗址,[①]一项为伊斯兰教的遗存贾穆宣礼塔及其文化遗存。在一个曾经发生过激烈宗教冲突的环境里,这样做的意旨无不明确。在全世界,世界遗产对待各种文化的同等态度无处不在表明。

阿富汗:贾穆宣礼塔及其文化遗存

Minaret and Archaeological Remains of Jam

---

① 参见本书第十四章第四节。

Date of Inscription:2002

Criteria:(ii)(iii)(iv)

Property:70 ha

Buffer zone:600 ha

Shahrak District,Ghur Province

N34 23 47.6 E64 30 57.8

Ref:211rev

Inscription Year on the List of World Heritage in Danger:2002

《世界遗产名录》对“贾穆宣礼塔及其文化遗存”的概要描述是:“这座高65米的清真寺尖塔,建造于12世纪时,拥有高耸及优雅的外形,塔墙以精细的砌砖装饰而成,并于塔顶镶上宝蓝色的瓷砖。值得注意的是其建筑风格及装饰手法,都在显现出这地区繁盛时期的建筑及艺术传统。而其所在的特殊地理位置——坐落于高耸山脉间的深峻溪谷中,更加提升了其艺术价值。”

(五)历史阶段上的均衡性和典型性

无论是地球的历史,还是人类的历史,无疑都要有一个基本连续的线索。这个线索上的每个阶段的实体见证物,以物质符号连贯起历史发展的脉络。这些物质实体被评定为世界遗产,应当考虑到历史阶段的连贯性,而不能造成某个阶段的“淤积”或某个阶段的“断层”。此为“历史均衡”的含义所在。

要求历史年代上的均衡,并非数量上的绝对平均,而是力求脉络的连贯,体现我们对赖以存在的地球、对人类自己的认知、肯定和尊重。从太古宙、元古宙到今天仍在变化着的地质地貌,从东非大裂谷阿瓦什河谷的早期人类活动遗迹到今人创造的现代遗产,都在时间的长河里留下了标记,世界遗产提炼那些具有典型意义的部分。

埃塞俄比亚:阿瓦什河下游河谷

Lower Valley of the Awash

Date of Inscription:1980

Criteria:(ii)(iii)(iv)

Afar Region

N11 06 00. 0 E40 34 45. 8

Ref：10

《世界遗产名录》对“阿瓦什河下游河谷”的概要描述是：“阿瓦什河谷是非洲大陆最重要的古生物学研究遗址之一。在该遗址发现的远古人类化石可以追溯到 400 万年以前，为人类进化史研究提供了坚实的证据，改变了人们的传统认识。最重要的考古发现发生在 1974 年，当时挖掘出土的 52 块人类骨骼化石使得我们重组出了著名的露西（Lucy）。”

二、战略意义

要使整体的均衡性得以实现，必须有操控全局、巨细兼顾的政策体系。联合国教科文组织与世界遗产委员会多年来一直致力于这方面的工作，相关政策也不断得到充实。

在 1988 年召开的第 12 届世界遗产大会上，针对当时 288 项世界遗产中只有 77 项自然遗产和双重遗产的不均衡情况，关于制定有关均衡政策的工作计划就已提上了议事日程。到 1994 年第 18 届世界遗产大会召开时，世界遗产的总数是 410 项，其中文化遗产 304 项，自然遗产 90 项，双重遗产 16 项，失衡状况依然严重，尤其在欧洲表现得更为突出。大会充分认识到，现状必须得到控制和扭转。同时，经多年酝酿的关于世界遗产整体均衡的政策此时业已成型。于是在这一年，一项以实现世界遗产均衡性、典型性、可信性为目标的“全球战略”（Global Strategy）正式启动。

1994 年世界遗产大会，法国代表也指出文化与自然之间、地区之间的均衡应当有所成就。但同时必须考虑到，地缘政治及地缘经济会给遗产均衡政策的实施造成误区，并使其简单化。

1995 年世界遗产大会就全球平衡战略进行讨论，贝宁代表指出：平衡不能理解为单纯的数字相等。在非洲，文化与自然是无法截然分开的。

国际遗迹遗址理事会（ICOMOS）早在 1987 年就开始了全球战略的研究。在欧洲的历史年代等问题的均衡上，它们认为，历史城镇、宗教遗迹、基督教文化及只与本国有关的建筑群在名录中过于拥挤，而正在创造和应用着的文化和具有连续性的传统文化，没有被体现出来。国际遗迹遗址理事会还认为，世界遗产不均衡的主要问题出在两个方面：一是程序性的，二是实质性的，即申报、评定的程序和遗产价值的评估、确认两者都需修正。

世界自然保护联盟（IUCN）的研究认为，尽管目前的自然遗产和双重遗产能够覆盖全球的主要区域，但一些新的缺失类型还是提示我们均衡是远远不够的：热带和亚热带的草原和稀树大草原；湖泊系统；冻土地带与两极系统；严冬冰原。

为实现全球战略计划，世界遗产委员会首先放宽了视野，对文化与自然价值的理解和把握评定标准方面都做了更显全球眼光的调整。新的视角超越了以往对遗产相对狭隘的认知，更强调因人类的交流、文明的共存和创造性的表达而产生出的遗产的价值。这样的遗产才是人类精神的杰出范例。

全球战略最基础性的工作首先是鼓励非缔约国成为缔约国，其次要努力促成各缔约国的国家级预备清单的完成、完善，体现均衡的要点。同时，在每年的申报政策上也作有利于均衡实现的调整。如 2001 年在凯恩斯举行的世界遗产大会就作出决议，每个国家每年只可申报一项，但初次申报的国家不受此限。

自全球战略正式启动以来，已有至少 55 个国家成为《世界遗产公约》新的缔约国，它们多来自太平洋岛、东欧、非洲及阿拉伯地区。缔约国总数也由此从 139 个升到至少 194 个。近 26 年间，建立并向世界遗产委员会提交了预备清单的国家由 33 个增到至少 185 个。新类型的遗产，如文化路线、跨大洲遗产、工业和科技遗产、荒漠、海岸海港、小岛屿等，也得到确认。

以执行全球战略为目标的专题会议已经在非洲、太平洋地区、安第斯山地区、阿拉伯地区、加勒比海地区、中亚和东南亚等地召开。这些会议都十分重要，其研究成果起到了指导性作用，全面推进了全球战略的实施。

三、政策实施

全球战略作为覆盖世界的长期工作，它的实施需要主管国际组织、各国政府及相关学界的共同努力，要针对实际状况，归纳主要的问题，依次解决。

1999 年世界遗产大会上世界遗产委员会的报告对全球战略做了更细致的阐发，提出了“全球战略”的一揽子行动计划。这个计划的主要内容包括：

1. 承认自然遗产与文化遗产之间存在不平衡的情况。

2. 强调地域、地方的特性。

3. 发掘未被确认但却有重要价值的遗产类型。

4. 充分相信和依靠专业组织的合作和各缔约国的配合，尤其是非洲、亚洲及太平洋地区国家的整体配合。

5. 吸收一些专家会议所发表的分析和建议，诸如非洲、太平洋、中欧与东欧、波罗的海国家、安第斯山及加勒比海地区关于全球战略的主题会议成果，以及世界自然保护联盟关于全球多样性的相关研究成果。

为了使世界遗产更具代表性和平衡性，进入21世纪以来，全球战略的政策制定与实施更加具体化，针对的目标也趋于明确。

2001年世界遗产大会关于2002年以后的申报程序，出台了新政策：

1. 所批准的遗产总额最多不超过30项；

2. 每个国家只可申报1项，没有世界遗产的国家方可申报2～3项；

3. 所申报遗产项的类型必须是已有名录中尚未涵盖或极其缺乏的。

这项被称为“凯恩斯决议”（Cairns Decision）的政策还非强制地要求有20项以上遗产的几个国家（即西班牙、意大利、法国、中国）少报或暂停申报。中国2002年没有申报；法国2002年、2003年、2004年均未申报；西班牙2002年、2004年未申报。

2002年第26届世界遗产大会《布达佩斯宣言》（Budapest Declaration on World Heritage）重申全球战略的意义，强调弥补现有名录的不足，使世界遗产达到真正全面的均衡。该宣言明示：

鼓励非缔约国尽快缔约，加入国际保护遗产的行列中。

敦请缔约国确认和申报符合多样性的文化和自然遗产，争取进入《世界遗产名录》。

寻求恰当、公平的方法，确保世界遗产在社会、经济发展与生活质量提高的同时得到保护。

通过媒介、教育、研究、培训及公共宣传等策略提升世界遗产的影响力。

调动各阶层的力量进入到世界遗产的保护和管理中。

世界遗产委员会在此宣言中提出了4个目标：

1. 加强《世界遗产名录》的可信性，亦即加强世界遗产突出的普遍价值的在全球的典型性和均衡性。

2. 确保世界遗产保护的有效性。

3. 理解和执行《世界遗产公约》及相关政策，发展预备名录体系，建立有效的运行机制。

4. 通过宣传增强公众对世界遗产的认知、理解和支持。

2002 年出台的这项世界遗产的全球战略目标，又简称为“4C”战略。它的具体含义为：

1. Credibility：增强世界遗产名单的信誉度；

2. Conservation：确保有效地保护世界遗产；

3. Capacity-Building：促进在缔约国开展有效的能力建设；

4. Communication：通过交流沟通提高对世界遗产的共识、参与和支持。

五年之后的 2007 年世界遗产委员会对其进行了补充。在 2007 年于新西兰基督城举行的第 31 届世界遗产委员会会议上，世界遗产委员会将全球“4C”战略（信誉，保护，能力建设，交流）增补为“5C”，将社区（Communities）作为第五个战略目标，增加了社区公众的协调和参与的内容。

在变化着的环境趋势下，世界遗产委员会已经意识到《世界遗产公约》在土著区域、传统区域及当地社区的施行，也是一个关键点。世界遗产委员会因而鲜明地强调，增加“第五个 C”为“社区”，是“为了加强社区在执行《世界遗产公约》中的作用。”

全球战略是一项长期的多方位的工程，但每个阶段、每段过程都需适应新的情势变化，当然也会有不同的声音。全球战略的政策就在这样的变化中进行调整，保障其可应用、可执行、可发展。

2004 年第 28 届世界遗产大会还曾决定实施一项短期计划，包括 3 项主要内容：

1. 从 2006 年起，每国可以申报两项，其中至少有一项是自然遗产；

2. 每年评定的总量不超过 45 项，扩展项目、跨国项目及延期项目均占名额；

3. 以下情形具有优先权：

（1）仍没有世界遗产的国家申报的项目；

(2)申报项目属于已有世界遗产中极度缺乏的类型;

(3)其他可享有优先权的申报项目。

在经过若干年的努力后,全球战略取得了一些方面的成就。例如,国家均衡和地域均衡方面进展比较明显,新增世界遗产拥有国的国家数递增,北极和亚北极地区的遗产、热带雨林、草原、湖泊、海岸也都得到了补充。

同时,在实践中亦可看到,全球战略还有更为艰巨路程要走,需要解决的问题也还很多。比如,文化遗产与自然遗产的差距依然很大;海洋或海底的遗产在理念和操作上都不充足。

2011年缔约国大会提出了《2012~2022执行〈世界遗产公约〉的战略行动计划》(Strategic Action Plan for the Implementation of the World Heritage Convention 2012-2022),明确了对全球合作的保证:鼓励、支持具有可持续环境的缔约国在国际社会的协助下,充分履行其义务,享有《世界遗产公约》规定的权利;无论现在还是未来,各地方、国家和国际社会,均需感知、参与和受益于自然遗产和文化遗产;选择具有突出普遍价值的遗产资源进入《世界遗产名录》,保障其可信性、均衡性和典型性;随着世界的不断变化,保持透明、公平、负责的世界遗产制度。

第二节　共享原则

在执行公约的进程中,世界遗产委员会不断调整和完善相关政策,在新的世界遗产项产生的程序上,尤其是在个案的操作上,逐渐加重强调一些体现符合立法意图的重要导向。比如,鼓励两国以上的国家共同申报世界遗产项目,鼓励没有遗产项的国家实现零的突破,鼓励深度关注被战乱和灾害困扰的遗产资源。阿富汗的巴米扬山谷和伊拉克的亚述古城尽管伤痕累累、残破不堪,但还是名列于2003年产生的新遗产项当中。这是一种立场。

伊拉克:亚述古城

Ashur(Qal'at Sherqat)

Date of Inscription：2003

Criteria：（iii）（iv）

Property：70 ha

Buffer zone：100 ha

Governorate of Salah ad Din

N35 27 32 E43 15 35

Ref：1130

Inscription Year on the List of World Heritage in Danger：2003

《世界遗产名录》对“亚述古城”的概要描述是：“在北美索不达米亚、底格里斯河流域处坐落着一古老城市，其位于天然雨水和人工灌溉农业之分界地带且亦为一处特殊的生态地理区。建于公元前3000年的亚述古城，于公元前14世纪至9世纪成为亚述帝国最初之都城。其不仅扮演着国际贸易交流间之重要角色，同时也是亚述人侍奉阿舒尔神（God Ashur）的宗教中心地。古城虽于公元前7世纪时毁于巴比伦人手中，但于公元1世纪至2世纪的安息王朝时期（Parthian Period）再度复苏。”

意图和立场体现最到位的是共享原则，即政策上倡导两国或多国共同申报和拥有某一项世界遗产。共享原则贯彻下来，不仅产生了大批的跨国遗产，而且多国共享的思路和方式也不断翻新，反映出合作的多种途径，也呼应了国际法的主题。

一、共享的意义

由于世界遗产项具有完整性，很多遗产项尤其是自然遗产，往往跨地域、跨国界，有着不可分割的特性，所以两国或多国共同申报和拥有，就成为世界遗产委员会鼓励和倡导的做法。这样，能够加强相邻国家的密切合作，更有效更全面地保护遗产项。如果各自为政，一个国家所拥有的部分不足以充分体现遗产项的完整价值。

以合并、合作的思路及方式成功成为世界遗产的，称为“跨国遗产”（transboundary property 或 transnational property）。作为遗产项，跨国的项目当然由两国或多国共享。第 44 届世界遗产大会之前,物质类的跨国遗产共有 37 项,其中 1 项为十国共享、1 项为十二国共有;第 15 届非物质文化遗产大会之前,人类非物质文化遗产代表作共有 41 项跨国遗产,包括 1 项十八国共有的案例。

从这些物质类和非物质类遗产看,两国或多国联合申报的成功案例已有 78 宗,不仅分布于各大洲,而且有不局限于相连地理位置的趋势。跨大洲的多国共享遗产已经悄然出现。这些颇为人们称道的遗产项,以独特的思路强调着一项完整遗产的整体价值,象征着和平、和谐、合作和共存。

但是,综观已有的世界遗产,本应为两国共有而事实却不尽如人意的遗产项还是存在的,最典型的就是尼泊尔的萨加玛塔国家公园(Sagarmatha National Park)。这个遗产项 1979 年即进入了《世界遗产名录》,它包括珠穆朗玛峰以南的各种层次递接的地理环境带,有着极高的自然价值。珠穆朗玛峰以北的中国境内的区域却不是世界遗产。珠穆朗玛峰是一个符号,它不应以国界而被切割。地球最高峰居然不是以其整体成为世界遗产的,此为极大的遗憾。

《世界遗产名录》对"萨加玛塔国家公园"的概要描述是:"萨加玛塔属于一个特殊的地区,全区遍布形态各异的山脉,冰河和深谷,主要的山脉是珠穆朗玛山,拥有世界最高的山峰,海拔约 8848 米。公园里保护着许多稀有的物种,如雪豹和小熊猫。由于舍帕斯部落的存在,他们独特的文化又为这一地区增添了吸引力。"

尼泊尔:萨加玛塔国家公园

Sagarmatha National Park

Date of Inscription:1979

Criteria:(vii)

Property:114, 800 ha

Solu-Khumbu District of the Sagarmatha Zone

N27 57 55 E86 54 47

Ref:120

当然,这个案例的缺憾是历史原因造成的,并非人为因素作祟。尼泊尔和中国成为缔约国的时间差距较大,萨加玛塔国家公园成为世界遗产 8 年之后,中国才诞生了第一批世界遗产。不过,这也意味着有弥补的可能。

二、共享的空间

在国际组织的政策引导下,跨国项目运作成功的案例不断出现,许多国家也积极行动,以望促成更多的跨国项目成功入选《世界遗产名录》。在苏州举行的第28届世界遗产大会期间,很多国家的与会代表都表现出强烈的区域合作愿望,积极游说相关国家或地区就遗产保护开展密切合作。秘鲁贸易旅游部负责旅游事务的副部长拉米罗·萨拉斯·布拉沃(Ramiro Jalas Bravo)说,他此次参会的主要任务就是积极寻求哥伦比亚、厄瓜多尔、玻利维亚、阿根廷和智利等国的合作,以便更好地保护有数千年历史的"印加古道"。2014年,"安第斯之路"(Andean Road System)由这六个国家共同申报成功。

世界遗产中心阿拉伯司司长乔瓦尼·伯卡迪(Giovanni Boccardi)当时也透露,联合国教科文组织正在对具有跨区域联合申报潜力的项目进行考察和研究。综合各国与会代表透露的情况,除"印加古道"外,可能涉及跨区域、跨国家申报的项目还包括"丝绸之路""美索不达米亚湿地"以及中东地区的"圣经古城"。同样在2014年,三国共享的"丝绸之路"成为世界遗产。

当然,所谓跨国是一个大概念,跨国项目或地域上相连,或本质上一致,或两者兼有。例如,巴洛克风格的建筑艺术,由欧洲殖民者带到了世界各地,也许远隔千山万水,美洲有,亚洲也有,但本质上是一致的。又如"文化路线"(Cultural Route),以文化的线性遗迹作为标志,寻迹文化的灵魂。"文化路线"这个概念涵盖文化的互动、延伸,呈现一种特殊的形态。

相对而言,亚洲各国的合作处于初级阶段的状态,由良好开端,但不够充足,需要急速跟进,同时也提示着可发展的合作空间很大。

比如,中国、朝鲜目前各拥有一项以"高句丽"命名的考古遗址类别的遗产项。由于学术上不趋同,以及各种其他原因,它们没能成为一个大的跨国项目。不过,在这里我们还是可以大胆假设一下,如果"高句丽"是一个多国共享的遗产项,它不仅会在世界遗产事务的历程中创造一个纪录,也势必推动不同史学观点的对话、交流,尊重史实,去伪求同。

中国:高句丽王城、王陵及贵族墓葬

Capital Cities and Tombs of the Ancient Koguryo Kingdom

Date of Inscription:2004

Criteria:(i)(ii)(iii)(iv)(v)

Property:4164. 859863 ha

Buffer zone:14, 142. 44043 ha

Huanren County,Liaoning Province and Ji'an,Jilin Province

N41 09 25 E126 11 14

Ref:1135

朝鲜:高句丽墓葬群

Complex of Koguryo Tombs

Date of Inscription:2004

Criteria:(i)(ii)(iii)(iv)

Property:232. 899994 ha

Buffer zone:1701. 199951 ha

Pyongyang,South Phyongan Province,Nampho,South Hwangghae Province

N38 51 47. 0 E125 24 54. 0

Ref:1091

《世界遗产名录》对“高句丽王城、王陵及贵族墓葬”的概要描述是:“这里包含3个古城(五女山城、国内城、丸都山城)及40座墓地(14座为皇室,26座为贵族)的遗迹,都是高句丽王国的文化,都是以公元前37年至公元668年间统治中国北部部分地区及朝鲜半岛北部的朝代命名。五女山城现只有部分被挖掘出来。位于今天吉安城内的国内城,当年当高句丽王国迁都平壤后,就成为一个临时国都。丸都山城是高句丽王国的国都之一,有着许多的遗迹,包括一座宽大的宫殿和37座陵墓。有些陵墓则有着华美的天花板可支撑,无须柱子的帮助,也可以承受大石块和坟堆的重量。”

《世界遗产名录》对“高句丽墓葬群”的概要描述是:“朝鲜高句丽墓葬群分布在境内12个地点,由63个高句丽古墓组成,大多有2300多年历史。这批墓葬主要包括几组墓葬和一些独立的墓葬,其中大多属于高句丽帝国晚期的坟墓。在这个地区发现的半数以上的墓群是高句丽帝王、皇室成员或是贵族的墓。迄今为止,在中国和朝鲜发现的墓中超过 90% 以上的墓绘有壁画。这些壁画精美细致,反映了那个时期的一些生活状态和风俗习惯。它独特的墓葬风俗对其周边的区域产生了深远的影响。”

三、共享的成就

由于和谐理念的支撑及各方的诚意和实际行动,第 44 届世界遗产大会之前以及第 16 届非物质文化遗产大会之前,已有 37 项跨国的世界遗产(见表 8)和 41 项跨国的人类非物质文化遗产代表(见表 9)作进入两公约所设立的名录当中。

表 8 《世界遗产名录》中的跨国遗产

(以列入年代为序排列)

序号	所属国家	遗产项名称	列入年份	遗产类型
1	加拿大、美国	塔琴西尼—阿尔塞克—克卢恩/朗格尔—圣埃利亚斯国家公园和冰川湾国家公园 Kluane/Wrangell-St. Elias/Glacier Bay/Tatshenshini- Alsek	1979 年	自然遗产
2	白俄罗斯、波兰	别洛韦日自然保护区 Belovezhskaya Pushcha/Bialowieza Forest	1979 年 1992 年	自然遗产
3	意大利、梵蒂冈	罗马历史中心 Historic Centre of Rome, the Properties of the Holy See in that City Enjoying Extraterritorial Rights, and San Paolo Fuori le Mura	1980 年 1990 年	文化遗产
4	几内亚、科特迪瓦	宁巴山自然保护区 Mount Nimba Strict Nature Reserve	1981 年	自然遗产
5	哥斯达黎加、巴拿马	塔拉曼卡仰芝—拉阿米斯泰德国家公园 Talamanca Range-La Amistad Reserves/La Amistad National Park	1983 年	自然遗产
6	阿根廷、巴西	瓜拉尼人的耶稣会教堂 Jesuit Missions of the Guaranis	1984 年	文化遗产

续表

序号	所属国家	遗产项名称	列入年份	遗产类型
7	英国、德国	罗马帝国的边境线(哈德良长城) Frontiers of the Roman Empire (Hadrian's Wall)	1987 年 2005 年 2008 年	文化遗产
8	赞比亚、津巴布韦	莫西奥图尼亚/维多利亚瀑布 Mosi-oa-Tunya/Victoria Falls	1989 年	自然遗产
9	加拿大、美国	沃特顿冰川国际和平公园 Waterton Glacier International Peace Park	1995 年	自然遗产
10	匈牙利、斯洛伐克	阿格泰列克洞穴和斯洛伐克喀斯特 Caves of Aggtelek and Slovak Karst	1995 年 2000 年	自然遗产
11	法国、西班牙	比利牛斯—珀杜山 Pyrénées-Mont Perdu	1997 年	双重遗产
12	西班牙、葡萄牙	科阿峡谷和席尔加维德的史前岩石艺术遗址(科阿峡谷史前岩石艺术遗址) Prehistoric Rock-Art Sites in the Côa Valley and in Siega Verde	1998 年 2010 年	文化遗产
13	比利时、法国	比利时和法国的钟楼 Belfries ofBelgium and France	1999 年 2005 年	文化遗产
14	立陶宛、俄罗斯	克罗聂岬 Curonian Spit	2000 年	文化遗产
15	芬兰、瑞典	瓦尔肯群岛—海岸高地 Kvarken Archipelago/High Coast	2000 年 2006 年	自然遗产
16	南非、莱索托	马劳蒂—达拉根斯堡公园 Maloti-Drakensberg Park	2000 年 2013 年	双重遗产
17	奥地利、匈牙利	弗托—奈斯德勒西文化景观 Cultural Landscape of Fertö/Neusiedlersee	2001 年	文化景观遗产
18	蒙古、俄罗斯	乌韦斯努尔盆地 Uvs Nuur Basin	2003 年	自然遗产
19	瑞士、意大利	圣乔治山 Monte San Giorgio	2003 年 2010 年	自然遗产
20	德国、波兰	马斯科夫公园—马扎科夫斯基公园 Muskauer Park/Park Muzakowski	2004 年	文化景观遗产

续表

序号	所属国家	遗产项名称	列入年份	遗产类型
21	芬兰、挪威、瑞典、俄罗斯、拉脱维亚、爱沙尼亚、立陶宛、乌克兰、白俄罗斯、摩尔多瓦	斯特鲁维测量地点 Struve Geodetic Arc	2005年	文化遗产
22	冈比亚、塞内加尔	塞内冈比亚的石圈阵 Stone Circles of Senegambia	2006年	文化遗产
23	德国、斯洛伐克、乌克兰、阿尔巴尼亚、奥地利、比利时、克罗地亚、罗马尼亚、斯洛文尼亚、意大利、保加利亚、西班牙	喀尔巴阡山脉和欧洲其他地区的山毛榉原始森林 Ancient and Primeval Beech Forests of the Carpathians and Other Regions of Europe	2007年 2011年 2017年	自然遗产
24	瑞士、意大利	阿尔布拉—伯尔尼纳文化景观中的雷塔恩铁路 Rhaetian Railway in the Albula/Bernina Cultural Landscape	2008年	文化遗产
25	德国、荷兰	瓦登海 The Wadden Sea	2009年	自然遗产
26	瑞士、奥地利、法国、德国、意大利、斯洛文尼亚	阿尔卑斯山的史前桩屋 Prehistoric Pile dwellings around the Alps	2011年	文化遗产
27	斯洛文尼亚、西班牙	水银的遗产:阿尔马登与伊德里亚 Heritage of Mercury: Almadén and Idrija	2012年	文化遗产

续表

序号	所属国家	遗产项名称	列入年份	遗产类型
28	喀麦隆、中非、刚果	桑哈河流域保护区 Sangha Trinationa	2012 年	自然遗产
29	波兰、乌克兰	喀尔巴阡山地区的木教堂 Wooden *Tserkvas* of the Carpathian Region in Poland and Ukraine	2013 年	文化遗产
30	阿根廷、玻利维亚、智利、哥伦比亚、厄瓜多尔、秘鲁	安第斯之路 Qhapaq Ñan, Andean Road System	2014 年	文化遗产
31	中国、哈萨克斯坦、吉尔吉斯斯坦	丝绸之路 Silk Roads: The Routes Network of Chang'an-Tianshan Corridor	2014 年	文化遗产
32	哈萨克斯坦、吉尔吉斯斯坦、乌兹别克斯坦	西部天山 Western Tien-Shan	2016 年	自然遗产
33	波黑、克罗地亚、塞尔维亚、黑山	中世纪的墓碑墓地 Stećci Medieval Tombstones Graveyards	2016 年	文化遗产
34	阿根廷、比利时、法国、德国、日本、印度、瑞士	勒·柯布西耶具有杰出贡献的现代建筑作品 The Architectural Work of Le Corbusier, an Outstanding Contribution to the Modern Movement	2016 年	文化遗产
35	蒙古、俄罗斯	达斡尔文化景观 Landscapes of Dauria	2017 年	文化景观遗产
36	克罗地亚、意大利、黑山	16～17 世纪的威尼斯防御工事 Venetian Works of Defence between the 16th and 17th Centuries: Stato da Terra-Western Stato da Mar	2017 年	文化遗产
37	捷克、德国	厄尔士—克鲁什内山脉矿区 Erzgebirge/Krušnohoří Mining Region	2019 年	文化遗产

注:表格中“列入年份”一栏中有两个以上年份的,为该遗产依程序进行扩展的年份。

表 9 《人类非物质文化遗产代表作名录》中的跨国遗产

(以列入年代为序排列)

序号	所属国家	遗产项名称	列入年份
1	伯利兹、洪都拉斯、尼加拉瓜	加利弗那语言、舞蹈和音乐 The Garifuna Language, Dance and Music	2001 年
2	贝宁、尼日利亚、多哥	杰莱德口头遗产 The Oral Heritage of Gelede	2001 年
3	厄瓜多尔、秘鲁	萨培拉人的口头遗产与文化现象 The Oral Heritage and Cultural Manifestations of the Zápara People	2001 年
4	立陶宛、拉脱维亚	十字架工艺及其在立陶宛的象征 Cross Crafting and its Symbolism in Lithuania	2001 年
5	拉脱维亚、爱沙尼亚、立陶宛	波罗的海歌舞庆典 The Baltic Song and Dance Celebrations	2003 年
6	塔吉克斯坦、乌兹别克斯坦	莎玛克姆音乐 Shashmaqom Music	2003 年
7	比利时、法国	巨人和巨龙游行 Processional Giants and Dragons in Belgium and France	2005 年
8	马拉维、莫桑比克、赞比亚	古乐—沃姆库鲁的舞蹈仪式 Gule Wamkulu	2005 年
9	蒙古、中国	蒙古族长调民歌 Urtiin Duu: Traditional Folk Long Song	2005 年
10	塞内加尔、冈比亚	堪库兰或曼丁的启蒙仪式 The Kankurang or Manding Initiatory Rite	2005 年
11	阿根廷、乌拉圭	探戈 The Tango	2009 年
12	阿塞拜疆、印度、伊朗、吉尔吉斯斯坦、巴基斯坦、土耳其、乌兹别克斯坦、阿富汗、伊拉克、土库曼斯坦、塔吉克斯坦、哈萨克斯坦	诺鲁孜节 Nawrouz, Novruz, Nowrouz, Nowrouz, Nawrouz, Nauryz, Nooruz, Nowruz, Navruz, Nevruz, Nowruz, Navruz	2009 年 2016 年

续表

序号	所属国家	遗产项名称	列入年份
13	西班牙、希腊、意大利、塞浦路斯、摩洛哥、葡萄牙、克罗地亚	地中海饮食 The Mediterranean Diet	2010 年 2013 年
14	马里、布基纳法索	马里、布基纳法索的塞努福社区的文化习俗和表达 Cultural Practices and Expressions Linked to the Balafon of the Senufo Communities of Mali and Burkina Faso	2011 年
15	沙特阿拉伯、比利时、韩国、阿拉伯联合酋长国、西班牙、法国、蒙古、摩洛哥、卡塔尔、斯洛伐克、叙利亚、捷克、德国、意大利、巴基斯坦、葡萄牙、哈萨克斯坦、奥地利	猎鹰训练术 Falconry, A Living Human Heritage	2011 年 2012 年 2016 年
16	阿拉伯联合酋长国、阿曼苏丹国	传统的贝都因人吟唱诗歌 Al-Taghrooda, Traditional Bedouin Chanted Poetry in the United Arab Emirates and the Sultanate of Oman	2012 年
17	罗马尼亚、摩尔多瓦	男人的合唱 Men's group Colindat, Christmas-Time Ritual	2013 年
18	阿尔及利亚、马里、尼日尔	柏柏尔人的实践知识 Practices and Knowledge Linked to the Imzad of the Tuareg Communities of Algeria, Mali and Niger	2013 年
19	哈萨克斯坦、吉尔吉斯斯坦	突厥人的游牧居住方式 Turkic Nomadic Dwellings	2014 年
20	阿曼苏丹国、阿拉伯联合酋长国	艾亚拉传统表演艺术 Al-Ayyala, A Traditional Performing Art of the Sultanate of Oman and the United Arab Emirates	2014 年

续表

序号	所属国家	遗产项名称	列入年份
21	哈萨克斯坦、吉尔吉斯斯坦	富于潜力的即兴艺术 Aitysh/Aitys, Art of Improvisation	2015 年
22	阿拉伯联合酋长国、阿曼苏丹国	拉兹法传统表演艺术 Al-Razfa, A Traditional Performing Art	2015 年
23	阿拉伯联合酋长国、沙特阿拉伯、阿曼苏丹国、卡塔尔	阿拉伯咖啡,慷慨的象征 Arabic Coffee, A Symbol of Generosity	2015 年
24	阿拉伯联合酋长国、沙特阿拉伯、阿曼苏丹国、卡塔尔	议会、文化和社会空间 Majlis, A Cultural and Social space	2015 年
25	克伦比亚、厄瓜多尔	木琴音乐、传统圣歌和舞蹈 Marimba Music, Traditional Chants and Dances from the Colombia South Pacific Region and Esmeraldas Province of Ecuador	2015 年
26	安道尔、西班牙、法国	比利牛斯的夏至火节 Summer Solstice Fire Festivals in the Pyrenees	2015 年
27	柬埔寨、菲律宾、韩国、越南	拔河仪式和比赛 Tugging Rituals and Games	2015 年
28	阿塞拜疆、伊朗、土耳其、哈萨克斯坦、吉尔吉斯斯坦	薄饼制作与共享文化 Flatbread Making and Sharing Culture: Lavash, Katyrma, Jupka, Yufka	2016 年
29	斯洛伐克、捷克	斯洛伐克和捷克的木偶传统 Puppetry in Slovakia and Czechia	2016 年
30	罗马尼亚、摩尔多瓦	传统挂毯手工艺 Traditional Wall-Carpet Craftsmanship in Romania and the Republic of Moldova	2016 年
31	北马其顿、土耳其	赫德雷莱兹:春天的节庆 Spring Celebration, Hıdrellez	2017 年

续表

序号	所属国家	遗产项名称	列入年份
32	保加利亚、北马其顿、摩尔多瓦、罗马尼亚	与3月1日相关的文化习俗 Cultural Practices Associated to the 1st of March	2017年
33	阿塞拜疆、伊朗	卡曼奇的制作与演奏艺术 Art of Crafting and Playing with Kamantcheh/Kamancha, A Bowed String Musical Instrument	2017年
34	哥伦比亚、委内瑞拉玻利瓦尔	平原劳动歌曲 Colombian-Venezuelan llano Work Songs	2017年
35	朝鲜、韩国	传统摔跤运动 Traditional Korean Wrestling (Ssirum/Ssireum)	2018年
36	阿塞拜疆、哈萨克斯坦、土耳其	科尔库德:史诗文化、民间故事和音乐遗产 Heritage of Dede Qorqud/Korkyt Ata/Dede Korkut, Epic Culture, Folk Tales and Music	2018年
37	奥地利、捷克、德国、匈牙利、斯洛伐克	欧洲的阻格式靛蓝染色法 Blaudruck/Modrotisk/Kékfestés/Modrotlač, Resist Block Printing and Indigo Dyeing in Europe	2018年
38	克罗地亚、塞浦路斯、法国、希腊、意大利、斯洛文尼亚、西班牙、瑞士	干石墙艺术:知识和技术 Art of Dry Stone Walling, Knowledge and Techniques	2018年
39	奥地利、希腊、意大利	地中海和阿尔卑斯山季节性放牧的迁徙路线 Transhumance, the Seasonal Droving of Livestock along Migratory Routes in the Mediterranean and in the Alps	2019年

续表

序号	所属国家	遗产项名称	列入年份
40	巴林、埃及、伊拉克、约旦、科威特、毛里塔尼亚、摩洛哥、阿曼、巴勒斯坦、沙特阿拉伯、苏丹、突尼斯、阿拉伯联合酋长国、也门	椰棕榈:知识、技能、传统和实践 Date Palm, Knowledge, Skills, Traditions and Practices	2019 年
41	法国、意大利、瑞士	阿尔卑斯登山活动 Alpinism	2019 年

注:表格中“列入年份”一栏中有两个以上年份的,为该遗产依程序进行扩展的年份。

这两个名单总体上看,自然遗产在前期的物质类当中比例稍大。但这并不意味着文化遗产的可能性就小,各民族在文化上千丝万缕的联系比疆域联系更加繁复和密切,有较多的资源可以挖掘。2004 年至 2019 年,跨国文化遗产不仅数量增幅快,思路也大大放宽了。以 2005 年第 29 届世界遗产大会诞生的由芬兰等 10 个国家联合申报的“斯特鲁维测量地点”和 2016 年第 40 届世界遗产大会诞生的法国等 7 个国家共有的“勒·柯布西耶具有杰出贡献的现代建筑作品”为标志,极大地丰富了《世界遗产名录》中跨国遗产的形态。全球物质类的跨国世界遗产项目占世界遗产项目总量的 3.3%。跨国的非物质文化遗产项目占人类非物质文化遗产代表作总数的 6.9%。

第三节　两个多样性

一、生物多样性和生态系统的完整

(一)生物多样性的含义

生物多样性(Biological Diversity)是世界遗产对相关自然项目考察的核心条件,其包含的内容可以说是系统工程,与世界遗产事务所有的目标都有所关联。

由于包罗万象，生物多样性并没有也没有必要有统一的指标，可能的指标包括：生态系统的结构特征，如植被的垂直结构、植物覆盖度、地表生物量等；不同结构中的优势物种的组成及优势种的均匀度。具体做法上是比较丰富的，比如对多年生和一年生植物物种的丰富度进行比较，可以发现生态系统演替及退化过程中不同阶段的结构差异。又如估计不同生态层或生境中各种生态功能团（分解者、草食者、食嫩叶者、种子传播者、食肉动物等）的丰富度和生物量，从而了解生态进程。

1992年6月5日，联合国环境与发展大会通过的《生物多样性公约》（Convention on Biological Diversity），对“生物多样性”进行了科学定义：生物多样性是指所有来源的活的生物体中的变异性，这些来源除其他外包括陆地、海洋和其他水生生态系统及其所构成的生态综合体；这包括物种内、物种之间和生态系统的多样性。

生物多样性肯定不是单纯的问题，而是系统的理念，携带有相关的系列概念群，它们之间层层相依，且环环相扣。如生态系统、生物群落、生境等，都是不可分割、互为诠释的。这当中所涉及的方方面面的问题，共同支撑生物多样性的存在。生物群落是在同一地区范围内，两个以上的种群由于生活繁殖上的连锁而构成的相互依赖、相互制约的生物集团共同体。《生物多样性公约》确定，“生态系统”（ecosystem）是指植物、动物和微生物群落和它们的无生命环境作为一个生态单位交互作用形成的一个动态复合体。“生境”（habitat）是指生物体或生物种群自然分布的地方或地点，是所有的生物体和生物种群的载体。

（二）生物多样性的综合价值

与世界遗产事务的基本思路相同，《生物多样性公约》首先强调生物多样性的内在价值，包括生物多样性及其组成部分的生态、遗传、社会、经济、科学、教育、文化、娱乐和美学价值，以及生物多样性对进化和保护生物圈的生命维持系统的重要性。因而，要以公约的法律形式确认保护生物多样性这一全人类共同关切的问题。

同时，生物多样性要靠每个国家的努力才能实现。因此，针对现实，公约承认各国对自己的生物资源拥有主权权利，并指出它的目标是：按照其有关条款从事保护生物多样性、持续利用其组成部分以及公平合理分享由利用遗传资源而产生的惠益;实施手段包括遗传资源的适当取得及有关技术的适当转让,同时要调整对这些资源和技术的一切权利,并提供适当的资金。

这样,关于生物多样性的全球性法律框架既完整又实际地形成了。它的积极意义在于,使生物多样性的目标成为一个有带动作用、有提升作用的力量。而其实际作用主要在于抑制对生物多样性有削弱或破坏后果的行为。尤其是在法律程序上的抑制非常具体,对自然遗产的维护是一个极好的补充。

为强调和标示生物多样性的重要意义,1994 年联合国确定每年的 12 月 29 日为"国际生物多样性日"(International Day for Biological Diversity)。其后,根据第 55 届联合国大会第 201 号决议,从 2001 年起,将"国际生物多样性日"由原来的每年 12 月 29 日改为 5 月 22 日。

历年的"国际生物多样性日"主题口号见表 10。

表 10 历年"国际生物多样性日"主题口号

年份 Year	主题口号 Theme
2001	生物多样性与外来入侵物种管理 Biodiversity and Management of Invasive Alien Species
2002	林业生物多样性 Forest Biodiversity
2003	生物多样性和减贫:对可持续发展的挑战 Biodiversity and Poverty Alleviation-Challenges for Sustainable Development
2004	生物多样性:全人类食物、水和健康的保障 Biodiversity:Food,Water and Health for All
2005	生物多样性:适应变化世界的生命保障 Biodiversity:Life Insurance for Our Changing World
2006	保护干旱地区的生物多样性 Protecting Biodiversity in Drylands
2007	生物多样性与气候变化 Biodiversity and Climate Change

续表

年份 Year	主题口号 Theme
2008	生物多样性与农业:保护生物多样性,确保世界粮食安全 Biodiversity and Agriculture: Safeguarding Biodiversity and Securing Food for the world
2009	外来入侵物种 Invasive Alien Species
2010	生物多样性、发展和减贫 Biodiversity, Development and Poverty Alleviation
2011	森林生物多样性 Forest Biodiversity
2012	海洋生物多样性 Marine Biodiversity
2013	水和生物多样性 Water and Biodiversity
2014	岛屿生物多样性 Island Biodiversity
2015	为了可持续发展的生物多样性 Biodiversity for Sustainable Development
2016	生物多样性主流化,可持续的人类生计 Mainstreaming Biodiversity; Sustaining People and Their Livelihoods
2017	生物多样性与旅游可持续发展 Biodiversity and Sustainable Tourism
2018	纪念生物多样性保护行动 25 周年 Celebrating 25 Years of Action for Biodiversity
2019	我们的生物多样性,我们的粮食,我们的健康 Our Biodiversity, Our Food, Our Health
2020	以自然之道,养万物之生 Our Solutions are in Nature

（三）生物多样性与世界遗产

世界遗产中的自然遗产当然是生物多样性最直接的载体，要真实地体现生物多样性。专业人士在如何确定优先保护哪些生态系统这方面做了一些尝试，即根据生态系统的生物多样性来确定保护工作的优先顺序。用于做这项工作的系统有：世界自然基金会（World Wildlife Fund，WWF）的全球200个生态区、保护国际（Conservation International，CI）的全球生物多样性热点、植物多样性中心（Centre for Plant Diversity，CPD）和特有鸟类区域（Endemic Bird Areas，EBAs）。世界自然保护联盟自己已经在用这些系统来评估被提名的遗产地。

对《世界遗产公约》的适用，目的在于能成功地保护那些关键的生态系统及其包含的物种。自然遗产标准中的第4条清晰地表明了将那些在生物多样性方面十分重要的地区认定为世界遗产的必要性。

在2001年之前，根据第4条标准而列入《世界遗产名录》的遗产地共有103个，占所有自然和双重遗产总数的64%。这些遗产地代表了从喜马拉雅山脉到加拉帕戈斯群岛周围的太平洋水域，从潘塔纳尔的湿地到苏里南中部自然保护区的热带雨林等各种生态系统。

研究这些遗产地所代表的上述各种生态系统是十分有益的。在世界自然基金会的200个生态区中，有124个在世界遗产地中至少有一个代表；有57个遗产地在保护国际的热点地区名录中，有40个世界遗产地同植物多样性中心有关；另外有71个世界遗产地包含了地方鸟类保护区。①

尽管这些数字是令人鼓舞的，但是存在一种重视陆地环境和忽略海洋环境的严重现象。2001年至2019年，这一现象得到了改善，一些重要的生态地区和热点地区，尤其是海洋海岸生态系统，逐渐列入《世界遗产名录》，大大丰富了世界遗产对生物多样性的描述、体现和保护。

（四）世界遗产中的生物多样性成就

在《世界遗产名录》中，有很多遗产地是保护生物多样性的旗舰，经常被国

---

① ［西］佩德罗·卢萨贝尔（Pedro Rosabal）：《自然遗产的生物多样性》，载《世界保护》2001年第2期。

际社会列举的范例主要有：

1. 厄瓜多尔的加拉帕戈斯群岛

厄瓜多尔：加拉帕戈斯群岛

Galápagos Islands

Date of Inscription：1978

Extension：2001

Criteria：(vii)(viii)(ix)(x)

Property：14, 066, 514 ha

Cantons：San Cristobal，Santa Cruz and Isabela，Province of Galapagos

N0 49 0. 012 W91 0 0

Ref：1bis

Inscription Year on the List of World Heritage in Danger：2007

厄瓜多尔的加拉帕戈斯群岛被认为是一个独特而生动的博物馆和生物进化的橱窗。其三分之一的维管陆生植物是当地所特有的。群岛周围的海洋保护区也独具特色，有20%～25%的海洋生物物种（主要是鱼类）为该地区所独有。

《世界遗产名录》对“加拉帕戈斯群岛”的概要描述是：“加拉帕戈斯群岛由19个火山岛组成，从南美大陆延入太平洋，约1000千米，被人称作‘独特的活的生物进化博物馆和陈列室’。现存着一些不寻常的动物物种，如陆生鬣蜥，巨龟和多种类型的雀类。1835年查尔斯·达尔文参观了这片岛屿后，从中得到感悟，为进化论的形成奠定了基础。”

2. 巴西的大西洋沿岸热带雨林保护区

巴西：大西洋沿岸热带雨林保护区

Discovery Coast Atlantic Forest Reserves

Date of Inscription：1999

Criteria：(ix)(x)

Property：111, 930 ha

Atlantic Coast，States of Bahia and Espirito Santo，Northeast Brazil

S16 30 0 W39 15 0

Ref:892rev

巴西的大西洋沿岸森林是生物多样性很独特的地方,显示的是一个复杂的生态系统,其特别之处在于大部分的物种是该地区所特有的(70%的树种、85%的灵长类动物和39%的哺乳动物)。它也被公认是世界上树种最丰富的地区之一(每公顷大约有300种)。另外,它可能也是地球上最濒危的森林生态系统,自从欧洲人发现巴西以来,一直遭受着殖民地化、农业生产、放牧和城市化所造成的破坏。

《世界遗产名录》对"大西洋沿岸热带雨林保护区"的概要描述是:"大西洋沿岸热带雨林保护区位于巴伊亚州和圣埃斯皮图里州,由8个分离的保护区组成,包含有112,000公顷的热带雨林和与之有关系的灌木。巴西大西洋沿岸热带雨林从生物多样性观点来说是世界物种最丰富的地区。这个地方包含独特的呈高水平的动植物的特有分布的山脉类型并表现出保护的重要性。"

3. 乌干达布恩迪难以穿越的国家公园

乌干达:布恩迪难以穿越的国家公园

Bwindi Impenetrable National Park

Date of Inscription:1994

Criteria:(vii)(x)

Property:32,092 ha

Districts of Kabale, Kisoro and Rukungiri

S1 04 50 E29 39 41

Ref:682

乌干达布恩迪国家公园是中部非洲生物多样性的一颗明珠。它包含了非常丰富的森林生态系统和许多濒危的类群,其中包括山地大猩猩。但是这个公园已经受到了社会冲突和非法活动的严重影响。

《世界遗产名录》对"布恩迪难以穿越的国家公园"的概要描述是:"位于乌干达西南、平原和山地接合处的布恩迪国家公园,占地达32,000公顷,以其多样的生态闻名于世。公园境内除蕴藏有超过160种的树木及100多种的蕨类植物外，也有丰富多样的蝴蝶、鸟类以及若干濒危物种，如山地大猩猩等。”

4. 秘鲁玛努国家公园

秘鲁：玛努国家公园

Manú National Park

Date of Inscription：1987

Criteria：(ix)(x)

Property：1532806 ha

Dep. Madre de Dios y Cusco. Provincias：Manu y Paucartambo

S12 15 W71 45

Ref：402

秘鲁玛努国家公园在任何人看来都是一个生物多样性最丰富的地方，包括了范围极广的生态系统，一部分原因在于其海拔高度从365米一直上升到4000米。它被很多科学家认为是地球上生物多样性最丰富的保护区。一些植物学家宣称玛努拥有的植物物种比世界上任何其他保护区都多。据信，这里最多可能会有1000种鸟类。

《世界遗产名录》对“玛努国家公园”的概要描述是：“占地达150万公顷的玛努国家公园，拥有生长于海拔150～4200米范围内的完整植物生态。而于热带雨林低海拔区域中则蕴藏有丰富的动植物，约有850种的鸟类及一些珍稀物种栖居于此，如巨型水獭和犰狳(giant armadillo)等动物。另外，亦能于公园内发现美洲虎之踪迹。”

《世界遗产公约》还保护重要的地质和地形学方面的特色，这些特色是高水平物种丰富度进化的基础。

对于拥有这些生物学方面财富的遗产地来说，它们面临着来自贫穷和社会不平等的巨大压力。它们往往是当地人的家园——也是关于人与自然的关系以及如何可持续利用自然资源的无价的传统知识的宝库。

《世界遗产公约》帮助这些遗产地吸引了国际上的关注以及用于改善管理和保护工作的捐款。但是，还有很长的路要走：公约应该给当地人提供更多的选择，使他们从世界遗产地得到实惠。同时，《世界遗产公约》应该证明自己在实现《生物多样性公约》的目标方面也具有潜力。

如果公约最终失败了,我们将给子孙后代留下一个贫瘠的地球,我们就剥夺了他们在埃尔比斯开诺(El Vizcaino)与灰鲸的亲密接触中或在潘坦诺尔(Pantanal)日出的时候看到成千上万的鸟儿从他们的头顶飞过时产生的灵感。[①]

(五)生物多样性的目标

联合国千年发展目标的八项内容之一,是“确保环境的可持续能力”。在这个主题之下包含的具体目标之一是“生物多样性目标”:

保护生物多样性的组成部分

目标1. 促进对生态系统、生境和生物群落生物多样性的保护

指标 1.1:世界每个生态区的至少10%得到有效养护。

指标 1.2:对生物多样性特别重要的区域得到保护。

目标2. 促进对物种多样性的保护

指标 2.1:恢复或维护选定的生物分类群物种种群,或减缓其退化现象。

指标 2.2:濒危物种的状况得到改善。

目标3. 促进对遗传多样性的保护

指标 3.1:作物、牲畜和进行采伐或捕获的树木、鱼类和野生动植物物种,以及其他珍贵物种,其遗传多样性得到养护,与其有关的土著和地方社区的知识得以保存。

促进可持续利用

目标4. 促进可持续利用和消费

指标 4.1:以可持续的方式管理生物多样性产品的来源,并使生产区域的管理符合养护生物多样性的要求。

指标 4.2:减少对生物资源的不可持续消费或减轻这种消费对生物多样性的影响。

指标 4.3:野生动植物物种一律不受国际贸易的威胁。

---

① [西]佩德罗·卢萨贝尔(Pedro Rosabal):《自然遗产的生物多样性》,载《世界保护》2001年第2期。

解决对生物多样性的威胁

目标5. 减轻生境丧失、土地使用变化和土地规划以及不可持续用水造成的压力

指标　5.1：自然生境的丧失率和退化率得以减缓。

目标6. 控制来自外来侵入物种的威胁

指标6.1：可能的主要外来侵入物种的通道得到控制。

指标6.2：危及生态系统、生境或物种的主要外来物种管理计划业已到位施行。

目标7. 解决气候变化和污染对生物多样性的挑战

指标　7.1：保持和加强生物多样性的组成部分的复原力以适应气候变化。

指标　7.2：减少污染及其对生物多样性的影响。

保持生物多样性货物和服务，为人类造福

目标8. 维护生态系统产生货物和服务、支持生计的能力

指标　8.1：生态系统产生货物和服务的能力得到维护。

指标　8.2：保护那些维持可持续生计、当地的粮食安全和身体健康，尤其是造福于穷人的生物多样性。

保护传统知识、创新和做法

目标9. 维护土著社区和地方社区的社会文化多样性

指标　9.1：保护传统的知识、创新和做法。

指标　9.2：保护土著社区和地方社区对自己的传统知识、创新和做法所拥有的权利，包括其对于惠益分享的权利。

保证利用遗传资源所产生的惠益得到公平和公正的分享

目标10. 保证利用遗传资源所产生的惠益得到公平和公正的分享

指标　10.1：遗传资源的一切转让均须符合《生物多样性公约》《粮农植物遗传资源国际公约》及其他适用的协定。

指标　10.2：与提供这种资源的国家分享商业或其他方式利用遗传资源所产生的惠益。

保证提供充分的资源

目标 11. 使各缔约方加强执行《生物多样性公约》的财力、人力以及科学、技术和工艺能力

指标　11.1：向发展中国家缔约方转让新的和额外的资金，以使其能够根据第 20 条切实履行在《生物多样性公约》下做出的承诺。

指标　11.2：向发展中国家缔约方转让技术，以使其能够根据第 20 条第 4 款切实履行在《生物多样性公约》下做出的承诺。

二、文化多样性和文化特性

文化多样性通过不同的文化特性和谐共存，才能体现出来。由此可以说，文化特性是文化多样性的构成因素。每一种文化及其特性以独立的品格与其他文化对话、共荣，又是文化多样性的动态存续过程。世界文化遗产及非物质文化遗产恰恰是文化特性的结晶，反映和记录着某种文化特有的面貌和信息。

《联合国教科文组织发展纲领》指出：记忆对创造力来说是极端重要的，对个人和各民族都极为重要。各民族在他们的遗产中发现了自然和文化的遗产，物质和非物质的遗产。这是找到他们自身和灵感源泉的钥匙。

1982 年在墨西哥召开的世界文化政策会议出台的《墨西哥城文化政策宣言》（Mexico City Declaration on Cultural Policies）显现了几个要点：充分阐释文化特性的重要意义；主张文化是发展过程的一个基本方面；认为文化与民主、人权有着密切的关系；提出“民族的文化遗产”这一概念；鼓励智力创造和教育、科学研究及交流活动，保持和促进文化发展；达到国际合作中的文化尊重与平等。

20 世纪 90 年代以后，联合国教科文组织在促进文化多样性方面的主张和所开展的工作，成为它在联合国系统内所担负的特定的职责，并且也与它成立 70 余年以来为遵循《联合国教科文组织组织法》所开展的“保护和促进丰富多彩的文化多样性”的活动一脉相承。为此目的，联合国教科文组织一直在两个方面做着努力：对概念的思考和定义；制定准则性文件以建立为国际社会所接

受的伦理和法律框架。

全球化进程的加快给文化多样性提出了新的挑战。面对这一挑战,在《教科文组织世界文化多样性宣言》中,文化多样性首次被承认为"人类共同遗产",对文化多样性的捍卫被认为是伦理方面的切实的迫切需要,与尊重人的尊严是密不可分的。

"多样性"这一概念并不是抽象的,它需要通过方方面面的细节来共同构成。正如联合国教科文组织所阐述的,多元是自由的必然条件,文化多元化也就是对文化多样性现象的政治回答,而且它又是与民主的环境密切相关的。在这一背景下,言论自由,传媒多元化,语言多元化,所有文化平等享有艺术表现形式和科学技术知识,所有文化都有利用表达和传播手段的机会等,均是文化多样性的根本保证。作为文化多样性真正推动力的文化政策,应该为生产和传播文化物品和文化服务创造有利的条件。

《教科文组织世界文化多样性宣言》还就一些核心问题进行定位,确定了捍卫文化多样性与尊重人权和基本自由特别是文化权利的关系,因为它尤其关涉少数人群体的权利,受教育权利,语言多元化权利,以及参加文化生活的权利。将文化多样性的价值作为人类安全的因素认识,可以对相关的文化权利以及它们二者之间的一致性和不可分割性有更为深入的阐发。因为文化所涉及的问题多种多样,而这些问题又因为人们切入角度的不同而千差万别,所以国际法要将它们一并承载起来。

继《教科文组织世界文化多样性宣言》之后,联合国大会在其第 57/249 号决议中表示欢迎这一宣言以及其附件《实施〈教科文组织世界文化多样性宣言〉的行动计划要点》,并宣布将每年的 5 月 21 日定为"世界文化多样性对话和发展日"(World Day for Cultural Diversity for Dialogue and Development)。世界文化多样性对话和发展日为加深理解文化多样性的价值和了解如何更好地共存,提供了一个机会。联合国教科文组织也要求各国及其所有城市,动员尽可能多的参与者和合作者共同庆祝这个纪念日。

《保存数字化遗产宪章》也在第 9 条中特别指出了其"促进文化多样性"的功能:"数字化遗产的固有特点是不受时间、地点、文化或样式的限制。虽然它具有文化特性,但世界上任何人都可以使用。少数人群体可以对多数人群体说话,个人也可以向全球的人说话。所有地区、国家和群体的数字化遗产都必须得到保存和加以利用,在此过程中逐步形成所有的民族、国家、文化和语言都能得到平等与合理的反映的局面。”

《保护和促进文化表现形式多样性公约》更是明确其宗旨:保护和促进文化表现形式的多样性;以互惠互利的方式为各种文化的繁荣发展和自由互动创造条件;鼓励不同文化间的对话,以保证世界各国进行更广泛、更均衡的文化交流,促进不同文化间的相互尊重和建设和平文化;鼓励文化间的交互作用,以便本着在各民族间架设桥梁的精神促进文化互动;促进地方、国家和全球各级对文化表现形式多样性的尊重,并提高对其价值的认识;确认文化与发展之间的联系对所有国家,特别是对发展中国家的重要性,并支持为确保承认它的真正价值而在国内和国际采取的行动;承认文化活动以及文化产品和服务具有传递有关特性、价值观和意义的独特性;重申各国拥有在其领土上坚持、采取和执行它们认为合适的保护和促进文化表现形式多样性的政策和措施的主权;发扬协作精神,加强国际合作与互助,特别是要提高发展中国家保护和促进文化表现形式多样性的能力。

这个公约在继续强调文化多样性是人类极其宝贵的共同遗产的同时,还明确了8条指导原则:尊重人权和基本自由原则、主权原则、所有文化享有同等尊严和尊重的原则、国际互助与合作原则、经济和文化的发展互为补充原则、可持续原则、共享原则及公开和平衡原则。这些原则无疑是对文化多样性意义最全面的支持和阐释。

三、两个多样性的关系

文化多样性与生物多样性往往同体相生,互为诠释。生物多样性保障生态的健康完整,而以生物多样性为前提的环境,同样保障人类以某种群体社会构成,及文化框架模式,长久地延续与发展下去。同时,相容于环境当中的文化方式及其文化群体,在保持自身文化特性的时候,也将所依赖的生态系统维护在一个适宜的状态。

联合国及其各个组织的法律文件,都在贯穿和强调着这两个多样性的紧密关系。贯通在国际法中的关于两个多样性的主题,与和平发展的大主题相呼应。

两个多样性彼此映衬，相互提供条件，从这个意义上讲，它们是不能分割的。联合国教科文组织也长年推广相关的理念，认为全球化趋势可能成为世界各民族密切关系的一个有利因素。但是，不应因此而导致世界文化的一体化发展，不应该使一种或几种文化去支配其他文化，也不应该导致文化肢解或同一性的重合。因此，主张要把人类文化多样性的保护和开发摆在一切工作的首位。它是一项与保护生物种类和地球环境同样重要的工作。

近年来，国际社会越来越注重两个多样性的联系，并将两个多样性的紧密关系呈现出来。相关的行动亦体现出这一点，包括世界遗产的政策调整。比如《湿地公约》的目标，就趋向于两个多样性。

1996 年《湿地公约》委员会决定，从 1997 年开始，每年的 2 月 2 日为“国际湿地日”(World Wetland Day)。历年“国际湿地日”主题口号见表 11：

表 11　历年“国际湿地日”主题口号

年份 Year	主题口号 Theme
1997	湿地是生命之源 Wetlands:A Source of Life
1998	湿地之水，水之湿地 Water for Wetlands,Wetlands for Water
1999	人与湿地，息息相关 People and Wetlands:The Vital Link
2000	珍惜我们共同的国际重要湿地 Celebrating Our Wetlands of International Importance
2001	湿地世界——有待探索的世界 Wetlands World—A World to Discover
2002	湿地：水、生命和文化 Wetlands:Water,Life,and Culture
2003	没有湿地，就没有水 No Wetlands,No Water
2004	从高山到海洋，湿地在为人类服务 From the Mountains to the Sea,Wetlands at Work for Us

续表

年份 Year	主题口号 Theme
2005	湿地多样性蕴含着财富,别失去它 There's Wealth in Wetland Diversity-Don't Lose It
2006	湿地与减贫 Wetland as a Tool in Poverty Alleviation
2007	湿地与鱼类 Wetlands and Fisheries
2008	健康的湿地,健康的人类 Healthy Wetland, Healthy People
2009	上游下游:湿地连接我们所有人 Upstream-Downstream: Wetlands Connect Us All
2010	湿地、生物多样性和气候变化 Wetlands, Biodiversity and Climate Change
2011	湿地与森林:森林保障水和湿地 Wetlands and Forests: Forests for Water and Wetlands
2012	湿地与旅游 Wetlands and Tourism
2013	湿地,水的关爱 Wetlands Take Care of Water
2014	湿地与农业 Wetlands and Agriculture
2015	湿地:为了我们的未来 Wetlands for Our Future
2016	为了我们未来的湿地:可持续的生计 Wetlands for Our Future: Sustainable Livelihoods
2017	湿地减少灾害风险 Wetlands for Disaster Risk Reduction
2018	湿地:城镇可持续发展的未来 Wetlands for a Sustainable Urban Future

续表

年份 Year	主题口号 Theme
2019	湿地与气候变化 Wetlands and Climate Change
2020	湿地与生物多样性 Wetlands and Biodiversity

湿地与森林、海洋并称为地球的三大生态系统，是自然界最富生物多样性的生态构成。湿地体现生物多样性，是直接的因果关系。而湿地同样要体现文化多样性，则更加需要强调。湿地的范畴被确定为沼泽、泥炭地、湿草甸、湖泊、河流、滞蓄洪区、河口三角洲、滩涂、水库、池塘、稻田等。它不仅是禽鸟的栖息地，也是人类最重要的生存环境的组成部分。由此，每一处湿地，都确保了某些族群、某种文化的存续发展。因而，文化多样性之于其中，与生物多样性的关系是非常紧密的。我国的"云南三江并流保护区"(Three Parallel Rivers of Yunnan Protected Areas)正是世界遗产当中这类生物多样性和文化多样性融汇的典范。

中国：云南三江并流保护区

Three Parallel Rivers of Yunnan Protected Areas

Date of Inscription：2003

Minor modification inscribed year：2010

Criteria：(vii)(viii)(ix)(x)

N27 53 42 E98 24 23

Ref：1083bis

《世界遗产名录》对"云南三江并流保护区"的概要描述是："三江并流国家公园在云南省西北部的多山地带，占地 170 万公顷，是具有七种地理学特征组合的保护区。亚洲三条大江长江、湄公河、萨尔温江的上游金沙江、澜沧江、怒江在此并行。它们由北向南，下穿 3000 米深的峡谷，上接 6000 米高的雪山。这里是中国生物多样性的中心，也是全球同具多样化生态条件区域中最富饶、温和的地区之一。"

四、“全球共同”

国际环境法作为当今社会国际事务中的主流问题,与世界遗产息息相关。它的“全球共同”(global commons)的环境理念,强调环境是全球共同的资源,国家或群体享有环境权,更有国际环境保护的责任和义务。理论体系中所涉环境权、环境立法、国际合作等问题,其目标是通过在国家、社会重要部门和人民之间建立新水平的合作来建立一种新的和平的全球伙伴关系,公正合理地满足当代和世世代代的发展与环境需要。

强调全球共同资源,《世界遗产公约》无疑也在这个共同体系之中。它以自身的特殊优势为环境保护做着贡献,尤其将两个多样性的不可分割关系描述并提炼了出来。

环境问题绝对不是一个孤立的问题。在当代世界,和平概念的外延已经扩大了。冲突并不总是政治的,贫困、疾病和环境恶化等问题也成为影响世界和平的因素。诺贝尔和平奖曾经颁发给肯尼亚环保活动家旺加里·马塔伊(Wangari Muta Maathai)女士,就表明为保护环境做出了杰出贡献,也就为国家带去了和平。

把环境保护纳入和平的概念,使之成为和平因素的一部分,是人类发展视野的扩大。人类社会的可持续发展,不仅要求人与人、民族与民族、国家与国家的和谐、安定,更要求人类与自然的协调共存。这一事例恰恰在表明文化和自然是一体的,可以说,“全球共同”就是两个多样性的共同。

通读“世界环境日”(World Environment Day)①历年设定的主题口号(见表12),也可以让我们增加对环境问题“全球共同”的理解。

① 1972年6月联合国在瑞典首都斯德哥尔摩召开的人类环境会议上,通过了《人类环境宣言》,并提出将每年的6月5日定为“世界环境日”的建议。同年10月,第27届联合国大会通过决议接受了该建议。联合国环境规划署每年6月5日都会举行世界环境日纪念活动,发表《环境现状的年度报告书》,并制定每年的世界环境日主题。

表 12　历年“世界环境日”主题口号

年份 Year	主题口号 Theme
1974	Only one Earth 只有一个地球
1975	Human Settlements 人类居住
1976	Water:Vital Resource for Life 水:生命的重要源泉
1977	Ozone Layer Environmental Concern;Lands Loss and Soil Degradation;Firewood 关注臭氧层破坏、水土流失和土壤退化
1978	Development Without Destruction 没有破坏的发展
1979	Only One Future for Our Children-Development Without Destruction 为了儿童和未来——没有破坏的发展
1980	A New Challenge for the New Decade:Development Without Destruction 新的十年,新的挑战——没有破坏的发展
1981	Ground Water;Toxic Chemicals in Human Food Chains and Environmental Economics 保护地下水和人类的食物链,防治有毒化学品污染
1982	Ten Years After Stockholm(Renewal of Environmental Concerns) 斯德哥尔摩人类环境会议十周年——提高环境意识
1983	Managing and Disposing Hazardous Waste:Acid Rain and Energy 管理和处置有害废弃物,防治酸雨破坏和提高能源利用率
1984	Desertification 沙漠化
1985	Youth:Population and the Environment 青年、人口、环境
1986	A Tree for Peace 环境与和平

续表

年份 Year	主题口号 Theme
1987	Environment and Shelter:More Than A Roof 环境与居住
1988	When People Put the Environment First,Development Will Last 保护环境、持续发展、公众参与
1989	Global Warming;Global Warning 警惕全球变暖
1990	Children and the Environment 儿童与环境
1991	Climate Change:Need for Global Partnership 气候变化:需要全球合作
1992	Only One Earth,Care and Share 只有一个地球:一齐关心,共同分享
1993	Poverty and the Environment-Breaking the Vicious Circle 贫穷与环境:摆脱恶性循环
1994	One Earth One Family 一个地球,一个家庭
1995	We the Peoples:United for the Global Environment 各国人民联合起来,创造更加美好的未来
1996	Our Earth,Our Habitat,Our Home 我们的地球、居住地、家园
1997	For Life on Earth 为了地球上的生命
1998	For Life on Earth—Save Our Seas 为了地球上的生命——拯救我们的海洋
1999	Our Earth-Our Future—Just Save It! 拯救地球就是拯救未来
2000	2000 The Environment Millennium—Time to Act 2000 环境千年,行动起来吧!

续表

年份 Year	主题口号 Theme
2001	Connect with the World Wide Web of life 世间万物,生命之网
2002	Give Earth a Chance 让地球充满生机
2003	Water – Two Billion People are Dying for It! 水——二十亿人生命之所系
2004	Wanted! Seas and Oceans-Dead or Alive? 海洋存亡 匹夫有责
2005	Green Cities-Plan for the Planet! 营造绿色城市,呵护地球家园
2006	Deserts and Desertification-Don't Desert Drylands! 莫使旱地变荒漠
2007	Melting Ice-a Hot Topic? 冰川消融,后果堪忧
2008	Kick the Habit! Towards a Low Carbon Economy. 转变传统观念,推行低碳经济
2009	Your Planet Needs YOU! Unite to Combat Climate Change 你的星球需要你,联合起来应对气候变化
2010	Many Species One Planet One Future 多样的物种,唯一的地球,共同的未来
2011	Forest:Nature for Your Service 森林:大自然为您效劳
2012	Green Economy:Does it include you? 绿色经济,你参与了吗?
2013	Think. Eat. Save 思前、食后、厉行节约
2014	Raise Your Voice not the Sea Level 提高你的呼声,而不是海平面

续表

年份 Year	主题口号 Theme
2015	Seven Billion Dreams. One Planet. Consume with Care. 七十亿人的梦想:一个星球,关爱型消费
2016	Go Wild for Life 为生命呐喊
2017	Connecting People to Nature 人与自然,相连相生
2018	Beat Plastic Pollution 打击塑料污染
2019	Beat Air Pollution 保卫蓝天
2020	Time for Nature 关爱自然,刻不容缓

五、世界遗产自身的多样性

世界遗产大小种类繁多,其类型形成一个立体的系统。当然,所有的遗产项都有共性,作为世界遗产它们都具有“突出的普遍价值”。而同时,每一项世界遗产的特色和价值却不可能与任何其他遗产项完全重叠。即使在最为相近的同一个类型中,亦需显出不可替代的个性。由此,世界遗产本身的多样性便会在具体的遗产项中呈现出来。

在整体的文化多样性原则基础上,世界遗产的实体符号所代表的文化内涵本身也会包含文化多元的特质。比如,我国的“大足石刻”(Dazu Rock Carvings),融汇了儒、释、道三种文化内涵。

中国:大足石刻

Dazu Rock Carvings

Date of Inscription:1999

Criteria:(i)(ii)(iii)

Dazu County, Chongqing Municipality

N29 42 3.996 E105 42 18

Ref:912

《世界遗产名录》对“大足石刻”的概要描述是:“大足地区的险峻山崖上保存着绝无仅有的系列石刻,时间跨度从9世纪到13世纪。这些石刻以其艺术品质极高、题材丰富多变而闻名遐迩,从世俗到宗教,鲜明地反映了中国这一时期的日常社会生活,并充分证明了这一时期佛教、道教和儒家思想的和谐相处局面。”

此外,如厄瓜多尔的“混血”城市“基多城”(City of Quito)、“澳门历史中心”等文化融合特点突出的遗产项,与大足石刻一样,在历史的积淀中吸纳了多种文化营养,遗产本身就是文化容忍和文化共存的精彩见证。

厄瓜多尔:基多城

City of Quito

Date of Inscription:1978

Criteria:(ii)(iv)

Property:320 ha

Province of Pinchinada, City and Canton of Quito

N0 0 14 W78 30 0

Ref:2

《世界遗产名录》对“基多城”的概要描述是:“厄瓜多尔的首都基多城海拔2850米,是16世纪在印加城的废墟上建立起来。尽管经过1917年的地震,基多仍然是拉丁美洲保存最好、改变最小的历史中心。圣弗朗西斯修道院和圣多明各修道院,拉孔帕尼亚的教堂和耶稣会学院,连同这些建筑华丽的内部装饰都成为‘基多巴洛克风格’的纯正典范,将西班牙完美地融合了意大利、摩尔、佛兰芒和当地艺术的精华。”

为保证多样性的持续存在,所有种类之间的平衡也是世界遗产需要控制的。比如,自然遗产项来表达地球的丰富内容,但如果喀斯特地貌的遗产项过多而冰川稀缺,无疑不利于地貌样态的多样性表达。因此,遗产项种类的多样均衡和遗产项自身的多样内涵,都是确保世界遗产综合多样性大目标实现的重要因素。

值得一提的是,仅《世界遗产名录》文本的语言本身,亦可谓以身作则。其表述中,所有拼音文字的地名、景名,基本上用当地语种的原本称谓。并不因为是英文版本的名录,而将地名、项目名改为英文。这样的做法,充分表达了对语言多样性及所在的多元文化中文化个体的尊重,世界遗产作为全球性事务的目标也体现了出来。

Chapter 12 第十二章

法律理论的基本问题

第一节　法律精神

一、以法为纲

根据世界遗产的特质,保护包含四个层次:

第一,公众自觉保护。每一个人都有可能与遗产项产生直接或间接的关系,人的行为体现着整体保护意识的高下,因而公众的自觉保护是最直接的。但这里涉及公众道德水准的问题,不能将全部希望寄托在这种非法律层面,因为它缺乏一个根本的底线保障。

第二,技术保护。对于不同的遗产项,需有相应的技术手段予以应用。这种保护科技含量较高,要将最为准确和先进的研究成果应用于其中。比如,自然保护区的保护要综合管理学、经济学、生态学等方面最能适用于具体遗产项的方法;古建筑、古遗迹的维护也必须依仗化学、考古学、建筑学最恰当有效的成果。希腊的巴特农神庙在20世纪70年代曾经有过一次失败的修复。使用材料以及采用方法的不恰当,反而对古迹造成了破坏。阿布辛贝勒神庙的迁移行动虽然大获成功,切块移动、重新拼接后也没有留下太多痕迹,但专家们还是强调类似的切割迁移方法最好不予推广,不在万不得已的情况下,还是不使用为好。

第三,行政保护。行政机关通过国家公权力进行相关的保护工作,效果应当是高于技术保护和民众自觉保护的,因为没有行政机关合法的管理、许可及指导,技术保护手段是无法实施的,保护理念和意识在公众中也不能得到及时的普及和树立。以行政检查、行政监督、行政处罚等方法加强全面的、到位的管理是必需的,也是缔约国应当履行的职责。

第四,法律保护。法律保护是完整地实现所有保护的根本保障。所以,世界遗产的保护归根结底是在法律框架下才能得以实现的事。从起源上讲,世界遗产这种事物原本就是因法律而产生的,没有《世界遗产公约》就不会有“世界遗产”这个概念以及这个语词所承载的内容。因此可以说,所有的保护是一张网,法律的保护是网之纲,公约以及一切与之配套的国际法律文件和延伸至各缔约国的国内法律,构成了世界遗产法的主体内容。

二、立体地体现法律理念

既然是全球性事务,世界遗产法律本身也要求有衔接紧密的网络。国际法与国内法应贯穿起来,每个国家的法律又要根据国情而立,同时,法律当地化又绝不能使世界遗产的基本精神扭曲、走形。所以我们才说,世界遗产法是规范世界遗产的国际法与国内法的总称,是将它们视为一个有机整体的。这种整体也是价值理念的产物。

今天以至将来,人与地球的关系必定要进行调整,包括哲学的调整、伦理行为的调整和法律的调整。当人们认同的理念成熟,必然要以制度化的框架形式体现出来。世界遗产事务以法律的框架对地球与人类的整体发展予以关注和行动,将一种理念积极地承载了起来。一方面,人类的杰出创造是不可否定的灿烂文明,是必须珍惜的宝贵财产。另一方面,20 世纪末期以来,由于人类赖以生存的环境日益恶化,人们开始反思以己为大、以己为先导致恶果的原因。法学上的生态主义从宏观的角度思考法律主导精神,试图对人与自然的关系在法律上重新调整和定位。世界遗产包含的人类精神财富和自然环境财富,可以说正分属于人的历史文化和大自然这两个大背景。但是,如果把它们截然分开就使得双方皆丧失了意义。因此,世界遗产将它们融汇于一处,使人文主义和生态主义的理念相生相辅,互为参照,彼此融合。

三、法律要规定保护的方法

作为保护对象的世界遗产,需要与之性质相适应的科学方法予以保护。保护方法可以分两类,一类是积极方法(如维护修缮),另一类是消极方法(如远离)。

积极的方法是常规性的,遵循科学规律和法律原则。消极的方法理论上不易理解,但在实际当中还是比较易于把握尺度的。举例解析:钙华池有一定的治疗保健作用,但如果土耳其的帕穆克卡莱(Pamukkale)(又称棉花堡,Cotton Palace)、中国的黄龙(Huanglong Scenic and Historic Interest Area)这样的钙华地貌总是被人踩踏,于景于人都不够有长久之益。所以,应远离钙华池,只观其形色,赏其华美,而不去碰它。

法律理念和保护方法都需要在人们的实践中得到确证,历史也会对它们作出选择和评价。当然,不是所有的事务都等到事后才清楚正误。一些实例能够帮助我们树立客观的理念,做出正确的判断。

19 世纪末,有人提出在科罗拉多峡谷地区拦河造坝,兴建水库,以灌溉周边干旱的土地,从而达到绿化和改造自然的目的。1903 年,老罗斯福总统视察了大峡谷。面对雄奇的景色,他说:“任何人的干预只会破坏大峡谷。这里既然是上帝的杰作,那么也等上帝来改变它吧。”水库计划没有实施,而是于 1908 年成为国家纪念公园,1919 年通过国会正式更名为大峡谷国家公园。有科学家在若干年之后做过估算,科罗拉多河的水源本不丰沛,而沙漠地区的蒸发量和渗透量都很大,如果建大坝,只有在洪水期能蓄少量水,一年中 90% 以上的时间峡谷会是一团泥淖。大峡谷国家公园(Grand Canyon National Park)以其特殊价值,1979 年正式进入《世界遗产名录》。

美国:大峡谷国家公园

Grand Canyon National Park

Date of Inscription:1979

Criteria:(vii)(viii)(ix)(x)

Property:493, 077 ha

Counties of Coconino and Mohave in the State of Arizona

N36 06 03 W112 05 26

Ref:75

《世界遗产名录》对“大峡谷国家公园”的概要描述是:“位于亚利桑那州的大峡谷国家公园中的大峡谷深1500米,分割了科罗拉多河,是世界上最壮观的峡谷。它的地质构造可以追溯到20亿年前,同时它也保留了大量的人类适应当时恶劣环境的遗迹。”

大峡谷国家公园是一桩“远离”的极佳案例,用的是“不作为”的消极手段。但在大多数情况下,需要采用积极的手段,因而要综合利弊,选择最科学的手段。

英国的哈德良长城,就讲求保护与收益互动。由于管理方法选择和运用得当,遗产利用与保护已经形成长期的良性循环。遗产的得当保护大大扩充了哈德良长城的旅游欣赏空间,1987年成为世界遗产时有5个观览区域,其后增加到11个。当地居民不仅有自觉保护遗产的意识,同时也从遗产带来的收益中深受其惠。

第二节 国际法主体

一、人类

由于《世界遗产公约》及《保护非物质文化遗产公约》的基本原则和精神强调“人类共有”,所以国际法主体就增加了新的思考点。除传统上的国家、个人、国际组织、教会、教皇,“人类”这个最大的集体性概念,也由此需被考虑成为国际法上的主体。

代表国际法主流精神的相关法律文件,都正面表述了“人类”与遗产的密切关系。《世界遗产公约》指出:“保护不论属于哪国人民的这类罕见且无法替代的财产，对全世界人民都很重要；部分文化或自然遗产具有突出的重要性，因而需作为全人类世界遗产的一部分加以保护。”《保护非物质文化遗产公约》也指出：“保护人类非物质文化遗产是普遍的意愿和共同关心的事项。”

以“人类”为法律主体的事务，并非只体现于世界遗产。关于南极洲、外层空间等国际公法上的遗产的相关权利问题，同样将“人类”推到了理论前沿。随着全球化的发展，人类整体命运的日益密切相连，许多事务已不可以再分割。在国际法当中，南极大陆、外层空间等可开拓领域的法律主体都已确定为“人类”，因而“人类”作为世界遗产的法律主体，亦应在同一个逻辑框架中。英文的“mankind as a whole”实际的含义在于“作为一个整体的人类”，法律人格的“人类”具有集体权利、集体目标的同一性。

二、国家

尽管强调世界遗产为全人类所共有，但世界遗产的申报与日常保护工作主要还是以国家为单位进行，遗产所在地的政府、民族对其有特定的所有权利和管理责任。联合国教科文组织的法律文件也非常强调“国家一级”的重要作用，明确了国家在世界遗产事务方面的相关权利和义务。因此，与所有的国际法事务一样，国家是无须争辩的法律主体。

迄今的国家体制仍然是较为有效的人类秩序结构。世界遗产法一方面赋予全人类以享有世界遗产的权利，另一方面又将保障这些权利的具体管理、维护、实施下放至国家一级。这样，人类与国家同时作为法律主体既是成立的，也不互相矛盾。

联合国作为最大的政府间国际组织，其产生的缘由、基础及发挥功能的过程，当然也是以国家为基本元素的。《世界遗产名录》的体例也以国家为单位，收录世界遗产项，而没有用其他的分类方式辑录。

当然，遇某些特殊情形，有相应的解决手段。比如，耶路撒冷古城及城墙（Old City of Jerusalem and its Walls），即著名的宗教圣地及其哭墙，由于众所周知的原因，暂由约旦管理，而且《世界遗产名录》也将其单独列出，未归属任何国家。

世界遗产所在地国家当然是领土内所有世界遗产项的管理者，这是法律主体的天然属性。而当主体权利无法实施时,世界遗产的价值和客体地位并不因此而丧失,需要得到同等的维护。

三、族群

这里“族群”一词,源于国际法律文件中文版本的通用习惯。我们可将民族理解为广义、狭义两类,广义的民族以国家为单位,如“中华民族”和“法兰西民族”;狭义民族即“族群”。族群在文化的整体性上体现出自己的特色,有自成系统的价值观,语言、习俗、生活形态相对独立。

所有的世界遗产都程度不同地与某个或某些族群紧密关联着,否则也无以成为世界遗产的前提。当某地某物成为世界遗产,缔造和拥有它们的族群,不仅承继着一贯的权利,当然也是最为直接的法律主体。

世界遗产在通过各种类型及其内涵强调着的价值观,亦与基本的文化单位——族群文化以及他们的栖息生存地丝丝相扣。较为典型的突出族群主体地位的世界遗产,如新西兰的汤加里罗国家公园(Tongariro National Park)、澳大利亚的乌卢鲁—卡塔曲塔国家公园(Uluru-Kata Tjuta National Park)、中国的三江并流,都首先强调当地民族的主体权利。

第三节　法理价值观

一、选择有限普遍主义

当代国际法的三大主题:和平、人权、发展。这些主题辐射开来,涉及战争、民主、环境、文化等系列内容。世界遗产正是以其覆盖全球的具体文化项目和自然项目,将方方面面的内容皆涵盖起来。但是,世界遗产事务也会面对一些不易解决的理论和实际问题,需要跨越。

世界遗产可能涉及的国际法理念,大致有三种:文化普遍主义、文化民族主义、生态主义。

生态主义问题较为单纯，与自然遗产基本吻合。在自然遗产方面，由于其内容的纯粹性及遗产的不可移动性，没有国际性的历史遗留问题。对环境的重新审视，引导了人类生存理念的走向。法律的制定，也必然在法理上进行明确阐发。通过世界遗产而主张的生态主义，主要强调全球环境的持续发展和持续利用。正如《生物多样性公约》所说，"持续利用"是使用生物多样性组成部分的方式和速度不会导致生物多样性的长期衰落，从而保持其满足今世后代的需要和期望的潜力。

文化遗产则不同，纠缠其中的因素比较多。国际法学上有文化普遍主义和文化民族主义之争，前者主张文化遗产由全人类共享，谁来管理并不重要；后者主张文化遗产应当在原有的文化生态当中，只属于创造了它的民族。其实，这是一个须从历史学讲起的问题。我们以小见大，比如卢克索神庙的两柱方尖碑之一现在还矗立在巴黎的协和广场，是让它保持现状还是回到埃及，基本上就能反映两个"主义"的矛盾。

当然，问题的整体并不如此简单和狭隘，其骨牌效应无论走向如何都是非常惊人的。仅方尖碑，法国、意大利、美国都"供奉"在城市的显要位置。前述德国柏林帕加马博物馆（近东博物馆）馆藏巴比伦遗址城门，敦煌文物大量流失至大英博物馆等处，吴哥古迹雕像被偷盗、破坏而追回寥寥，汉穆拉比法典身处卢浮宫，等等，皆可类比。同时，它们又各有特殊性，解决程序、方法都不一样。

《世界遗产公约》不涉及这些枝杈问题，但汲取了这三种观念之精华，集合并协调了这三个主义。在文化遗产方面，避开了历史的遗留问题，只针对现时的情况而订立准则。可以说，《世界遗产公约》体现的是有限普遍主义，即主张世界遗产属于全人类，所以要加强政府间的合作，而同时又强调遗产地国自身独立而完整的保护系统，将所有积极性的主题集大成而贯彻之。

这样的选择是为了向前看，并非纯粹逃避历史的棘手问题。法律之间目标尽管是相关联的，但实际效力却在某个限度之内。历史遗留问题，由专门的法律及组织体系管辖。

1997 年 11 月 25 日，联合国教科文组织第 55 次全体会议通过了《文化财产送回或归还原有国大会决议》（Resolution of General Assembly on the Return or Restitution of Cultural Property to the Countries of Origin），指出原有国非常重视把具有重大精神与文化价值的文化财产送还它们，使这些财产成为能代表它们文化遗产的珍藏。这有助于加强国际合作、保存世界文化价值,并使其发扬光大。2001 年 12 月 14 日,联合国大会通过《将文化财产送回或归还原有国的决议》(Resolutions adopted by the United Nations General Assembly about Return and Restitution of Cultural Property to the Countries of Origin),鼓励继续推动各种保护文化遗产的公约及其他所有与打击非法贩卖文化财产和将文化财产送回或归还其原有国问题有关的活动。

联合国教科文组织促使文化财产送回原有国或归还非法占有文化财产政府间委员会第十二届会议于 2003 年 3 月 25 日至 28 日在巴黎召开,仍然为敦促归还文化财产而艰难努力。

那么,"文化财产"到底应当包括些什么呢? 1970 年 10 月 12 日至 11 月 14 日在巴黎通过的《关于采取措施禁止并防止文化财产非法进出口和所有权非法转让公约》(Convention on the Means of Prohibiting and Preventing the Illict Import, Export and Transfer of Ownership of Cultural Property)在第 1 条中对"文化财产"的定义和范畴做了详细规定:

为了本公约的目的,"文化财产"一词系指每个国家,根据宗教的或世俗的理由,明确指定为具有考古、史前史、历史、文学、艺术或科学价值的财产并属于下列各类者:

a. 动物群落、植物群落、矿物和解剖学的稀有收藏和标本以及具有古生物学意义的物品;

b. 有关历史,包括科学、技术、军事及社会史、有关国家领袖、思想家、科学家、艺术家之生平以及有关国家重大事件的财产;

c. 考古发掘的收获(包括正常的和违法的)或考古发现的成果;

d. 业已肢解的艺术或历史古迹或考古遗址之构成部分;

e. 一百年以上的古物,如铭文、钱币和印章;

f. 具有人种学意义的文物;

g. 有艺术价值的财产,如:

i. 全部是手工完成的图画、绘画和绘图,不论其装帧框座如何,也不论所用的是何种材料(不包括工业设计图及手工装饰的工业产品);

ii. 用任何材料制成的雕塑艺术和雕刻的原作;

iii. 版画，印片和平版画的原件；

iv. 用任何材料组集或拼集的艺术品原件；

h. 稀有手稿和古版书籍，有特殊意义的（历史、艺术、科学、文学等）古书、文件和出版物，不论是单本的或整套的；

i. 邮票、印花税票及类似的票证，不论是单张的或成套的；

j. 档案，包括有声、照相和电影档案；

k. 一百年以上的家具物品和古乐器。

在 2005 年 4 月，一项归还行动在意大利与埃塞俄比亚之间成功完成。

1937 年，墨索里尼下令将阿克苏姆遗址（Aksum）的一块花岗岩方尖碑运至意大利，并立于罗马城内，以显示意大利战胜了埃塞俄比亚。这块方尖碑客居罗马近 70 年，2005 年回到埃塞俄比亚。早在 1947 年，意大利即向联合国承诺将归还从埃塞俄比亚劫掠的所有文物，直至 2004 年 11 月意大利与埃塞俄比亚政府才就归还方尖碑达成一项协议。按协议，意大利负责切割运输并重建的全部工作。2005 年 4 月，方尖碑分割为三部分空运回它的故里阿克苏姆古城。

这样的归还案例是极少数的，但还是说明一种可能性。更可喜的是，2008 年 6 月运回阿克苏姆的方尖碑被重新安装，在它的故乡树立了起来。世界遗产中心网站以“First Phase of Aksum Obelisk Re-Installation Successfully Completed”为题进行了详尽报道。①

埃塞俄比亚：阿克苏姆（考古遗址）

Aksum

Date of Inscription：1980

Criteria：(i)(iv)

Tigrai Region

N14 07 48.7 E38 43 07.0

Ref：15

《世界遗产名录》对“阿克苏姆”的概要描述是：“阿克苏姆古城的遗址位于

---

① See World Heritage Centre，“*First Phase of Aksum Obelisk Re-Installation Successfully Completed*”，Accessed Sept. 23，2008. http://whc.unesco.org/en/news/444.

埃塞俄比亚北部边境附近。在古埃塞俄比亚时代,这里是王国的中心。当时阿克苏姆王国是东罗马帝国和波斯帝国之间最强大的国家。当地发现的大量遗迹都可以追溯到公元1世纪到13世纪之间。这些发现包括方尖石塔、大型石柱、王室墓地和古代城堡。尽管在公元10世纪,阿克苏姆城在政治上的重要性日渐丧失,但是埃塞俄比亚国王的加冕仪式仍然在这里举行。"

二、设定相关罪名和刑事责任

在2001年3月阿富汗巴米扬大佛被毁后,世界遗产委员会大会即提出了设立"反人类共同遗产罪"(crime against the common heritage of humanity)之罪名,联合国教科文组织大会也在会议议程中将构成"反人类共同遗产罪"的行为进行了初步确定。但是,要使罪名得到正式确认和应用,还需要相当复杂的法律程序及一定长的时间。

1954年《海牙公约》强调:"鉴于各国人民均对世界文化遗产作出了贡献,对文化财产(不管它属于哪国人民)的损害将构成对整个人类文化遗产的破坏。"2003年《关于蓄意破坏文化遗产问题的宣言》重申了这一基本原则,并基于现实情况,明确"文化遗产是文化特性和社会凝聚力的一个组成部分,因此蓄意破坏文化遗产会对人的尊严和人权造成不利影响",其立场更加鲜明,现将其具体内容列示如下:

第1条——承认文化遗产的重要意义

国际社会正式承认保护文化遗产的重要意义,并重申其反对以任何形式蓄意破坏文化遗产,从而使文化遗产能够代代相传的决心。

第2条——范围

1. 本宣言是针对在和平时期以及在武装冲突情况下蓄意破坏文化遗产和相关自然遗产的问题。

2. 在本宣言中,"蓄意破坏"系指故意无理违反人道原则及公共良知的要求,整个或部分地摧毁文化遗产,使其完整性受到破坏的行为。

第3条——制止蓄意破坏文化遗产行为的措施

1. 各国应采取一切必要措施,预防、避免、阻止和禁止蓄意破坏本国领土上之文化遗产的行为。这一条也适用于那些针对他国领土上之文化遗产的蓄意破坏行为。

2. 各国应根据自己的经济能力,为保护文化遗产采取必要的法律、行政、教育和技术措施,并定期修订这些措施,以适应本国和国际文化遗产保护标准不断变化的需要。

3. 各国应当:

(a)加入1954年《关于发生武装冲突情况下保护文化财产的公约》及其1954年和1999年的两项议定书,以及1949年的日内瓦四公约的第一项和第二项附加议定书;

(b)促进制定和通过一些进一步提高文化遗产保护标准的同类性质的文书;及

(c)促进协调实施现有和今后将制定的有关保护文化遗产的各种文书。

第4条——在开展和平时期的活动时保护文化遗产

在开展和平时期的活动时,各国应当采取一切必要的措施,使自己的行为符合保护文化遗产的要求,符合1972年《保护世界文化和自然遗产公约》、1956年《关于适用于考古发掘的国际原则的建议》、1968年《关于保护受到公共或私人工程危害的文化财产的建议》、1972年《关于在国家一级保护文化和自然遗产的建议》和1976年《关于保护历史或传统建筑群及其在现代生活中的作用的建议书》所确定的原则和宗旨。

第5条——在国际或非国际武装冲突情况下保护文化遗产

在卷入国际或非国际武装冲突,包括占领的情况下,有关各国应采取一切必要的措施,使自己的行为符合保护文化遗产的要求,符合有关在敌对时期保护这类遗产的现有国际协定,如1954年《关于发生武装冲突情况下保护文化财产的公约》及其1954年和1999年的两项议定书,及1977年对1949年日内瓦四公约的附加议定书有关条款所规定的原则和宗旨。各国还应当尽全力使自己的行为符合今后具有进一步提高这类文化遗产保护水平之普遍意义的国际多边公约的要求。

第6条——责任

蓄意破坏对人类具有特别重大意义之文化遗产,包括蓄意破坏对直接相关社区具有特殊意义之文化遗产或故意不采取必要措施禁止、预防、阻止及惩处这种蓄意破坏行为的国家，应对这种破坏行为承担责任。有关责任国应在技术上可行的情况下以修复的方式提供赔偿，或在别无他法时提供补偿。

第7条——个人的刑事责任

1. 各国应根据国际法采取一切必要措施，确立有关的司法管辖权，并对那些采取或下令采取蓄意破坏对人类具有特别重要意义之文化遗产，包括蓄意破坏对直接相关社区具有特殊意义之文化遗产的行为的个人实行刑事制裁。

2. 为达到更全面保护之目的，鼓励每个国家根据国际法采取一切必要措施，确立有关的司法管辖权，并对在其领土上发现的那些采取或下令采取本条第1段所述之行为的个人（不论他们的国籍和这类行为发生在何处），实行刑事制裁。

第8条——保护文化遗产的合作

各国确认自己有责任相互和与教科文组织开展合作，防止文化遗产受到蓄意破坏。这项责任的基本要求是：(1)提供和交流有可能出现蓄意破坏文化遗产问题的有关情况的信息；(2)在文化遗产的确受到或可能遭到破坏的情况下进行磋商；(3)应教科文组织会员国的要求，在推广有关教育计划、提高认识和提高打击蓄意破坏文化遗产行为的能力方面向他们提供援助；(4)在打击蓄意破坏文化遗产的行为方面应有关国家的要求，向这些国家提供有关的法律和行政援助。

第9条——人权和国际人道法

对本宣言之任何内容的解释均不得削弱将严重违犯人权和国际人道法行为视为犯罪的有关国际规章，特别是在蓄意破坏文化遗产行为与这些违犯行为有关联的情况下更应如此。

三、全盘意识

在法律信息上全面、有序地建立一个全球性的法律数据库，十分有利于全盘掌控世界遗产的法律保护。尽管各国国内的世界遗产法律状况还参差不齐，但国际组织对法律的系统建设还是有一个基本的要求。需要从具体的角度做起，一步步完善。

《关于采取措施禁止并防止文化财产非法进出口和所有权非法转让公约》[①]已经成为象征性的里程碑,但执行这个公约需要缔约国的全面支持以及国内相关法律的完善和协调。所以,联合国教科文组织要求各国将保护文化财产方面的国家法律列入"教科文组织文化遗产法数据库",即本书第一章所提及的"教科文组织电子数据库"。联合国教科文组织注重加强开展推进核准和执行文化财产各项公约的运动,特别是推进执行这个禁止并防止文化财产非法进出口和所有权非法转让的公约。此外,根据联合国教科文组织的要求,国际统一私法协会(UNIDROIT, International Institute for the Unification of Private Law)于1995年还通过了《关于被盗或者非法出口文物的公约》[②](Convention on Stolen or Illegally Exported Cultural Objects)。这项公约是对1970年联合国教科文组织有关私法问题公约的补充。越来越多的国家在实施该公约。

抢劫、偷盗、非法进出口及非法买卖文化财产不同程度地波及所有国家的国际性问题。经验表明,各国的当务之急是为保护文化财产并同这些犯罪行径做斗争,批准和实施强有力的政策与法律。教科文组织正努力进一步加大这方面工作的力度。鉴于我们面临的是一个国际性问题,当物品被盗或遭抢劫、被非法进出口时,原主国和外国的相关组织、机构、私营实体或个人能够查询到相关国家的有关法律则是至关重要的。在这种情况下,能迅速查阅到文物原有国的现行法律(比如确定文物原有国是否要求有文物的出口证书,是否需要尚未挖掘或非法挖掘之文物的所在国授予文物的所有权)是必不可少的。如若人们能够方便地获得这类国家法律文件,所有国家和整个艺术品市场便可从中获益,有助于那些有良好信誉的买主查阅文物买卖的法律背景,而那些参与非法买卖活动的人则更加难以声称自己对禁止这些行为的法规全然无知。

数据库当中的电子版法律的主要内容包括:

1. 类别:主要为一般性文化遗产的相关现行法律。

(1)物质遗产,如历史古迹、考古遗址,并特别是有关可移动文物的进出口和所有权转让方面的法律;

(2)水下遗产,如沉船或沉降物等;

① 中国于1989年9月25日加入该项公约。

② 中国于1997年3月7日加入该项公约。

(3)非物质遗产，如口头传说等。

2. 来源：任何来源的法律法规(法律、法令、指令等)。

3. 范围：所提供的法律不论其实施之地理范围(联邦或国家立法，并在必要时提供州立法或省立法)。

无论国际法还是各国国内法，由于文化遗产规范方面的立法具有量大、庞杂、巨细兼备、历史相对较长的特点，因而最需要划分层级类别，法律数据库也有一定的示范性。

第四节　国际法与国内法的贯穿

一、连贯和互动

尽管世界遗产保护是一宗全球性事务，但关于世界遗产的法律却并非停留和限制在国际法的层面。国际法与各缔约国的国内法相互支撑、相互连贯，有着密切的互动关系(见图11)。

一方面，关于世界遗产的国际法的成熟，是由一些国家多年遗产立法的经验和遗产工作产生的重要案例事件所推动的。许多国家在《世界遗产公约》产生之前，就已经有了自己国内遗址遗迹、文物建筑及自然环境方面的相关法律，且有些法律的应用已相当成熟。

另一方面，两个公约要求各缔约国在国内有立法上的跟进，建立本国世界遗产保护的法律体系，将公约的精神真正渗透至所有的世界遗产保护当中。

图11　国际法与国内法的互动关系

二、国际法的约束力

对于教科文方面事务，国际法的作用主要在于政策性的导向指引，善意鼓励各国政府及相关组织积极、正确地开展某些工作。

由世界遗产事务的特质所决定，国际法的约束力由积极约束和底线约束两个“对角”构成基本框架。

（一）积极约束

积极约束主要包括程序、实体、国际合作及国际社会的监督等方面的综合内容，共同组成一种积极的力量，促进世界遗产事务的健康发展。

程序约束是一个基础性的内容，世界遗产事务所有的细节性工作都是在法定程序中实施完成的，诸如申报的一系列准备工作、专家实地考察并提出报告、委员会大会讨论批准，每一段大程序皆包含若干次一级程序。程序当然应为严格的法定程序，必须遵守。在程序上的约束，是进行世界遗产工作最稳定的形式。

实体方面的约束，以强调责任和义务为框架。缔约国的责任义务为实体约束的核心，实体内容最为直观地告诉相关责任主体，应当做什么、怎样做，保障遗产怎样的整体状态、未来走向及后果。

世界遗产肇始，即以成功的国际合作作为重要的构成因素。没有国际合作，也就无以描述世界遗产。保证国际合作的实施和功效，直接显示着世界遗产保存、保护的质量和基本状况，同时也能够缩小全球各地遗产保护水平的差距。

国际社会还要保持监督力度，以保证各国在遗产事务上不出现偏差，不违背两个公约的精神。美国黄石国家公园、德国科隆大教堂的濒危历史，[①]即印证了国际监督的抑制、提醒和要求改正的作用。

---

① 参见本书第六章第五节与第十五章第二节。

(二)底线约束

底线约束是指在正常运作与积极促进的工作受到严重挫折,积极约束方法无以取得成效的情况下,不得不采用的法律手段。根据联合国及教科文组织的相关法律,底线约束主要为:敦促签约和刑事制裁。

敦促签约的手段针对还不是相关公约缔约国的国家,在其某种行为已扰乱了世界遗产事务的秩序,对世界遗产已构成威胁或损害的情况下,国际社会立即敦促其签约,成为缔约国,继而履行缔约国的义务,停止侵害行为。

刑事制裁不是一个独立的问题,与世界遗产接轨的制裁手段并未在国际法上得到正式的确认和成熟的运用,尚需在实践中加以完善。阿富汗巴米扬山谷大佛被炮轰事件后,国际社会在表示义愤的同时也加紧推动了相关的立法理念的形成,如法律确认"反人类共同遗产罪"的罪名。这样的罪名与"反人类罪""灭绝种族罪"相类似,要在国际法上确定后,贯穿至各个国家的国内刑事法律中。有此基础,才易于实施应用。

应当看到,底线约束的力度其实是十分有限的。这并不是指这些相应手段没有太大的效果,而是指一旦采用这些手段即意味着世界遗产本身已经遭到了不可弥补的侵害。对于世界遗产事务而言,即便在无法选择的情况下使用了底线惩罚,也只能针对实施侵害行为的人,遗产项本身遭受的损失已无法弥补。因此,从这个角度看,底线惩罚尤其是刑事制裁的实际运用并非善良人们所愿看到的。

(三)国际约束案例

老挝古都琅勃拉邦是一个精致的古色古香的小山城,位于湄公河畔群山环抱的谷地,距离首都万象大约有 500 千米,是老挝现存的最古老的一个城镇。琅勃拉邦是老挝的一座历史名城,距今已有一千多年的历史。公元 1353 年澜桑国国王范甘统一了老挝,把老挝历史上第一个统一政权的首都设在琅勃拉邦,直至公元 1545 年国王菩提萨罗在位时迁都万象。公元 1694 年澜桑国分裂成三个小国,琅勃拉邦是其中一个小国的首都。公元 1893 年以后,老挝逐步沦为法国的保护国。

琅勃拉邦城市不大,居民笃信佛教,是名副其实的佛都。5 万多的人口中,有 200 多名和尚。每天清晨和尚沿街化缘是一大景观。等待布施的信徒沿街排列,等各个寺庙的和尚排着队到来时,信徒便把糯米饭、粽子等食物依次献给和尚们。化缘的和尚排成长长的队列,黄色的袈裟,在太阳的照射下,反映出琅勃拉邦人对宗教的虔诚。

经联合国专家组考察,琅勃拉邦全市有 679 座有保存价值的古老建筑物。1995 年 12 月,琅勃拉邦城被联合国教科文组织列入《世界遗产名录》。

老挝:琅勃拉邦城

Town of Luang Prabang

Date of Inscription:1995

Criteria:(ii)(iv)(v)

Province of Luang Prabang

N19 53 20 E102 08 00

Ref:479rev

《世界遗产名录》对"琅勃拉邦城"的概要描述是:"琅勃拉邦与众不同之处,在于其城镇中传统的老挝建筑容纳于 19 ~ 20 世纪欧洲殖民者留下的欧洲城市结构之中。琅勃拉邦彻底保留了其独特的城镇风貌,是两种截然不同的文化传统间相互融合的突出体现。"

2000 年 2 月 7 日至 11 日,联合国教科文组织在琅勃拉邦举行了琅勃拉邦保护研讨会,来自老挝、柬埔寨、印度、斯里兰卡、尼泊尔、泰国、菲律宾、加拿大、意大利、墨西哥等国的专家、学者参加了这次研讨会。会议讨论了世界遗产保护的概要问题和如何保护琅勃拉邦的文化、环境和古建筑遗产的具体问题,并对琅勃拉邦市遗产办公室提出了如下重要的意见和建议:

1. 制定出最符合当地实情的规范及保护法规;

2. 关于城市保护要让人民对政府有信心;

3. 广泛宣传文化保护的重要性,让人们明白保护工作是每个人的责任;

4. 把保护工作与城市经济发展计划同时进行;

5. 把传统文化及保护工作拿到教育课堂上来,这是对文化保护最好的宣传,应从小抓起;

6. 各部门要与民众建立密切的合作关系;

7. 让群众参与到保护工作上来,给他们发言权。因为传统建筑和文化的真正缔造者是人民群众,任何一个地区、一个民族的传统文化都是生活在这里的人民群众在千百年的生产生活中加以创造并不断完善的,他们对传统建筑和文化最有发言权。①

国际社会专门针对一项具体的世界遗产保护召开特别会议,提出如此全面的意见,针对性强,程序细致,这无疑是国际约束的重要步骤。

第五节 世界遗产国内立法要义

一、立法准则

国际法宗旨的实现必须有缔约国国内法的配合,《世界遗产公约》对国内法也有总体的立法要求:

为保证保护、保存和展出本国领土内的文化和自然遗产采取积极有效的措施,本公约各缔约国应视本国具体情况尽力做到:

通过一项旨在使文化和自然遗产在社会生活中起一定作用并把遗产保护工作纳入全面规划计划的总政策;

采取为确定、保护、保存、展出和恢复这类遗产所需的适当的法律、科学、技术、行政和财政措施。

配合这些要求,需要做的相关工作为:

设立专门管理机构;对公众进行教育、宣传;展开科学研究;合理使用相关基金;整理、撰写年度或定期报告。

缔约国尤其是遗产拥有国的国内法构建要保证《世界遗产公约》要旨的贯穿,还须体现基本的法理精神,其理论要点可概括为:

第一,契合公约的基本精神。

---

① 参见贝波再:《老挝古都琅勃拉邦城的遗产保护和发展》,载《城市规划》2004 年第 8 期。

第二,针对本国特点立法。

第三,构建本国的法律模式。

由于每个遗产地国家的世界遗产情况不同,国内法必然要基于本国自身的状况而构筑。但无论国情怎样特殊,以世界遗产为主题的立法都不违背公约的大原则。

二、经验模式

关于世界遗产的国内法,各国的立法状况与实践状况不同,许多独特的思路及做法值得研究和借鉴。

(一)英国

由于每一项世界遗产都有自己不可替代的独特价值,遗产保护制度也需要在个体遗产中建立并不断成熟。例如,英国的哈德良长城,在修复与维护、保护和利用的平衡上,都积累了一些经验。

和中国长城一样,是否重建起完整的面貌,在哈德良长城的保护与管理工作中,是一个敏感和容易引起争论的问题。毋庸置疑,任何世界遗产,其价值完全在于它的真实性和完整性。英国的理念是,不论重建与否,其目的应主要是保护遗址,并帮助到访者加深对世界遗产的历史背景和独特价值的理解。这里必须有一个前提,即原址业已经过充分的考古发掘。并且仿建物绝不能覆盖、取代或破坏原址。以新覆旧,以假乱真,是一种严重的破坏世界遗产的行为。

哈德良长城保护和管理工作的复杂性和操作难度也十分突出。这个线形遗址支离破碎,不连续地穿越了英格兰北部的3郡12县和两个政府行政区,90%以上地段属于私人地产,管理工作因而涉及50多个机构和700多名私人业主。而且,不同地段的地貌也大不相同,从西部的盐沼到中部壮观的丘阜再至东部人口稠密的城市,对哈德良长城的保护也提出了不同的要求。

在哈德良长城管理和保护工作中,法律制度和政府行为起着举足轻重的作用。英国政府早自1880年起,就开始介入哈德良长城的保护工作。到20世纪20年代,英国制定了《古迹与考古地区法》(Ancient Monuments and Archaeological Areas Act),并于1928年把哈德良长城置于该法律保护之下。

1983 年《国家遗产法》(National Heritage Act,1983、1997、2002)确立了“英国遗产”(English Heritage)的概念,无疑奠定了稳固的法律价值观基础。所以,无论遗产事务如何头绪繁多,英国仍可在高层级的制度和理念指导下解决问题。

(二)美国

英美法系及国内法律制度决定了美国立法常常是一园一法、一法多园或一园多法,以及一般规则。法律群的结构较为细密。根据美国国会的统计,至 2016 年年底有关国家遗产的法律共有 6488 项。其中,属于一般规则的法律也非常突出,代表性法律(见表 13)。

表 13 美国有关国家遗产一般规则的法律

年份	法律
1906	古物法 Antiquities Act
1916	(国家公园管理局)组织法 Organic Act
1933	(国家公园管理局)组织法修正案 Amendment to Organic Act
1935	历史纪念地保护法 Preservation of Historic Sites Act
1963	户外娱乐法 Outdoor Recreation Act
1964	土地和水资源保护基金法 Land and Water Conservation Fund Act
1966	国家历史保护法 National Historic Preservation Act
1968	国家路径系统法 National Trails System Act
1968	自然风景河流法 Wild and Scenic Rivers Act
1969	公园志愿者法 Volunteers in the Park Act
1970	国家环境政策法 National Environmental Policy Act
1970	一般授权法 General Authorities Act
1973	濒危物种法 Endangered Species Act
1974	考古及历史保护法 Archaeological and Historic Presevation Act
1978	国家公园及娱乐法 National Park and Recreation Act
1979	考古资源保护法 Archaeological Resources Protection Act
1980	阿拉斯加国家利益土地保护法 Alaska National Interest Lands Conservation Act

续表

年份	法律
1990	美国印第安人洞穴保护与继承法 Native American Craves Protection and Repatriation Act
1998	国家公园综合管理法 National Park Omnibus Management Act
2004	沉没军用飞行器法 Sunken Military Craft Act
2012	洛厄尔国家历史公园土地交换法 Lowell National Historical Park Land Exchange Act

(三)加拿大

尽管加拿大并非首创国家公园制度的国家,但它对国家公园制度的发挥和升华却有重彩浓墨的作用。加拿大地广人稀,自然遗产的资源极其丰富。其运用了美国国家公园的机制,又创建了有自己特色的体系。如前所述,加拿大的联邦法律体系和地方法律完善,100 多年来保护了领土内所有的国家公园。[①]

加拿大的自然保护区系统包括 4 个层次:国家级;省、地区级;区域级;地方级。国家公园是加拿大自然遗产的典型代表。国家公园的目的是:长期保护加拿大重要的且具有代表性的自然地区,鼓励公众了解、鉴赏和享用这些自然遗产,并将它们健全地留给后代。

作为世界遗产,加拿大落基山公园群(Canadian Rocky Mountain Parks)这一项可谓首屈一指。之所以有这样的名称,是因为在加拿大境内的落基山脉有价值的地带几乎全部囊括其中。4 个国家级的和 7 个其他级的公园共同构成了这项庞大的遗产。其中的班夫国家公园于 1885 年建立,是加拿大第一个、全球第二个国家公园,包含在落基山公园群这项世界遗产中。

由国外的这些经验看,遗产保护不但是专门问题,更是多领域问题。其法源触角繁多,法律群也就形成较大的体系。此外,还可以拓展地区性的整体保护思路,充分利用和发挥地区间各国的相似性。比如,1974 年 2 月 19 日,丹麦、挪威、瑞典、芬兰 4 个国家签署了《北欧保护环境条约》,允许 4 个国家的公民互惠地与其他缔约国的法院和行政机关接触。这对于没有国界的自然遗产的保

① 参见本书第六章第四节。

护十分有利。

三、中国模式

（一）中国的保护状况

中国是世界遗产事务内容最为丰富也最为繁杂的国家之一，遗产种类多，自然资源与文化资源分布状况复杂，方方面面的工作需条分缕析，协调运作。中国世界遗产事务已走过了数十年的历程，就整体状况而言，既有巨大的成就，又有频繁曝光的负面事件以及亟待解决的理论与立法问题。

取得的成就与具备的优势：

第一，拥有的世界遗产项目数位居世界前列。

第二，世界遗产的潜在资源丰富。

第三，世界遗产的种类齐全，所有大类型均有。

存在的问题与负面案例：

第一，总体立法理念欠缺，系统性不足。尽管有法规、规章及行政公文的制定，但全国的整体力度仍嫌不够。

第二，世界遗产观念存有误区。主要表现有：将“申遗”当成“申奥”，只关心自己国家是否成功，缺少全球观念；视世界遗产为遗产中的“名牌”，并使之身价倍增。

第三，种类之间不均衡。自然遗产与文化遗产在数量上相差值较大，同时也缺少世界遗产城市、冰原、森林等一些次级类型。

第四，进入21世纪以来媒体报道的负面案例较多。泰山炸掉山峰修索道，张家界竖起成本超过亿元的电梯，虎跳峡、怒江建大坝，黄龙景区修建索道，京城六大世界遗产结伙涨价等，引起了社会广泛关注，批评的声音也很多。

2003年1月19日，武当山古建筑群中的遇真宫遭大火焚毁，原因是宫殿用于居住，居住用电短路。1994年成为世界遗产时，武当山古建筑群主要包括太和宫、南岩宫、紫霄宫、遇真宫四座宫殿，玉虚宫、五龙宫两座宫殿遗址，以及各类庵堂祠庙等共200余处。遇真宫的消失使“四宫”的说法永不再成立，只留下了遗憾和反思。

中国:武当山古建筑群

Ancient Building Complex in the Wudang Mountains

Date of Inscription:1994

Criteria:(i)(ii)(vi)

Danjiangkou City,Hubei Province

N32 28 E111 00

Ref:705

《世界遗产名录》对“武当山古建筑群”的概要描述是:“武当山古建筑中的宫阙庙宇集中体现了中国元、明、清三代世俗和宗教建筑的建筑学和艺术成就。古建筑群坐落在沟壑纵横、风景如画的湖北省武当山麓,在明代期间逐渐形成规模。其中的道教建筑可以追溯到公元7世纪,代表了近千年的中国艺术和建筑的最高水平。”

负面案例的频出,一方面要求法律力量的到位,另一方面也呼唤着民众道德水准的提升。2003年南京明孝陵申报明清皇陵扩展项目成功后,为表庆祝,免费开放两天,引来游人络绎不绝。一些人攀爬、踩踏文物,在文物身上嬉戏拍照,留下的是令人痛心的画面。如果法律的力度增强,社会各方的重视及自觉程度会随之加大,民众爱护遗产的意识也会有所加深。

(二)中国的立法目标

预想中的中国的世界遗产大法《中华人民共和国世界遗产保护法》是一个必然要实现的目标。由于程序性与技术性的问题需要一一解决,所以先期有望以行政法规层级的《世界遗产保护条例》为阶段性立法,这样也能够保证行政权及管理资源的有效使用,在法律的框架中维护世界遗产的安全。

在立法原则上,要确立保护优先原则和权力集中原则。保护与利用之间,立法必须确立的就是保护的绝对优先地位。权力集中是指集中行政权力,使相关的管理权、审批权、处罚权等集中于一个系统的行政组织。

在法律体系构造上,国内法的法律群构成应当是纵横多向的,呈现出清晰的线条,触角能够力及所有的世界遗产。同时,法律重在执行,要最大可能保证法律效力,各地方的立法上承国家法律,下达遗产地的管理,将世界遗产精神贯穿一致。

(三)整合法律资源

在理念、价值观、法定概念等方面与国际法对接,是一个系统工程。在这个工程建设当中,调动、整合已有的法律资源,使之与世界遗产法有所贯通,或使之成为世界遗产法渊源的一部分。此类工作也是必须做的。

比如,我国已有的法律资源以文物保护为核心,法律群延续该传统思路而形成。《中华人民共和国刑法》中关于"妨害文物管理罪"的规定非常详细,从第 324 条至第 329 条以较大的篇幅规定了故意损毁文物,过失损毁文物,私自出售或者私自赠送珍贵文物,倒卖国家禁止经营的文物,盗掘具有历史、艺术、科学价值的古文化遗址、古墓葬、具有科学价值的古人类化石和古脊椎动物化石,抢夺、窃取和擅自出卖、转让国家所有的档案等情形的刑罚方式。

显然,这是与《中华人民共和国文物保护法》(以下简称《文物保护法》)对应的。各地方的相关执行法更是加深细化了对《文物保护法》的执行。关于文物事务上的可为、不可为的行为标准,就非常清楚。但同时,本书第一章第三节所论"文物"在涵盖力方面的有限性,也显露了出来。此外,诸如《长城保护条例》《风景名胜区条例》一类的行政法规,尽管是新法,但概念及价值观上并未完全考虑与世界遗产法靠拢,因而都有待重新整合。

由此而论,为保证法律之间的兼顾、衔接以及整体的法律质量,整合这类原有的法律是非常必要的。

Chapter 13 第十三章

世界遗产的法律价值观体系

第一节　法律价值观的主要内容

人类社会处处存在价值观，不同历史阶段，不同地域民族，都在某种文明和文化中构建价值观，同时价值观又成为文明和文化核心组成部分。70余年的“联合国文化”“联合国法治”的时代，人类价值观更趋于交汇融合，更为宏观，更以全球性的视角关心历史、现实和未来。

以今天的宏观理念来看，人类主流价值观是国际社会和大多数国家及大多数人民认可和追求的价值标准，是有利于全人类公正生存和健康发展的行为准则。

这样的主流价值观提供了一种境界，而这种境界需要相应的支撑力量来构建。全球行政区域上的关系构架，文化之间的和谐共处，自然环境资源的保持，都是必需的组成要素。这些要素关乎人类存续命运，而人类生存、发展的正确理念要体现在国际法以及所有与之紧密相关的规则框架中。

确立主流价值观更需要所有的国家和民族都能本着善意的原则，共同追求人类发展的目标并为之不断努力。建立一个善意体制不仅要靠人类的智慧，更要有一套对待世界的态度和方式，包括对异国文明、别种文化和自然生存环境的态度和方法，从而培育自然不可破坏性更改的生态崇敬和文化不可被蔑视性消亡的平等观念。

当今人类主流价值观包含的基本内容是：和平文化的环境、文化尊重的关系、保障人权的机制、全球共同的持续发展。

一、和平文化

"和平文化"(Culture of Peace)的概念，是由一个宣言而确定下来的。联合国于1999年9月13日通过《和平文化宣言》(Declaration on a Culture of Peace)。

《和平文化宣言》强调，要从暴力文化转向和平文化，需要在国家和国际两级动员全社会。这样我们作为个人和集体都会了解到21世纪所面对的巨大挑战。和平文化要求遵从所有各社会阶层以及各国之间的自由、正义、民主、容忍、团结、合作、多元化、文化多样性、对话和谅解等原则。通过有利于促进个人、群体和国家之间和平的价值、态度、行为模式和生活方式，实现更全面发展和平文化方面的进步。

一个世界，多种声音，是一个基本的文化格局。和平文化的理念将容忍、对话、理解、人权、共存等要素整合为一个专门术语，为世界展示一种应有的境界，人们应该为实现它并维护它而努力。

尽管"和平文化"这一词语出现于21世纪，但是其精神红线贯穿于数十年之间。早在1945年，《联合国教科文组织组织法》的前言即阐发了和平的重大意义：

战争起源于人之思想，故务须于人之思想中筑起保卫和平之屏障；

人类自有史以来，对彼此习俗和生活缺乏了解始终为世界各民族间猜疑与互不信任之普遍原因，而此种猜疑与互不信任又往往使彼此间之分歧最终爆发为战争；

现已告结束之此次大规模恐怖战争之所以发生，既因人类尊严、平等与相互尊重等民主原则之遭摒弃，亦因人类与种族之不平等主义得以取而代之，借无知与偏见而散布；

文化之广泛传播以及为争取正义、自由与和平对人类进行之教育为维护人类尊严不可缺少之举措，亦为一切国家关切互助之精神，必须履行之神圣义务；

和平若全然以政府间之政治、经济措施为基础则不能确保世界人民对其一致、持久而又真诚之支持。为使其免遭失败，和平尚必须奠基于人类理性与道德上之团结；

为此，本组织法之各签约国秉人皆享有充分与平等受教育机会之信念，秉不受限制地寻求客观真理以及自由交流思想与知识之信念，特同意并决心发展及增进各国人民之间交往手段，并借此种手段之运用促成相互了解，达到对彼此之生活有一更真实、更全面认识之目的；

有鉴于此，各签约国特创建联合国教育、科学及文化组织，通过世界各国人民间教育、科学及文化联系，促进实现联合国组织据以建立并为其宪章所宣告之国际和平与人类共同福利之宗旨。

二、文化尊重

人类要共同营造和平文化的环境，当然是系统的工程。这当中，国家、宗教、族群所坚持的立场和姿态非常重要。如果本着宽容原则，保持对别种文化尤其是对所不了解文化的尊重态度，一个良好的文化生态才有可能出现。

文化尊重是从政府、群体到个人都可以尽力的事，而且由国家大行为到个人小细节都能够反映出来。1985 年世界旅游组织大会通过的《旅游权利法案和旅游者规约》（Tourism Bill of Rights and Tourist）就明确指出：

在旅游者途经和逗留的地方构成接待群体的居民，有权得到旅游者对他们的习俗、宗教和文化的理解和尊重，因为这些都属于人类的共同遗产。他们有权自由地使用自己的旅游资源，同时通过他们的态度和行为，使他们的自然和文化环境得到尊重。为了对这样的理解和尊重提供便利，旅游者应该尊重接待群体的习俗、传统的和宗教的做法、当地的禁忌、名胜和圣地；保护他们的古迹和文化财富；保护当地的动物、植物和其他自然资源。在旅游者途径和停留的地方构成接待群体的居民，应使旅游者受到好客、礼貌和尊重的接待。这是发展和谐的人际和社会关系所必不可少的。

旅游者应该通过他们的行为促进国内和国际范围内人与人之间的相互理

解和友好关系,并为维护和平作出贡献。在旅游者途径和停留的场所,他们应尊重政治、社会、道德和宗教方面的即定秩序,并遵循现行的法律和规定。在上述场所,旅游者还应:对接待群体的习俗、信仰和行为表现出最大程度的理解,并对他们的自然和文化遗产表现出最大程度的尊重;避免显示出他们同当地民众之间存在的经济、社会和文化的差异。

这也意味着,文化尊重在最近距离的接触中尚可以做到,那么大范围的尊重更能够也应当在国家之间、地区之间实现。如果尊重的底线被打破,一切秩序也就失去了保障。

国际社会倡导,要从保护多元文化开始,以达至文化尊重的目的。多元文化的保护和开发工作既是一项科学的工作,又是一项和平、发展与人权的基础工作。世界各民族要在真诚对话的基础上达到对世界文化多样性的了解和认识。这样才能做到学习别国的文化,愿意更好地去理解它,并且知道怎样与别国文化交往与交流。这种共同的认识,虽然存在差异,但有利于消除造成冲突和战争的相互间的封闭和不了解;有利于加强民主、正义和多元文化的基本价值观。

三、人权保障

人权是和平、发展的基本要素,并且与它们互为保障。世界遗产诠释人权是其必然的职责,一些遗产项更是因此而产生的。

南非:罗宾岛

Robben Island

Date of Inscription:1999

Criteria:(iii)(vi)

Western Cape Province

S33 48 E18 22

Ref:916

《世界遗产名录》对"罗宾岛"的概要描述是:"从17世纪到20世纪,罗宾岛曾有过不同的用途。它曾经是监狱、不受社会欢迎的人的医院和军事基地。它的建筑,特别是那些在20世纪后期用来关押政治犯的监狱,象征着民主和自由战胜了压迫和种族主义。罗宾岛上的建筑是其阴暗的历史的最有说服力的见证。罗宾岛及其监狱建筑象征人类精神、自由和民主战胜压迫取得胜利。”

在熟悉罗宾岛之前,需要认识一个词:“apartheid”(种族隔离)。这是专指20世纪60~80年代南非实施的非人道的种族隔离制度。它极大地戕害了南非黑人和其他有色人种的应有权益。

罗宾岛依傍在非洲大陆南端的小小海湾中,距开普敦本土仅11千米。从开普敦城市的海岸,可以用肉眼发现它的存在。登上开普敦的著名桌山,向桌湾方向望去,它在美丽的月牙形的桌湾的梢头,像一颗闪烁的神秘的星。罗宾岛长约4千米,宽约2千米,平坦无峰。自1525年葡萄牙船队往岛上流放犯人起,它就有了监狱的功能。17世纪中叶开始,欧洲殖民者不断地将反抗的黑人部落首领及其族人关押于此。同时,也有不断的抗争越狱。

1846年罗宾岛开始用作医院,隔离精神病人、麻风病人及其他无法医治的病人。“二战”时为军事防御基地,“二战”后为海军训练中心。20世纪60年代初在南非种族隔离政策猖獗时,又改为监狱,专门关押黑人男子,多达3000余名的犯人曾在岛上度过自己的牢狱生涯。黑人领袖纳尔逊·曼德拉,就是其中最为人所知的代表人物。

律师出身的曼德拉用自己前半生的时间致力于反抗种族隔离制度,1962年被白人法庭送进监狱。其27年的牢狱生活有18年是在罗宾岛上度过的。彼时在狱中,曼德拉多次成为全球焦点,他的号召力和影响力遍及全世界。1981年,1万余名法国人联名向南非驻法使馆发出请愿书,要求释放曼德拉;1982年,全球53个国家的2000名市长又为曼德拉的获释而签名请愿;1983年,英国78名议员发表联合声明,50多个城市市长在伦敦盛装游行,要求英国首相向南非施加压力,恢复曼德拉的自由。

由此,罗宾岛的名望,以其“维护南非种族隔离制度的监狱”的代名词,关押过南非新政权的第一位黑人总统曼德拉而响亮。它是人权的象征符号。

1991年,罗宾岛上关押的最后一批政治犯被释放。1996年9月岛上最后一批普通犯人离开罗宾岛。同年,罗宾岛被定为国家博物馆。1997年1月1日罗宾岛国家博物馆正式向公众开放。1999年12月1日罗宾岛被列入《世界遗产名录》。

由于沉重的历史,罗宾岛远远超越了它自身的地理价值,而承载起更大更多的人文内涵。正如采访过曼德拉的记者所说,它既是种族主义统治者们对敢于奋起反抗者施行最严酷肉体和精神折磨的炼狱所在,也是反种族主义统治的斗士们进行最坚韧反抗的凤凰涅槃之地。

由于人权的普遍价值,罗宾岛和曼德拉都一度是全球瞩目的焦点,因此有人称曼德拉为"全球总统"。曼德拉 84 岁时曾在南非举办了个人画展,作品主题是监狱生活。他说:"我想用乐观的色彩来画下那个岛,这也是我想与全世界人民分享的。我想告诉大家,只要我们能接受生命中的挑战,连最奇异的梦想都可实现!"在 27 年的铁窗生活中,曼德拉坚持学习、偷偷写作,也用木炭和蜡笔来练习绘画,渐渐形成了独特画风:线条简单、色彩丰富。但他并不选用黑暗、阴沉的颜色,而是用明亮轻快的色彩,以此来表现自己乐观积极的人生态度。

争取和维护人权的事业是各国人民的共同事业,在不同的地方有着不同的历史。从国际社会来看,最大的成就莫过于在数十年历程中构建起了国际人权法的框架。①

在全球开展世界遗产事务,是将世界各地的文化存在和自然状貌的精华提取出来,通过法定的程序和标准,普及文明、善意的理念,从而带动各项有益于人类发展事业的展开。在 1994 年的世界遗产大会上,法国代表盛赞世界遗产事务对于教育领域的扩展,对于学术知识的融汇,对于可持续发展的政策以及和平文化,都具有显著的价值。

应当说,关于世界遗产的法律主题也不是孤立的。它与当今全球性法律主题"人权、和平、尊重、发展"紧密相关。它们之间环环相扣,具有极大的现实意义。世界遗产法要通过具体遗产项的特质,体现文化多样性和生物多样性,并保持和促进这两个多样性。世界遗产法与人权法、环境法、战争法等部门法都不可分割,一同支撑和烘托着共有的主题。

文化与自然作为全人类的遗产,具有"突出的普遍价值"(Outstanding

---

① 联合国通过的与人权有关的国际法律文件群,参见本书第二章第三节"与文化多样性相关的法律群"。

Universal Value)。尽管所有的遗产项目本身,都有自己独一无二的特性。而当它们成为世界遗产后,就有了共同的大属性。它们都是世界遗产,都在为阐发全球性主题,为实现和平目标,为保障人权、文化尊重和持续发展,进行着充分的"表达",所有的遗产作为具象符号汇聚成为强音。

四、持续发展

新一代的人权理论注重集体权利,如环境权、发展权。因而,彰显人权已不仅仅是文化范畴的问题。持续发展理念的切入点首先是自然环境,其优良与恶化,关系着人类物种的发展前景。然而,如果丧失了平衡的文化生态与和谐的社会结构,也就没有了持续发展的逻辑轨迹。所以,环境、人权、文化、和平、尊重、善意等,都是不可分割的,是价值观当中交融于一体的基本内涵。

国际法上一般认为,环境是地球上人类社会赖以生存的物理和生物资源。可持续发展是满足现代需求又不妨碍满足后代需求的发展,在维持生态系统承载力的前提下改善人类生活质量。

联合国致力于环境和可持续发展的工作,且力度很大。1982 年的《世界自然宪章》(World Charter for Nature)、1992 年的《21 世纪议程》(Agenda 21)、1992 年的《联合国气候变化框架公约》(United Nations Framework Convention on Climate Change)、2015 年的《2030 年可持续发展议程》(The 2030 Agenda on Sustainable Development)等,均可见其理念的坚持。1992 年 6 月在里约热内卢召开联合国环境与发展会议发表的《环境与发展宣言》(Rio Declaration)提出了 27 条原则,其中强调:

人类处在关注持续发展的中心。他们有权同大自然协调一致从事健康的、创造财富的生活。

各国根据联合国宪章和国际法原则有至高无上的权利按照它们自己的环境和发展政策开发它们自己的资源,并有责任保证在它们管辖或控制范围内的活动不对其他国家或不在其管辖范围内的地区的环境造成危害。

必须履行发展的权利,以便公正合理地满足当代和世世代代的发展与环境需要。

为了达到持续发展，环境保护应成为发展进程中的一个组成部分，不能同发展进程孤立开看待。

和平、发展和环境保护是相互依存的和不可分割的。

当然，持续发展面临的问题还相当多。非主流价值观的对抗，战争、自然灾害、城市化以及工业化的危害等，使实现和保障持续发展的过程异常艰巨，责任也愈加重大。

1992年被认为在全球环境运动历史上是具有里程碑意义的一年。是年，国际社会举行了里约地球峰会，并通过了《生物多样性公约》。同年，为庆祝《世界遗产公约》的20周年纪念，在委内瑞拉的加拉加斯举行了一个特别的研讨会，并作为第四届世界保护区大会的一部分。这次研讨会所引发的思想和行动最终导致了公约在文化和自然遗产领域的内容的修改，而且认可文化景观为一个新的世界遗产等级并对其进行了描述。①

第二节　世界遗产诠释价值观的方法

一、集中命题

世间万物之原理和规律，皆可汇聚于哲学的统领之下。如西方哲学家所言，哲学是走廊，通向所有学科的房门。

世界遗产集自然造化、人类杰作之精华，大大小小的哲学命题自然丰富而多面。就这种由国际法手段而缔造的事物本身而言，它回顾漫长的自然历史和人类历史，包容了无限多的事物和无限多的事物之间的关系，高位而具象地审视人类的存在方式，并做出无言的评判。

就具体的遗产项而言，每一项世界遗产都具有不可替代的特质，都是优秀的个体。由优秀个体蕴含或升华出的哲学观念，各具深厚的背景和完整的体

---

① ［意］弗兰西斯科·班德兰(Francesco Bandarin)：《自然的圣殿》，载《世界保护》2001年第2期。

系。所有我们能认知的文化、文明,汇聚于一个主题之下,更是博大深邃。

二、主题融入遗产的细节之中

法律价值观渗透在具体的遗产项当中,让遗产本身烘托其主题。以中国的人类非物质文化遗产代表作昆曲(Kunqu Opera)和古琴艺术(The Art of Guqin Music)的文化阐发为例。

昆曲是一种文化情结,就今天的文化环境而言,它的象征意义远大于其自身。那种触摸不到的神韵,与现实生活很远,却长久地深入了中国文化的骨髓里。

我们先品味一下曹雪芹笔下的情景。《红楼梦》第 23 回“西厢记妙词通戏语,牡丹亭艳曲警芳心”写林黛玉听戏,情绪波动难平。彼时,将她深深吸引的,当然就是昆曲。大观园里请来的戏班在园中排戏,被刚刚读过《西厢记》的林黛玉不经意听到,“偶然两句吹到耳朵内,明明白白一字不落道:‘原来是姹紫嫣红开遍,似这般,都付与断井颓垣……’黛玉听了倒也十分感慨缠绵,便止步侧耳细听,又唱道是:‘良辰美景奈何天,赏心乐事谁家院……’听了这两句,不觉点头自叹,心下自思:‘原来戏上也有好文章,可惜世人只知看戏,未必能领略其中的趣味。’想毕,又后悔不该胡思,耽误了听曲子。再听时,恰唱道:‘只为你如花美眷,似水流年……’黛玉听了这两句,不觉心动神摇。”

我们可以拿才女林黛玉与《牡丹亭》的这段缘分,来代表知识阶层与昆曲的关系。在这种关系中,双方贯通的是精神层面的内容,从而形成昆曲文化的框架和脉络。

昆曲不仅是一种综合的整体艺术形式,还是文字的优秀产物。由于有一批富于才华的文人创作,昆曲也创造和经历了独领风骚的繁盛时期。其曲词华丽优美,篇幅较长,文字剧本即可单独作为文学作品来欣赏。在文学史上,是一个极其重要的段落。

当然,作为戏曲的艺术形式,表演出来才是完整的。昆曲的唱腔柔和委婉,抒发情感细腻,善于营造意境,身段表现不张扬。这些特点集合起来,就使昆曲凝聚出自身的一些优势。像清代李渔这样的文人,能将一生中的大量精力投入昆曲,从剧本到表演,从服饰到音律,颇多颇深的研究,留给后人一本《闲情偶寄》,如同昆曲的百科手册,余韵久长。这也是昆曲优雅魅力的一个佐证。

在近现代,文化阶层的人士将学习昆曲作为成人增加修养、学生接受全面良好教育的组成部分。21 世纪,昆曲作为非物质文化遗产,更成为文化的珍藏品。

与昆曲艺术的文化分量相似,古琴艺术积淀的亦为超乎物质本身的文化境界。古琴艺术的价值不只在于古琴这种乐器本身,亦不限于古琴曲目或弹奏技术。最为重要的在于以古琴为聚合点而构建的传统美学特质及哲学意味,贯穿于中华雅文化的发展当中。其中最显著的,我们可以称为“知音文化”。“知音文化”的内核,其人文影响力与渗透力既深层又久远,辐射至极其宽广的范畴。

据《琴史》载,列子云:伯牙善鼓琴,钟子期善听。伯牙志在高山,子期曰:“巍巍乎,若泰山。”伯牙志在流水,子期曰:“洋洋乎,若江海。”伯牙所念,子期心明。伯牙曰:“善哉,子之心而与吾心同。”子期既死,伯牙绝弦,终身不复鼓也。

这是一个感染和指引了无数中国人的故事,且常念常新。可以说,知音意识和知音获得感是中国人认知生命价值的重要组成部分,是一个人求得认同可达到的最高境界。

古琴作为产生于中国本土的“纯种”乐器,还是历代雅士的倾心之物。研习古琴,是他们修身生活的一部分。曲水流觞,抚琴吟诗,交杯换盏,雅士生活的面貌似乎才是有含义有意趣的。

古琴曲适用于叙事怀古,营造气氛,描述景象,渲染细节。尽管曲谱极易佚失,但流传下来的古琴曲目仍然丰富感人。它们能将历史、政治、人性、山川、情怀融于一体,如行文般挥洒自如,尽释内心情绪。诸如《梅花三弄》《广陵散》《平沙落雁》和《潇湘水云》,均为传世精品。而《高山》和《流水》,则正是前述“志在高山”和“志在流水”典故的直接产物。现在我们已无从考证曲子是否源自伯牙之手,而诠释与纪念知音典故这一点却是毫无疑问的。

作为雅士阶层的一种不可分割的人生内容,琴境与生命境界,乐品与诗品、文品,就都是相通的。遵循“大音希声”的哲学原理,古琴艺术将儒家的中正平和、道家的清静淡远,融汇于乐曲中,追求声稀意深的境界。这也是其“非物质”的意义所在。

三、“负命题”的方法

应当说，所有的世界遗产项都是对一种价值的确认和诠释。而通过“负命题”的方法，达到同样目的，效果或许可以成倍。所以，与苦难、战争有关的遗产，其终极目标当然是谱写光明的和平文化的篇章。《和平文化宣言》就表达了主流价值体系对和平文化的推崇与向往：

深信要从暴力文化转向和平文化，需要在国家和国际两级动员全社会，这样我们作为个人和集体都会了解到二十一世纪所面对的巨大挑战；

受到联合国大会于1999年9月13日通过的和平文化宣言和行动纲领的激发，后者总结了《联合国宪章》《联合国教育科学及文化组织组织法》和《世界人权宣言》；

还受到大会1998年11月10日宣布2000～2010年为“世界儿童建设非暴力与和平文化国际十年”的决议的鼓励；

考虑到联合国1998年11月16日宣布2001年为“不同文明之间对话国际年”，这是2000年“和平文化国际年”的必然结果，也是其后续；

进一步考虑到人权委员会于2000年4月26日的会议上一致通过决议要求高级专员组织和协调一个和平文化论坛，以研究和审议如何促进保护和执行所有能够发展和平文化的人权；

回顾1999年5月发布的海牙和平呼吁的特别重要性；

意识到需要政府国际组织民间社会和媒体在新的千年里提倡和加强和平文化，这是大会在庄严宣布和平文化宣言时所强调的；

还意识到和平文化是基于在社会各级和在国际间遵从自由、正义、民主、容忍、团结、合作多元化文化多样性对话和谅解的原则，和平文化的更充分的发展是来自有利于促进个人群体国家之间的和平的价值观态度行为模式和生活方式。

在世界遗产中，直接标志自由、解放与人权的遗产项，无疑是在用特殊的笔墨书写和平的篇章。

符合标准中“与具特殊普遍意义的事件有直接或实质的联系”的遗产，并不一定是正面的人类的伟大创造、伟大贡献。人类的灾难、战争、罪恶的遗迹等,也适用这一条标准,以反面的形式强调正面的精神。这样的世界遗产都是文化遗产,它们用沉重的记录标示光明的主题。1979 年进入《世界遗产名录》的波兰奥斯威辛集中营和 1982 年进入《世界遗产名录》的海地国家历史公园,即属此类。

波兰:奥斯威辛-比克瑙,德国纳粹的极端手段和惨绝人寰的集中营(1940~1945)

Auschwitz Birkenau:German Nazi Concentration and Extermination Camp (1940~1945)

Date of Inscription:1979

Criteria:(vi)

Oswiecim County,Lesser Poland(Malopolska) Voivodship(formerly Bielsko-Biala)

N50 4 0 E19 21 0

Ref:31

《世界遗产名录》对“前纳粹德国奥斯威辛-比克瑙,德国纳粹的极端手段和惨绝人寰的集中营”的概要描述是:“这里壁垒森严,四周电网密布,内设哨所看台、绞刑架、毒气杀人浴室和焚尸炉,用于消灭欧洲的犹太人,是希特勒种族灭绝政策的执行地,是第三帝国——纳粹德国最大的灭绝营。约有 400 万人,其中绝大部分是犹太人在此经受严刑拷打,惨遭杀戮。奥斯威辛是纳粹德国犯下滔天罪行的历史见证。”

1979 年这项世界遗产在《世界遗产名录》中的正式名称为“奥斯威辛集中营”(Auschwitz Concentration Camp),考虑到这个名称还不足以表明其特殊价值,2007 年编制的《世界遗产名录》,将其重新定名,使其变成今天《世界遗产名录》名称最长的遗产项之一,其意义尤为突出。

海地:国家历史公园:城堡、圣苏西宫、拉米尔斯堡垒

National History Park-Citadel,Sans Souci,Ramiers

Date of Inscription:1982

Criteria:(iv)(vi)

Département du Nord

N19 34 25 W72 14 39

Ref:180

《世界遗产名录》对海地“国家历史公园:城堡、圣苏西宫、拉米尔斯堡垒”的概要描述是:“这些遗迹记录了19世纪初海地宣布独立的岁月。圣苏西宫、拉米尔斯堡垒特别是古城堡,都标志着解放和自由。这些建筑是解放了的黑奴在赢得自由后,由他们自己建造的最早的建筑遗迹。”

海地是世界上第一个独立的黑人共和国,在推翻法国殖民统治后,于1804年1月1日宣告独立,并成立了海地共和国。建国后,黑人为庆祝解放和自由,开始建造城堡要塞,历经大约15年才完成。

这项遗产的历史价值在于,殖民地形成是由沿海深入内陆的,而争取自由的革命则是由内陆蔓延开来的,一种领土内部的革命影响和扩展至周边广大地区。海地独立后,其他的美洲殖民地国家也纷纷独立。

其实,早在1978年公布的第一批世界遗产当中,非洲塞内加尔的那座以贩卖黑奴的罪恶而出名的戈雷岛,就是以“负命题”的思路进入文化遗产之列的。这意味着,世界遗产之始即有了这种“反面教材”的类型。

塞内加尔:戈雷岛

Island of Gorée

Date of Inscription:1978

Criteria:(vi)

Cape Verde Region

N14 40 02 W17 24 03

Ref:26

《世界遗产名录》对“戈雷岛”的概要描述是:“戈雷岛濒临塞内加尔海岸,面向达喀尔,自15~19世纪,相继被葡萄牙、荷兰、英国和法国占领,是非洲海岸最大的奴隶贸易中心。岛上隐陋的奴隶居住区和装饰华丽的奴隶贸易场所形成鲜明的对比,使戈雷岛的建筑极具特色。今天,戈雷岛既是人类发掘研究的考古遗址,也是旅游胜地和自然保护区。”

戈雷岛濒临塞内加尔海岸,面向达卡尔,殖民主义统治时期,有4000万的非洲黑奴从这里被贩卖到美洲及世界其他地区。今天的戈雷岛作为博物馆式的场所,整体保留了当年贩奴的硬件遗存,建筑物及周边场地和海域,以及铁栅、镣铐等,都提供出当年将要成为奴隶的黑人与故土生离死别的场景。人类历史上规模最大、路途最长的集体奴役行为,血泪斑斑地显现出来。

应当说,“奴隶交易线路”是一种从内容到形式都非常特殊的文化现象。联合国教科文组织最早于1993年推出“奴隶交易线路”的概念,主要涉及非洲、大西洋、印度洋和地中海各国。目前,这条线路上已有一些重要历史遗迹被列入《世界遗产名录》,主要分布在塞内加尔、加纳、马里、莫桑比克、坦桑尼亚、贝宁、古巴和巴拿马等国。例如,贝宁的阿波美王朝(Royal Palaces of Abomey)就曾与西班牙进行奴隶交易,马里的杰内古城(Old Towns of Djenné)也曾有奴隶买卖的历史。

贝宁:阿波美王宫

Royal Palaces of Abomey

Date of Inscription:1985

Extension:2007

Criteria:(iii)(iv)

Property:47 ha

Buffer zone:181 ha

Province du Zou

N7 10 60 E1 58 60

Ref:323bis

马里:杰内古城

Old Towns of Djenné

Date of Inscription:1988

Criteria:(iii)(iv)

Djenné Circle,Region of Mopti

N13 54 23 W4 33 18

Ref:116rev

《世界遗产名录》对“阿波美王宫”的概要描述是:“1625 年至 1900 年,权倾一时的阿波美王朝的 12 位皇帝相继在位。除了阿卡巴皇帝建了一处单独的宫殿之外,其余的各位皇帝都把皇宫建在同一城墙之内。考虑到与原来的宫殿的搭配,各个皇帝因地选材,形成完美的建筑群。阿波美皇宫是已消失的阿波美王朝的独特见证。”

《世界遗产名录》对“杰内古城”的概要描述是:“自公元前 250 年开始有人居住,杰内后来发展成撒哈拉黄金贸易的中心。15 到 16 世纪间杰内成为伊斯兰教义传播的中心。城内的古建筑约有 2000 座,被完好地保存下来。为适应季节性洪水,房屋建在了小丘之上。”

作为理性的科学研究,对黑暗的历史需持中肯的态度,以确保反面遗产的积极意义。2004 年,联合国教科文组织就以“纪念反抗和废除奴隶制度”为主题,在加纳召开了一次学术会议,专门研究“奴隶交易线路”上的遗产保护问题。

所有的努力,都是在提醒人们记住,《世界人权宣言》所强调的“人人享有本宣言所载之一切权利与自由,不分种族、肤色、性别、语言、宗教、政见或他种主张、国籍或门第、财产、出生或他种身份”,“人人有权享有生命、自由与人身安全”,以及“任何人不容使为奴役;奴隶制度及奴隶贩卖,不论出于何种方式悉应禁止”,都不再仅仅是抽象的条文,而是可触可见的真实物态。

以反面内容阐发正面精神的这种方式不局限于历史,而可以延续到当代,以至于未来。比如,人类社会的最新主题之一就是关于核控制的,属于关乎人类命运及地球安全的重大话题,体现了主流的关于和平的显性价值观。

马绍尔群岛的比基尼环礁核试验地(Bikini Atoll Nuclear Test Site)和日本的广岛和平纪念公园(Hiroshima Peace Memorial),作为文化遗产,以它们独特的内涵和形式将世界遗产和核控制这两个看似不相干的内容紧密地联系在了一起。前者为结束“二战”后,紧随冷战时代的来临,美国在太平洋马绍尔群岛的比基尼环礁重启的核试验基地。迁移当地居民之后,从 1946 年至 1958 年之间共进行了 67 次核试验,其中包括 1952 年的第一次氢弹爆炸。后者则是众所周知的结束“二战”的核爆地,世界遗产委员会认为,广岛和平纪念公园成为人类半个多世纪以来为争取世界和平所取得成就的力量象征。

马绍尔群岛:比基尼环礁核试验地

Bikini Atoll Nuclear Test Site

Date of Inscription:2010

Criteria:(iv)(vi)

Property:73,500 ha

Buffer zone:130,425 ha

N11 35 60 E165 22 50

Ref:1339

日本:广岛和平纪念公园

Hiroshima Peace Memorial

Date of Inscription:1996

Criteria:(vi)

Property:0. 4 ha

Buffer zone:42. 7 ha

Hiroshima Prefecture

N34 22 60 E132 26 60

Ref:775

有着人间天堂般美景的马绍尔群岛以及广岛,因为有了这样的历史,从而使它们作为公法上确认的世界遗产承载着和平与核爆的双重含义。对关乎当今人类重大事务的领域,世界遗产从来要站在发出声音的前沿,通过保护经法定程序而被确认的世界遗产,强调一种立场,倡导一种价值,将世界遗产的价值定位和世界遗产规则实施的真正意义凸显出来。马绍尔群岛的比基尼环礁核试验地和日本广岛和平纪念公园以世界遗产的身份出现,其主题直指人类当今要务——核控制,具体意旨亦十分明晰:削减核军备,防止核扩散,消除核威胁,目的是强调正面的关于和平、自由、平等、人权的价值观。

第三节　为世界带出新活力

世界遗产事务在全球运行数十年来,将一种不同以往的理念和价值观带给了全世界。一年一度的世界遗产大会,呈现给人们越来越丰富的名录、理念及原则。在实际的操作当中,更是不断地有惊喜奉献于世。我们能够看到,从遥远的白垩纪恐龙遗迹到年轻的现代建筑悉尼歌剧院,从亚北极的冰川到赤道边的热带雨林,都进入了世界遗产的浩荡行列。因而,必须思考,世界遗产如何深广地影响着不同意识形态社会中人们的行为准则和目标;不同文化中的人们为何都张开双臂,迎接和拥抱叫作"世界遗产"的同一个对象。

一、世界遗产将普适性的文明理念传递出来

在全球化时代,人类要面对不断被提出的新课题,整合自然和文化的资源,创造新的符合人类共同发展目标的价值观体系。世界各国要共同营造和平文化的环境,要本着宽容原则,保持对别种文化尤其是对所不了解文化的尊重态度,一个良好的多样性的文化生态才有可能出现。在良好的文化生态条件下,人类也才能够共同达成与自然的和谐,从而持续发展。这是大多数国家和民众所选择的基本价值观,体现着普适性文明理念的确立。世界遗产无疑是彰显这种主流价值观和文明理念最丰富的载体,所有的遗产作为具象的符号,将适用于今人的文明理念而传达和诠释出来。

为强调其普适的文明理念,世界遗产从诞生起就具有作为人类共同遗产的根本属性。如前所述,包括南极、外层空间、公海及其海底资源、世界遗产、文化多样性的格局、数字化遗产这六大部分的"人类共同遗产",是由数十年来的国际法逐渐培育和确认的一个集合性概念。它作为一个范畴不断扩展着的公法概念,不仅使人们认识世界的空间得以立体的扩展,而且更是为了人类的共同利益,以和平发展为目的而存在的。世界遗产作为其中重要的组成部分,也承担着义不容辞的使命,在法律的、行政的、民间的各个层次要发挥其特殊的

作用。

就整体精神而言,世界遗产作为全人类的共同遗产,具有《世界遗产公约》所强调的“突出的普遍价值”。尽管所有的遗产项目本身都有自己独一无二的特性,而当它们成为世界遗产后,就有了共同的大属性。它们都是世界遗产,都在为阐发全球性主题,为实现和平目标,为保障人权、文化尊重和持续发展,进行着充分的“论证”。

二、世界遗产为法律植入新的命题

当世界遗产总数逐年上升,《世界遗产公约》缔约国不断增加,拥有世界遗产的国家越来越多,世界遗产从理念到实体均已成为人类生活的重要组成部分,深深地影响着人们判断文化与自然价值的标准。而这些变化,均是在法律的框架中得以实现的。

世界遗产的法律体系由上而下形成了稳定的框架,1972 年 11 月联合国教科文组织第 17 届大会出台《世界遗产公约》不仅是一个里程碑,标示着保护世界遗产的全球化行动的开始,而且也成为联合国体制下实施最成功的公约之一。

呼应本书第一章对国际法的价值定位,《世界遗产公约》之于世界遗产是其根本大法。它创造了一种事物,也构造出一个主题,使世界遗产成为一个专有术语,世界遗产的概念也得到国际法上的确定。由此,全世界才有了一个共同的认识文化价值和自然价值的准则。2003 年的《保护非物质文化遗产公约》则极好地补充了《世界遗产公约》31 年间一直未能涵盖的部分,即保护无形的文化遗产。这两个公约为世界遗产事务在全球的开展设定了国际法框架。在法律框架当中,各缔约国政府、相关组织、专业人员大规模、持续性地投入到世界遗产的事务中,为世界遗产事务的成功运作而努力。尽管《世界遗产公约》和《保护非物质文化遗产公约》的出台时间相差 31 年,但无论从内容上抑或意义上而言,它们都是不可分割的亲缘法律。这两部公约所确定的物质类世界遗产与人类非物质文化遗产彼此相依,共同构成了丰满完整的遗产概念,并使遗产的全球性保护得到了法定理念和法定规则的强力支撑。

法定规则中的世界遗产不仅仅停留在国际法的范畴上,缔约国国内的相关立法对于世界遗产保护而言,起着更为关键的作用。它要针对当地世界遗产项的具体情况,直接有效地予以法律上的保障。一些国家有长期、稳定的保护文化遗产和自然遗产的法律群,但在与执行公约的同步进程中尚需着力跟进。

三、世界遗产自身的生长和完善

随着人类生存理念的变化,世界遗产内容和种类也是在不断调整中的。《世界遗产公约》实施的初期确定了文化遗产、自然遗产、文化与自然双重遗产共三种遗产类型。文化遗产主要以文物、建筑群、遗址为主,能够体现人类的杰出创造,见证各个历史阶段的文明。自然遗产具有科学研究和自然审美的价值,包括自然地貌、动植物生境区和天然名胜区。文化与自然双重遗产,则是同时含有文化与自然两方面因素的遗产项。

在公约通过 20 年之后,文化景观作为一个单独的遗产类别被添加进来。文化景观以独特的视角和选取的范围,既不同于文化遗产对文化的倾情关注,也与自然遗产对自然的关爱有所区别。它主要体现的是人类长期的生产、生活与大自然所达成的一种和谐与平衡,与以往的单纯层面的遗产相比,它更强调人与环境相融共存、可持续发展的理念。

2003 年非物质文化遗产的概念确定后,世界遗产事务又增添了追求物质遗产与非物质遗产相吻合的新层次。依照两个公约规则而产生的物质类遗产和非物质文化遗产,它们之间如果能够彼此呼应、彼此映衬,则使遗产的结构层次有所提升,并达到较高的境界;我们可称之为“遗产对儿”。具体而言,即同一个遗产资源地既拥有物质类遗产,又拥有非物质文化遗产,且二者密切关联,甚至不可分割,彼此互补构成一组“遗产对儿”。“遗产对儿”能够立体地展现某一个遗产资源地的地方文化样态,强调出文化遗产与相关人文要素、自然环境的一体性,从而体现世界遗产和人类非物质文化遗产的突出的普遍价值以及遗产事业的重要意义。“遗产对儿”进入各级名录,是遗产事业运作的明确方向,尤其是两个公约所带的名录注重“遗产对儿”的组成已成为趋势。像菲律宾伊富高人的稻米梯田(Rice Terraces of Philippine Cordilleras)和他们吟诵丰收的哈德哈德圣歌(Hudhud Chants of the Ifugao),摩洛哥马拉喀什古城(Medina of Marrakesh)和它的雅马埃尔法那广场文化空间(Cultural Space of Jamaa el-Fna

Square)，就是物质特色与非物质特色有机契合的“遗产对儿”典范。

在经济一体化的时代，保持住每种文化的特性以及文化特性所依赖的环境，才能在多元的社会中有效地保障人权，实现和平发展的目标。这样的逻辑思路在世界遗产事务中可以是比较具象的。比如前述的关押过曼德拉的罗宾岛，见证着南非种族隔离制度最黑暗的岁月，它作为世界遗产，就是争取人权的一个符号；日本的广岛和平公园蕴意更为突出，彰显的就是和平；厄瓜多尔加拉帕戈斯群岛、挪威的峡湾、澳大利亚大堡礁等典范的自然遗产，不仅起着描述地球历史、归纳自然法则的作用，还提示着环境持续保持的原则。

挪威：西挪威峡湾—盖朗厄尔峡湾和纳勒尔峡湾

West Norwegian Fjords-Geirangerfjord and Nærøyfjord

Date of Inscription：2005

Criteria：(vii)(viii)

Counties of Møre & Romsdal and Sogn & Fjordane

N62 7 0.012 E7 10 0.012

Ref：1195

澳大利亚：大堡礁

Great Barrier Reef

Date of Inscription：1981

Criteria：(vii)(viii)(ix)(x)

Property：34, 870, 000 ha

Off the east coast of the Queensland mainland

S18 17 10 E147 42 00

Ref：154

《世界遗产名录》对“西挪威峡湾—盖朗厄尔峡湾和纳勒尔峡湾”的概要描述是：“挪威峡湾—盖朗厄尔峡湾和纳勒尔峡湾位于挪威西部的峡湾地区。现在加入名录的两个峡湾不仅仅是最有名的，也是每处超过500平方千米，且未经破坏的地区。最值得注意的是位于两条峡湾中间的，是欧洲大陆最大的冰川。挪威峡湾就是在冰川时期被覆盖在欧洲大陆北部的巨大冰川，在成千上万年的时间里以每一千年半米的速度侵蚀形成的。”

《世界遗产名录》对“大堡礁”的概要描述是:“大堡礁位于澳大利亚东北岸,是一处延绵2000千米的地段。这里景色迷人、险峻莫测,水流异常复杂,生存着400余种不同类型的珊瑚礁,其中有世界上最大的珊瑚礁,鱼类1500种,软体动物达4000余种,聚集的鸟类242种,有着得天独厚的科学研究条件,这里还是某些濒临灭绝的动物物种(如人鱼和巨型绿龟)的栖息地。”

四、世界遗产赋予人类集体的责任

世界遗产在“人类共同遗产”当中最具有可触可感的特点,可被视为“人类共同遗产”具体的代表,在日常生活当中能够为人们所认知。在全球开展世界遗产事务,是将世界各地的文化存在和自然状貌的精华提取出来,通过法定的程序和标准,普及文明、善意的理念,从而带动各项有益于人类发展事业的展开。并且,世界遗产保护是从政府、群体到个人都可以尽力的事,由国家大行为到个人小细节都能够反映出来。

在保护世界遗产的过程中,需要将一种氛围渐渐地营造出来,使关乎人类集体命运的意识树立起来。这样,世界遗产使不同地域的人产生凝聚力、认同感和自豪感,更能强调出保护世界遗产是集体的责任。

当然,需要承认天灾、人祸一直以来就是侵害世界遗产的反面力量。从联合国教科文组织历年的报告中我们也忧虑地看到,气候变化已经大范围地影响了全球的世界遗产,而气候变化又与人类的活动有着直接的关系。同时,战争和贫穷也对世界遗产造成直接或间接的威胁。因此,我们更需要以集体的责任感,以一种全球视野来关爱世界遗产,通过世界遗产事务的持续开展,珍视我们的过去,保护我们的今天和未来。

五、世界遗产带动研究和教育事业

运作成功的公约,数量丰盛的遗产项目,必然要求世界遗产的研究也能够与世界遗产的发展趋势跟进,为世界遗产事务的有效运作提供全面的学术支撑。同时,对于民众的世界遗产教育也应有层次地展开。

早在1988年，第12届世界遗产大会即提出了开展世界遗产全球性研究的规划。其后，这一议题历年都是大会讨论的重要内容。1991年第15届世界遗产大会深化了全球性研究的意旨：世界遗产研究不可做百科全书式的简化介绍，而应当建立自己的学术框架。显然，作为新建学科，系统性的研究方法十分重要，也极其具有挑战性。由于世界遗产丰富的内容，及各国所拥有遗产项在各方面的差别，在这个基础上1993年的大会上又确立了多样原则，即在不违背世界遗产宗旨的前提下，全球性研究可以建立多种模式的研究体系。

这个学科框架的搭建方法，当然可以多种模式，体现学术自由。但有一个总原则不能避开，更不能违背，即"全球性视角"——研究世界遗产这一全球性事务与生俱来的要求；否则，可能导致以偏概全，误解世界遗产的初衷，并误导人们对世界遗产理念的理解。

在准确研究的基础上，将世界遗产纳入中高等教育。在中学开设基础课程，在大学本科、研究生阶段设置高级课程及研究方向，不仅能为公民普及应具备的知识，更能为将来需求量越来越大的世界遗产地、政府机关、研究开发机构输送专业人才。目前，德国、西班牙、日本及我国，在世界遗产教育方面均处优势。

此外，举办大型展览和各类论坛，设立世界遗产日，都是让正确的理念付诸行动的必要手段。许多国家都设立了"世界遗产日"或"文化遗产日"。这些特别的日子，作为国家、民族的庄严节日，要使爱护世界遗产的意识深入民心，使爱护遗产成为大众的自觉行为。

世界遗产在法制、行政、教育、宣传等多层面上要求渗透到位，同时也为这些领域增添了前所未有的任务。为使世界遗产保护的目标得以实现，世界也多了新的欢愉、新的忧虑以及新的责任。而正是这些复杂内容，构成了人类生活的新活力。

Chapter 14 第十四章 世界遗产典型案例

第一节 两国或多国共享遗产案例

一、罗马帝国防御长城

1987 年,英国的哈德良长城与中国的长城作为特点最相似的防御工事,双双进入《世界遗产名录》,曾经是世界遗产这宗全球性事务发展史上的夺目亮点。2005 年,哈德良长城被扩展为“罗马帝国防御长城”(Frontiers of the Roman Empire),范围延伸至德国,成为英国和德国共享的一项世界遗产。

德国、英国:罗马帝国防御长城

Frontiers of the Roman Empire①

Date of Inscription:1987

Extension:2005,2008

Criteria:(ii)(iii)(iv)

Property:2000 ha

N54 59 33.4 W2 36 03.6

Ref:430bis

① 此遗产项 1987 年列入《世界遗产名录》时名称为“Hadrian's Wall”(哈德良长城),2005 年扩展后改今名。

世界遗产哈德良长城何以延至德国呢？以往的扩展项目均在一国之内进行，如我国的明清皇陵即在2000年的明显陵、清东陵、清西陵的基础上分别于2003年和2004年扩展了明十三陵、明孝陵和盛京三陵。此次德国境内古罗马长城的扩展开创了跨国扩展的先例，并且两国之间有大海相隔。（2005年同时跨国扩展的另一项世界遗产是“比利时和法国的钟楼，Belfries of Belgium and France”。这项遗产1999年进入名录时记录为比利时“佛兰德斯和瓦洛尼亚的钟楼，Belfries of Flanders and Wallonia”。）

尽管两国不接壤，但“罗马帝国防御长城”这项世界遗产在内核上是紧密相连的。公元1世纪开始，罗马人扩张疆域，使罗马帝国控制力大大伸展。到罗马皇帝图拉真（98～117年在位）统治时期，其疆土环绕地中海，东至美索不达尼亚，南至北非各国，东北延至黑海北端，而西北则占有南部英国。图拉真死后，哈德良继位（117～138年在位）。哈德良认为罗马帝国领土广大，必须加强防卫，于是下令建造边境防御工事。在不列颠，罗马人修建了隔绝英格兰和苏格兰的边境防线，即被后人称为“哈德良长城”的防御工事。哈得良长城从东到西横切大不列颠岛，长约73千米，从122年开始兴建，耗时6年。

然而，整个环绕罗马疆域的边境线有5000多千米。如果将英国西海岸大西洋作为起点，罗马长城穿越英伦，从德国北部横穿欧洲，入亚洲至伊拉克下转，越红海入非洲，由北非各国西去，又至大西洋。罗马长城，其实就是将罗马的地域“圈”起来，只是这个“圈儿”比较大。今天之地中海名称，即由当年罗马帝国广袤土地中间的海而来。

德国的罗马长城从西北部的莱茵河开始，一直延至德国东南部的多瑙河上游，全长大约550千米，是罗马长城在欧洲大陆上极具特色的一部分。它穿越了德国的莱茵兰法耳茨、黑森、巴登符腾堡、巴伐利亚四个州。德国的罗马长城建造在时间上的延续，大约从公元1世纪末至公元270年。由目的而言，罗马长城最显著的功能不仅是抗击外敌，而且是以一种牢固的方法隔绝边境线内外的世界，从而保障罗马帝国的安全。罗马人在修建城墙、壕沟的基础上，不断加固沿线的防御工事，建造了大约1000个瞭望塔及200个不同规模及形态的堡垒、驿站。这样，德国境内的罗马长城不仅构成了壮观绵延的特殊景观，而且是欧洲大陆规模最大的考古遗迹。

考古遗迹能够保留至今,得益于长期的维护和珍惜。18 世纪,德国开始了对罗马长城的发掘、整理、保护工作。这些遗迹对后人了解罗马时代的历史文化,提供了极好的实体证据。与英国对待哈德良长城一样,德国也将罗马长城的保护看得很重要。不仅保护长城本身,还设立大范围的考古公园,使许多地段的长城至今仍然完好无损。

罗马帝国边境长城依自然地势而建,巧妙利用了自然地貌本身的一些特点,沿河流、湖海的边线蜿蜒相连,如莱茵河、多瑙河、黑海、红海都是其漫长边境线的组成部分。作为世界遗产,其价值在于:它既为罗马曾经拥有的疆域的标记,更是人类驾驭大规模工程技术的伟大能力的体现,见证了一定历史时期人类创造力的高度发达水平。

《世界遗产公约》是联合国体制下实施最为成功的国际公约之一。在其数十年的实施发展进程中,政策与思路总是与时俱进,世界遗产的构成方式也不断出新。跨国扩展世界遗产项目,无疑是其丰富历程中的一步,是其美好篇章中曼妙的一笔。跨国扩展的成功因素在于国家与国家之间有善意、宽容的态度,保持一种开放的姿态,共同挖掘跨国扩展世界遗产的资源。既然世界遗产的法律主体是全人类,那么它就没有必要拘泥于一国一地。有关联的遗产合二为一,无论彼此距离多远,都是有利于国际合作与和谐的。

二、十国共享一项遗产

2005 年产生的 24 项世界遗产中出现了许多惊喜,如自然遗产的比例较往年增大;有 3 个国家实现了零的突破,成为世界遗产拥有国。而其中最大的亮点是诞生了一项世界纪录:斯特鲁维测量地点(Struve Geodetic Arc),以跨国遗产的身份申报成功,成为芬兰、挪威、瑞典、俄罗斯、拉脱维亚、爱沙尼亚、立陶宛、乌克兰、白俄罗斯和摩尔多瓦 10 个国家共同拥有的一项世界遗产。这是物质类世界遗产有史以来首次有 3 个以上的国家共同申报一个项目成功进入《世界遗产名录》,之前的 20 余年间共产生过 14 项物质类的跨国遗产,均为两国共有。而十国共享,确为突飞猛进的收获,也传达出世界遗产事务在全球开展以来不懈坚持的基本精神红线。

芬兰、挪威、瑞典、俄罗斯、拉脱维亚、爱沙尼亚、立陶宛、乌克兰、白俄罗斯和摩尔多瓦：斯特鲁维测量地点

Struve Geodetic Arc

Date of Inscription：2005

Criteria：(ii)(iii)(vi)

N59 03 28 E26 20 16

Ref：1187

斯特鲁维测量地点以 19 世纪俄国天文学家 F. G. W. 斯特鲁维(Friedrich Georg Wilhelm Struve)命名。斯特鲁维从 1816 年至 1855 年主持了一次重要的地球子午线测量活动，涉及国家众多，被科学史认为是第一次对子午线的长距离的精确测量。这次测量对其后建立标准的初始子午线及标准的地图绘制，起到了重要的规范作用。它不仅是历史上多国科学家通力合作的范例，也是多国君主及政府为科学事务相互协作的范例。

这项世界遗产所包含的子午线测量地点群，从挪威北部的港口城市哈默菲斯特(Hammerfest)，至黑海，穿越 10 个国家，连线总长共 2820 多千米。斯特鲁维当初主持测量时，有 258 个测量小组，265 个测量站点，分布于各国各地。该世界遗产项目选择了其中 34 个测量点遗址，作为遗产的基本构成内容。实物主要包括测量时遗留的标志性结果，如岩石钻孔、铁十字架、石堆界标以及纪念碑等相关建筑物。

这项遗产之所以能一举成功，在于其历经 12 年之久的精心准备。从动议到正式申报，10 个国家的政府、相关组织和专家通力合作，付出了很大的心血和努力。

1993 年世界科学大会上，芬兰专家阿尔内 · 维里埃(Aarne Veriö)提议，将斯特鲁维测量线上的各个连接点遗址作为申报世界遗产的项目。1994 年，国际测绘联盟(International Federation of Surveyors)大会上，芬兰专家塞波 · 赫尔梅莱(Seppo Härmälä)提交了一份提案，得到了许多专家的响应。其后的 5 年间，各国专家书面协调和交流相关事宜，各国测绘组织及政府主管部门也给予支持。最后几年的汇总、比较、选择及整理系统完备文件的工作，交由芬兰测绘局局长亚尔莫 · 拉蒂亚(Jarmo Ratia)领导的一个班子来完成。2004 年 1 月 28

日,由芬兰文化部长坦贾・卡尔佩拉(Tanja Karpela)代表 10 个国家的政府,致信联合国教科文组织世界遗产委员会,同时提交了一套完整的文件卷宗,这个最精确子午线的测量地点群正式申报世界遗产。

以往的科技遗产以"点"为主,如沃达蒸汽泵站、威堡广播电台;以"线"为特点的也仅限于一国之内,如印度的大吉岭喜马拉雅铁路(Darjeeling Himalayan Railway)。此次"点""线"结合,弧度跨越了近 3000 千米的地域,可谓极大的突破。

三、比利牛斯—珀杜山

法国与西班牙共享的比利牛斯—珀杜山,在地理上连接,在文化上一致,只有国界之分而无性质之别。

《世界遗产名录》对"比利牛斯—珀杜山"的概要描述是:"雄伟壮观的比利牛斯山脉,是法国与西班牙两国的界山。以海拔 3352 米的珀杜山顶峰为中心,方圆 30,639 公顷。在西班牙一侧是欧洲两个最大最深的峡谷。法国一侧为更加陡峭的北坡是三个大片环形屏障,表现出典型的地质地形。除雄伟的山脉,这个地区还显现出恬静的田园风光,反映出地处欧洲高地的人们从前普遍的农业生活方式。进入 20 世纪依然如故。只有在比利牛斯地区,可以通过村庄、农场、原野、高地牧场和崎岖的山路这些独特的景观,去回顾久远的欧洲社会。"

比利牛斯山是欧洲西南部最大的山脉,是阿尔卑斯山脉向西南的延伸部分,西起大西洋比斯开湾,东迄地中海利翁湾南。按自然特征分为三段:西比利牛斯山,自比斯开湾畔至松波特山口;中比利牛斯山,自松波特山口至加龙河上游河谷;东比利牛斯山,自加龙河上游至利翁湾南,亦称地中海比利牛斯山。东西走向,一般海拔在 2000 米以上,以海拔 3352 米的珀杜山顶峰为中心,面积达 3 万多公顷。北部山坡的气候类型属于温带海洋型,植被有山毛榉和针叶林。南部山坡则属于亚热带夏干型气候,植被类型为地中海型硬叶常绿林和灌木林。

自从旧石器时代,居民就已经开始在这里居住。西班牙、法国虽以比利牛斯山脉为界,但在长期交往中,两国在文化上具有极大的相似性,特别是在使用梯田的方式和特点上更是相像。这里的人们采用的是地处欧洲高地的人们一成不变的农业生活方式。回顾久远的欧洲社会,人们只有在比利牛斯地区,才可以通过村庄、农场、原野、高地牧场和崎岖的山路这些独特的景观得到体验。因而,两国共同拥有这项值得骄傲的无论在地理还是文化上都不能分割的双重遗产。

法国和西班牙:比利牛斯—珀杜山

Pyrénées-Mont Perdu

Date of Inscription:1997

Extension:1999

Criteria:(iii)(iv)(v)(vii)(viii)

Property:30, 639 ha

France:Midi-Pyrénées Region,Hautes-Pyrénées Déparetment;1999 Extension:Commune of Gèdre

Spain:Autonomous Community of Aragón,Province of Huesca,Communes of Torla,Fanlo,Tella-Sin,Puértolas,Bielsa,and Broto

N42 41 7. 512 E0 0 1. 8

Ref:773bis

第二节　发达国家的濒危世界遗产案例

贫穷、战乱国家无暇顾及保护工作而致使自己的世界遗产进入濒危的行列,属正常逻辑。而濒危世界遗产出自发达国家,则需要费些思量。世界遗产的意义,就在这样的非惯性思维中得以阐发。

一、大沼泽地国家公园

大沼泽地国家公园成为濒危世界遗产的直接原因是飓风。1991 年,名为

“安得鲁”的飓风席卷了佛罗里达,造成公园内大量动植物损失。

同时,综合的原因是多年累积的问题。一方面,是环境恶化。公园内有14种鸟类濒临灭绝,外来物种的入侵、鱼类及其捕食者的汞中毒等都严重威胁着这个公园的生态。受湿地生态环境改变的影响,佛罗里达湾已经由原来物产丰富的河口,变成了海藻聚集处。海藻的数量由1945年少于50万剧增到目前的600万之多。

许多珍稀动物如美洲短吻鳄、玫瑰色阔嘴鸭鱼、泥龟、海豚和幼鲨要在这一带栖息。橄榄绿色的美洲鳄,鼻子比短吻鳄更长更窄。公园内的大赛普里斯保护区是这些美洲鳄在美国的唯一栖息地。体型优美的海牛在佛罗里达关岛附近的海中生活,它们一般长约3米,重约500千克。海岸附近繁忙的水上交通导致许多海牛死亡,更多的则被机动船的螺旋桨弄得伤痕累累。

另一方面,是人类活动。20世纪早期拓荒者发现死去的莎草层是很好的肥料,于是开始排水、灌溉,导致约四分之一的大沼泽地成了农田,运河也改变和控制了水流。这也破坏了水与野生动物之间的平衡。

美国:大沼泽地国家公园

Everglades National Park

Date of Inscription:1979

Criteria:(viii)(ix)(x)

Property:592, 920 ha

Southern tip of the Florida peninsula, along the Gulf of Mexico, State of Florida

N25 33 16 W80 59 47

Ref:76

《世界遗产名录》对“大沼泽地国家公园”的概要描述是:“被称为‘一条被草覆盖的河从内地缓缓流向海洋’的大沼泽地国家公园位于佛罗里达州的南端。这里的水域生活环境为无数的鸟类和爬行动物,以及海牛一类的濒危动物提供了很好的栖息地。”

大沼泽地国家公园建于1948年,面积约5670平方千米,属热带与亚热带。这里沼泽遍布,河道纵横,小岛数以万计,陆地、水泊、蓝天浑然一体。整个大沼泽长约100千米,宽约80千米,其中央是一条浅水河,河上有无数低洼的小岛,或所谓硬木群落,星罗棋布。当河流向东南方缓缓地流淌时,大海与之汇合,咸水和淡水融为一体。

大沼泽国家公园在2003年被列入《濒危世界遗产名录》,其过程值得关注。至今,仍在此名录中。

二、德累斯顿易北河谷

2006年,科隆大教堂离开《濒危世界遗产名录》[①]的同时,德累斯顿易北河谷则被列了进去。

德国:德累斯顿易北河谷
Dresden Elbe Valley
Date of Inscription:2004
Criteria:(ii)(iii)(iv)(v)
Property:1930 ha
Buffer zone:1240 ha
State of Saxony(Sachsen)
N51 02 24.0 E13 49 16.0
Ref:1156
Inscription Year on the List of World Heritage in Danger:2006

德国的德累斯顿易北河谷2004年成为世界遗产,这项遗产囊括的内容跨越了现代与古典的界限,包含了易北河谷地带16~20世纪的优秀遗存,有建筑群和公园、19世纪的桥梁、18~19世纪的铁路和索道、20世纪的造船厂等,可以说既是传统遗产,又是"现代遗产",融会贯通于一体。2006年,这项遗产开始受到市政建设的威胁,当地有关在此建造大桥的决定,影响到了这项世界遗产的真实完整的价值。

易北河谷的危险境遇首先受到当地民众的关心,以至于在2008年3月10

① 引例见本书第十五章第二节。

日民众举行示威,反对建桥。作为世界遗产地,它的境遇也一直受到联合国教科文组织的关注,在连续两次警告之后,2006 年 7 月将其正是列入《濒危世界遗产名录》之中。2007 年 11 月 14 日联合国教科文组织发布的编号为 2007 – 145 的新闻稿《教科文组织对建桥的决定表示遗憾,德累斯顿易北河谷面临被逐出〈世界遗产名录〉的威胁》明确写道:

联合国教科文组织对德国法院授权修建大桥的决定表示遗憾,修建大桥可能会使德国德累斯顿易北河谷文化景观从《世界遗产名录》中除名。世界遗产委员会定于 2008 年 7 月召开一次会议,评估联合国教科文组织《世界遗产名录》中一些的遗产状况,其中包括德累斯顿易北河谷。

联合国教科文组织在派专家团进行实地考察后,向当地政府提出了改建隧道的建议。而不幸的是当地法院却做出了允许建桥的裁决。

在得知德国法院支持在易北河谷建桥的消息后,时任联合国教科文组织总干事松浦晃一郎和世界遗产委员会主席克里斯蒂娜·卡梅隆(Christina Cameron)发表了这样的声明:"德国法院今日宣布授权建造瓦尔德肖申大桥,我们对这一决定深感遗憾,这将不可挽回地破坏德累斯顿易北河谷的价值和完整性。教科文组织同德国全国及市政当局进行磋商,力图保护这项近期列入《世界遗产名录》的遗产,但终究还是失败了,这让我们十分痛心。"

根据 2007 年在新西兰基督城通过的决议,世界遗产委员会在 2008 年 7 月召开的会议上对此项世界遗产进行再次评估。松浦晃一郎先生和世界遗产委员会主席卡梅隆女士强调说:"将遗产从《世界遗产名录》中除名,从来都不是令人满意的解决方法,因为制定教科文组织《世界遗产公约》和《世界遗产名录》的目的是保证我们共同的遗产得到保护和发扬光大。教科文组织和世界遗产委员会认为自己在这方面的作用是丰富全世界的宝贵遗产,而不是破坏遗产。"

2008 年 7 月第 32 届世界遗产大会议程率先讨论了德累斯顿易北河谷的去留问题,决定在名录中继续保留(keeps)一年,以促使当地政府做出停止建设大桥并撤销工程的决定。① 但是,由于建桥计划在国内法的诉讼程序中得到认可,德国德累斯顿易北河谷于2009年从《世界遗产名录》中除名。

从法律研究的角度看,这是一个可供观察和分析的极佳案例资源。就德国国内的处理情况而言,法律程序上没有瑕疵。就建桥问题先进行了民调,民调结果有70%以上的居民支持建桥;当地文保组织和环保组织以原告身份进行了公益诉讼,穷尽了由地方法院至宪法法院的所有司法程序,诉讼结果均为原告败诉。这意味着,建桥不违反国内法。但是,建桥违反了国际法,除名不得不执行。国际法与国内法的冲突在这一案例中体现,是世界遗产事务发展过程中必然的部分,它给出丰富的信息,启发法律的衔接和融汇,会推动法律的不断修正与完善。

第三节 可弥补的案例

本书第十一章第二节已提及并分析了珠穆朗玛峰一分为二的案例。同样值得关注的相似的案例是两个伊瓜苏国家公园。它们皆留有遗憾,但均有改变的空间,是可以在今后努力弥补的。

阿根廷:伊瓜苏国家公园

Iguazu National Park

Date of Inscription:1984

Criteria:(vii)(x)

Property:55, 000 ha

Province:Misiones-Region:Nord-Est

S25 31 5 W54 8

Ref:303

① See World Heritage Centre, *World Heritage Committee Keeps Dresden Elbe Valley on UNESCO World Heritage List, urging an end to building of bridge* (July 4, 2008), Accessed http://whc.unesco.org/en/news/447.

巴西:伊瓜苏国家公园

Iguaçu National Park

Date of Inscription:1986

Criteria:(vii)(x)

Property:170, 086 ha

Paraná State

S25 41 W54 26

Ref:355

《世界遗产名录》对阿根廷的"伊瓜苏国家公园"的概要描述是:"伊瓜苏国家公园占地广大,横越巴西和阿根廷的边界,其中心地带即为著名的伊瓜苏大瀑布。伊瓜苏在当地原住民瓜拉尼族语当中即为大水之意,呈半圆形的大瀑布,由超过 275 个大大小小瀑布所组成,从平均落差为 72 米高的玄武岩山崖倾泻而下,直径广达 2700 米,其磅礴的气势,轰隆的水声,堪称世界最壮观的瀑布之一。国家公园地处亚热带雨林区,拜其气候所赐,公园内拥有超过 2000 种的维管植物,而且也是野生动物们的天堂。貘、巨型食蚁兽、吼猴、虎猫、美洲虎及大鳄鱼等动物均栖息于此。"

《世界遗产名录》对巴西的"伊瓜苏国家公园"的概要描述是:"此公园与阿根廷的伊瓜苏国家公园共同拥有全球最大、最壮观、宽达 2700 米的瀑布。许多濒临绝种的动植物以此地为家,如大水獭及巨型食蚁兽。瀑布飞溅的水气让当地植物生长繁茂。"

以行政区划角度看,伊瓜苏瀑布是阿根廷和巴西的分界。而以世界遗产项而言,伊瓜苏瀑布聚合了两国的同名国家公园。阿根廷的伊瓜苏国家公园建于 1934 年,巴西的伊瓜苏国家公园建于 1939 年。尽管有一些遗憾,进入《世界遗产名录》的时间不同,各自为独立的世界遗产项,而非两国共有的项目,但伊瓜苏瀑布本身是不可分割的,其浑然完整的魅力促使不仅是两国甚至是全世界都来关爱它。

呈马蹄形的伊瓜苏瀑布形态圆柔,气势非凡。它以水流多见长,水流沿弧线铺展开来,是"股"数(共 275 股)最多的瀑布。水流之间尚见绿树葱茏,极富层次。无论在阿根廷还是巴西,伊瓜苏瀑布周边的森林都是本国最大的森林保护区,属于国家公园的范畴。森林中动植物物种丰富,形成独特的生态系统。当地的特有物种,如乌拉圭松、乌拉圭冬青,赫赫有名。专与瀑布为伴的雨燕,在巨大的水流中穿行飞越,飞出来是它们活动的天空,飞进去是崖石中它们的家。

同为两国共同享有的瀑布类型的自然遗产,赞比亚和津巴布韦的莫西奥图尼亚瀑布则没有留下遗憾。

赞比亚/津巴布韦:莫西奥图尼亚/维多利亚瀑布

Mosi-oa-Tunya/Victoria Falls

Date of Inscription:1989

Criteria:(vii)(viii)

Property:8780 ha

Livingstone District of Southern Province of the Republic of Zambia and Hwange District of Matabeleland North Province of Zimbabwe

S17 55 28. 308 E25 51 19. 404

Ref:509

《世界遗产名录》对此项遗产的概要描述是:“这是世界上最壮观的瀑布之一。位于赞比西河上,宽度超过 2 千米,瀑布奔入玄武岩海峡,水雾形成的彩虹远隔 20 千米以外就能看到。”

莫西奥图尼亚,是“声响如雷的雨雾”,是赞比亚人对非洲最恢宏瀑布的称谓。维多利亚,作为瀑布名似乎流传更广。维多利亚女王时代的英国传教士大卫·利文斯顿,以女王名字命名此瀑布,因而这个名称广为人知。世界遗产首先尊重原生态文化,采用当地语言中的称谓,同时也充分理解多数人只熟悉后一种名称的实际情况,于是有了《世界遗产名录》中这个遗产项的正式名称。

这个名称选用上就体现了世界遗产精神的大瀑布,由滚滚而来的赞比亚河水急速转弯进入峡谷区而天成。峡谷地形曲折,瀑布被“塑造”成不同的模样,有天堑险峻、咆哮翻腾、飞雾映虹霓等不同的效果。光听听“魔鬼瀑布”“彩虹瀑布”“马蹄瀑布”和“沸腾的大锅”这些小景别名,即已感受到瀑布的复杂和壮观。

第四节　特别含义的案例

一、阿富汗巴米扬山谷

《世界遗产名录》对“巴米扬山谷文化景观和考古遗址”的概要描述是：“巴米扬山谷的历史遗址向世人展示了从公元 1 世纪到 13 世纪期间以古代巴克蒂阿里族的文化为特征的艺术和宗教的发展。”

阿富汗：巴米扬山谷文化景观和考古遗址

Cultural Landscape and Archaeological Remains of the Bamiyan Valley

Date of Inscription：2003

Criteria：(i)(ii)(iii)(iv)(vi)

Property：158.926498 ha

Buffer zone：341.950012 ha

Bamiyan Province，Bamiyan District

N34 50 48.984 E67 49 30.9

Ref：208rev

Inscription Year on the List of World Heritage in Danger：2003

巴米扬是阿富汗著名的历史和文化重镇、巴米扬省的首府，位于中部巴米扬河谷，喀布尔西北 135 千米处。巴米扬是兴都库什山的重要隘口，是古代南下北上的商旅队的必经之地，也是佛教徒的朝拜之地，曾盛极一时。

中国古代高僧法显和玄奘都曾先后在公元 4 世纪和 7 世纪时在此逗留。他们分别在《佛国记》和《大唐西域记》中对巴米扬作了生动描述。玄奘在《大唐西域记》中赞美“梵衍那”(即巴米扬)“多小川泽”，“众池澄碧，林树青葱……王城东北山阿有立佛石像，高百四五十尺，金光晃耀，宝饰焕烂。东有伽蓝……伽蓝东有输石释迦佛立像，高百余尺。”

这里海拔 2591 米，夏季凉爽宜人，群山峰巅常年皑皑白雪，是著名的避暑胜地。市东北郊的山崖上遍布大小石窟6000余座,窟内雕画着数以万计的佛像和彩色壁画、图案,造型生动。石窟群中有两尊巨佛,傍山而凿,一尊凿于1世纪,高36.5米,身披蓝色袈裟;另一尊凿造于5世纪,高52.5米,着红色袈裟。佛像脸部和双手均涂有金色。两尊佛像的两侧均有暗洞,洞高数十米,可拾级而上,直达佛顶,其上平台处可站立百余人。

千余年历史使石窟造像已经损失严重,而塔利班的炮火在21世纪之初将其彻底摧毁。2001年3月佛像被毁时,连续三四天都听得到爆炸声。而据北方联盟的报告说,爆炸后的几天,塔利班士兵间的无线电通信异常繁忙,大多是祝贺毁佛的电文。塔利班当局还在毁佛的现场宰了50头牛做祭品。塔利班高官乘直升机从四面八方赶到那里参加庆典。

大佛被炸后留下的片片碎石已被走私到了巴基斯坦的艺术商人手中,并出售到远至日本等地方。"当巴米扬大佛被毁掉时,阿富汗就像失去了一个孩子。"阿富汗临时政府的文化部副部长米尔赫达·穆塔海尔曾如是说。

2001年6月第25届世界遗产大会提前召开,开幕式上便率先就阿富汗问题进行了长时间的讨论,各国、各组织的代表纷纷发表意见:

希腊观察员强调,需要以"反文化罪"(crime against culture)的概念加强相应法律规范的约束力,希望《世界遗产公约》能够有强有力的法律群的支撑,构成严谨的可操作的国际法手段。

文化遗产分区主管陈述观点认为,在塔利班武力破坏这个案例中,尽管适用了相应的国际法手段,但联合国教科文组织除寻求道德及政治方面的渠道外,并没有富于强制效力的法律制裁,以阻止破坏活动。联合国教科文组织应当考虑构建和启动一些其他的机制,同时利用已有的法律资源,以预防更多的破坏行为的发生。比如依据人权法当中"文化权利"(cultural rights)的理念,或通过制定主题性的宣言,以及根据渊源丰富的"软法律"(soft laws),多方位加强对毁坏遗产行为的预防和制裁。

大会主席强调,要不断地重申《世界遗产公约》的基本精神,提醒各个缔约国,保护全球遗产需要密切合作,同心同德;要防止未来的悲剧重演,一定要加强公约的执行力度,加强世界遗产委员会的工作。塔利班武装的国际性罪行,以及前南战争对克罗地亚的世界遗产杜布罗夫尼克历史古城的毁坏,都向我们提示,反文化遗产的罪行必须受到国际法庭的制裁;联合国教科文组织必须建立更加长远的法律框架计划,使《世界遗产公约》与其他国际法律文件的汇合点能够彼此作用,并且要与联合国安理会有所沟通,使得制裁在对待文化遗产的事务上具备可能性,并可以妥善处置类似阿富汗文化遗产被破坏事件的问题。

联合国教科文组织表示,将巴米扬山谷列入世界遗产,即“象征着国际社会希望类似蓄意摧毁佛像的极端行为不会再发生”。

二、耶路撒冷古城

《世界遗产名录》对“耶路撒冷古城及城墙”的概要描述是:“耶路撒冷作为犹太教、基督教和伊斯兰教三种宗教的圣地,具有极高的象征意义。在它的220个历史建筑物中,有著名的岩石圆顶寺,建于7世纪;外墙装饰有许多美丽的几何图案和植物图案。三大宗教都认为耶路撒冷是亚伯拉罕的殉难地。哭墙分隔出代表三种不同宗教的部分,圣墓大堂庇护着耶稣的墓地。”

作为《濒危世界遗产名录》设立之后进入这个清单的第二项世界遗产,耶路撒冷的古城和城墙的处境世人皆知。由于其特殊的宗教地位,并处于长期冲突之中,这项极具文化价值的世界遗产就格外触动各方敏感的神经。它在1981年成为世界遗产两年后,进入濒危行列。其特别的地方在于,由约旦实施管理和保护权,《世界遗产名录》也将其单列,没有归属任何国家名下。这样做的目的非常单纯,即针对现实有效保护这项世界遗产。

由第三方暂管,这也是世界遗产中的特例,其中无疑融入了国际社会对这项世界遗产极其特别的关怀。

耶路撒冷:耶路撒冷古城及城墙(由约旦暂管)

Old City of Jerusalem and its Walls(site proposed by Jordan)

Date of Inscription:1981

Criteria:(ii)(iii)(vi)

Jerusalem District

N31 47 E35 13

Ref:148rev

Inscription Year on the List of World Heritage in Danger:1982

希律王是“圣地”——耶路撒冷的统治者。公元前37年,25岁的希律王被罗马帝国任命为“圣地”统治者,称为“犹太王”。在位的34年间,希律王大兴土木,修建了一大批像马萨达堡垒一样纪念碑式的建筑,其中最著名的是被称为“第二圣殿”的“犹太人第二神庙”。然而,公元70年神庙被罗马人拆毁,残留的西墙——“哭墙”成为犹太人最神圣的地方之一。至今,人们仍可看到环绕耶路撒冷古城修建的城墙。

三、加拉帕戈斯群岛

关于地球生物进化的认识论,其观念源泉离不开达尔文理论。自然遗产诉说地球故事,解释地球生物进程,其学术依据的重要基础是进化理论。本身为世界遗产的加拉帕戈斯群岛,恰恰又是达尔文理论的重要证据地。看看《物种起源》(Origin of Species)的主要内容,也能感受其理念的影响力:

1. 家养状况下的变异
2. 自然状况下的变异
3. 生存斗争
4. 自然选择;即最适者生存
5. 变异的法则
6. 学说的难点
7. 对于自然选择学说的种种异议
8. 本能
9. 杂种性质
10. 论地质记录的不完全
11. 论生物在地质上的演替
12. 地理分布
13. 生物的相互亲缘关系

当然,达尔文理论在历史的进程中,也曾部分地或细节性地受到过否定,但其基本的核心红线还是比较稳固。有趣的是,反对达尔文理论的人也去加拉帕戈斯寻找证据。世界自然遗产仅仅反映地球生物演进的历程,是属于科学范畴的问题，而绝不会扩展为文化达尔文主义。

加拉帕戈斯群岛被人称作独特的“活的生物进化博物馆和陈列室”。现存着一些稀有的动物物种，如陆生鬣蜥、巨龟和多种类型的鸟雀。1835 年查尔斯·达尔文（Charles Darwin）观察了这片岛屿后，从中得到感悟，为进化论的形成奠定了基础。

当查尔斯·达尔文乘坐英国皇家舰船“猎犬”号船到达该群岛时，对该群岛留下深刻的印象，因而激发他撰写了《物种起源》这一旷世巨著。给达尔文灵感的主要是加拉帕戈斯的成群结队的雀科鸣鸟。所有这些鸟都是偶然从南美洲飞抵这里的古老品系的后代。它们在整个群岛上找到了许多闲置的适于栖息的生态环境，并进化成能在体形大小、鸟喙形状、羽毛颜色、声音、饮食和行为等方面各有不同的 13 个品种。不同品种的鸟的嘴部差异性就是这种适应性传播的最好证明。有些鸟具有典型的食籽喙，另一些以仙人掌植物为食的鸟长有一种长而尖的嘴，还有一些以昆虫为主食的鸟拥有一个小乳头状的鸟喙。啄木鸟不仅长有一个专门的喙，而且还形成一种复杂的行为模式，包括用仙人掌刺去捕获裂缝中的幼虫。

加拉帕戈斯群岛是由海底抬升的熔岩堆积物形成的一组海洋岛。群岛从北向南延伸 300 千米，由 15 个大岛、42 个小岛和 26 个岩礁组成。总面积约 7800 平方千米，其中 96.6% 的面积现为国家公园，其周围为一个面积 79.9 平方千米的海洋保护区。

加拉帕戈斯群岛还是地球上唯一有海鬣蜥的地方。这些蜥蜴仅以海草为食，并且通过发育不完全的蹼足适应了海上生活方式。7 种不同的海鬣蜥，每种都显示明显的差异，并在不同的岛屿上进化。6 个岛屿上均有一种为加拉帕戈斯群岛特有的陆鬣蜥。群岛还以另一种爬行动物——巨龟闻名于世。成熟的龟体体重可达 180 公斤。在加拉帕哥斯群岛附近的水域发现的其他两种海生动物，也同为特有物种：加拉帕哥斯海狗是亚南极属中唯一的热带代表，喜夜间活动；而另一种加拉帕哥斯海狮则在白天活动。

群岛上活跃的生命给了达尔文科学灵感，支撑了达尔文理论。达尔文理论长久而广泛地影响着人类的物种认知和社会认知。生态达尔文主义扩展出社会达尔文主义，其哲学意义不可不谓之深远。

拥有自然即科学特殊意义的加拉帕戈斯，仍不能摆脱进入《濒危世界遗产名录》的命运。2007 年,这项在世界遗产统一编号中为 1 号的世界遗产成为濒危的遗产,引起的关注不同寻常。而事实上,加拉帕戈斯出现的问题早在 10 年前就被人们认识到了。1997 年厄瓜多尔加拉帕戈斯国家公园技术部主任迈克尔·布利姆里德(Michael Bliemrieder),对加拉帕戈斯的状况进行了认真分析,并表达了他的担忧。他列举了这样一些事实:①

1. 每年主要由于从厄瓜多尔大陆迁入岛上的居民使人口增长速度高达 8%。

2. 岛屿上大约有 1.5 万居民,与同加拉帕戈斯很相像的位于日本南部的一小群岛冲绳诸岛相比,人口少多了。冲绳诸岛有 120 万居民。但是相对城市和农业发展可利用的空间来说,1.5 万的人口仍是很大的。

3. 人们总是将我们所遇到的各类问题归罪于旅游业的失控。在加拉帕戈斯,虽然旅游的确可能带来潜在的灾难,但却远未失控。我们认为对这样一个正在不断增长的行业,我们的管理一直是相当成功的,迄今已有 25 年了,这儿的环境还没有遭受严重的破坏。1995 年加拉帕戈斯接待了 56,000 人次的参观者,高于前两年的 54,000 人次和 46,000 人次,1996 年的期望值是 60,000 人次到 62,000 人次。尽管如此,这仍远低于根据我们现在的管理能力预测的环境容量。

4. 加拉帕戈斯国家公园从门票和特许权所得的所有收入都将存入首都基多的中央银行,并从那里返还每年的经费开支。可是,我们的记录显示现在我们只得到这些基金的 32%,远远不够支付所有的运行费用。虽然可能需要很长的时间,但我们正努力说服议会准许我们可以直接使用这些钱。这是一件困难的事,因为没有一个政府乐意失去其财政收入的主要来源之一。

5. 自 1992 年以来,加拉帕戈斯的非法渔业十分猖獗。我们面临的这个问题将威胁并破坏群岛部分高度敏感的生态系统。这里主要是指海参的捕捞、鲨鱼翅、被用作诱饵的海狮以及延绳钓等。这类问题很难控制,因为其根源是当地部分居民的社会和经济贫困状况。但我们并非孤军奋战,过度捕鱼和不合理捕捞海产资源是世界范围的普遍问题,目前仍无解决办法。

---

① Harold K. Eidsvik, Michael Clark & Michael Bliemrieder, *World Heritage in Danger*, Parks, Vol. 7:2, p. 27 - 31 (1997).

6. 最后是政治家们，我们知道他们是如何工作的，尤其当面临自然资源保护和选民的要求两种选择时，他们的态度截然不同。

布利姆里德最后得出的是这样的结论："问题是有的，但已经被我们认识到了，也有可能解决。加拉帕戈斯国家公园因各种原因而受威胁，已经为海内海外敌我各方所察觉。但是我想我们仍处于危险之外，它仍是一个普通的国家公园，有优点也有缺点。也许我们在国际上太出名了。但在另一方面，可能也正是这样的国际支持使我们不至于陷入危险之中。如果我们继续下去，加拉帕戈斯进入'濒危'的日子就不会太远了。"

许多国家组织也一直在为加拉帕戈斯摆脱窘境进行努力，世界自然保护联盟主席阿希姆·施泰纳（Achim Steiner）在《联盟的角色：创新和警示》的文章中写道：

一直以来，加拉帕戈斯就是国际社会各方关注的遗产，亦可称之为一个著名案例，并且历时长久而典型。

加拉帕戈斯世界遗产地为我们提供了一个用行动来体现这些原则的例子。这个群岛面临着许多威胁：从旅游及过度捕捞到气候变化与物种入侵。为了解决这些问题，IUCN 的工作人员、专家委员会、地区和国家办公室以及在该地区和其他地区的成员与成员国（厄瓜多尔）展开密切合作，制定了具有创新精神的保护法律，并找出一系列方法以提高管理水平。迄今为止，我们所付出的努力已经使这个世界著名的自然财富远离了世界濒危遗产名录。但是，我们最终的成功将依赖于继续保持警惕性，以及继续发展在该地区的合作关系。①

从遗产的典型性角度讲，加拉帕戈斯进入《濒危世界遗产名录》的现实，让人们对世界遗产保护的责任再感凝重。之后，国际社会、缔约国及各方面的积极行动，立法跟进，优化旅游管理，集中迁移居民，放弃食用当地珍稀物种的习俗，使环境及整体情况得到了较大的改善。2010 年，从《濒危世界遗产名录》移除，摆脱了濒危的身份。

---

① ［德］阿希姆·施泰纳（Achim Steiner）：《联盟的角色：创新和警示》，载《世界保护》2001 年第 2 期。

第五节　受气候影响的世界遗产

一、气候变化与世界遗产

气候为世界带来的变化,近些年已经被人们深深感知,而处在大自然中的世界遗产,几乎也是不可避免地会受到气候变化带来的影响。

被列入《世界遗产名录》的很多世界遗产正面临着气候变化带来的威胁。2006 年 4 月 10 日联合国教科文组织正视这一现状,发布了一份题为《气候变化与世界遗产案例分析》(Case Studies on Climate Change and World Heritage)的报告。报告列举了 26 个例子,详细阐述了气候变化给世界遗产带来的严重影响。

这份报告汇聚了来自世界各地 50 个专家的研究成果,从冰川、海洋生物多样性、陆地生物多样性、考古遗址和历史名城五个方面,分析了气候变化所引发的问题。报告指出,冰川的融化改变了很多以景色优美而著称的地方的外貌,不仅毁坏了很多珍稀野生物种赖以生存的自然环境,同时也严重威胁着人类自身的生存。报告说,由于气温上升以及海洋持续酸化,到 2100 年时,全球 70% 的深海珊瑚都会受到气候变化的影响。海洋气温上升导致大量珊瑚失去色彩并死亡,由此导致"珊瑚漂白"现象频繁出现,将使包括澳大利亚大堡礁在内的世界上 58% 的珊瑚礁受到影响,并会危及以这些珊瑚礁为栖身场所的上千种鱼类。报告认为,减少这些珊瑚礁所面临的其他威胁,如污染和开发,也有助于增加珊瑚礁抵抗气候变化的能力。

报告还描述了气候变化对陆地生物多样性构成的威胁。例如,南非的开普植物保护区(Cape Floral Region Protected Areas),向来以植物物种丰富而著称,但由于气候变暖和降水量的变化,很多物种的生物气候栖息环境遭到破坏。在全球范围内,气候变化带来了包括入侵性物种、病原体和寄生虫在内的物种分布上的变化,影响了生物事件(如植物开花等)发生的时间,改变了捕食者与被捕食者、寄生虫与宿主、植物与虫媒之间的关系。为此,报告提出了建立保护区以及重新安置濒危物种等建议。

南非：开普植物保护区

Cape Floral Region Protected Areas

Date of Inscription：2004

Criteria：(ix)(x)

Property：553,000 ha

Buffer zone：1,315,000 ha

Western Cape Province，Eastern Cape Province

S34 10 0 E18 22 30

Ref：1007rev

《世界遗产名录》对“开普植物保护区”的概要描述是：“位于南非开普省的开普植物保护区是一个系列遗产地，包括 8 个保护区，占地 553,000 公顷。开普植物保护区是世界上植物最茂密的地区之一。这个不到非洲面积 0.5% 的地方却生长着近 20% 的非洲大陆植物。作为生态学意义上为人瞩目和生物发展进程中具有非凡意义的凡波斯地区原生植被，就存在于在这一地区。这一地区突出表达的生物多样性、密集的植物种类和植物特性，乃全球罕见。这一地区的植物为适应环境采取的独特生存方式，保持依靠昆虫来散播种子的自然循环，还有良好的植物种类分布状态、植物进化衍生的抵御恶劣环境的能力等，都显示了独特的科学价值。”

气候变化与世界遗产的报告还强调，气候变化对于考古遗址的影响也是巨大的。雨季和旱季的周期性变化、空气湿度的大小、地下水位高度的改变和土壤化学成分的变化都会影响到考古遗迹的保护工作，而北冰洋地区冻土的融化以及海平面的上升也会给考古遗迹带来不利的影响。报告以秘鲁昌昌城为例，介绍了厄尔尼诺现象所造成的降雨量变化对这个全球著名的土砖城结构的破坏作用。此外，报告还以欧洲、非洲和中东地区的几个历史名城为例指出，气候变化导致的洪涝灾害和海水上涨对历史名城的破坏也很大。洪水会引起土壤湿度增加，导致建筑物表面因盐分结晶增加而受到侵蚀，湿度的增加同时也容易造成地面隆起或下沉。

这份报告列举了 26 项世界遗产或世界遗产区域(见表 14)。

表 14　受气候变化影响的 26 项世界遗产

序号 No.	遗产项 Official Title	国家 State Party
1	萨加玛塔国家公园 Sagarmatha National Park	尼泊尔 Nepal
2	瓦斯卡兰国家公园 Huascarán National Park	秘鲁 Peru
3	伊路利萨特冰湾 Ilulissat Icefjord	丹麦 Denmark
4	乞力马扎罗国家公园 Kilimanjaro National Park	坦桑尼亚 Tanzania
5	江格夫劳—阿莱茨—比茨峰 Jungfrau-Aletsch-Bietschhorn	瑞士 Switzerland
6	大堡礁 Great Barrier Reef	澳大利亚 Australia
7	孙德尔本斯国家公园 Sundarbans National Park	印度 India
8	孙德尔本斯 The Sundarbans	孟加拉国 Bangladesh
9	科莫多国家公园 Komodo National Park	印度尼西亚 Indonesia
10	开普植物保护区 Cape Floral Region Protected Areas	南非 South Africa
11	大蓝山世界遗产区域 GreaterBlue Mountains World Heritage Area	澳大利亚 Australia
12	伊其克乌尔国家公园 Ichkeul National Park	突尼斯 Tunisia
13	昆士兰湿热带地区 Wet Tropics of Queensland	澳大利亚 Australia
14	瓜那卡斯特保护区 Area de Conservación Guanacaste	哥斯达黎加 Costa Rica
15	昌昌城考古遗址 Chan Chan Archaeological Zone	秘鲁 Peru
16	伊瓦维科/韦尤图特/哈斯切尔岛 Ivvavik/Vuntut/Herschel Island	加拿大 Canada
17	夏文考古遗址 Chavin(Archaeological Site)	秘鲁 Peru
18	金山－阿尔泰 Golden Mountains of Altai	俄罗斯 Russian Federation
19	威斯敏斯特宫殿和教堂以及圣玛格丽特教堂 Palace of Westminster and Westminster Abbey includirg Saint Margaret's Church	英国 United Kingdom
20	伦敦塔 Tower of London	英国 United Kingdom

续表

序号 No.	遗产项 Official Title	国家 State Party
21	海上格林尼治 Maritime Greenwich	英国 United Kingdom
22	威尼斯及其潟湖 Venice and its Lagoon	意大利 Italy
23	克鲁姆洛夫历史中心 Historic Centre of český Krumlov	捷克 Czech Republic
24	布拉格历史中心 Historic Centre of Prague	捷克 Czech Republic
25	廷巴克图 Timbuktu	马里 Mali
26	圣谷及神松森林 Ouadi Qadisha(theHoly Valley) and Forest of the Cedars of God(Horsh Arz el-Rab)	黎巴嫩 Lebanon

主要由世界自然保护联盟编制的这份名单,与世界遗产委员会先前曾提到的一些受气候影响的世界遗产项尚有不同,一些遗产项并没有出现在这份名单当中。但是,在世界遗产委员会的记载中,属于受到气候变化影响的世界遗产还包括:

1. 美国和加拿大:塔琴希尼阿尔塞克河/克卢恩国家公园/兰格尔圣伊莱亚斯国家公园和冰河湾国家公园(Kluane/Wrangell-St Elias/Glacier Bay/Tatshenshini-Alsek)

2. 伯利兹:伯利兹生物礁障壁保护系统(Belize Barrier Reef Reserve System)

3. 美国和加拿大:沃特顿冰川国际和平公园(Waterton Glacier International Peace Park)

二、关于世界遗产和气候变化的战略

目前世界上大多数陆地和海洋的自然生态系统和遗址都面临着气候变化影响的威胁,包括冰川、珊瑚礁、美洲红树、寒温带和热带森林、极地和高山生态系统、湿地和草原。许多自然遗产项首当其冲,受到了直接的侵害。美国和加拿大共享的世界遗产"沃特顿冰川国际和平公园"中的冰川变化,昭示了这样的现实景象。不仅如此,在气候变化中,文化遗产也无法完全避免受到侵蚀。比如,海平面上升威胁着沿海城市,则使伦敦的四项世界遗产都处于危险之中。

另外,荒漠化也威胁着一些遗址,如马里的廷巴克图三大清真寺;降水和温度的变化会导致结构性坍塌;气候变化引起的人口流动会导致一些文化遗产被遗弃;而另外一些文化遗产,则要承载游客增长迅猛、压力过重的问题。

应对气候变化对世界遗产的影响问题,越来越多地受到各方的关注。2006年7月10日,在立陶宛维尔纽斯召开的第30届世界遗产大会上,世界遗产委员会通过了如何根据《世界遗产公约》应对气候变化对澳大利亚大堡礁和意大利威尼斯等许多世界遗产地点的威胁的建议。对解决气候变化给世界遗产带来的威胁,也给出了一整套解决方案。

这之前的2006年3月,先有50位气候变化方面的专家应邀在联合国教科文组织总部开会,对气候变化给世界遗产带来的威胁问题提出了各种建议。两份重要的文件因此而形成,成为第30届世界遗产大会上世界遗产委员会宣布的关于世界遗产和气候变化的战略当中的主干。

这两份文件中的一份是:《预测和管理气候变化对世界遗产的影响》(Predicting and Managing the Effects of Climate Change on World Heritage)。这份文件共分五部分,每部分分别是:

1. 导言(Introduction)

2. 气候变化概况(Overview of Climate Change)

3. 气候变化对世界遗产的影响(Impacts of Climate Change on Natural and Cultural World Heritage)

4. 对《世界遗产公约》的影响(Implications for the World Heritage Convention)

5. 应对气候变化对世界遗产影响可做哪些工作(What can be done with respect to Climate Change and World Heritage)

在应对气候变化对世界遗产影响应做的工作方面,这份文件提出了12项建议:

1. 发挥《世界遗产公约》的效力,促进多边合作;

2. 制定长期有效的计划以应对气候变化;

3. 有关各方明确任务分别行动;

4. 开展气候变化对世界遗产影响问题的专题研究;

5. 加强信息管理,争取公共政策支持;
6. 进行脆弱性评估;
7. 向社会各方提出忠告;
8. 进行适应性改变;
9. 缓解气候变化带给世界遗产地的压力;
10. 开展监测和适应性管理;
11. 为降低风险提前准备;
12. 在对气候变化充分研究基础上为世界遗产寻找中长期解决方案。

另一份文件是《协助缔约国实施适当管理对策的战略》(Strategy to Assist States Parties to Implement Appropriate Management Responses)。这份文件也分五部分,每部分分别是:

1. 序言:目标和要求(Preamble:Objectives and Requirements)
2. 预防行动(Preventive Actions)
3. 纠正措施:管理,适应和风险管理(Corrective Actions:Management, Adaptation, and Risk Management)
4. 协作、合作和分享的最佳做法及知识(Collaboration, Cooperation, and Sharing Best Practices and Knowledge)
5. 法律问题(Legal issues)

世界遗产委员会在将战略公布的同时,提请缔约国和有关各方来执行这项战略,以消除气候变化的不利影响,保护世界遗产具有的突出的普遍价值、完整性和真实性。

世界遗产委员会还决定将受到气候变化影响的世界遗产逐一列入《濒危世界遗产名录》,并邀请有关方面研究采用妥善方法,用来保护这些已在《世界遗产名录》的世界遗产。这项计划因涉及《濒危世界遗产名录》的容量翻倍的问题,并未全面实行。

世界遗产委员会还促请世界遗产中心和咨询机构,主要是国际遗迹遗址理事会和世界自然保护联盟,以及各缔约国就如何实施特定世界遗产(尤其是发展中国家的世界遗产)试点项目提出建议,以确保落实此项战略的最佳做法。

2007 年缔约国大会第 16 届会议通过《受气候变化影响的世界遗产的政策

文件》(Policy Document on the Impacts of Climate Change on World Heritage Properties),全面提升了应对级别。自此,对受气候变化影响的世界遗产的保护持续成为一个反复强调的议题。2019 年 12 月 30 日至 2020 年 1 月 31 日,这个政策文件经过修订更新,强调补充缺失的部分立法,确定适应未来发展的研究机制,发挥国际组织间的协同作用。

Chapter 15 第十五章

世界遗产名录系列

世界遗产的产生有国际法上的依据、有严格的批准程序，要成为世界遗产必须依公约及其配套法律文件规定的标准、程序进行申报、审查、批准。被批准的世界遗产，列入《世界遗产名录》(The World Heritage List)，非物质文化遗产列入《人类非物质文化遗产代表作名录》(Representative List of the Intangible Cultural Heritage of Humanity)。根据两个公约的规定，与这两个名录同时存在的还有《濒危世界遗产名录》(World Heritage List in Danger)和《急需保护的非物质文化遗产名录》(List of the Intangible Cultural Heritage in Need of Urgent Safeguarding)，以警示名录中遗产项的危急程度。另外，非物质文化遗产还附带一个"最佳保护实践范例"(Best Safeguarding Practices)的名录。根据国际法精神，各缔约国需在自己国内建立国家级名录或预备清单。

可以说，名录是在用世界遗产项告诉世界一个认识文明、认识自然、认识人与自然关系的尺度。而这些认识，正通向人类主流价值观的殿堂。

第一节 《世界遗产名录》

一、《世界遗产名录》总况

《世界遗产名录》和《人类非物质文化遗产代表作名录》是世界遗产事务的结果性标志。它们以逐年递增的遗产项目数,构成了庞大的“队伍”(见表15)。世界遗产委员会在名录中用精粹的语言概括每项遗产的突出价值,也以后续不断的遗产为名录输入新鲜血液。名录与大会相关联,通过世界遗产大会的法定程序产生。

表15 历届世界遗产大会分别产生的世界遗产项数量及当年的世界遗产总数

年份	届次	新增世界遗产数量	世界遗产总数
1978	第2届	12	12
1979	第3届	45	57
1980	第4届	27	84
1981	第5届	26	110
1982	第6届	24	134
1983	第7届	29	163
1984	第8届	22	185
1985	第9届	30	215
1986	第10届	29	244
1987	第11届	41	285
1988	第12届	27	312
1989	第13届	7	319
1990	第14届	16	335
1991	第15届	22	357
1992	第16届	20	377

续表

年份	届次	新增世界遗产数量	世界遗产总数
1993	第 17 届	33	410
1994	第 18 届	29	439
1995	第 19 届	29	468
1996	第 20 届	37	505
1997	第 21 届	46	551
1998	第 22 届	30	581
1999	第 23 届	48	629
2000	第 24 届	61	690
2001	第 25 届	31	721
2002	第 26 届	9	730
2003	第 27 届	24	754
2004	第 28 届	34	788
2005	第 29 届	24	812
2006	第 30 届	18	830
2007	第 31 届	22 – 1	851
2008	第 32 届	27	878
2009	第 33 届	13 – 1	890
2010	第 34 届	21	911
2011	第 35 届	25	936
2012	第 36 届	26	962
2013	第 37 届	19	981
2014	第 38 届	26	1007
2015	第 39 届	24	1031
2016	第 40 届	21	1052
2017	第 41 届	21	1073
2018	第 42 届	19	1092
2019	第 43 届	29	1121

注:“ –1”即从名录中删除 1 项,下同。

二、《世界遗产名录》的内容

《世界遗产名录》不仅是历届世界遗产大会的过程记录，还是世界遗产事务的成就体现。当然，也有世界遗产项的身份证明之作用。

对《世界遗产名录》的认识，不仅社会公众处在不断加深的过程中，世界遗产委员会也一样是在世界遗产的实践中对原有的认识不断进行矫正。从最初《世界遗产名录》到今天的《世界遗产名录》，内容与形式都发生了诸多变化。

《世界遗产名录》伴随着世界遗产的诞生而诞生。1978 年世界上第一批世界遗产诞生，《世界遗产名录》则即时出现在当年联合国教科文组织的官方文件记录当中（见图 12）。

38. The Committee, upon finding itself in full agreement with the list proposed by the Bureau, decided to enter the following 12 properties in the World Heritage List:

NAME OF PROPERTY INCLUDED IN THE WORLD HERITAGE LIST	STATE
L'Anse aux Meadows National Historic Park Nahanni National Park	Canada
Galapagos Islands City of Quito	Ecuador
Simien National Park Rock Hewn Churches, Lalibela	Ethiopia

*[8]

NAME OF PROPERTY INCLUDED IN THE WORLD HERITAGE LIST	STATE
Aachen Cathedral	Federal Republic of Germany
Cracow's Historic Centre Wieliczka - salt mine	Poland
Island of Goree	Senegal
Mesa Verde Yellowstone	United States of America

图 12　1978 年第一批世界遗产官方记录文件

1978 年最早的这份用手动英文打字机打字存档的名录，形式与内容都十分简单。对遗产项的记录，只有“世界遗产名录中的遗产项名称”（NAME OF

PROPERTY INCLUDED IN THE WORLD HERITAGE LIST)及“所属国家”(STATE)两项内容。世界遗产委员会编号为“CC－78/CONF. O10/3”的文件留下了这样的原始记录。①

进入《世界遗产名录》的上第一批世界遗产,共计12项:

1. 加拿大:拉安斯欧克斯梅多国家历史遗址(L' Anse aux Meadows National Historic Park)

2. 加拿大:纳汉尼国家公园(Nahanni National Park)

3. 厄瓜多尔:加拉帕戈斯群岛(Galápagos Islands)

4. 厄瓜多尔:基多古城(City of Quito)

5. 埃塞俄比亚:拉利贝拉石凿教堂(Rock-hewn Churches,Lalibela)

6. 埃塞俄比亚:锡门国家公园(Simien National Park)

7. 德国:亚琛大教堂(Aachen Cathedral)

8. 波兰:克拉科夫历史中心(Historic Centre)

9. 波兰:维利奇卡盐矿(Wieliczka Salt Mine)

10. 塞内加尔:戈雷岛(Island of Gorée)

11. 美国:梅萨沃德印第安遗址(Mesa Verde)

12. 美国:黄石国家公园(Yellowstone)

随着世界遗产大会的召开不断更新的《世界遗产名录》,历年里在格式上、内容上出现了不少变化。2000年的《世界遗产名录》(见图13)对遗产项的记载,已经包括了这样的一些内容:

1. 所属国家

2. 遗产项名称

3. 遗产项编号

4. 进入名录年代

5. 符合条件

---

① UNESCO World Heritage Committee:“Report of Rapporteur on first meeting of Bureau of Intergovernmental Committee for the Protection of the World Cultural and Natural Heritage”(1978),Accessed http://whc. unesco. org/archive/repbur78. htm.

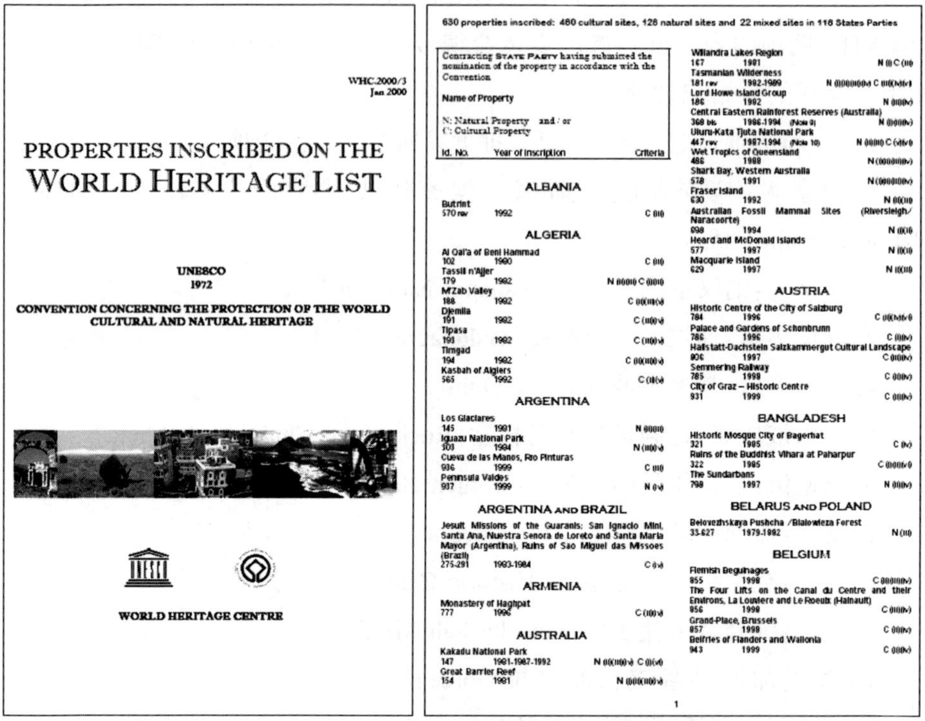
WHC-2000/3
Jan 2000

PROPERTIES INSCRIBED ON THE
WORLD HERITAGE LIST

UNESCO
1972

CONVENTION CONCERNING THE PROTECTION OF THE WORLD CULTURAL AND NATURAL HERITAGE

WORLD HERITAGE CENTRE

630 properties inscribed: 480 cultural sites, 128 natural sites and 22 mixed sites in 118 States Parties

Contracting STATE PARTY having submitted the nomination of the property in accordance with the Convention

Name of Property

N: Natural Property and / or
C: Cultural Property

Id. No. Year of Inscription Criteria

ALBANIA

Butrint
570 rev 1992 C (iii)

ALGERIA

Al Qal'a of Beni Hammad
102 1980 C (iii)
Tassili n'Ajjer
179 1982 N (ii)(iii) C (i)(iii)
M'Zab Valley
188 1982 C (ii)(iii)(v)
Djemila
191 1982 C (iii)(iv)
Tipasa
193 1982 C (iii)(iv)
Timgad
194 1982 C (ii)(iii)(iv)
Kasbah of Algiers
565 1992 C (ii)(v)

ARGENTINA

Los Glaciares
145 1981 N (ii)(iii)
Iguazu National Park
303 1984 N (iii)(iv)
Cueva de las Manos, Rio Pinturas
936 1999 C (iii)
Peninsula Valdes
937 1999 N (iv)

ARGENTINA AND BRAZIL

Jesuit Missions of the Guaranis: San Ignacio Mini, Santa Ana, Nuestra Senora de Loreto and Santa Maria Mayor (Argentina), Ruins of Sao Miguel das Missoes (Brazil)
275-291 1983-1984 C (iv)

ARMENIA

Monastery of Haghpat
777 1996 C (ii)(iv)

AUSTRALIA

Kakadu National Park
147 1981-1987-1992 N (ii)(iii)(iv) C (i)(vi)
Great Barrier Reef
154 1981 N (i)(ii)(iii)(iv)
Willandra Lakes Region
167 1981 N (i) C (iii)
Tasmanian Wilderness
181 rev 1982-1989 N (i)(ii)(iii)(iv) C (iii)(iv)(vi)
Lord Howe Island Group
186 1982 N (iii)(iv)
Central Eastern Rainforest Reserves (Australia)
368 bis 1986-1994 (Note 9) N (i)(ii)(iv)
Uluru-Kata Tjuta National Park
447 rev 1987-1994 (Note 10) N (ii)(iii) C (v)(vi)
Wet Tropics of Queensland
486 1988 N (i)(ii)(iii)(iv)
Shark Bay, Western Australia
578 1991 N (i)(ii)(iii)(iv)
Fraser Island
630 1992 N (ii)(iii)
Australian Fossil Mammal Sites (Riversleigh/Naracoorte)
698 1994 N (i)(ii)
Heard and McDonald Islands
577 1997 N (i)(ii)
Macquarie Island
629 1997 N (i)(iii)

AUSTRIA

Historic Centre of the City of Salzburg
784 1996 C (ii)(iv)(vi)
Palace and Gardens of Schonbrunn
786 1996 C (i)(iv)
Hallstatt-Dachstein Salzkammergut Cultural Landscape
806 1997 C (iii)(iv)
Semmering Railway
785 1998 C (ii)(iv)
City of Graz – Historic Centre
931 1999 C (ii)(iv)

BANGLADESH

Historic Mosque City of Bagerhat
321 1985 C (iv)
Ruins of the Buddhist Vihara at Paharpur
322 1985 C (i)(ii)(vi)
The Sundarbans
798 1997 N (ii)(iv)

BELARUS AND POLAND

Belovezhskaya Pushcha /Bialowieza Forest
33-627 1979-1992 N (iii)

BELGIUM

Flemish Beguinages
855 1998 C (ii)(iii)(iv)
The Four Lifts on the Canal du Centre and their Environs, La Louviere and Le Roeulx (Hainault)
856 1998 C (iii)(iv)
Grand-Place, Brussels
857 1998 C (ii)(iv)
Belfries of Flanders and Wallonia
943 1999 C (ii)(iv)

1

图 13　2000 年的《世界遗产名录》封面及首页

随着互联网的发展和网络技术的成熟,《世界遗产名录》的网络版开始出现,并给人们提供更多的与每一项遗产有关的资讯。

2006 年至 2020 年,随着法律文件日趋规范,联合国教科文组织世界遗产中心官方网站(http://whc.unesco.org/)不断更新,《世界遗产名录》网络版名录的内容大大增加。每项遗产网页的选项从早期的 3 项增加到 5 ~ 7 项,增加了"地图"(Map)、"视频"(Video)、"监测指标"(Indicators)和"援助资金"(Assistance)等栏目;由原来的 1 ~ 3 种语言增加到 5 ~ 9 种语言,除联合国及其各组织的官方语言英语、法语、西班牙语、阿拉伯语、俄语、汉语之外,还有日语、德语、葡萄牙语。

在世界遗产中心官方网站的主页面,循"名录"(The List)菜单点击进入。在二级网页中,首先显示的是一份是年度最准确的《世界遗产名录》。

点击每一遗产项,进入每一遗产项专题网址,《世界遗产名录》包含的遗产项信息内容,得以完整显示。每一世界遗产项的信息包括在"记述"

(Description)、"地图"(Map)、"位置"(Locations)、"文件"(Documents)、"照片库"(Galary)、"监测指标"(Indicator)和"援助资金"(Assistance)的页面当中。"文件"页面主要是世界遗产委员会的正式文件对遗产项的记载;"照片库"则是遗产地的一些辅助照片。

遗产项最主要的信息,都集中在"记述"页面里。"记述"部分统一用"突出的普遍价值"作为标题,分别以较长的篇幅论证综合价值、所符合标准的价值、真实性和完整性价值,以及保护与管理要求。"记述"页面有这些信息:

1. 遗产项名称(Official Title)
2. 所属国家(State Party)
3. 行政地理位置(State, Province or Region)
4. 坐标(Coordinates)
5. 进入名录年代(Date of Inscription)
6. 符合标准(Criteria)
7. 核心区面积(Property)
8. 缓冲带面积(Buffer zone)
9. 编号(Ref)

这些项目中,除"核心区面积"和"缓冲带面积"之外,各项内容为每一遗产项都需具备的。"核心区面积"及"缓冲带面积"为2007年以后在《世界遗产名录》中的新增内容。一些早期的遗产项,往往会整项省略掉这类数值。

如果是已经成为濒危世界遗产的遗产项,还需有另一项相关内容的注明:进入《濒危世界遗产名录》的年代(Inscription Year on the List of World Heritage in Danger)

除了以上信息,关于"突出的普遍价值"(Outstanding Universal Value)题下的内容更为细致,主要包含:

1. 综合概要(Brief Synthesis)
2. 所符合的标准(Criteria)
3. 真实性(Authenticity)
4. 完整性(Integrity)
5. 保护和管理要求(Protection and Management Requirements)

其后的附加内容有:

1. 媒介(Media)

2. 相关活动(Activities)

3. 相关事件(Events)

4. 相关新闻(News)

5. 网站链接(Links)

遗产项的“综合概要”是了解一项遗产的最简洁方式。它会用精粹的语言描述出遗产项的价值所在。每项遗产所体现的“突出的普遍价值”,均在此简要的概括中呈现出来。

三、从《世界遗产名录》中除名

第一个从《世界遗产名录》中除名的遗产项来自阿曼。2007 年经世界遗产大会审议后,阿曼阿拉伯羚羊保护区(Arabian Oryx Sanctuary)被清除出《世界遗产名录》。

阿曼:阿拉伯羚羊保护区

Arabian Oryx Sanctuary

Delisted Date:2007

Date of Inscription:1994

Criteria:(x)

Property:2, 750, 000 ha

Central Region

N19 41 60 E57 0 0

Ref:654

在 2007 年 6 月 29 日举行的第 31 届世界遗产大会上,世界遗产委员会委员们在激烈讨论后认定,由于阿曼将阿拉伯羚羊保护区面积缩减了 90%,这一保护区已名存实亡,不再符合世界遗产的标准。因此,决定将其从《世界遗产名录》中除名。世界遗产委员会对阿拉伯羚羊保护区被除名表示遗憾,更对阿拉伯羚羊的未来表示深深的担忧。

阿拉伯羚羊保护区于 1994 年被列入《世界遗产名录》,并在名录中保留了

13 年。该地区是濒危阿拉伯羚羊唯一的自由生存地,也是波斑鸨等其他几种珍稀动物的栖息地。据统计,1996 年阿拉伯羚羊数量为 450 只;由于保护地面积骤减,2007 年阿拉伯羚羊数量仅剩约 65 只,其中只有 4 对具有繁殖能力,不足以繁衍种群。

公约问世 35 年来首次对名录中的世界遗产予以除名,这种做法预示了《世界遗产名录》中的遗产项目将不再是纯粹向上滚动的数字。2009 年,第二个被除名的遗产项是德国的德累斯顿易北河谷(Dresden Elbe Valley)①。

除名的举措意味着《世界遗产名录》不再是一个只进不出的名录,它会将失去世界遗产价值的项目过滤下去。但由于《濒危世界遗产名录》依然正常发挥其功能,并且,这种底线的手段属于迫不得已,因而从名录中直接除名的频率将会比较低。

四、《世界遗产名录》殊途同归的呼应

不同事务的国际公约在价值追求上是一致的,因而公约所设的名录往往在法律群中遥相呼应。比如在环境问题上,从表面看来《世界遗产公约》不是一部与环境法直接挂钩的公约。然而,它在实质上却是鉴别自然环境的最综合的极具说服力的国际公约,被认为是确认地球上最突出的自然景观的国际法文件。从诞生之日起,《世界遗产公约》一直在致力于扩大它所保护的地球上众多文化和自然财富的范围。它在保护自然和生物多样性方面所扮演的角色已经得到了越来越多的认同,被认为是保护全球生物多样性最好的国际法依据和手段。

在保护自然遗产方面,《世界遗产公约》成为与《湿地公约》和《生物多样性公约》齐头并进的关于自然生态环境的国际公约,以至于有自然保护方面的人士把《世界遗产公约》称作"自然界的诺贝尔奖"。《湿地公约》要求充分认识湿地的生态功能,并对湿地加以国内与国际行动相结合的长远保护。因而它也设有一个名录,即《国际重要湿地名录》(List of Wetlands of International Importance)。

可以说,《世界遗产名录》中的自然遗产提取了自然界中顶级的精华,包括地质公园、自然保护区、生物圈等。它的一部分自然遗产,同时也名列《国际重要湿地名录》当中。具体见表 16。

---

① 参见本书第十四章第二节。

表 16　既列入《世界遗产名录》又列入《国际重要湿地名录》的部分自然遗产

国家	名称
澳大利亚	卡卡杜国家公园 Kakadu National Park
保加利亚	斯雷巴那自然保留区 Srebarna Nature Reserve
加拿大	野牛国家公园 Wood Buffalo National Park
刚果民主共和国	萨龙加国家公园 Salonga National Park
法国	圣米歇尔山及其海湾 Mont-Saint-Michel and its Bay
印度	凯奥拉德奥国家公园 Keoladeo National Park
毛里塔尼亚	邦克达阿让国家公园 Banc d'Arguin National Park
尼日尔	"W"国家公园 W National Park of Niger
罗马尼亚	多瑙河三角洲 Danube Delta
俄罗斯	贝加尔湖 Lake Baikal
塞内加尔	朱贾国家鸟类保护区 Djoudj National Bird Sanctuary
西班牙	多南那国家公园 Doñana National Park
突尼斯	伊其克乌尔国家公园 Ichkeul National Park
美国	大沼泽地国家公园 Everglades National Park

两个公约的名录这样的交叠,不仅表明两个公约保护自然生态的目标是一致的,而且共同提示着遗产的最高价值,相互予以诠释和支撑。

第二节　《濒危世界遗产名录》

一、《濒危世界遗产名录》的作用

《濒危世界遗产名录》(World Heritage List in Danger)是《世界遗产名录》的附属名单,也是依据《世界遗产公约》的条文所设定的。《世界遗产公约》第 11 条第 4 款对濒危遗产问题有如下的表述:

委员会应在必要时制定、更新和出版一份《濒危世界遗产名录》,其中所列财产均为载于《世界遗产名录》之中、需要采取重大活动加以保护并为根据本公约要求给予援助的财产。《濒危世界遗产名录》应载有这类活动的费用概算，并只可包括文化和自然遗产中受到下述严重的特殊危险威胁的财产，这些危险是：蜕变加剧、大规模公共或私人工程、城市或旅游业迅速发展计划造成的消失威胁；土地的使用变动或易主造成的破坏；未知原因造成的重大变化；随意摒弃；武装冲突的爆发或威胁；灾害和灾变；严重火灾、地震、山崩；火山爆发；水位变动；洪水和海啸等。委员会在紧急需要时可随时在《濒危世界遗产名录》中增列新的条目并立即予以发表。

联合国教科文组织世界遗产委员会的第一份《濒危世界遗产名录》，诞生于1980年。在这份清单里，只有南斯拉夫的"科托尔的自然保护区和文化历史区"(Natural and Culturo-Historical Region of Kotor)一项(见图14)。[①]

Information assembled from Committee reports

January 1980

PROPERTIES WHICH THE WORLD HERITAGE COMMITTEE DECIDED TO INCLUDE IN THE LIST OF WORLD HERITAGE IN DANGER

Contracting State Having Submitted the Nomination in Accordance with the Convention	Name of Property	Date of Inscription
Yugoslavia	Natural & Culturo-Historical Region of Kotor	26/10/1979 Luxor, 3rd Session of the Committee

图14 1980年《濒危世界遗产名录》对南斯拉夫的"科托尔的自然保护区和文化历史区"的官方记录

黑山：科托尔的自然保护区和文化历史区

Natural and Culturo-Historical Region of Kotor

Date of Inscription：1979

Criteria：(i)(ii)(iii)(iv)

Boka Kotorska (Bay of Kotor), City of Kotor and surrounding territory,

① 南斯拉夫解体后，此项遗产曾一度归属为"塞尔维亚与黑山"，现则归属于"黑山"(Montenegro)。

Republic of Montenegro

N42 29 E18 42

Ref:125

《世界遗产名录》对此项遗产的概要描述是:“这个位于黑山的亚得里亚海岸的天然海港是重要的艺术和商业中心,那里有著名的石工术和肖像学校。在四座罗马式教堂里和城墙中有大量的纪念碑,在1979年的一次地震中被严重毁坏;之后在联合国教科文组织的帮助下,此城恢复了原貌。”

在造成世界遗产濒危的诸项原因中,损害人类和平进程的现实事件及国际局势的突发变化,是影响《濒危世界遗产名录》内容的重要因素。尤其是直接威胁到世界遗产项的不利情况,会及时地体现在《濒危世界遗产名录》的变化中。

在1982年的世界遗产大会上,国际遗迹遗址理事会(ICOMOS)强调,世界遗产面临的危险并非都很直观,有“凸显的危险”(ascertained danger)和“潜在的危险”(potential danger)同时存在。

当然,当情形有所好转并到一定程度的时候,经法定程序及大会定夺,濒危世界遗产可以被剔出《濒危世界遗产名录》,摘掉濒危的帽子。在世界遗产历年实践中,这类例子已有很多。

关于濒危世界遗产的问题,诸如如何评定、依据什么标准、孰进孰出,从1979年开始的每届大会中都是必需的审议程序。这样,若干年下来,《世界遗产名录》每年都在增长的同时,《濒危世界遗产名录》记录的总数也在缓步增加,一些遗产进去了,一些遗产出来了,有的遗产只在其中停留了数年,有的则进入多年仍没有出来。21世纪初,名录总数呈现出多进少的趋势,总数缓慢下降。但接近2016年的几年,环境恶化、自然灾害频发、恐怖袭击事件多发,对一些世界遗产造成毁灭性损害,名录总数有呈现快速上升趋势。例如,2013年,叙利亚全部6项世界遗产一齐进入濒危队伍;2016年,利比亚仅有的5项世界遗产,全部列入濒危。

二、《濒危世界遗产名录》的循环状态

与《世界遗产名录》的滚动性不同,《濒危世界遗产名录》具有变动性的特

点，变动意味着可进可出、可增可减。根据遗产受威胁或改善的情况，经考察、审议决定其去留（见表 17）。

表 17　历年《濒危世界遗产名录》记载的濒危世界遗产数量

年份	数量
1980	1
1981	1
1982	1
1983	2
1984	2
1985	5
1986	6
1987	7
1988	7
1989	7
1990	7
1991	8
1992	9
1993	15
1994	16
1995	17
1996	18
1997	22
1998	24
1999	23
2000	27
2001	30
2002	33
2003	35
2004	35

续表

年份	数量
2005	34
2006	31
2007	30
2008	30
2009	31
2010	34
2011	35
2012	38
2013	44
2014	46
2015	48
2016	55
2017	54
2018	54
2019	53
2020	53

三、濒危名录如何实施“制裁”

《世界遗产名录》对科隆大教堂做了这样的概要描述:“科隆大教堂是哥特式的杰作,始建于 1248 年,一直到 1880 年建成。7 个世纪以来,它先后的建筑者们,都吸收同样的信仰而且绝对忠诚原定计划。它除了自身特有的价值及其包含的艺术价值外,还表现了欧洲基督教的力量和耐力。”

德国:科隆大教堂

Cologne Cathedral

Date of Inscription:1996

Criteria:(i)(ii)(iv)

State of North Rhine-Westphalia(Nordrhein-Westfalen)

N50 56 28.0 E6 57 26.0

Ref:292rev

2004 年科隆大教堂进入《濒危世界遗产名录》,开了西欧发达国家产生濒危世界遗产的先河。其成为濒危世界遗产的主要原因是周边环境受到了威胁。在它的不远处,密布着正在建造的和已经建造完成的高于科隆大教堂的现代建筑。被这些建筑所包围,无论俯瞰还是平视,都极大地破坏了城市的整体结构和氛围,和谐感荡然无存,科隆大教堂的视觉神圣感因而被抵消和损伤。

高达 157 米的德国科隆大教堂,以"世界上最完美的哥特式建筑"的荣誉,与巴黎圣母院和梵蒂冈圣彼得大教堂并称为欧洲三大宗教建筑,巍峨壮观、傲视群雄。当它在现代的高楼大厦围绕中被淹没,它的城市灵魂的核心作用也可能不复存在了。

2006 年 7 月,在细致的审查和斟酌后,科隆大教堂摆脱了濒危之名,而它短暂的两年濒危史及其意义很值得研究、思考。

列入濒危世界遗产,虽然可以获得更多资金、技术的援助,但实际上,也是明确表达了世界遗产委员会对遗产地国家保护不力的批评。如果主要原因和责任在本国,而非不可抗力或外来因素造成,那么列入濒危,也就是一种"制裁"。教科文事务,尤其是世界遗产事务,与其他事务不同,基本上要靠向上提升的方式来达到目的,而不是靠底线罚则。从程序与法理上讲,可以由《世界遗产名录》中除名。但从操作逻辑上看,如果除名,遗产将处于更加危急的状态,事实后果一定程度上可能是对遗产项更大的伤害。

四、同时进入《世界遗产名录》和《濒危世界遗产名录》的情况

一个项目同时成为世界遗产和濒危世界遗产,从理论上讲是很矛盾的。当一个遗产项有严重瑕疵的时候,就意味着它在申报条件上的欠缺,被批准的可能性就会降低。不过,实际操作起来,并不以这样的思路为主导,而是要表达比较清楚的意图。

要具备两种身份,各自都有法定的条件。在正常的情况下,即使整体基质

符合世界遗产条件,但如果是政府懈怠、环境污染、过度开发等方面的原因导致遗产保护不利,遗产的批准一般会适当延期,或申报会被否决。而当遗产面临的威胁来自一些非和平因素或自然的不可抗力,同时取得双重身份就具备了可能性。例如,柬埔寨的"吴哥古迹"(Angkor)于1992年12月进入《世界遗产名录》的同时,也进入《濒危世界遗产名录》;2005年7月,智利的"亨伯斯通和圣劳拉硝石采石场"(Humberstone and Santa Laura Saltpeter Works)也同时进入《世界遗产名录》和《濒危世界遗产名录》;2007年7月伊拉克的"萨迈拉古城"(Samarra Archaeological City),也均属这种情况。

智利:亨伯斯通和圣劳拉硝石采石场

Humberstone and Santa Laura Saltpeter Works

Date of Inscription:2005

Criteria:(ii)(iii)(iv)

Province of Iquique

S20 12 20.9 W69 47 38.6

Ref:1178

Inscription Year on the List of World Heritage in Danger:2005

伊拉克:萨迈拉古城

Samarra Archaeological City

Date of Inscription:2007

Criteria:(ii)(iii)(iv)

Property:15,058 ha

Buffer zone:31,414 ha

Samarra Township,Salah al-Din Governorate

N34 20 27.562 E43 49 24.755

Ref:276rev

Inscription Year on the List of World Heritage in Danger:2007

《世界遗产名录》对"亨伯斯通和圣劳拉硝石采石场"的概要描述是:"智利亨伯斯通和圣劳拉硝石采石场遗址位于潘帕沙漠地区,由200多个采矿点组成。从1880年开始，数千名智利、秘鲁和玻利维亚矿工在这里开采硝石矿，为整个美洲和欧洲的农业发展提供必不可少的化肥硝酸钠。在长期的共同劳作和生活中，这些矿工创造了独特的社区文化并形成了与不公正现象作斗争的团结精神，为智利历史书写了重要的一页。”

《世界遗产名录》对伊拉克“萨迈拉古城”的概要描述是：“萨迈拉是一座强大伊斯兰都城遗址。这个城市管辖了阿巴斯帝国（Abbasid Empire）从突尼斯到中亚间的省份整个世纪。它位于巴格达以北130千米的底格里斯河（the River Tigris）两岸，从北到南长41.5千米，宽4千米至8千米不等。萨迈拉古城见证了在该处发展的建筑和艺术创新，而这些元素后来被传播到其他伊斯兰世界和伊斯兰世界以外的区域。公元9世纪的大清真寺（Great Mosque）和通天塔（Spiral Minaret）便是这个遗址众多的杰出建筑遗迹之一，但其中的80%仍有待挖掘。”

在程序上，首先被批准为世界遗产，随即就有了成为濒危世界遗产的资格；濒危世界遗产的其他条件也必须符合。例如，吴哥古迹因战乱面临毁坏的危险，世界遗产委员会认定为保护这项遗产开展国际合作十分必要，而柬埔寨政府也正式提出了援助申请。但是同时也必须看到，正因其面临危险，才加快了它成为世界遗产的步伐。

其他同时进入的具有代表性的遗产项也主要集中在战乱频仍、灾害连绵的地方。由于特殊的背景，它们在世界遗产的队伍中便显得格外醒目。

同时进入《世界遗产名录》和《濒危世界遗产名录》的特别意义，在于将这些世界遗产的极高价值与所受的威胁都鲜明地强调出来，使二者的反差醒目地得以显现，从而像加重音符一样提示人们警醒和投入行动。

五、濒危名录的政治敏感

濒危世界遗产表达人道主义关怀，不以任何民族或宗教的文化取向为立场，只以主流价值观为原则，维护人类的共同利益。

在战乱、冲突发生的时候，被影响到的世界遗产与普通百姓的生命一样无辜。它们遭受的破坏或面临的威胁，是道义和法律都不允许的。通过濒危世界遗产的严格程序与《濒危世界遗产名录》的描述记录，是要表达一种态度。

1979年第3届世界遗产大会，前南斯拉夫的“科托尔的自然保护区和文化历史区”(现属黑山)因地震破坏成为第一个濒危世界遗产。而后来的前南分裂战争使这个地区在动荡中度过了若干年,原有的世界遗产也受到不同程度的影响。在战争当中,现属克罗地亚的地中海名城“杜布罗夫尼克古城”直接遭受了战火,1991 年成为濒危世界遗产,1998 年其濒危之名才被解除。

伊拉克和阿富汗的情形亦很相似,尤其是在伊拉克,尽管多年来其国无力无暇顾及世界遗产事务,但它所拥有的遗产资源却丰富无比。

公元前 4000 年,人类最早的文明就诞生在现今伊拉克所在的两河流域。当世界上绝大多数地区的人们还处于茹毛饮血的蛮荒阶段的时候,古伊拉克文明已放射出了耀眼的光芒。美国历史学家、美索不达米亚考古专家克莱默(S. N. Kramer)教授曾在他写的《历史始于苏美尔》(*History Begins at Summer*)一书中,列举了苏美尔文明在人类历史上的 27 个世界第一,如形成第一个农业村落、建造第一座城市、第一次发明船、车和文字等。

可以说,伊拉克全境遍布重要遗迹。在考古学历史上,伊拉克的文明是独一无二的。很少有地方像伊拉克这样经历过如此悠久而复杂的历史,几千年来从科技发明、艺术文学到宗教和社会结构,人类文明在这里得到了充分展现。除了已经挖掘的地上遗址,根据伊拉克文化部门的报告,有将近 90% 的美索不达米亚文明遗址还埋在地下,五分钟的地毯式轰炸就会把五千年埋在底下数以万计的文明遗址毁于一旦。

2003 年第 27 届世界遗产大会将正处于战火中的“亚述古城”(Ashur)批准为世界遗产,同时也将其收入濒危名录;2007 年的“萨迈拉古城”同样如此,可谓用心良苦。

六、濒危名录的悲悯情怀

2003 年 12 月伊朗东南部的古城巴姆遭遇大地震,有 2000 年历史的砖泥结构的城堡受到毁坏。2004 年第 28 届世界遗产大会上,为表明保护巴姆古城的紧急性,大会启动紧急动议,在将“巴姆城及其文化景观”(Bam and its Cultural Landscape)列入《世界遗产名录》的同时,也列入《濒危世界遗产名录》。

伊朗:巴姆城及其文化景观

Bam and its Cultural Landscape

Date of Inscription:2004

Extension:2007

Criteria:(ii)(iii)(iv)(v)

Kerman Province,Bam District

N29 07 00.6 E58 22 06.5

Ref:1208bis

Inscription Year on the List of World Heritage in Danger:2004

《世界遗产名录》对“巴姆城及其文化景观”的概要描述是:“巴姆城坐落于伊朗高原的南边陲沙漠地带,其历史最早可追溯至阿契美尼德时期(公元前6世纪~公元前4世纪)。在巴姆最强盛的公元7~11世纪,其不仅为贸易路线之要道,亦闻名于生产丝与棉制之衣物。绿洲居民的生活有赖地下灌溉渠道之建立,在巴姆城至今仍残留些许昔日水道之迹。运用当地特有的技术并以泥巴为建材的巴姆城是中世纪防御城镇的典型代表。”

2001年3月,阿富汗巴米扬大佛被数日的炮火炸毁。世界都在惊愕,教科文组织亦做出了较快的反应。当年的6月25日,世界遗产大会提前在巴黎召开。会议用大量的时间紧急研究巴米扬被毁问题,并讨论了类似情况下的措施和策略。比如,前述的提议设立“反人类共同遗产罪”之罪名,即在这样的氛围和心情下出现的。2003年阿富汗“巴米扬山谷文化景观和考古遗址”(Cultural Landscape and Archaeological Remains of the Bamiyan Valley)充满悲情地、伤痕累累地成为世界遗产和濒危世界遗产。

尽管有些遗产最终未入濒危名录,但其曾经的特殊遭遇却成为特别的关注目标。2004年年末的印度洋海啸也对相关区域内的世界遗产造成破坏,它们是印度的“科纳拉克太阳神庙”(Sun Temple, Konârak)、“马哈巴利普兰遗址群”(Group of Monuments at Mahabalipuram)、斯里兰卡的“加勒老城及其城堡”(Old Town of Galle and its Fortifications),印度尼西亚的“乌戎格库龙国家公园”(Ujung Kulon National Park)、“苏门答腊热带雨林”(Tropical Rainforest Heritage of Sumatra)。

印度:科纳拉克太阳神庙

Sun Temple,Konârak

Date of Inscription:1984

Criteria:(i)(iii)(vi)

State of Orissa,Puri District

N19 53 15.0 E86 05 41.0

Ref:246

印度:马哈巴利普兰遗址群

Group of Monuments at Mahabalipuram

Date of Inscription:1984

Criteria:(i)(ii)(iii)(vi)

Tamil Nadu State,Chingleput District

N12 37 00 E80 11 30

Ref:249

斯里兰卡:加勒老城及其城堡

Old Town of Galle and its Fortifications

Date of Inscription:1988

Criteria:(iv)

City ofGalle,Southern Province

N6 01 17 E80 13 07

Ref:451

印度尼西亚:乌戎格库龙国家公园

Ujung Kulon National Park

Date of Inscription:1991

Criteria:(vii)(x)

Property:123, 051 ha

Provinces of Banten(formerlyWest Java)and Lampung

S6 45 E105 20

Ref:608

印度尼西亚:苏门答腊热带雨林

Tropical Rainforest Heritage of Sumatra

Date of Inscription:2004

Criteria:(vii)(ix)(x)

Property:2, 595, 124 ha

Provinces of Nanggroe Aceh Darussalam, Sumatra Utara (North Sumatra), Jambi, Sumatra Barat (West Sumatra), Sumatra Selatan (South Sumatra), Bengkulu, and Lampung on the Island of Sumatra

S2 30 0 E101 30 0

Ref:1167

2008 年 5 月 12 日汶川大地震,所涉四川的 5 项世界遗产,即 2006 年列入名录的“四川大熊猫栖息地”(Sichuan Giant Panda Sanctuaries)、2000 年列入名录的“青城山和都江堰”(Mount Qingcheng and the Dujiangyan Irrigation System)、1992 年列入名录的“九寨沟”(Jiuzhaigou Valley Scenic and Historic Interest Area)、1992 年列入名录的“黄龙”(Huanglong Scenic and Historic Interest Area)、1996 年列入名录的“峨眉山和乐山大佛”(Mount Emei Scenic Area, including Leshan Giant Buddha Scenic Area),也随即成为人们予以特别关注的遗产项。

2015 年 4 月 25 日尼泊尔大地震,“加德满都谷地”(Kathmandu Valley)建筑群大面积坍塌,损毁严重。

尼泊尔:加德满都谷地

Kathmandu Valley

Date of Inscription:1979

Minor Modification Inscribed Year:2006

Criteria:(iii)(iv)(vi)

Property:167. 37 ha

Buffer zone:70. 29 ha

N27 42 14. 22 E85 18 30. 888

Ref:121bis

濒危世界遗产有其特殊的意义存在。如果由通常性标准来衡量这些遗产，它们当然在各项综合指标上与其他世界遗产相比，至少在安全程度上、保护水准上都有显著差距。但它们的特殊处境牵动了全世界的神经，集中了人类真切的情感关注。所以，它们是强调世界遗产精神最有力的语言。

七、濒危世界遗产分类分析

濒危世界遗产的产生原因正如《世界遗产公约》所指，环境的蜕变加剧、大规模公共或私人工程、城市或旅游业迅速发展计划造成的消失威胁，土地的使用变动或易主造成的破坏，随意摒弃，武装冲突的爆发或威胁，灾害和灾变，严重火灾、地震、山崩，火山爆发，水位变动，洪水和海啸，以及未知原因造成的重大变化，对世界遗产的保护都是严重的挑战，甚至是致命的。

因而，对《濒危世界遗产名录》已有过的案例进行原因归类分析，有助于梳理出更加有效的预防思路及措施。

天灾方面的原因主要有：

1. 飓风。如 1991 年名为“安德鲁”的飓风袭击了美国世界遗产大沼泽地国家公园。

2. 地震。2003 年伊朗世界遗产巴姆古城遭遇大地震；2006 年爪哇地震，布兰班南印度庙部分坍塌；2008 年四川地震，都江堰地上建筑二王庙坍塌；2015 年尼泊尔大地震，加德满都的建筑严重损毁。

3. 海啸。2004 年印度洋海啸，多国多项世界遗产不同程度受损。

4. 火山爆发。加拉帕戈斯 1998 年火山喷发中有 4 只加拉帕戈斯龟死亡，2006 年、2008 年又有火山爆发。

5. 水位变动。催生《世界遗产公约》的埃及阿布辛贝勒神庙及菲莱神庙的迁移案例，即因水位上涨。

人祸方面的原因主要有：

1. 战争。刚果民主共和国内战，致使其 5 项自然遗产常年列在濒危行列；2006 年，黎巴嫩被列入世界遗产的三处古迹在黎以冲突中遭到破坏；2013 年叙利亚所有的 6 项世界遗产濒危；2016 年利比亚所有的 5 项世界遗产濒危。

2. 火灾。2001 年 1 月 19 日，中国世界遗产武当山遇真宫被电线短路引起的大火烧光;2006 年 5 月 1 日,韩国位于京畿道水原市的华城遭人为纵火,其代表性楼阁西将台二层全部遭焚毁;2019 年 4 月 15 日,法国巴黎圣母院被突发的大火毁坏;2019 年 10 月 31 日,日本琉球王城遗址发生火灾,包括正殿在内的主建筑群被烧毁。

3. 工程。2007 年我国澳门特区欲在松山灯塔所在的山顶建造 126 米高的大厦,被联合国教科文组织警告。

4. 旅游。现有的著名世界遗产均遭遇严重的旅游压力,实际游览人数超过可承受容量数倍或更多。

天灾及人祸造成的世界遗产损害,许多时候是难以控制的。2007 年 2 月 3 日,智利著名海港城市瓦尔帕莱索发生天然气爆炸,而爆炸发生的街区正是 2003 年成为世界遗产的"瓦尔帕莱索港口城市历史区"(Historic Quarter of the Seaport City of Valparaíso)。爆炸至少造成 2 人死亡、10 多人受伤、20 多人失踪,爆炸冲击波摧毁了附近几幢建筑,其中包括已是世界遗产的两幢古建筑。

智利:瓦尔帕莱索港口城市历史区

Historic Quarter of the Seaport City of Valparaíso

Date of Inscription:2003

Criteria:(iii)

Property:23. 2 ha

Buffer zone:44. 5 ha

Fifth Region, Province Valparaíso

S33 2 26. 3 W71 37 40. 8

Ref:959rev

《世界遗产名录》对"瓦尔帕莱索港口城市历史区"的概要描述是:"瓦尔帕莱索殖民城市是 19 世纪晚期拉丁美洲城市和建筑发展的典范。城市地理位置如同一个圆形露天剧场,布局非常有特色,山腰上到处可见本国的城市建筑,其中还点缀着星罗棋布的教堂尖塔,在平地部分则采用几何布局。瓦尔帕莱索还完好保存了一些早年有趣的工业基础设施,例如陡峭山坡上不计其数的'起卸机'。"

很多情况不是单纯的一种威胁,除去突发性的自然或人为危害,世界遗产遭到威胁的原因是慢慢积累或多头聚合的,其构成因素可能更为复杂。

八、更新的《濒危世界遗产名录》

纸质文本的《濒危世界遗产名录》通常内容包括:“公约缔约国”(Contracting State Having Submitted the Nomination in Accordance with the Convention)、“遗产项名称”(Name of Property)、“日期记录”(Date of Inscription)。其中“日期记录”的内容,要包括列入濒危世界遗产名录的具体日期,以及何地召开的何届世界遗产大会。

新的电子文本的《濒危世界遗产名录》,因有遗产项点击链接功能,故在官方网站上呈现出来的完整《濒危世界遗产名录》,内容相对简约。

以下是世界遗产中心网站呈现的一份最新版的《濒危世界遗产名录》:

濒危世界遗产名录

List of World Heritage in Danger

世界遗产委员会决定依照公约第 11 条第 4 款规定,将下列 53 项遗产列入《濒危世界遗产名录》。

The 53 properties which the World Heritage Committee has decided to include on the List of World Heritage in danger in accordance with Article 11(4) of the *Convention*.

阿富汗 Afghanistan

• 巴米扬山谷文化景观和考古遗址 Cultural Landscape and Archaeological Remains of the Bamiyan Valley(2003)

• 贾穆宣礼塔及其文化遗存 Minaret and Archaeological Remains of Jam (2002)

奥地利 Austria

• 维也纳历史中心 Historic Centre of Vienna(2017)

玻利维亚 Bolivia(Plurinational State of)

• 波托西城 City of Potosí(2014)

中非共和国 Central African Republic

• 马诺沃贡达圣弗罗里斯国家公园 Manovo-Gounda St Floris National Park (1997)

科特迪瓦 Côte d'Ivoire

• 宁巴山自然保护区 Mount Nimba Strict Nature Reserve(1992)

刚果民主共和国 Democratic Republic of the Congo

• 加兰巴国家公园 Garamba National Park(1996)

• 卡胡兹—别加国家公园 Kahuzi-Biega National Park(1997)

• 俄卡皮鹿野生动物保护地 Okapi Wildlife Reserve(1997)

• 萨龙加国家公园 Salonga National Park(1999)

• 维龙加国家公园 Virunga National Park(1994)

埃及 Egypt

• 阿布米纳 Abu Mena(2001)

几内亚 Guinea

• 宁巴山自然保护区 Mount Nimba Strict Nature Reserve(1992)

洪都拉斯 Honduras

• 里奥普拉塔诺生物圈保留地 Río Plátano Biosphere Reserve(2011)

印度尼西亚 Indonesia

• 苏门答腊热带雨林 Tropical Rainforest Heritage of Sumatra(2011)

伊拉克 Iraq

• 亚述古城 Ashur(Qal'at Sherqat)(2003)

• 哈特拉 Hatra(2015)

• 萨马拉考古城 Samarra Archaeological City(2007)

耶路撒冷 Jerusalem(Site proposed by Jordan)

• 耶路撒冷古城及其城墙 Old City of Jerusalem and its Walls(1982)

肯尼亚 Kenya

• 图尔卡纳湖国家公园 Lake Turkana National Parks(2018)

利比亚 Libya

• 昔兰尼考古遗址 Archaeological Site of Cyrene(2016)

• 莱普蒂斯马格纳考古遗址 Archaeological Site of Leptis Magna(2016)

• 塞布拉塔考古遗址 Archaeological Site of Sabratha(2016)

• 加达梅斯老城 Old Town of Ghadamès(2016)

• 阿卡库斯岩画 Rock-Art Sites of Tadrart Acacus(2016)

马达加斯加 Madagascar

• 阿钦安阿纳雨林 Rainforests of the Atsinanana(2010)

马里 Mali

• 杰内古城 Old Towns of Djenné(2016)

• 廷巴克图 Timbuktu(2012)

• 阿斯基亚王陵 Tomb of Askia(2012)

墨西哥 Mexico

• 加利福尼亚湾群岛及保护区 Islands and Protected Areas of the Gulf of California(2019)

密克罗尼西亚 Micronesia(Federated States of)

• 南马都尔:东密克罗尼西亚庆典中心 Nan Madol:Ceremonial Centre of Eastern Micronesia(2016)

尼日尔 Niger

• 阿伊尔和泰内雷自然保护区 Air and Ténéré Natural Reserves(1992)

巴勒斯坦 Palestine

• 耶稣诞生地:伯利恒主诞堂和朝圣线路 Birthplace of Jesus:Church of the Nativity and the Pilgrimage Route,Bethlehem(2012)

• 南耶路撒冷的文化景观 Palestine:Land of Olives and Vines-Cultural Landscape of Southern Jerusalem,Battir(2014)

巴拿马 Panama

• 巴拿马加勒比海岸的防御工事:波托贝洛—圣罗伦佐 Fortifications on the Caribbean Side of Panama:Portobelo-San Lorenzo(2012)

秘鲁 Peru

• 昌昌城考古遗址 Chan Chan Archaeological Zone(1986)

塞内加尔 Senegal

• 尼奥科罗—科巴国家公园 Niokolo-Koba National Park(2007)

塞尔维亚 Serbia

• 科索沃的中世纪建筑群 Medieval Monuments in Kosovo(2006)

所罗门群岛 Solomon Islands

- 东伦内尔岛 East Rennell(2013)

叙利亚 Syrian Arab Republic

- 阿勒颇古城 Ancient City of Aleppo(2013)
- 布斯拉古城 Ancient City of Bosra(2013)
- 大马士革古城 Ancient City of Damascus(2013)
- 叙利亚北部古村庄 Ancient Villages of Northern Syria(2013)
- 武士堡和萨拉丁堡 Crac des Chevaliers and Qal'at Salah El-Din(2013)
- 帕尔米拉遗址 Site of Palmyra(2013)

乌干达 Uganda

- 卡苏比布干达皇陵 Tombs of Buganda Kings at Kasubi(2010)

英国 United Kingdom of Great Britain and Northern Ireland

- 利物浦海上商城 Liverpool-Maritime Mercantile City(2012)

坦桑尼亚 United Republic of Tanzania

- 塞卢斯禁猎区 Selous Game Reserve(2014)

美国 United States of America

- 大沼泽地国家公园 Everglades National Park(2010)

乌兹别克斯坦 Uzbekistan

- 莎克里斯亚比斯历史中心 Historic Centre of Shakhrisyabz(2016)

委内瑞拉 Venezuela(Bolivarian Republic of)

- 科罗及其港口 Coro and its Port(2005)

也门

- 扎比得历史古城 Historic Town of Zabid(2000)
- 萨那古城 Old City of Sana'a(2015)
- 城墙环绕的希巴姆老城 Old Walled City of Shibam(2015)

在濒危世界遗产的管理历史中,还有一个"强化监督"(Reinforced Monitoring)机制需要提及。比如,2008年世界遗产委员会没有对《濒危世界遗产名录》进行增删,就与该委员会2007年开始实施的"强化监督"机制有关。按照这一机制,世界遗产委员会将定期向"强化监督"的遗产地派遣专家组,对这些遗产地的情况进行评估。

2007 年受到“强化监督”的共有 7 项世界遗产，它们均已经出现在《濒危世界遗产名录》当中。这 7 项濒危世界遗产是：

1. 德国：德累斯顿易北河谷（Dresden Elbe Valley）

2. 耶路撒冷：耶路撒冷古城及其城墙（Old City of Jerusalem and its Walls）

3. 刚果民主共和国：维龙加国家公园（Virunga National Park）

4. 刚果民主共和国：加兰巴国家公园（Garamba National Park）

5. 刚果民主共和国：卡胡兹 – 别加国家公园（Kahuzi-Biega National Park）

6. 刚果民主共和国：萨隆加国家公园（Salonga National Park）

7. 刚果民主共和国：俄卡皮鹿野生动物保护地（Okapi Wildlife Reserve）

2008 年再将 4 项世界遗产被列入“强化监督”名单，它们是：

1. 法国：波尔多月亮港（Bordeaux，Port of the Moon）

2. 马里：廷巴克图（Timbuktu）

3. 秘鲁：马丘比丘历史圣地（Historic Sanctuary of Machu Picchu）

4. 乌兹别克斯坦：撒马尔罕城（Samarkand-Crossroad of Cultures）

这 4 项遗产虽当时未被列入《濒危世界遗产名录》，但由于都已经受到了人类的建桥、建房、修路等开发活动影响或荒漠化等自然因素的波及，遗产地的真实性和完整性受到了严重威胁。如经“强化监督”情况仍未能好转，这些遗产未来将极有可能被列入《濒危世界遗产名录》。事实是，其中两项分别于 2012 年和 2016 年已进入了该名录。

第三节　人类非物质文化遗产代表作名录系列

根据《保护非物质文化遗产公约》的规定，设立《人类非物质文化遗产代表作名录》，与它同时存在的是《急需保护的非物质文化遗产名录》。对此问题，《保护非物质文化遗产公约》进行了如下明确规定：

第 16 条：人类非物质文化遗产代表作名录

1. 为了扩大非物质文化遗产的影响，提高对其重要意义的认识和从尊重文化多样性的角度促进对话，委员会应根据有关缔约国的提名编辑、更新和公布《人类非物质文化遗产代表作名录》。

2. 委员会拟订有关编辑、更新和公布此代表作名录的标准并提交大会批准。

第 17 条：急需保护的非物质文化遗产名录

1. 为了采取适当的保护措施，委员会编辑、更新和公布《急需保护的非物质文化遗产名录》，并根据有关缔约国的要求将此类遗产列入该名录。

2. 委员会拟订有关编辑、更新和公布此名录的标准并提交大会批准。

3. 委员会在极其紧急的情况（其具体标准由大会根据委员会的建议加以批准）下，可与有关缔约国协商将有关的遗产列入第 1 段所提之名录。

《保护非物质文化遗产公约》于 2003 年 10 月在联合国教科文组织的第 32 届大会上获得通过并于 2006 年 4 月正式生效。在公约起草阶段到公约正式生效期间，联合国教科文组织一直没有间断地开展了非物质文化遗产的保护工作。与此项工作密切关联的，就是自 2001 年起采取的一些短期行动。2001 年、2003 年和 2005 年三次宣布人类口头和非物质遗产代表作，总共确认了 90 项代表作。

按照《保护非物质文化遗产公约》中“过渡条款”的规定，此三批人类口头和非物质遗产代表作，都将直接纳入《人类非物质文化遗产代表作名录》。2007 年 9 月 3 日至 7 日在东京举行的世界遗产委员会政府间会议决定，联合国教科文组织将于 2009 年 9 月正式建立《人类非物质文化遗产代表作名录》和《急需保护的非物质文化遗产名录》。联合国教科文组织先前宣布的以下 90 项人类口头和非物质遗产代表作，即可视为《人类非物质文化遗产代表作名录》的正式内容，并作为 2008 年的人类非物质文化遗产代表作。

与《世界遗产名录》和《濒危世界遗产名录》不同，《人类非物质文化遗产代表作名录》和《急需保护的非物质文化遗产名录》在遗产项目上及数量上不相重叠。再加上“最佳保护实践范例”（Best Safeguarding Practices）名录中的项目，从 2008 年起至 2020 年年底第 15 届委员会大会，共产生 584 项遗产。每年分别产生的遗产项情况见表 18：

表 18 历年产生的三类非物质文化遗产项目的总和数量

年份	当年数量
2008	90
2009	86
2010	47
2011	33
2012	32
2013	30
2014	38
2015	28
2016	42
2017	42
2018	39
2019	42
2020	35

第四节 世界遗产地图

将世界遗产的分布情况直观而醒目地标示出来,地图是不可或缺的方式。联合国教科文组织世界遗产中心每年印制的《世界遗产地图》(World Heritage Map,UNESCO)以彩图配文字的单张印刷形式,将当年度最新的世界遗产情况对应地体现出来。地图集中而简约地呈现了《世界遗产名录》和《濒危世界遗产名录》中的所有项目,其中的名称及所属类型均以不同符号标出。同时,文化遗产与自然遗产的平衡、各大洲各地区间的平衡、国家间的平衡及跨国遗产情况,都能够一目了然。

在全球战略实施前期,地图的分类没有按常规的行政区域走,而是以自身的特有惯例划分了四个世界遗产事务的区域:(1)美洲,包括南北美洲;(2)欧洲;(3)亚太,即亚洲、大洋洲;(4)非洲及阿拉伯地区。在这四个区域的公约缔约国和世界遗产拥有国的世界遗产项目,按照字母顺序列出。全球战略实施到一定阶段,有较明显的成就后,地图则改为全球一体的形式,按英文字母顺序排列国家名,每个国家之下按进入名录的时间顺序排列世界遗产项。

第五节　国家一级世界遗产预备名录

各缔约国要向联合国教科文组织世界遗产中心提交内容完整、论证规范的国家一级的预备名录,以确保申报资料的充足和程序的顺畅。政府积极履行缔约国职责的重要标志之一,就是根据公约要求建立国家一级的预备名录。

中国作为两个公约的缔约国,更作为世界遗产大国,也向联合国教科文组织世界遗产中心提交了国家一级的预备名单(见表 19)。按照规则,未来一些年中国的新晋世界遗产将产生自这份名单。

表 19　中国的世界遗产预备名单

序号	预备项目名称	提交时间
1	中国古瓷窑址 Ancient Porcelain Kiln Site in China	29/01/2013
2	山陕古民居 Ancient Residences in Shanxi and Shaanxi Provinces	28/03/2008
3	普洱景迈山古茶园 Ancient Tea Plantations of Jingmai Mountain in Pu'er	29/01/2013
4	古蜀考古遗址 Archaeological Sites of the Ancient Shu State: Site at Jinsha and Joint Tombs of Boat-shaped Coffins in Chengdu City, Sichuan Province; Site of Sanxingdui in Guanghan City, Sichuan Province	29/01/2013
5	巴丹吉林沙漠——沙湖之塔 Badain Jaran Desert—Towers of Sand and Lakes	30/01/2019
6	白鹤梁水下题刻 Baiheliang Ancient Hydrological Inscription	28/03/2008

续表

序号	预备项目名称	提交时间
7	中国阿尔泰 China Altay	29/01/2010
8	丝绸之路中国段 Chinese Section of the Silk Road: Land Routes in Henan Province, Shanxi Province, Gansu Province, Qinghai Province, Ningxia Hui Autonomous Region, and Xinjiang Uygur Autonomous Region; Sea Routes in Ningbo City, Zhejiang Province and Quanzhou City, Fujian Province-from Western-Han Dynasty to Qing Dynasty	28/03/2008
9	明清城墙 City Walls of the Ming and Qing Dynasties	28/03/2008
10	大理苍山和洱海 Dali Cangshan Mountain and Erhai Lake Scenic Spot	29/11/2001
11	藏羌碉楼和村寨 Diaolou Buildings and Villages for Tibetan and Qiang Ethnic Groups	29/01/2013
12	侗寨 Dong Villages	29/01/2013
13	东寨港自然保护区 Dongzhai Port Nature Reserve	12/02/1996
14	敦煌雅丹地貌 Dunhuang Yardangs	30/01/2015
15	明清皇陵扩展:潞简王墓 Expansion Project of Imperial Tombs of the Ming and Qing Dynasties: King Lujian's Tombs	28/03/2008
16	凤凰古城 Fenghuang Ancient City	28/03/2008
17	管涔山——芦芽山 Guancen Mountain—Luya Mountain	28/02/2017
18	贵州三叠纪化石遗址 Guizhou Triassic Fossil Sites	30/01/2019

续表

序号	预备项目名称	提交时间
19	海坛 Haitan Scenic Spots	29/11/2001
20	天坑地缝 Heaven Pit and Ground Seam Scenic Spot	29/11/2001
21	古泉州历史遗迹 Historic Monuments and Sites of Ancient Quanzhou(Zayton)	20/01/2016
22	华山 Hua Shan Scenic Area	29/11/2001
23	黄果树 Huangguoshu Scenic Area	30/01/2019
24	呼伦贝尔文化景观 Hulun Buir Landscape & Birthplace of Ancient Minority	28/02/2017
25	景德镇官窑 Imperial Kiln Sites of Jingdezhen	05/09/2017
26	金佛山 Jinfoshan Scenic Spot	29/11/2001
27	武夷山扩展:北武夷山 Jinggangshan—North Wuyishan(Extension of Mount Wuyi)	30/01/2015
28	喀喇昆仑—帕米尔 Karakorum-Pamir	29/01/2010
29	坎儿井 Karez Wells	28/03/2008
30	灵渠 Lingqu Canal	29/01/2013
31	麦积山 Maijishan Scenic Spots	29/11/2001
32	苗岭苗寨 Miao Nationality Villages in Southeast Guizhou Province:The Villages of Miao Nationality at the Foot of Leigong Mountain in Miao Ling Mountains	28/03/2008

续表

序号	预备项目名称	提交时间
33	南溪河 Nanxi River	29/11/2001
34	鄱阳湖自然保护区 Poyang Nature Reserve	12/02/1996
35	青海湖 Qinghai Lake	28/02/2017
36	三坊七巷 SanFang QiXiang	29/01/2013
37	圣山湖 Scenic and Historic Area of Sacred Mountains and Lakes	28/02/2017
38	蜀道 ShuDao	30/01/2015
39	南越国遗迹 Site of Southern Yue State	28/03/2008
40	红山文化遗址 Sites of Hongshan Culture: The Niuheliang Archaeological Site, the Hongshanhou Archaeological Site, and Weijiawopu Archaeological Site	29/01/2013
41	中国酿酒遗址 Sites for Liquor Making in China	28/03/2008
42	扬州瘦西湖及历史中心 Slender West Lake and Historic Urban Area in Yangzhou	28/03/2008
43	太行山 Taihang Mountain	28/02/2017
44	塔克拉玛干沙漠胡杨林 Taklimakan Desert—Populus Euphratica Forests	29/01/2010
45	扬子鳄自然保护区 The Alligator Sinensis Nature Reserve	12/02/1996

续表

序号	预备项目名称	提交时间
46	江南水乡古镇 The Ancient Waterfront Towns in the South of Yangtze River	28/03/2008
47	北京中轴线 The Central Axis of Beijing(including Beihai)	29/01/2013
48	泰山扩展:四大名山 The Four Sacred Mountains as an Extension of Mt. Taishan	07/04/2008
49	桂林漓江 The Lijiang River Scenic Zone at Guilin	12/02/1996
50	天柱山 Tianzhushan	30/01/2015
51	土林—古格 Tulin-Guge Scenic and Historic Interest Areas	30/01/2015
52	长白山 Vertical Vegetation Landscape and Volcanic Landscape in Changbai Mountain	28/02/2017
53	西夏王陵 Western Xia Imperial Tombs	29/01/2013
54	辽代木结构建筑 Wooden Structures of Liao Dynasty—Wooden Pagoda of Yingxian County, Main Hall of Fengguo Monastery of Yixian County	29/01/2013
55	五大连池 Wudalianchi Scenic Spots	29/11/2001
56	新疆雅丹地貌 Xinjiang Yardang	30/01/2015
57	西藏雅砻江 Yalong, Tibet	29/11/2001
58	雁荡山 Yandang Mountain	29/11/2001

续表

序号	预备项目名称	提交时间
59	长江三峡 Yangtze Gorges Scenic Spot	29/11/2001

注：由联合国教科文组织世界遗产中心官方网站的英文名单整理，依英文字母排序。

中国非物质文化遗产保护虽然历史不长，但推进速度较快，尤其是在国内的四级名录设立方面产生了诸多成果。

2005 年 12 月 31 日，文化部（现为文化和旅游部）公示了第一批国家级非物质文化遗产名录推荐项目，共 501 项，公示期一个月。2006 年 5 月 20 日，国务院正式公布了《第一批国家级非物质文化遗产名录》，共计 518 项。

国务院《关于公布第一批国家级非物质文化遗产名录的通知》特别指出："我国是历史悠久的文明古国，拥有丰富多彩的文化遗产。非物质文化遗产是文化遗产的重要组成部分，是我国历史的见证和中华文化的重要载体，蕴含着中华民族特有的精神价值、思维方式、想象力和文化意识，体现着中华民族的生命力和创造力。保护和利用好非物质文化遗产，对于继承和发扬民族优秀文化传统、增进民族团结和维护国家统一、增强民族自信心和凝聚力、促进社会主义精神文明建设都具有重要而深远的意义。"《第一批国家级非物质文化遗产名录》共分 10 个类别：民间文学；民间音乐；民间舞蹈；传统戏剧；曲艺；杂技与竞技；民间美术；传统手工技艺；传统医药；民俗。

2008 年 6 月 7 日，国务院批准文化部确定的《第二批国家级非物质文化遗产名录》（共计 510 项）和《第一批国家级非物质文化遗产扩展项目名录》（共计 147 项），并于同年 6 月 14 日予以公布。国务院在公布通知中要求各地进一步贯彻"保护为主、抢救第一、合理利用、传承发展"的工作方针，认真做好非物质文化遗产的保护、管理工作，为弘扬中华文化，推动社会主义文化大发展大繁荣做出新的贡献。

2011 年 5 月 23 日，国务院批准文化部确定的《第三批国家级非物质文化遗产名录》（共计 191 项）和《国家级非物质文化遗产名录扩展项目名录》（共计 164 项）。2014 年 11 月 11 日国务院批准文化部确定的《第四批国家级非物质文化遗产代表性项目名录》（共计 153 项）和《国家级非物质文化遗产代表性项目名录扩展项目名录》(共计153项)。2020年12月21日文化和旅游部公示了第五批国家级非物质文化遗产代表性项目名录推荐项目198项及扩展项目139项。

经批准产生的国家级非物质文化遗产代表作数以千计,使国家级非物质文化遗产名录在短短几年中呈现出既庞大丰富又分散细碎的特征。

第六节　世界遗产大国

一、数量排名

《世界遗产公约》从1972年诞生、1978年开始建立名录至今,经历了不断丰富、调整和完善的过程,每年都产生若干全新的遗产项,拥有世界遗产的国家也逐年增加。由此,一批世界遗产大国也应运而生(见表20)。如果单纯从世界遗产拥有数量上排名,第44届世界遗产大会之前,位居第一的是意大利和中国,各有55项;西班牙为48项,列第二位。这些国家领土内有如此丰盛的世界遗产,不能不称之为世界遗产大国。

表20　拥有世界遗产数量居前10位的国家

排序	国家	数量
1	中国/意大利	55/55
2	西班牙	48
3	德国	46
4	法国	45
5	印度	38
6	墨西哥	35
7	英国	32
8	俄罗斯	28
9	美国/伊朗	24/24
10	日本	23

二、何以称世界遗产大国

仅由总数量这一个指标衡量,世界遗产大国当然是单一层面的,说服力与涵盖力一定是有所欠缺的。

严格地讲,科学地确认世界遗产大国,还须有一套科学的方法及标准,单纯以数量指标确定无疑是不够的。那么,一个含有综合因素的指标应当怎样构成呢?综合分析,至少应当包括:国家地域面积与该国所拥有世界遗产的数量比;总人口与所拥有世界遗产的数量比;保护能力(对世界遗产保护的政策体系、资金投入、技术投入等方面)与所拥有世界遗产的数量比;预备级的文化与自然遗产资源与所拥有世界遗产的数量比;学界研究、政府和媒介宣传、民众知晓和热爱程度与所拥有世界遗产数量的比。这些因素汇总起来的较高指数,才构成更为可信的成为世界遗产大国的条件。

当然,世界遗产大国不可能是一个绝对概念。除总数占单一排名绝对优势的国家外,对大多数世界遗产拥有国而言,世界遗产大国一般是指拥有世界遗产项的数量水平超过国土面积及国家综合实力水平的国家。当然,这需要在与其他国家情况的对比中体现出来。

文明大国不一定是世界遗产大国,如埃及(7 项)、伊拉克(6 项)。遗产项与悠久丰富的历史文化不成正比的国家,都不能成为世界遗产大国。

世界遗产大国大致可归为三类。第一类是西班牙、意大利、德国、法国、美国这样的西方大国,原本就是世界遗产事务的发起国,参与该事务较早,操作也较为成熟。第二类以中国、印度、俄罗斯、墨西哥为代表,世界遗产与世界遗产资源均丰富。第三类以尼泊尔、斯里兰卡、马耳他等国为代表,它们地域虽小,世界遗产的事业却蓬蓬勃勃。

南亚次大陆的小国斯里兰卡,以拥有 8 项世界遗产的荣誉成为名副其实的世界遗产大国。世界遗产的保护意识在斯里兰卡深入人心。斯里兰卡有世界遗产日,在堪迪还成立有世界遗产俱乐部。

三、世界遗产大国的责任

世界遗产大国在国际上要树立国家的整体形象,在国内应构建有本国国家特色的世界遗产守护系统。大国应成为典范,至少要提供可资借鉴的经验。

粗略讲,世界遗产大国有责任:

1. 构建本国的法律和基本政策框架。

2. 均衡本国管辖的世界遗产。在国家一级的预备清单中就达到全面均衡,保证地区、种类的完整。同时,对现有世界遗产有全面的维护、管理。

3. 完善科学研究的体系。设立专门的学术机构,有充足的研究人员,应定期召开学术会议,还应设立基金与研究基地。

4. 加强对公众的宣传和教育。向公众传达正确的世界遗产理念,提升世界遗产的教育层次。

5. 承担作为缔约国必须承担的国际义务。

在国家法律和政策的环境中,督促每一个遗产地建立自己的保护和管理制度,同时又与国家的整体思路统一起来。以英国哈德良长城为例,其保护和管理的显著特点为:每 5 年制订一份统一的管理规划;不仅确定 5 年内要达成的中期目标,而且确立了对未来 30 年保护管理工作的长期指导原则。它要求:第一,保护考古遗址和周围有特色的自然与人文景观;第二,促进符合世界遗产保护的农牧业体系的发展,以免现代农耕或畜牧方式改变原有景观;第三,合理规划公众游览路线和游览方式,促进旅游业的可持续发展;第四,通过遗产管理促进地区乃至全国经济发展。同时,设立了定期监测长城保护状况的机制,利用一切可行机会改善长城的保护工作。这个规划所确认的对保护工作的基本要求和监测机制,反映了英国世界遗产保护工作的基本思路。

Chapter 16
第十六章
保护世界遗产行动

执行法律不仅体现在操作程序上，更体现在具体行动上。正是由于各缔约国政府、专业人员、公众的全方位行动，世界遗产事业的持续才能够得到保障，同时也促进世界遗产价值理念的普及。《世界遗产公约》之所以成为实施最成功的公约之一，是因为各层次保护行动颇有功效。

第一节 保护世界遗产的国际行动

一、世界遗产标识

世界遗产的标识图形所包含的蕴意为，世界文化遗产、世界自然遗产以及两种遗产之间相互依存的关系。(见图 15)

United Nations Educational, Scientific and Cultural Organization

World Heritage Convention

图 15　世界遗产图形标识

标识中央的正方形形状似人的双手拱起,代表着人类的创造;外部的圆圈形状象征着大自然;方形与圆形二者流畅地相连相通,喻指人类与自然应有的和谐关系。这个标识整体呈圆形,既象征全世界,也象征着对遗产要进行保护。图形外围由英文、法文、西班牙文标出“世界遗产”的字样。

世界遗产标识用于所有以世界遗产为主题的事务与活动。国际立法、国际会议、宣传教育、遗产地挂牌等,都可以用这个标识来强调其价值和意义。由于属于联合国教科文组织管辖,在一些重要的法律文件上也与联合国教科文组织的标识(古希腊神庙图形)一同使用。

图形标识的设计由比利时艺术家米歇尔·奥利夫(Michel Olyff)完成,方案于 1978 年第 2 届世界遗产大会讨论后择定。关于颜色为蓝中套白,还是黑白相间,或是选用其他颜色,委员会经斟酌决定,在实际应用中可用任意色,外围文字亦可调整。这样,为各种情形下使用标识提供了进行艺术发挥的空间。现在我们能够看到各国不同遗产地灵活运用世界遗产标识图形的丰富美妙的效果。

各个国家在应用中首先会将外围文字当地化,即加入本国文字,如在中国和日本就加入了汉语的“世界遗产”的字样。

按照世界遗产委员会的规定,世界遗产标识应授权使用。缔约国有责任采取措施防止标识的滥用;鼓励缔约国通过立法来保护这一标识的有效使用。

“世界遗产标识使用指引”(Guidelines for using the Emblem at World Heritage Properties)规定:世界遗产地应在列入《世界遗产名录》后设立标识牌,主要是为了向社会公众包括本国及外国旅游者告知世界遗产地的特殊价值。

因为世界遗产的魅力,不仅会吸引本国民众,也一定会对外国旅游者也产生吸引力。世界遗产标识牌的另一项用途,是让普通公众了解世界遗产、《世界遗产公约》及《世界遗产名录》的概念。世界遗产标识应与联合国教科文组织的标识放在一起。

世界遗产委员会建议:

1. 世界遗产标识牌应放在旅游者容易看到的地方,但不应影响到世界遗产地景观。

2. 世界遗产标识应出现在世界遗产地标识牌当中。

3. 世界遗产标识牌上的文字内容,应有对世界遗产地特征的介绍和世界遗产的普世价值的归纳。

4. 世界遗产标识牌上的世界遗产项名称,应采用《世界遗产名录》中的正式记录。

5. 为方便外国旅游者,世界遗产标识牌应采用多种文字。

"世界遗产标识使用原则"(Principles for Using the Emblem)则提出了一些更加具体的要求:

1. 世界遗产标识的使用应最大限度符合《世界遗产公约》的原则及精神。

2. 授权使用世界遗产标识,应考虑标识使用的精神价值,而不应过多考虑经济价值。与教育、科学、文化相关的符合世界遗产价值观的活动应多予采用,而与世界遗产价值不符或极少价值勾连的地方应尽量少用,如不应将其印在杯子、T 恤等旅游纪念品上面。

3. 世界遗产标识不应允许旅行社、航空公司或其他企业用于商业用途。

除了物质类世界遗产标识外,非物质文化遗产标识也在 2008 年得到确认。(见图 16)

2008 年 2 月 18 日至 22 日非物质文化遗产政府间委员会在保加利亚索菲亚举行特别会议,会上联合国教科文组织从 101 个成员国提交的 1297 件竞标作品中选定了非物质文化遗产的标识。这个标识的设计者名为德拉古廷 · 达多 · 科瓦切维奇(Dragutin Dado Kovačević),来自克罗地亚。

图 16　非物质文化遗产图形标识

与世界遗产标识相呼应，我国也确定了“中国文化遗产”和“中国非物质文化遗产”图形标识（见图 17 和图 18）。

2005 年我国确定了中国文化遗产专用的标识图形，采用的是 2001 年在四川成都金沙遗址出土的四鸟绕日飞行的金饰造型，被命名为“太阳神鸟”。2006 年“文化遗产日”前夕，又公布了“中国非物质文化遗产”图形标识。

图 17　中国文化遗产图形标识

图 18　中国非物质文化遗产图形标识

二、世界遗产青年论坛

世界遗产青年论坛（International World Heritage Youth Forum）是联合国教科文组织关于世界遗产教育与宣传较早开展的项目，旨在提升青少年对世界遗产及其价值的认知，使世界遗产理念在青少年中深入人心。因为青少年是未来的决策者，世界遗产的命运掌握在他们手中。

1995 年首届国际世界遗产青年论坛在挪威的卑尔根举行，开始了以国际化水平促进世界遗产教育的行动。其后,历届青年论坛连续举办。1996 年,两个地区性的世界遗产青年论坛分别在克罗地亚的世界遗产城市杜布罗夫尼克和津巴布韦的维多利亚瀑布景区举办,后者为首届非洲世界遗产青年论坛。

1997 年,首届亚太地区世界遗产青年论坛在北京举行。1998 年,第二届国际世界遗产青年论坛在日本大阪举行。1999 年,在塞内加尔的戈雷岛和摩洛哥的伊夫兰一所名为 Al Akhawayn 的大学举行,后者为首届阿拉伯地区世界遗产青年论坛。

论坛于2000 年在澳大利亚的凯恩斯和2001 年在秘鲁的利马分别召开,后者为美洲的首届论坛。2001 年,在瑞典的卡尔斯克鲁纳举办了第三届国际论坛。2002 年,在阿曼和俄罗斯的诺夫哥罗德、斯洛伐克的布拉迪斯拉发三地举办论坛。2003 年论坛在希腊的罗德斯举行。

2008 年世界遗产青年论坛与第32 届世界遗产大会同期在加拿大魁北克举行,数十位18 岁至25 岁的年轻人参加了论坛。论坛主要讨论了以下5 项主题:

1. 教科文组织及现有机制在公约履行中的效能发挥(UNESCO and Mechanisms for the Implementation of the Convention)
2. 世界遗产是人类共同的遗产(Common Heritage of Humanity)
3. 世界遗产与负责任的旅游(World Heritage and Responsible Tourism)
4. 世界遗产与环境(World Heritage and the Environment)
5. 世界遗产与和平文化(World Heritage and a Culture of Peace)

其后每届世界遗产青年论坛都伴随世界遗产大会而召开,一般在大会正式开幕前召开,成为世界遗产大会的前奏部分。

三、国际组织之间的合作

1992 年以来,《世界遗产公约》在保护自然和生物多样性方面所扮演的角色已经得到了越来越多的认同。例如,1998 年一些热带雨林研究专家在印度尼西亚的贝拉斯塔吉开会,宣称《世界遗产公约》是保护全球极为重要的热带雨林生物多样性最好的国际工具。

这促成了联合国基金会(United Nations Foundation, UNF,设在华盛顿的公共慈善团体)同世界遗产中心之间新的合作关系。1998 年至 2000 年,世界遗产中心通过与 UNF 的合作,筹集到近 2000 万美元资金,并通过联合国系统调度使用这些资金来支持世界遗产的保护工作,其中也包括保护地球上重要的生物多样性。在设计和执行许多由 UNF 资助项目的过程中,世界自然保护联盟也是世界遗产中心的主要合作者。

世界遗产中心和世界自然保护联盟的合作不断获得突破性的进展;它们寻求在更广阔的范围内吸引新的合作伙伴加入保护世界遗产的工作中来。①

在对世界遗产的保护的历史当中,"国际保护运动"(International Safeguarding Campaigns)也起到了重要作用。对遗产地的国际保护运动发起于 20 世纪 60 年代;事实上它是世界遗产概念的发端。最初的国际保护运动,即与联合国教科文组织有关。不过通常情况下的国际保护运动在与社会的联系上更加广泛,涉及的技术及资金也十分宏大,如国际合作的埃及阿布辛贝勒神庙的搬迁修复工程的花费就超过了 8000 万美元。多年来,国际社会共组织了 26 个国际保护运动,共耗资近 10 亿美元。

数十年来,国际合作行动一直没有停滞,大大小小的国际合作以更多的形式、更丰富的手段展开。联合国教科文组织于 2004 年 10 月 26 日宣布,已与意大利政府签订协议,合作成立了一支名为"文化蓝盔部队"的独特组织。这个快速反应部队全部由意大利人组成,包括建筑师、工程师、考古学家、艺术史学家、修复专家、地理学家、地震学家、书籍保护专家和打击非法走私艺术品的专家等人员,负责拯救全球范围内因战争或自然灾害而遭受威胁的文化遗产。根据协议,如果事件足够严重和紧急,联合国教科文组织和意大利政府联系,成立由防卫官、武装警察、民事专家及相关的保护遗产专家组成的紧急行动小组,实施救援行动。成立"文化蓝盔部队"的动因是,2003 年伊拉克战争造成了大量伊拉克珍贵文化遗产毁坏和流失,而各方人士面对浩劫却无力回天。

保护世界遗产涉及资金的使用、各国的责任、遗产的地位等诸多方面,尤其是保护的责任问题。这些问题都经历了由模糊到清晰的过程。而国际合作的经验,正是促使保护思路及法律价值观清晰的重要因素。

---

① [意]弗兰西斯科·班德兰(Francesco Bandarin):《自然的圣殿》,载《世界保护》2001 年第 2 期。

第二节　国外保护世界遗产行动示例

一、“寻求解决办法”的示例

“寻求解决办法”(Finding Solutions),是世界遗产保护工作常常采取的一个具体行动。这种情形,往往是在世界遗产地受到严重威胁的情势下才予以进行。寻求解决办法的具体做法,是世界遗产委员会和各缔约国政府在联合国教科文组织的专家和其他合作伙伴的协助下,对世界遗产保护提出具体意见。

这类的具体事例包括:

1. 埃及孟菲斯及其金字塔墓地

埃及:孟菲斯及其金字塔墓地

Memphis and its Necropolis-the Pyramid Fields from Giza to Dahshur

Date of Inscription:1979

Criteria:(i)(iii)(vi)

Property:16, 358. 52 ha

Governorate of Giza

N29 58 33. 8 E31 07 49. 5

Ref:86

《世界遗产名录》对“孟菲斯及其金字塔墓地”的概要描述是:“这处非凡的墓葬群遗址坐落在古埃及王国首都的周围,包括岩石墓、石雕墓、庙宇和金字塔。这处遗址被认为是古代世界七大奇迹之一。”

吉萨附近的金字塔受到威胁是在1995年。当时开罗的一个公路项目即将开工建设,而公路将通过吉萨金字塔附近,从而将严重威胁到这个有重大价值的考古地点。在世界遗产委员会的建议下,埃及政府最终改变了原有设计,提出了替代解决方案,取代了有争议的方案,从而使这项世界遗产未受到破坏。

2. 尼泊尔皇家奇特旺国家公园

尼泊尔:皇家奇特旺国家公园

Royal Chitwan National Park

Date of Inscription:1984

Criteria:(vii)(ix)(x)

Property:93, 200 ha

Chitwan District of the Narayani Zone

N27 30 E84 20

Ref:284

《世界遗产名录》对“皇家奇特旺国家公园”的概要描述是:“在喜马拉雅山脚下,奇特旺是德赖地区少数几个未被破坏的地带之一,在以前它一直延伸到印度和尼泊尔的山脉丘陵地带,并且拥有丰富的植物群和动物群。公园里生存着亚洲最后一群独角犀牛,也是孟加拉虎的最后避难所。”

在20世纪90年代初,当地政府在亚洲开发银行和尼泊尔政府的帮助下拟建造拉波提河(Rapti)引水工程和一座水库。世界遗产委员会在组织了专家进行评估后,对此提出质疑,认为这一工程将严重危及沿岸栖息在皇家奇特旺国家公园内的独角犀牛。质疑的结果是当地政府在世界遗产委员会的敦促下,通过了世界遗产保护区的缓冲带立法,停止了引水工程和水库修建。引水工程的停建,使得此处世界遗产地得以完好保留,以造福于后人。

3. 希腊德尔菲考古遗址

希腊:德尔菲考古遗址

Archaeological Site ofDelphi

Date of Inscription:1987

Criteria:(i)(ii)(iii)(iv)(vi)

Prefecture of Phokis,Region of Central Greece

N38 28 53. 4 E22 29 46. 2

Ref:393

《世界遗产名录》对“德尔菲考古遗址”的概要描述是:“阿波罗神所说的希

腊圣地德尔斐,是翁法勒遗址,是‘世界中心’。与它壮丽的自然景色和充满着的宗教含义相符合的是,早在公元前6世纪,它就已经成为宗教的中心和古希腊世界统一的象征。”

在这项世界遗产1987年被提名的同时,当地的一项铝厂建设计划正在进行中,此项遗产也已经被包含在铝厂的范围之内。为寻求遗产保护的顺利,希腊政府出面为铝厂另外寻找了其他厂址,使之免于在成为世界遗产之前遭到破坏。

4. 墨西哥埃尔比斯开诺鲸鱼禁渔区

墨西哥:埃尔比斯开诺鲸鱼禁渔区

Whale Sanctuary of El Vizcaino

Date of Inscription:1993

Criteria:(x)

Property:370, 950 ha

Basse Californie Sud,Municipality of Mulege

N27 47 32 W114 13 40

Ref:554bis

《世界遗产名录》对“埃尔比斯开诺鲸鱼禁渔区”的概要描述是:“埃尔比斯开诺保护区位于下加利福尼亚半岛中部地区,地处奥霍德列夫雷和圣伊格纳西奥的沿海环礁湖,是灰鲸、港湾海豹、加利福尼亚海狮、北方的海象以及蓝鲸的重要繁殖地及越冬地。环礁湖还为4种濒于灭亡的海龟提供了栖身之地。”

墨西哥政府对位于埃尔比斯开诺的世界遗产采取的保护措施,体现了世界遗产所在国家的政府的负责任精神。为保护世界遗产地的鲸鱼,墨西哥政府在联合国教科文组织世界遗产委员会的干涉下,决定不准许当地的盐场扩建。这件被称为《世界遗产公约》实施以来在全球范围内重要的文物保护事件最终获得成功,使位于墨西哥埃尔比斯开诺的鲸鱼、海豹和海鸟又可以自由地在附近嬉戏和繁殖。人类的保护,为它们提供了一块幸福的乐土。

长期以来,位于奥霍德列夫雷潟湖附近的地区已经受到现代化建设发展的威胁,石油钻探对该地区造成了严重的问题。自1938年明文规定禁止进行鲸鱼贸易以来,鲸鱼的种群得到了恢复。但是,随着工业、经济以及船只运输业的不断扩张，鲸鱼依然难逃厄运。过往的船只对海生动植物群构成了严重的危害；旅游业也因旅游船搅动了沿岸水体而严重影响着鲸鱼的数量。在夏天里附近的人们用网在潟湖和沿岸的河口地区捕捞海龟，并将其送到附近的罐头加工厂，使得海龟的生长受到了过度捕捞的严重威胁。

1996年，一项由日本的三菱公司投资、在圣伊格纳西奥地区兴建工业盐场的计划受到人们的密切关注。人们在对该项目对环境的影响的研究中，发现兴建工业盐场的计划对作为世界遗产的墨西哥的埃尔比斯开诺鲸鱼禁渔区的完整性构成了严重威胁。

当世界遗产委员会提高了对此问题的关注后，1999年8月，墨西哥政府邀请联合国教科文组织派代表团对这个问题进行评估。评估团参加人员包括一位墨西哥环境、自然资源和渔业部长派去的专家、埃尔比斯开诺生物圈保护区的负责人和部分专家、来自世界遗产中心和国际岛屿开发科学委员会的代表以及来自世界自然保护联盟的专家。评估团确认该遗产地作为一个大规模的自然栖息地是一个整体，而圣伊格纳西奥（San Ignacio）处在一个相当原始的状态之中，在这里建设盐场的蒸发和结晶池不符合遗产地的“完整性”条件。

扩建盐场计划最终成为废案，墨西哥政府鼓掌通过了这一决议。2000年3月2日，墨西哥总统宣布终止这一计划。

5. 肯尼亚山国家公园

肯尼亚：肯尼亚山国家公园/天然林

Mount Kenya National Park/Natural Forest

Date of Inscription：1997

Criteria：(vii)(ix)

Property：142, 020 ha

Districts of Meru, Nyeri, Kirnyaga and Embu in Eastern and Central Provinces

N0 7 26 E37 20 12

Ref：800

《世界遗产名录》对“肯尼亚山国家公园/天然林”的概要描述是：“肯尼亚山海拔5199米，是非洲的第二高峰。它是古代的一座死火山，在它的活动期（约310万至260万年前）它的高度可能达到6500米。山上有12条小冰川，它们融化迅速,还有四个次级山峰坐落在U形冰川谷的顶部。注册的地区包括山上的斜坡和由两个突起的高地构成的国家公园以及环绕着的森林保护区。崎岖的冰川和森林覆盖的斜坡使肯尼亚山成为东非最引人注目的地貌。在这里非洲高山地区的植物的演化和生态也为生态进程的发展提供了突出的样例。”

这项遗产在即将列入《世界遗产名录》时,一些严重威胁到此项遗产的因素相继被提出来。这些威胁主要是当地居民对公园内树木的非法采伐和在公园内种植了大麻,影响到世界遗产地的完整性。肯尼亚政府对此采取了一系列解决办法,其中包括提供用于保护的额外车辆,增加巡逻,建立社区保护意识的项目,训练森林守卫和重新认识世界遗产地的保护对邻近的森林储备的影响。基于这些保证,世界遗产委员会于1997年批准了这项世界遗产。然而直到今天,虽然在保护上已经取得了重大进展,但各类因素对此项世界遗产造成的一些威胁仍然存在,因而世界遗产委员会仍在密切观察中。

二、“成功修复”的示例

对列入《濒危世界遗产名录》的世界遗产“成功修复”(successful restorations)的工作,是世界遗产委员会十分乐于示人的成就。其中的一些具体事例,也可作为世界遗产保护史上的范例。

1. 柬埔寨吴哥古迹

《世界遗产名录》对“吴哥古迹”的概要描述是:“坐落于热带丛林中的吴哥古迹是东南亚最重要的考古遗迹之一,包含丛林掩没地,占地超过400平方千米的吴哥古迹,残留着9~12世纪古高棉王国历代都城的宏伟遗迹。如著名的吴哥窟(Angkor Wat)及位于吴哥通城(Angkor Thom)中的巴戎寺,那里有数量丰硕的精美浮雕。联合国教科文组织已制订了一套完善计划,来保护这项珍贵遗产及其周围区域。”

柬埔寨:吴哥古迹

Angkor

Date of Inscription:1992

Criteria:(i)(ii)(iii)(iv)

Province Siem Reap

N13 26 E103 50

Ref:668

吴哥古迹及其林地中存留着吴哥王朝首都的辉煌遗迹,有无数美轮美奂的浮雕艺术。元人周达观于1295年、1296年,曾两度赴柬埔寨,正值吴哥王朝的鼎盛时期。其第二次赴柬游历长达1年时间,有机会深入了解吴哥社会。所著《真腊风土记》[①]一书,记述其所见所闻,完整传至今日。

周达观《真腊风土记》记载了柬埔寨13世纪末叶各方面的事务,既翔实又生动。《四库全书提要》称赞它"文义颇为赅赡"。全书约8500字,既简约又细致。书中除描写了国都中的伟大建筑和雕刻外,还广泛叙述了当地人民日常生活,包括衣食住行等情况。

在周达观笔下,吴哥的繁盛和精美生动可感。吴哥城"周围可二十里,有五门,门各两重。惟东向开二门,余向皆一门。城之外皆巨濠,濠之上皆通衢大桥。桥之两傍,共有石神五十四枚,如石将军之状,甚巨而狞,五门皆相似。桥之阑皆石为之,凿为蛇形,蛇皆九头。五十四神皆以手拔蛇,有不容其走逸之势。城门之上有大石佛头五,面向四方。中置其一,饰之以金。门之两旁,凿石为象形。城皆垒石为之,高可二丈。"由文字亦可看出,周达观游柬这段时间正值吴哥王朝雄踞中南半岛的成熟时期,建筑艺术完整而发达。

《真腊风土记》在世界相关的地方传播,影响力很大。1819年,法国汉学家雷米查将《真腊风土记》译成法文,并出版三次。1902年,法国汉学家伯希和重新翻译出版,并对此书进行了精心研究。1971年,柬埔寨作家李添丁将《真腊风土记》译成柬埔寨文出版,一年内两次重印。《真腊风土记》被认为是了解吴哥文明及柬埔寨历史的重要史籍。

1858年,法国人亨利·莫奥按照周达观书中的描述及所画地图,终于重新找到了吴哥。周达观文字的准确度,也得到了相应的印证。周达观所看到的吴哥是一座活生生的人气旺盛的都城,一片繁茂、有序、和谐的景象。而法国人亨

① 中国明万历之前的7~17世纪,称柬埔寨为"真腊"。

利·莫奥发现的吴哥则已是湮没了几百年的弃城,隐藏于莽林之中。

吴哥古迹在1992年列入《世界遗产名录》后,世界遗产委员会对它的整修工作作出了不懈的努力。世界遗产委员会主持了对吴哥窟遗址及其周边古迹进行恢复性修复的工作,并制订了一个广泛的继续保护遗址的计划。许多国家参加到修复的工作中来,如日本的技术人员参与了对吴哥通城的修复;中国的工程技术人员和建筑工人承担了周萨神庙的修复工作。

吴哥列入《世界遗产名录》之时,因受到当地的非法开挖、偷盗、掠夺的威胁,另外还有战争时期遗留下来的地雷等问题,古迹遗址受到严重破坏。在这项遗产列入《世界遗产名录》的同时,也被列入到《濒危世界遗产名录》当中。由于联合国教科文组织对吴哥的修复工作进行得十分成功,许多威胁到这项遗产的因素都已经不复存在,世界遗产委员会于2004年已经将这项遗产从《濒危世界遗产名录》中移除。

2. 克罗地亚杜布罗夫尼克古城

克罗地亚:杜布罗夫尼克古城

Old City of Dubrovnik

Date of Inscription:1979

Extension:1994

Criteria:(i)(iii)(iv)

Property:96. 7 ha

Buffer zone:53. 7 ha

County of Dubrovnik-Neretva, Adriatic Coast

N42 39 2. 016 E18 5 29. 004

Ref:95bis

《世界遗产名录》对"杜布罗夫尼克古城"的概要描述是:"杜布罗夫尼克位于达尔马提亚海岸,有'克罗地亚的珍珠'之称,早在13世纪之前就已经是地中海上的一只重要的海上力量。虽然在1667年的地震中遭受到严重的损害,但杜布罗夫尼克仍保留了其美丽的哥特式、文艺复兴式和巴洛克式的教堂、修道院、宫殿和喷泉。20世纪90年代该古城又在武装冲突中遭到损害,现在正在修复中。其中主要重建工程的一部分是由联合国教科文组织负责的。"

杜布罗夫尼克古城是在成为世界遗产的十余年后遭受到战争侵害的,与巴米扬山谷在遭创之后成为世界遗产的情形不太一样。这座被誉为"亚得里亚海上明珠"的海滨古城,位置优越,风景宜人,历史文化丰富。公元7世纪,杜布罗夫尼克开始建城,经历了拜占庭帝国、拉古萨城市共和国、杜布罗夫尼克城市共和国、匈牙利帝国等时期,历史上曾经是海上要塞、政治中心、经济贸易中心。古城保留下来的建筑也风格多样——哥特式、文艺复兴式、巴洛克式,如同建筑史的实物展。人们用"斯拉夫的雅典",来比喻它的文化价值。

小城到处点缀着美丽的哥特式建筑和文艺复兴与巴洛克时期的建筑。它们数百年里经过数多次地震,一直保存完好。1991年11月和12月因前南斯拉夫分裂战争,城市建筑受到战争炮火严重破坏,使这个地区在动荡中度过了若干年。1991年世界遗产委员会因此将这项遗产列入《濒危世界遗产名录》当中。此后,联合国教科文组织向这座城市提供了技术咨询和资金援助用于修复工作。克罗地亚政府修复了城市中圣方济各教堂的立面墙及多米尼加回廊,并修理了屋顶,改建了宫殿。经过有效的修复,1998年世界遗产委员会将其从《濒危世界遗产名录》中移除。

3. 波兰维耶利奇卡盐矿

波兰:维耶利奇卡盐矿

Wieliczka and Bochnia Royal Salt Mines

Date of Inscription:1978

Criteria:(iv)

City and County of Wieliczka,Lesser Poland(Malopolska)Voivodship

N49 58 45 E20 03 50

Ref:32

《世界遗产名录》对"维耶利奇卡盐矿"的概要描述是:"维耶利奇卡盐矿自13世纪开始开采,至今仍在不断的挖掘中,盐矿分为九层,绵延300千米的盐矿长廊上,雕刻着许多艺术作品,还有祭坛和雕像。人们对这一伟大工程崇敬至极。维耶利奇卡盐矿是中世纪劳动艺术的结晶。"

维耶利奇卡的盐矿,最神奇的就是盐井里面的300千米长的画廊。这些用盐为制作材料雕刻的著名艺术作品与神坛塑像,让人叹为观止。但从19世纪末,这些雕塑开始受到了盐井内湿度上升的严重威胁。1989 年世界遗产委员会因此将其列入《濒危世界遗产名录》当中。后来,经过波兰及国际社会的 9 年努力,在盐井内安装了高效率的除湿系统,遗产已经得到了有效保护。1998 年世界遗产委员会决定,将其从《濒危世界遗产名录》中去除。

4. 坦桑尼亚恩戈罗恩戈罗保护区

《世界遗产名录》对“恩戈罗恩戈罗保护区”的概要描述是:“巨大完整的恩戈罗恩戈罗火山口是野生动物出没的地方。在其附近是注满了深水的恩帕卡艾火山口,和盖伦活火山。在距此不远的奥杜瓦伊山谷的挖掘,发现了人类的远祖之一的哈比利斯人。”

坦桑尼亚:恩戈罗恩戈罗保护区

Ngorongoro Conservation Area

Date of Inscription:1979

Criteria:(vii)(viii)(ix)(x)

Property:809, 440 ha

Arusha region

S3 11 14. 0 E35 32 27. 0

Ref:39

恩戈罗恩戈罗保护区的主要地区是一个巨大的火山口,周边聚集了世界上最大的野生动物群。保护区建立后当地政府缺乏管理经验和技术,一度使保护区内生态发生了整体恶化的状况。1984 年世界遗产委员会将其列入《濒危世界遗产名录》。后经世界遗产委员会与当地政府开展的技术合作项目,情况明显改善。经过连续监测,1989 年世界遗产委员会决定将其从《濒危世界遗产名录》中去除。

三、保护拉沃葡萄园的典型历程

瑞士:拉沃葡萄园梯田

Lavaux, Vineyard Terraces

Date of Inscription:2007

Criteria:(iii)(iv)(v)

Property:898 ha

Buffer zone:1408 ha

N46 29 31 E6 44 46

Ref:1243

《世界遗产名录》对"拉沃葡萄园梯田"的概要描述是:"拉沃葡萄园梯田位于洛桑至沃州之间的阿尔卑斯山南坡上,沿着日内瓦湖北岸向南延伸30千米。此地历史可追溯到11世纪罗马统治时期,本笃会与西多会僧侣掌控该地区的年代。大量遗留的屋舍、磨坊、堡垒和很多的景观以及当地的村落、小镇与密集栽植的葡萄树,反映着10个世纪之久葡萄酒生产方式的变化。拉沃的葡萄园文化景观展示了在人类与自然环境长达数世纪之久的互动下,最有效地运用当地资源,进而生产高价值酒品的杰出例证。在面对快速成长的城市聚落可能产生的危害时,当地的小区也为了这个地区提供了许多保护的途径。"

拉沃葡萄园梯田在成为世界遗产之前,曾经历了曲折的保护历程。

早在1999年,沃州州政府就产生了申报拉沃为世界遗产的想法,随后,沃州有关部门制订了详细的申报计划上报联邦。直至2005年12月21日,瑞士政府才决定为包括拉沃葡萄园梯田在内的5项遗产资源申报世界遗产。此后,瑞士政府向联合国教科文组织递交了材料,申请将拉沃葡萄园梯田列为世界文化遗产。按程序,拉沃地区接受了联合国专家的考察,并等待报告结论。

2007年5月中旬,国际古迹遗址理事会积极评价了拉沃葡萄园梯田,并推荐给联合国教科文组织。6月28日,世界遗产大会作出评定:拉沃葡萄园梯田体现出居民为优化当地资源、酿制优质葡萄酒,与环境之间进行的相互调整和适应,堪称世界遗产。

对于成为世界遗产这个结果,瑞士生态学家弗朗兹·韦伯尤为兴奋。这位老人从30多年前就发起民众行动,保护拉沃免受城市化的侵蚀。韦伯说:"经过35年的斗争,这种认可美妙之极。"

20世纪70年代初,拉沃周围的洛桑、沃韦、蒙特勒等地区逐步城市化。这种进程也威胁到拉沃这个宁静的"世外桃源"。一些房地产商觊觎拉沃湖光山色、林木葱茏的美景,试图在此建立高档别墅区。在当地居民支持下,韦伯于1973年发起“拯救拉沃”行动,要求将保护拉沃列入沃州州宪法。

当时的沃州州政府不喜欢韦伯对他们指手画脚,也认为“拯救拉沃”的说法不免有些夸大其词。斗争一直持续了4年,至1977年,沃州就保护拉沃入宪举行全民公决。57%的居民投了赞成票,拉沃得以受到法律保护。

然而不久,情况很快又有变化。沃州于1997年修改宪法,将拉沃地区从受保护景点名单中除名。于是韦伯发起了名为“拯救拉沃2”的行动。这次他得到了更多人的支持。在州全民公决中,80%的居民支持韦伯,而在沃州首府洛桑,支持率则高达百分之百。于是,拉沃再次被纳入州宪法的保护之列。

回顾过去,韦伯仍然心有余悸。他说,如果当初拉沃的一切都遭毁坏,今天的申报根本无从谈起。然而,申报成功恰恰是保护行动全新起点。当地官员沙纳尔认为,拉沃进入《世界遗产名录》无疑将增强该地区在世界上的吸引力,迎来更多游客,并这将在长时期内促进对该地区的保护。

拉沃成为世界遗产还能增强民众的保护意识。拉沃葡萄园梯田此前已属瑞士联邦、州和村镇的法律法规保护范畴,对葡萄园的保护更已明确写入沃州州宪法。按照惯例,沃州居民会于2008年再次进行公决,决定拉沃是否受州宪法保护。

此外,这一举措还将促进该地区14个村镇的协调发展。沙纳尔笑着说:“这里的村民谁也不服谁,都宣称自己的葡萄酒质优味美。现在好了,他们有了一个共同的标签——拉沃。”

为使拉沃地区得到持续保护,有关方面此前已制定一系列措施,在申报成功后加强监管。部分措施在外人看来可能过于严苛,譬如新建建筑的位置、颜色,甚至修建每一道墙,都须经有关方面的审批。

尽管如此,拉沃仍然面临一些威胁,如蜂拥而至的游客、日益加快的城市化进程等。为免受城市化影响,拉沃在被列为世界遗产的地区周围划出了一个1368公顷的缓冲带。拉沃希望这条缓冲带能阻挡住城市化进程的脚步。沃州州议员菲利浦·比耶雷说:“从日内瓦到维勒讷沃,拉沃就是我们的中央公园;在方式各异的城市化中,拉沃独善其身。”

如今旅游者到了拉沃,在德萨雷梯田式葡萄园顶部的景区图上,能够看到如下文字:“如果没有宝贵的梯田和数不清的石墙,德萨雷将会变成什么?是一堆坍塌的岩石还是荆棘丛生的荒地？中世纪，它依靠教士们的毅力和耐心才得以诞生。如今，它仍需要人类的智慧，来维护这片夏瑟拉的天堂。”①

第三节　与公约有关的标志性事件

由于在主题上没有争议性，缔约国众多，多数缔约国积极履行义务，《世界遗产公约》成为迄今实施最为成功的国际公约之一。

由 1972 年至 2002 年，《世界遗产公约》运行整整 30 年。世界遗产中心的 30 年大事表是为纪念世界遗产事务 30 年历程而制，选择性地标示了 30 年间的重要阶段。

1. 1959 年，埃及阿布辛贝勒神庙和飞来神庙被拆分，移至干燥处重建。

2. 1965 年，美国提出了将自然纳入遗产保护的必要性，并称之为“世界遗产的真实性”。

3. 1968 年，IUCN 继续建议将自然纳入遗产概念之中，与文化一同予以综合性的保护。

4. 1972 年，通过了《世界遗产公约》。

5. 1978 年，第一批世界遗产诞生，包括厄瓜多尔的加拉帕戈斯群岛、埃塞俄比亚的锡门国家公园。

6. 1981 年，巴拿马的达连国家公园、阿根廷的冰川国家公园和澳大利亚的大堡礁被列入《世界遗产名录》。

7. 1984 年，有 3 项自然遗产进入《濒危世界遗产名录》，其中有塞内加尔的朱贾国家鸟类保护区。

8. 1987 年，印度的孙德尔本斯国家公园、中国的长城和墨西哥的圣卡安列入《世界遗产名录》。

9. 1989 年，坦桑尼亚的恩戈罗恩戈罗保护区，这个世界上最大的野生动物

---

① 参见杨伶：《世界文化遗产：瑞士拉沃地区的梯田式葡萄园》，载葡萄酒畅游网，http://www.winetour.cn/html/0708/2007081861405845.html。

聚集地,被《濒危世界遗产名录》删除。

10.1992 年,联合国教科文组织世界遗产中心成立,是负责世界遗产事务的秘书处。

11.1994 年,国际社会的关注对几个世界遗产地产生了作用,包括刚果民主共和国的自然遗产和厄瓜多尔的加拉帕戈斯群岛。

12.1999 年,“拯救我们的历史”,一个国际性的电视频道和一个互联网建立。

13.2000 年,世界遗产委员会确认了几个国家的森林遗产项,有巴西、玻利维亚、马来西亚和苏里南。

14.2001 年,埃及的阿布米纳进入《濒危世界遗产名录》。

15.2002 年,《世界遗产公约》30 周年。

其后,与《世界遗产公约》相关的标志性事件仍不断出现,推进着世界遗产事务的发展,主要包括这样一些:

1.2003 年,阿富汗的巴米扬山谷文化景观和考古遗址成为世界遗产。

2.2004 年,德国科隆大教堂进入《濒危世界遗产名录》,成为西欧发达国家首项濒危世界遗产。

3.2005 年,斯特鲁维测量地点以十国共有的身份成为世界遗产,是共同拥有国最多的遗产项。

4.2006 年,“全球战略”实施第 12 年,一个国家只可申报一项文化遗产的政策开始操作。

5.2007 年,阿曼的阿拉伯羚羊保护区成为首例从《世界遗产名录》中除名的遗产项。

6.2008 年,德国德累斯顿易北河谷因建大桥连续两年列为濒危世界遗产并多次被联合国教科文组织警告后,世界遗产委员会决定给予其延期一年的世界遗产资格,以察后效。

7.2009 年,由于建桥计划在国内法的诉讼程序中得到认可,德国德累斯顿易北河谷最终从《世界遗产名录》中除名。

8.2013 年,因 2008 年柏威夏神庙申报世界遗产引发的柬埔寨、泰国边境局部武装冲突终结,海牙国际法院裁定柬埔寨拥有整个柏威夏神庙地区的全部领土主权。

9.2014 年,世界遗产的总数量突破四位数,达 1007 项。

10.2016 年,《濒危世界遗产名录》中遗产数高达 55 项,涉及 33 个国家,为历史最高纪录。

11.2017 年,喀尔巴阡山脉和欧洲其他地区的山毛榉原始森林扩展为十二国共有,打破了斯特鲁维测量地点十国共有的跨国遗产纪录。

12.2019 年,中国与意大利同时成为拥有世界遗产最多的国家,各有 55 项。

第四节　中国的行政立法和地方立法

一、我国行政立法简况

国务院的法规性文件主要有:

1.国务院办公厅转发文化部、建设部、文物局等部门《关于加强我国世界文化遗产保护管理工作意见的通知》(2004 年 2 月 15 日)

2.国务院《关于加强文化遗产保护的通知》(2005 年 12 月 22 日)

部委单独或联合行文的部门规章和规范性文件主要有:

1.《关于加强和改善世界遗产保护管理工作的意见》[2002 年 4 月 25 日,文化部、国家文物局、国家计划委员会、财政部、教育部、建设部、国土资源部(现为自然资源部)、国家环境保护总局、国家林业局(现为国家林业和草原局)]

2.《关于采取切实措施加强世界文化遗产地保护管理工作的通知》(2003 年 3 月 28 日,国家文物局)

3.《世界文化遗产保护管理办法》(2006 年 11 月 14 日,文化部)

4.《国家级森林公园管理办法》(2011 年 5 月 20 日,国家林业局)

5.大运河遗产保护管理办法(2012 年 8 月 14 日,文化部)

6.《湿地保护管理规定》(2013 年 3 月 28 日,国家林业局)

7.《国家级风景名胜区规划编制审批办法》(2015 年 9 月 14 日,住房和城乡建设部)

同时,横向的展开也十分重要。“横向的展开”指非世界遗产主题但与世界遗产密切关联的立法活动。其中,《长城保护条例》《风景名胜区条例》,最具代表性。

以2006年12月开始实施的《风景名胜区条例》为例展开分析,剖析利弊。该条例体现了几个突出的特色:

1. 理念全面进步。该条例对1985年的暂行条例最大的超越是理念上的全面进步。在主题上,由传统的管理优先提升至保护优先的层次上,摆脱了"管"的狭隘观念,突出和谐、持续发展的大主题。在法律原则上,强调了科学规划、统一管理、严格保护、永续利用的原则,与全球文化遗产和自然遗产的保护原则也是吻合的。尤其是它特别注重体现人与自然和谐相处、区域协调发展和经济社会全面进步的要求,坚持保护优先、开发服从保护的原则,突出风景名胜资源的自然特性、文化内涵和地方特色。这样的理念非常值得推广。

2. 技术标准国际化。条例在保护、利用、管理方面规定了相当详细的技术标准。这些标准可以说具有国际水平。例如,不在风景名胜区内建造用于休闲、营利的建筑物,修建缆车、索道不得由风景名胜区的管理者或当地政府擅自为之,要保持风景名胜区的景物、水体、林草植被、野生动物的原来状貌,等等。这是对自然和文化遗产最起码的尊重,也是国家及民众整体文明水准的体现。

3. 罚则规范详尽、充分。条例用了大量篇幅规定法律责任,处罚方式规定得也很具体,与违法行为一一对应,加大了条例的可执行程度。可执行度也是法律生命力强弱的指标之一。

在条例实施中可能会出现难点,因而应当注意的主要问题有:

1. 规划要把握好度。条例对风景名胜区的规划问题在程序上规定得较为细致。这是新理念下的产物。但是需要注意,在执行中如果把握不准容易走入误区,即人造的设计成分过多,降低了风景名胜区的文化含量、自然审美和科学的价值。

2. 避免多头管理的冲突。条例规定,风景名胜区由所在地县级以上地方人民政府设置的风景名胜区管理机构负保护、利用和统一管理工作,而实际工作中多头管理或分散管理的情况是非常普遍的。

出现难点的原因之一是没有将世界遗产的理念成熟地融入法规,因而产生法律价值取向不对接的情况。所以,最重要的是融会贯通。

二、地方法规和规章建设

多年来,中国各世界遗产地地方人大和政府不断加大对世界遗产保护管理的法规规章建设,结合本地实际制定了诸多与世界遗产相关的保护管理条例或办法。

中国的世界遗产地出台的这类法规、规章,多数并没有直接以"世界遗产"来做标明,但其"保护""管理"的内容,却均与世界遗产地的保护直接有关。

各地出台的这类条例或办法,按照出台时间前后顺序,部分排列如下:

1.《黄山风景名胜区管理条例》

《黄山风景名胜区管理条例》1989 年 4 月 13 日由安徽省人民代表大会常务委员会第十次会议通过,1997 年 11 月 2 日安徽省第八届人民代表大会常务委员会第三十四次会议修改,1997 年 11 月 2 日重新发布,自公布之日起施行。共 34 条。

2.《云南省丽江历史文化名城保护管理条例》

《云南省丽江历史文化名城保护管理条例》1994 年 3 月 26 日由丽江纳西族自治县第十一届人民代表大会第二次会议通过,1994 年 6 月 2 日云南省第八届人民代表大会常务委员会第七次会议批准并公布,自公布之日起施行。共分为第一章总则、第二章大研古城保护管理、第三章历史文物保护管理、第四章风景名胜区保护管理、第五章罚则、第六章附则,共 44 条。

3.《江西省庐山风景名胜区管理条例》

《江西省庐山风景名胜区管理条例》1996 年 4 月 18 日由江西省第八届人民代表大会常务委员会第二十一次会议通过并公布,自公布之日起开始实施。共分为第一章总则、第二章保护、第三章规划和建设、第四章管理、第五章法律责任、第六章附则,共 40 条。

4.《苏州园林保护和管理条例》

《苏州园林保护和管理条例》由苏州市第十一届人民代表大会常务委员会第二十四次会议于 1996 年 10 月 31 日通过,江苏省第八届人民代表大会常务委员会第二十五次会议于 1996 年 12 月 13 日批准,自 1997 年 4 月 1 日起施行。共分第一章总则、第二章职责、第三章保护和管理、第四章法律责任、第五章附则,共29条。

5.《安徽省皖南古民居保护条例》

《安徽省皖南古民居保护条例》1997年9月21日由安徽省第八届人民代表大会常务委员会第三十三次会议通过,根据2004年6月26日安徽省第十届人民代表大会常务委员会第十次会议《关于修改〈安徽省皖南古民居保护条例〉的决定》修正,自1998年1月1日起施行。共分第一章总则、第二章保护与管理、第三章维修与利用、第四章经费、第五章法律责任、第六章附则,共三十二条。

6.《湖北省武当山风景名胜区管理办法》

《湖北省武当山风景名胜区管理办法》1998年7月2日由湖北省人民政府常务会议审议通过并颁布,颁布当日起实施。共分为第一章总则、第二章管理机构和职责、第三章文物古迹的保护、第四章自然景物的保护、第五章规划建设、第六章道路交通管理、第七章奖励与处罚、第八章附则,共33条。

7.《山西省平遥古城保护条例》

《山西省平遥古城保护条例》由山西省第九届人民代表大会常务委员会第六次会议于1998年11月30日审议通过,1999年4月1日起施行,第一章总则、第二章规划、第三章传承与利用、第四章监督与管理、第五章法律责任、第六章附则,共50条。

8.《洛阳市龙门石窟保护管理条例》

《洛阳市龙门石窟保护管理条例》1999年4月14日由洛阳市第十一届人民代表大会常务委员会第三次会议通过,1999年5月30日河南省第九届人民代表大会常务委员会第九次会议批准,1999年5月30日起实施,共31条。

9.《清东陵保护管理办法》

《清东陵保护管理办法》1999年6月21日由唐山市第十一届人民代表大会常务委员会第九次会议通过,1999年9月24日河北省第九届人民代表大会常务委员会第十一次会议批准,共分19条。

10.《湖南省武陵源世界自然遗产保护条例》

《湖南省武陵源世界自然遗产保护条例》2000年9月28日由湖南省第九届人民代表大会常务委员会第十八次会议通过,自2002年1月1日开始实施。共分为第一章总则、第二章资源与环境保护、第三章规划与建设管理、第四章法律责任、第五章附则,共46条。

11.《泰山风景名胜区保护管理条例》

《泰山风景名胜区管理条例》2000 年 10 月 26 日由山东省九届人大常委会第十七次会议通过,2000 年 12 月 1 日起实施,共分第一章总则、第二章保护、第三章规划建设、第四章管理、第五章法律责任、第六章附则,共 36 条。

12.《河南省安阳殷墟保护管理条例》

《河南省安阳殷墟保护管理条例》由河南省第九届人民代表大会常务委员会第二十四次会议于 2001 年 9 月 29 日审议通过,2001 年 10 月 10 日起施行,共 23 条。

13.《四川省世界遗产保护条例》

《四川省世界遗产保护条例》2002 年 1 月 18 日由四川省第九届人民代表大会常务委员会第二十七次会议通过并颁布,2002 年 4 月 1 日起实施,共 26 条。2015 年经四川省第十二届人大常委会第十九次会议通过修订,于 2016 年 3 月 1 日起施行,共七章 42 条。

14.《甘肃敦煌莫高窟保护条例》

《甘肃敦煌莫高窟保护条例》2002 年 12 月 7 日由甘肃省九届人大常委会第三十一次会议通过,2002 年 12 月 7 日甘肃省人民代表大会常务委员会公告第 60 号公布,自 2003 年 3 月 1 日起施行,共 41 条。

15.《福建省武夷山世界文化和自然遗产保护条例》

《福建省武夷山世界文化和自然遗产保护条例》由福建省第九届人民代表大会常务委员会第三十二次会议于 2002 年 5 月 31 日通过,自 2002 年 9 月 1 日起施行,第一章总则、第二章规划与管理、第三章文化遗产保护、第四章自然遗产保护、第五章法律责任、第六章附则,共 45 条。

16.《沈阳市故宫、福陵和昭陵保护条例》

《沈阳市故宫、福陵和昭陵保护条例》由 2003 年 4 月 23 日沈阳市第十三届人民代表大会常务委员会第二次会议通过,2003 年 5 月 28 日辽宁省第十届人民代表大会常务委员会第二次会议批准,2003 年 6 月 9 日沈阳市人民代表大会常务委员会公告第 21 号公布,自 2003 年 7 月 1 日起施行,共 36 条。

17.《承德避暑山庄及周围寺庙保护管理条例》

《承德避暑山庄及周围寺庙保护管理条例》由 2003 年 7 月 18 日河北省第十届人民代表大会常务委员会第四次会议通过,2003 年 7 月 18 日河北省人民代表大会常务委员会公告第8号公布,2003年8月20日起施行。共分第一章总则、第二章保护对象与保护范围、第三章保护和管理、第四章法律责任、第五章附则,共36条。

18.《桓仁满族自治县五女山山城保护管理条例》

《桓仁满族自治县五女山山城保护管理条例》2004年1月6日由桓仁满族自治县第四届人民代表大会第二次会议通过,2004年4月2日辽宁省第十届人民代表大会常务委员会第十次会议批准,于2004年4月20日起施行,共25条。

19.《云南省三江并流世界自然遗产地保护条例》

《云南省三江并流世界自然遗产地保护条例》2005年5月27日由云南省第十届人民代表大会常务委员会第十六次会议通过,自2005年7月1日起施行,共30条。

20.《陕西省秦始皇陵保护条例》

《陕西省秦始皇陵保护条例》2005年7月30日由陕西省第十届人民代表大会常务委员会第二十次会议通过,自2005年10月1日起施行,共29条。

21.《江西省三清山风景名胜区管理条例》

《江西省三清山风景名胜区管理条例》由江西省第十届人民代表大会常务委员会第二十二次会议于2006年7月28日通过,自2006年8月1日起施行。共分第一章总则、第二章规划、第三章保护、第四章利用和管理、第五章法律责任、第六章附则,共43条。

22.《郑州市嵩山历史建筑群保护管理条例》

《郑州市嵩山历史建筑群保护管理条例》2007年8月30日由郑州市十二届人大常务委员会第三十次会议通过,2007年12月3日河南省第十届人民代表大会常务委员会第三十四次会议批准,自2008年1月日起施行,共32条。

23.《厦门经济特区鼓浪屿世界文化遗产保护条例》

《厦门经济特区鼓浪屿世界文化遗产保护条例》2019年6月28日经厦门市第十五届人民代表大会常务委员会第二十六次会议通过,自2019年7月8日起施行。内容包括第一章总则、第二章规划与管理、第三章传承与利用、第四章共享与保障、第五章法律责任和第六章附则,共47条。

24.《浙江省大运河世界文化遗产保护条例》

《浙江省大运河世界文化遗产保护条例》于2020年9月24日经浙江省十

三届人大常委会第二十四次会议审议通过，于 2021 年 1 月 1 日起正式施行，共 36 条。

我国各地的有关世界遗产保护的立法工作，最突出成就体现在 2002 年《四川省世界遗产保护条例》的颁布。这部条例，是目前我国具有典型价值的一部省级世界遗产保护条例。四川一些地方，也以此为蓝本，颁布了有关条例。如四川阿坝州就颁布了《阿坝藏族羌族自治州实施〈四川省世界遗产保护条例〉的条例》（2007 年 1 月 24 日阿坝藏族羌族自治州第十届人民代表大会第一次会议通过，2007 年 7 月 27 日四川省第十届人民代表大会常务委员会第二十九次会议批准，共 16 条）。

除各地方的法规规章制定之外，随着一些与世界遗产有关的国际会议的召开，以会议成果出现的与世界遗产保护相关的一些会议决议、宣言等，也推动了中国各地方的世界遗产法律意识的增长。2004 年在苏州召开的第 28 届世界遗产委员会会议、2006 年在西安召开的第 15 届国际遗迹遗址理事会大会等，都间接起到了助推作用。西安会议时产生的文件——《ICOMOS 关于遗产与环境的西安宣言》，以及广受人们好评和关注的《中国文物古迹保护准则》（2000 年 10 月，承德）和被国际同行誉为“不仅对东亚地区有指导意义，而且对全世界有参考价值”的《北京文件》，就是这类的范例。

三、《四川省世界遗产保护条例》价值评析

四川省拥有峨眉山和乐山大佛、黄龙名胜风景区、九寨沟名胜风景区、青城山和都江堰、四川大熊猫栖息地 5 项规模较大的世界遗产，是世界遗产大省。这样的成果优势和资源优势，必然要求相应的立法行为。

作为世界遗产大省的举措，2002 年 1 月 18 日四川省第九届人民代表大会常务委员会第二十七次会议通过《四川省世界遗产保护条例》，以地方法规的形式出台，是恰度而适时的。

根据国家的有关法律法规，同时针对四川省的实际情况制定该条例，是为了加强对四川省世界遗产的保护和管理。条例提出了世界遗产保护坚持有效保护、统一管理、科学规划、永续利用的原则；在保护的前提下，合理开发利用。在保护方法上分层次，划定了世界遗产保护范围，按照其总体规划分为核心区、

保护区、外围保护区，分区进行保护。2016 年施行的修订条例则将其修正为核心保护区、保护区、缓冲区。

《四川省世界遗产保护条例》的意义在于：

其一，该条例确定了一个主题立法的新走向。在第 2 条中，首先界定了概念：本条例所称世界遗产，是指经联合国教科文组织批准的世界文化遗产、自然遗产、自然和文化遗产。这样，在一个严密的法律逻辑框架中，将世界遗产需要涉及的相关事项做了全面的规范。这个以世界遗产为主题的条例，在我国的法律体系中为首创，为所有层级的世界遗产立法提供了思路，确定了未来走向。

其二，该条例的立法意识具有示范作用。作为我国首次世界遗产的地方人大立法，以完整的形式、规范的程序，为其后的世界遗产立法起到了示范的作用，并能为将来国家立法提供经验。

其三，该条例的制定和出台及时、切实。这个条例于 2002 年出台，无论是在全球世界遗产事务丰厚的大背景下，还是在我国世界遗产快速增长的环境中，都是很及时的。世界遗产的实践积累了相当多的经验，理论研究的展开也蓄积资源，将这些经验和资源输入立法，也体现出及时的价值。针对四川省自己的特点，切合实际地构成自身的内容。

其四，该条例文本完整而能够操作。条例的立法逻辑完整，文本精练，条款规定不抽象，尤其是在罚则的规定上体现出一定的力度。2016 年施行的修订版更细化了规划方面的严格性，强化保护方法的可执行性。

第五节　中国的非物质文化遗产立法

一、非物质文化遗产法

（一）批准公约

相对于物质类遗产，我国的非物质文化遗产的立法及行政工作步伐较快。非物质文化遗产的国际起步及节奏与物质类遗产有时间差，因此在非物质文化遗产事务上我们不存在“追赶”的问题，而能够非常从容地展开相关工作。在2001年、2003年中国各产生一项人类口头及非物质遗产代表作之后，2004年8月28日全国人大常委会又批准了《保护非物质文化遗产公约》（在联合国教科文大会通过《保护非物质文化遗产公约》后不到10个月的时间里）。随即，中国的国内立法工作紧锣密鼓地开展。

全国人民代表大会常务委员会关于批准《保护非物质文化遗产公约》的决定2004年8月28日通过，该决定批准于2003年11月3日在第32届联合国教科文组织大会上通过的《保护非物质文化遗产公约》；同时声明，在中华人民共和国政府另行通知前，《保护非物质文化遗产公约》暂不适用于中华人民共和国香港特别行政区。

就非物质文化遗产事务，2005年3月26日国务院办公厅发出《关于加强我国非物质文化遗产保护工作的意见》。该文指出，为履行我国加入联合国教科文组织《保护非物质文化遗产公约》的义务，进一步加强我国非物质文化遗产保护工作，经国务院同意，提出了四点意见：

第一，要充分认识我国非物质文化遗产保护工作的重要性和紧迫性。

第二，确定非物质文化遗产保护工作的目标和方针。

工作目标是：通过全社会的努力，逐步建立起比较完备的、有中国特色的非物质文化遗产保护制度，使我国珍贵、濒危并具有历史、文化和科学价值的非物质文化遗产得到有效保护，并得以传承和发扬。

工作指导方针是：保护为主、抢救第一、合理利用、传承发展。正确处理保护和利用的关系，坚持非物质文化遗产保护的真实性和整体性，在有效保护的前提下合理利用，防止对非物质文化遗产的误解、歪曲或滥用。在科学认定的基础上，采取有力措施，使非物质文化遗产在全社会得到确认、尊重和弘扬。

要遵循的工作原则为：政府主导、社会参与，明确职责、形成合力；长远规划、分步实施，点面结合、讲求实效。

第三，要建立名录体系，逐步形成有中国特色的非物质文化遗产保护制度。

第四，必须加强领导，落实责任，建立协调有效的工作机制。

由文化部牵头，建立中国非物质文化遗产保护工作部际联席会议制度，统一协调非物质文化遗产保护工作。文化行政部门与各相关部门要积极配合，形成合力。同时,广泛吸纳有关学术研究机构、大专院校、企事业单位、社会团体等各方面力量共同开展非物质文化遗产保护工作。充分发挥专家的作用,建立非物质文化遗产保护的专家咨询机制和检查监督制度。

国务院办公厅的这一行政公文,表明了中国政府关于文化遗产保护的负责态度,也反映出相关基本政策的精神走向。

(二)人大立法

全国人大常委会关于批准《保护非物质文化遗产公约》的决定,宣示着人大立法必然要有所作为。

从 1998 年起,文化部与全国人大教育科学文化卫生委员会(以下简称全国人大教科文卫委员会)在国内外立法调研的基础上,组织起草了《中华人民共和国民族民间传统文化保护法》(草案)。为借鉴《保护非物质文化遗产公约》的基本精神,法律草案名称后改为《中华人民共和国非物质文化遗产保护法》。

全国人大教科文卫委员会就非物质文化遗产保护工作进行了大量的调研,并且会同文化部、文物局等单位联合召开民族民间非物质文化遗产保护的工作座谈会、研讨会,2002 年 8 月向全国人大递交了《民族民间文化保护法》的建议稿。全国人大教科文卫委员会成立了起草小组,于 2003 年 11 月形成了《中华人民共和国民族民间传统文化保护法(草案)》。到 2004 年 8 月,全国人大又把法律草案的名称调整为《中华人民共和国非物质文化遗产保护法》。

2010 年 8 月第十一届全国人大常委会第十六次会议初次审议了《中华人民共和国非物质文化遗产法(草案)》①,并将《中华人民共和国非物质文化遗产法(草案)》及草案说明在中国人大网公布,向社会公开征集意见。

2011 年 2 月 25 日第十一届全国人民代表大会常务委员会第十九次会议通过了《中华人民共和国非物质文化遗产法》。

这部法律根据《保护非物质文化遗产公约》确定了非物质文化遗产的范畴,规定了非物质文化遗产在国家之内的调查,国家级代表作名录的设立,非物质文化遗产的传承与传播,以及相关的法律责任。同时,法律也反映了一些典型问题。其一,法律中使用的关键词"保护""利用"和"开发"之间怎样保持平衡、

---

① 这个阶段已将"保护"二字从法律名中删掉。

非物质文化遗产是否可以开发，都需要进一步辨析。其二，传承人制度的设置欠缺涵盖力，其利弊的两方面也有待细致分析。

（三）建立法律体系

我国对于非物质文化遗产保护的立法首先是从地方开始的。20世纪90年代，宁夏回族自治区、江苏省先后制定了保护民间美术和民间艺术的地方性法规或政府规章。云南省、贵州省、福建省和广西壮族自治区也颁布了省级的保护条例。1997年国务院还颁布了传统工艺美术的保护条例。这些都为国家的立法提供了一定的经验和基础。

《中华人民共和国非物质文化遗产法》出台后，更需要体系化的执行法、下位法以及其他相关法律相互支撑。由于遗产保护的地方性特点，大量的地方立法也是法律体系中的重要组成部分。

二、非物质文化遗产的地方立法

严格意义上的非物质文化遗产立法在一些地方显现了一定的成就，具有代表性的立法情况为：

1.《江苏省非物质文化遗产保护条例》

《江苏省非物质文化遗产保护条例》于2006年9月27日江苏省第十届人民代表大会常务委员会第二十五次会议通过，自2006年11月1日起正式施行。条例分第一章总则、第二章非物质文化遗产的调查、第三章非物质文化遗产代表性项目名录、第四章非物质文化遗产代表性项目的保护单位和代表性传承人、第五章非物质文化遗产的传承与传播、第六章保护措施、第七章法律责任、第八章附则，共59条。

2.《苏州市昆曲保护条例》

《苏州市昆曲保护条例》于2006年6月23日苏州市第十三届人民代表大会常务委员会第二十七次会议制定2006年7月28日江苏省第十届人民代表大会常务委员会第二十四次会议批准，自2006年10月1日起施行，共16条。

3.《宁夏回族自治区非物质文化遗产保护条例》

《宁夏回族自治区非物质文化遗产保护条例》于2006年7月21日宁夏回

族自治区第九届人民代表大会常务委员会第二十三次会议通过，自2006年9月1日起施行。共分第一章总则、第二章保护与管理、第三章认定与传承、第四章保护措施、第五章法律责任、第六章附则，共46条。

4.《浙江省非物质文化遗产保护条例》

《浙江省非物质文化遗产保护条例》于2007年5月25日浙江省第十届人民代表大会常务委员会第三十二次会议通过，自2007年6月1日起施行。条例分为第一章总则、第二章保护职责与保护经费、第三章名录与传承、第四章保护措施与管理、第五章科学研究与合理利用、第六章法律责任、第七章附则，共48条。

5.《新疆维吾尔自治区非物质文化遗产保护条例》

《新疆维吾尔自治区非物质文化遗产保护条例》2008年1月5日经新疆维吾尔自治区第十届人民代表大会常务委员会第三十六次会议审议通过，2008年4月1日起正式施行。条例分为第一章总则、第二章保护、第三章传承、第四章利用与管理、第五章保障措施、第六章法律责任、第七章附则，共49条。

6.《北川羌族自治县非物质文化遗产保护条例》

《北川羌族自治县非物质文化遗产保护条例》于2008年1月11日北川羌族自治县第二届人民代表大会第二次会议通过，2008年5月21日四川省第十一届人民代表大会常务委员会第三次会议批准，自2008年9月1日起实施。分第一章总则、第二章非物质文化遗产的保护与管理、第三章非物质文化遗产的传承与发展、第四章保障措施、第五章法律责任、第六章附则。共45条。

该条例不仅在出台时间上适时而生，而且在规定非物质文化遗产范畴上也密切结合了当地的特点，如“古语言文字、少数民族语言文字以及口头传说和表述，气象、历法等有关自然界和宇宙的民间传统知识与实践”，被纳入其中。

7.《湖北省非物质文化遗产条例》

《湖北省非物质文化遗产条例》由湖北省第十一届人民代表大会常务委员会第三十二次会议2012年9月29日通过，2012年12月1日起施行。条例共分六章：第一章总则；第二章非物质文化遗产的调查和代表性项目名录；第三章非物质文化遗产的传承与传播；第四章非物质文化遗产的合理利用与发展；第五章法律责任；第六章附则，共56条。

8.《山西省非物质文化遗产条例》

《山西省非物质文化遗产条例》由山西省第十一届人民代表大会常务委员会第三十一次会议2012年9月28日通过,2013年1月1日起施行。条例共分六章:第一章总则;第二章非物质文化遗产代表性项目名录;第三章非物质文化遗产代表性项目的代表性传承人;第四章非物质文化遗产的保护措施;第五章法律责任;第六章附则,共36条。

9.《上海市非物质文化遗产保护条例》

《上海市非物质文化遗产保护条例》由上海市第十四届人民代表大会常务委员会第二十六次会议于2015年12月30日通过,2016年5月1日起施行。条例共分八章:第一章总则;第二章调查与保存;第三章代表性项目名录;第四章分类保护与合理利用;第五章传承与传播;第六章保障措施;第七章法律责任;第八章附则,第47条。

10.《北京市非物质文化遗产条例》

《北京市非物质文化遗产条例》由北京市第十五届人民代表大会第二次会议于2019年1月20日通过,自2019年6月1日起施行,共61条。

根据国务院建立国家级非物质文化遗产代表作名录的要求,《国家级非物质文化遗产代表作申报评定暂行办法》也及时出台。国家级非物质文化遗产名录已收录了四批共1372项,各县级以上地方也均建立了本辖区的非物质文化遗产名录。

三、设立国家遗产日

2005年12月,国务院下发通知,专门成立了由15个部门组成的国家文化遗产保护领导小组,并决定从2006年起,每年6月的第二个星期六为中国的文化遗产日。2006年6月10日成为中国历史上第一个“文化遗产日”,由文化部确定的主题为“保护文化遗产,守护精神家园”。2007年第二个和2008年第三个文化遗产日主题分别是“保护文化遗产,构建和谐社会”和“文化遗产人人保护,保护成果人人共享”。2015年、2016年中国文化遗产日的主题分别为“保护成果全民共享”和“让文化遗产融入现代生活”。2016年9月17日国务院批复同意设立“文化和自然遗产日”。2017年起“文化遗产日”调整为“文化和自然遗产日”。

设立国家遗产日，给出人们诸多的提示，其中最为核心的就是需要培育现代的文化与自然遗产观。在经过每年的“文化遗产日”“文化和自然遗产日”之后，一种氛围在渐渐营造出来——从政府、学界、媒体到大众，对国家的公法遗产事务都体现了相当高的热情。尤其是从非物质文化遗产角度讲，一个国家的凝聚力，来自她的文化以及民众对所属文化的认同感和自豪感。文化的充足精神营养，应当渗透在每个公民的血液里。

但需要强调的是，在当今时代，对文化遗产的认识和理解必须有一个现代的立体定位。这其中有三大要点。其一，文化遗产的概念是与世界遗产当中的文化遗产范畴基本一致的。世界遗产作为一项全球性事务，倡导人类和平、发展的主流价值观。国家级文化遗产是由世界遗产中文化遗产的理念贯穿下来的，有基本的法律框架。其二，文化遗产要见证人类文明的发展脉络，不只是先人智慧的产物，在我们今人的手中也可以缔造出来。在现有的物质类世界遗产当中，即不乏像巴西利亚、悉尼歌剧院这样的现代遗产范例。其三，要让文化遗产世代相传。这不只是国家立法机关、行政机关的责任，研究机构、新闻媒体，尤其是每一个公民，都有神圣的保护义务。

更重要的是，必须在法制、行政、教育、宣传等多层面上使文化遗产保护的目标得以实现。国家有长期、稳定的保护公法遗产的法律体系，是立命之本。同时，将公法遗产知识纳入中高等教育，举办大型展览和各类论坛，设立遗产日，都是将正确的理念付诸行动的必要手段。许多国家都设立了“世界遗产日”或“文化遗产日”，这些特别的日子，作为国家、民族的庄严节日，要使爱护文化遗产的意识深入民心，成为大众的自觉行为。

世界遗产事物的开展特别要防止不同行业的人对遗产的利益性认知，如从事文保工作的人员过分强调不能开发，旅游行业的人员特别强调开发，而政府官员考虑更多的是政绩。这些都可能导致对公法遗产单一的、平面的解释，造成狭隘的遗产观，影响国家遗产乃至整个世界遗产保护工作效率和质量的提升。

Chapter 17 第十七章 世界遗产研究和教育

第一节　世界遗产研究的若干问题

一、构建综合性的研究框架

当全面观照世界遗产时，我们会发现必须倾听来自不同学科的声音，掌握其原理，获取其精华，才能全面地构建世界遗产的主题学术研究框架，将不同方向的触角调整至一个综合的体系之中，并使其成为全新的独立的和谐乐曲。

粗略地讲，世界遗产的学术研究涉及考古学、建筑学、生态学、地理学、地质学、人类学、历史学、宗教学、民俗学、艺术学、语言学、文学、美学、科技史、农业史等众多学科。而如若对具体的遗产项深究，触及领域将形成繁复的层级系统。世界遗产本身的大类型——文化遗产、自然遗产、双重遗产、文化景观和非物质文化遗产，是最为概括的分类，而在它们之下，各自的层级类型众多，构成了分支繁多的体系。

由此，如果将具体的世界遗产了解清楚、研究透彻，其辐射出的领域会比邻相接、层层相扣。举例而言，见证工业文明和科技文明的产业遗址属文化遗产的分支，其触角进入科学史。炼钢厂、蒸汽泵站、铁路线和广播电台这几类遗产虽然同属产业遗址，但它们却分属于不同的技术领域,实用价值与文化意义也大不相同。

可见,科学研究所包含的层面之多,内容之丰富,使得世界遗产的领域极为广阔。这也给相应的世界遗产研究提出了挑战,以世界遗产为主题的学科构架需要搭建,众多学科被涉及的内容需要平衡,研究者还应当具备综合的知识结构。因此,世界遗产的教育纲领也必须根据这些特点而制定,使世界遗产教育能够真正纵横铺展开来并深入人心。

1988 年第 12 届世界遗产大会提出了开展世界遗产全球性研究的规划。其后历年都是大会讨论的重要内容。

1991 年第 15 届世界遗产大会深化了全球性研究的意旨:世界遗产研究不可做百科全书式的简化介绍,而应当建立自己的学术框架。显然,作为新建学科,系统性的研究方法十分重要,也极其具有挑战性。由于世界遗产丰富的内容,及各国所拥有遗产项在各方面的差别,1993 年的大会又确立了多样原则,即全球性研究可以建立多种模式的研究体系。

美国代表在 1992 年第 16 届世界遗产大会上提出,不但要建立世界遗产的全球性研究体系(global study system),而且必须立刻开始这种研究。全球性研究首先要区别于国家性的研究,不拘泥于一国特点,而是建立在一个多学科综合的基础上(on a multidisciplinary basis),以全球性的视角(in line with given universal considerations)把握研究对象。并且,全球性研究需有长期的一致的目标,研究者的努力才会是有效而适时的。会议审议了上述内容,世界遗产委员会认为,世界遗产的研究体系可以构建为一个矩形的学术框架,以 3 个要点问题为基础,进行展开式研究。这 3 个要点是:时代、文化和人类成就(time, culture and human achievement)。

尽管总体规划还不够强大,但对于世界遗产的研究,还是如雨后春笋般由各个点生长了出来。学术研究的成果以各式方法、各类成就呈现于世。

常规性、有组织的研究,其主要的载体形式是专家会议和研究项目。世界遗产城市专家会议、文化景观专家会议、全球战略专家会议,都对世界遗产政策的制定、实施有很大的影响力。联合国教科文组织的一些委托项目,也分布于专业性的国际组织、专家机构及相关的大学里;若干年来,也积累了相当数量的有价值的研究成果,如:

1.《世界文化遗产管理》(World Cultural Heritage Management)

2.《世界遗产地的旅游管理》(Managing Tourism at World Heritage Sites)

3.《世界遗产中的森林》(World Heritage forests)

4.《世界遗产投资》(Investing in World Heritage)

5.《世界自然遗产地的利用》(Human Use of World Heritage Natural Sites)

此外,一些相关行业的专家及更多的世界遗产热爱者,都激情加入到了世界遗产研究的行列中,以自己的力量为世界遗产事务做着贡献。

从全球性研究的理论含量及价值方面看,覆盖面较大的世界遗产研究园地是“联合国教科文组织大学与遗产国际论坛”(International Network Forum UNESCO—University and Heritage)(见图21)。这个论坛于1995年成立,由联合国教科文组织和西班牙瓦伦西亚理工大学(Polytechnic University of Valencia)共同组建。自1996年至2016年,分别在瓦伦西亚、魁北克、墨尔本、贝鲁特、安曼、布宜诺斯艾利斯、纽卡斯尔、河内和巴黎等地举办了12届国际学术研讨会。全世界有400余所大学加入了这个论坛。论坛研究的主要领域有:

1. 世界遗产保护的法律框架

2. 世界遗产与可持续发展

3. 世界遗产与旅游

4. 世界遗产与通信传媒技术

5. 世界遗产的宣传与推广

6. 世界遗产中的城市与历史中心的管理与规划

7. 世界遗产中的考古地

8. 世界遗产中的宗教场所、岩画、军事设施、殖民地遗产、本地遗产、现代遗产、当代遗产等

9. 青年与世界遗产

10. 世界遗产教育,包括教育政策、教育原理、大学与中学的夏令营活动、世界遗产志愿者、世界遗产教材等

11. 以对话、理解与和平为目的的世界遗产

12. 世界遗产与社会学和人类学

13. 自然遗产与环境科学

14. 非物质遗产保护与促进的理论与方法

15. 跨国的世界遗产

16. 世界遗产的综合管理

论坛旨在提升世界遗产研究和教育的理论水平，加强大学之间的学术交流与信息沟通，使世界遗产这宗全球性的事务能够有全球性研究和教育尤其是高等教育的跟进。同时，增进大学之间关于世界遗产研究的成果互换和集中，为世界遗产事务的全球性行动提供正确、科学的理论指引，使世界遗产的文明理念由上而下地深入人心。

每届论坛的主题，都体现符合时代要求的特点，既具有现实性，也要有一定的超前性学术价值，从而使论坛的成果真正运用于遗产事务。例如，2005 年论坛的主题确定为“21 世纪的文化景观”，探讨的议题为：文化景观的性质、相关的法律以及公众参与的世界遗产管理；针对在新世纪里“世界遗产对公众职责提出的考验和挑战”问题，作了重点的研究。2008 年论坛的主题是“分享我们的遗产”，探讨了遗产地保护和旅游管理以及如何面对这样的新挑战问题。2009 年 4 月在越南河内大学举行论坛主题是“历史文化景观：一个新概念，一个世界遗产新类型”。

“联合国教科文组织大学与遗产国际论坛”的图形标识如图 19 所示：

图 19　联合国教科文组织大学与遗产国际论坛的图形标识

二、世界遗产学的构成

就概念而言，世界遗产学自然是研究世界遗产事务的学科。建立学科是一项系统工程，此为关键所在。世界遗产事务运行了数十年，诸多方面的大量实事、信息、原则、精神,皆需容纳进这个学科当中。诸如,历年递增所积累的世界遗产项数量及其大小类别,国际法文件的历年完善、国际法所带动的各缔约国国内法的发展,遗产保护工作的国际合作进程,通过法律制定和法律执行所强调和普及的价值观等,都在一个相互支撑、不可分割的框架之中。

这个学科的搭建方法,可多种模式,体现学术自由。但有一个总原则不能避开,即“全球性视角”。全球性视角是研究世界遗产这一全球性事务与生俱来的要求,需为所有目之纲,否则定会以偏概全,误解世界遗产的初衷,并误导人们对世界遗产理念的理解。联合国教科文组织的成果当中也不乏实践,如《全球性视角的世界遗产山脉》(A Global Overview of Mountain Protected Areas on the World Heritage List)、《全球性视角的世界遗产森林》(A Global Overview of Forest Protected Areas on the World Heritage List),思路非常明显。

由于与生俱来的综合性质,决定了世界遗产学的构成必须吸收诸多学科的营养,即前述诸如考古学、建筑学、生态学、地理学、地质学、人类学、历史学、宗教学、民俗学、艺术学、语言学、文学、美学、科技史、农业史等。众多的遗产项,众多的学科,要汇聚起来,构建立体的世界遗产学研究体系,还必然要吸收各方面的学术资源。但应当看到,仅仅吸收肯定是不够的,世界遗产学必须建立起自己的主体学术框架,解决好学科定位问题。

三、非物质文化遗产的法律理论研究

世界遗产法也横跨国际法学、国内相关的部门法学及理论法学,是时代置于我们面前的极具关注价值的课题。在世界遗产法律理论研究的大体系中,非物质文化遗产作为公法遗产中特殊形态,同时也作为物质类遗产的对应和补充,其独立性和关联性十分复杂,因而对相关法律理论研究的要求也自然呈现出来。由于非物质文化遗产的区域性、民族性极其突出,非物质文化遗产法律构建的国内特色相对而言就更加浓重一些。这里以我国为例。

(一)意义

非物质文化遗产的国际起步及节奏与物质类遗产有 31 年的时间差,因此在非物质文化遗产事务上我们能够稳步地开展相关工作。我国的非物质文化遗产的行政工作、宣传工作步伐较快，行政立法、科研活动以及民间保护都在紧锣密鼓地进行中。关于非物质文化遗产本体的研究近年来发展迅速，成果亦日渐丰厚，如政府层面的非物质文化遗产论坛，专家研究的一些有影响力的成果也不断出现。成果中有些涉及非物质文化遗产的国际法规范问题，关于我国非物质文化遗产法律保护的专门研究形成了一定的气候，系统性的理论也在建设中。

非物质文化遗产本身就是法定事务，是由 2003 年 10 月联合国教科文组织通过的《保护非物质文化遗产公约》而确定的。研究非物质文化遗产法律体系的实际意义体现为：履行缔约国义务，增进国际社会对中国非物质文化遗产的认识，促进国际文化交流与合作，为人类文化的多样性及其可持续发展做出中华民族应有的贡献；建立适宜我国国情的法律框架，推动我国非物质文化遗产的抢救、保护与传承。

研究非物质文化遗产法律体系的理论意义体现为：以法学的宽阔视角为我国非物质文化所蕴含的中华民族特有的精神价值、思维方式、想象力和文化意识保驾护航，为维护我国文化身份和文化主权提供充足的依据，显现系统而强大的法律支撑体系。

（二）非物质文化遗产法律理论研究的要点

1. 正确的法律理念

“非物质文化遗产”这一专门术语由国际公约确定，不可错位理解。研究中国的非物质文化遗产，不能偏离国际法的大准则。非物质文化遗产指被各群体、团体、有时为个人视为其文化遗产的各种实践、表演、表现形式、知识和技能，及其有关的工具、实物、工艺品和文化场所。公约界定的这个概念是原点概念，强调的理念是：各个群体和团体由于其所处环境、与自然界的相互关系和历史的条件，不断使这种代代相传的非物质文化遗产得到创新，同时使他们自己具有一种认同感和历史感，从而促进文化多样性和人类的创造力。

法律理念的贯穿和渗透首先是通过立法来实现。非物质文化遗产规范方面的立法具有量大、庞杂、巨细兼备的特点，因而需要统筹不同层级、不同类别的规范对象。

2. 法定范畴的本地化

非物质文化遗产包括的类别有：口头传说和表述，包括作为非物质文化遗产媒介的语言；表演艺术；社会风俗、礼仪、节庆；有关自然界和宇宙的知识和实践；传统的手工艺技能。但非物质文化遗产表现出来却是非常复杂的，需要有本地化的法律补充。在我国就要强调其具有展现中华民族文化创造力的杰出价值，具有促进中华民族文化认同、增强社会凝聚力、增进民族团结和社会稳定的作用。

3. 法律主旨和意义

每一个人与非物质文化遗产都有关系，因为在每个人身上都包含着他所在社会的传统。许多民族特别是少数民族及土著社会仍沿袭着深深植根于过去的反映他们自身的必不可少的渊源文化。法律保护的不仅是一种状态，更是一种符合当今人类主体价值观的精神，能够为和平、人权、发展的目标实现而存在。

4. 整体法律体系问题

同进入《人类非物质文化遗产代表作名录》的遗产项目一样，进入国家级非物质文化遗产名录的遗产项目具有共性，需要整体立法。无论层级、类别多寡，重在法律机制的整体构建。国际法的主体精神贯穿下来，国内法既要承接其主旨，又要有自己的体系。从遗产分类到理论系统，从上位法到下位法，都应有相对完整的机制。

2005 年 3 月 26 日国务院办公厅发布《关于加强我国非物质文化遗产保护工作的意见》，其后根据建立国家级非物质文化遗产代表作名录的要求，《国家级非物质文化遗产代表作申报评定暂行办法》也及时出台。这只是小开端，高级别、成规模的法律必须构建起来。2011 年 2 月 25 日第十一届全国人民代表大会常务委员会第十九次会议通过的《中华人民共和国非物质文化遗产法》及其法律群为整体的法学理论研究提供了基础。

5. 单项立法问题

每一项、每一类遗产均有其发生、成长历程，认知其历史成因和现时状况，才能找到最适合的法律保护手段。每一类非物质文化遗产或某一项非物质文化遗产，需要特别法保护，如《苏州市昆曲保护条例》。

（三）非物质文化遗产法律理论研究的特性和目标

非物质文化遗产法律理论的研究有三点特性。其一，综合性。非物质文化遗产的学术研究涉及人类学、历史学、宗教学、民俗学、艺术学、语言学、文学、美学、生态学、地理学等众多学科，而法律是其全部内容的承载体。科学研究所包含的层面之多，内容之丰富，使非物质文化遗产的领域非常广阔。这也给相应的非物质文化遗产保护机制研究提出了挑战，需要搭建以非物质文化遗产为主题的法律构架，需要平衡涉及的众多学科内容。

其二，贯通性。非物质文化遗产看起来是一个专项性的主题事务，但是关于它的法律其实是体系宏大的。由纵向而言，从国际法到国内法，法律文件由公约、宪章、宣言到国家的法律、法规，构成紧密的层级环扣。其概念的确定本身就是以法律形式完成和体现的。联合国教科文组织以国际法上的公约形式约定了这个需要进行全球性保护的重大事务。各缔约国随之的相关行动首先是建立健全各自的国内法，使国内法与国际法在目标、内容、做法上衔接、统一。

其三，所有权的定位。与物质类世界遗产一样，国际法传统上的法律主体已不足以诠释非物质文化遗产法上的主体，因为国际法明确强调文化多样性是"人类的共同遗产"。一项遗产既是其所在民族群体的，又是属于人类的，因此相关法律应先天地避免与私法的冲突。我国的非物质文化遗产所有权如何定位，同样也是一个多层次的问题，需要确认遗产的多重身份。管理与保护它，要遵循共同承诺的准则，更要使它长久地为全人类所享有。

非物质文化遗产法律理论的研究必须设定明确目标。其一，研究本国语境下文化多样性的法律规范问题。非物质文化遗产是文化多样性的一面镜子，国际法把文化视为某个社会或某个社会群体特有的精神与物质，智力与情感方面的不同特点之总和，包括生活方式、共处的方式、价值观体系、传统和信仰。中国的非物质文化遗产自身也有文化多样性的丰富层次，需要以法律捍卫之。其二，为本国的非物质文化遗产构建自己前所未有的法律体系。非物质文化遗产法律理论的研究须努力做到：对法定概念所承载的理念进行阐发；为制定准则性法律文件进行论证；建立科学合理的法律理论框架。

第二节　世界遗产教育

世界遗产教育是伴随着《世界遗产公约》的实施一同成长起来的，与世界遗产事务的发展同息共生。换言之，世界遗产教育是世界遗产事业的必然组成部分。由此，世界遗产教育应有自身独立完整的体系，并需要在理论上予以充分的阐发，在具体实施当中得以正确的体现。

世界遗产的教育目标应定位在培养出世界遗产事业所需要的专业人才，培育出公众具有保护世界遗产自觉意识的社会环境。在这个大目标下，尤其要针对人才缺口，设计教育方案，保障教育系统能够正确培养人才，及时输送人才。

一、国际世界遗产教育

《执行〈世界遗产公约〉的操作准则》第Ⅵ. C 部分第 219 段规定，世界遗产委员会鼓励并支持编撰教材，开展和实施各种教育活动和方案。第 220 段规定，鼓励缔约国开展世界遗产相关教育活动，如有可能，让中小学校、大学、博物馆以及其他地方或国家的教育机构参与其中。

当世界遗产项目的数量积累至一定程度时，加强公众意识及普及教育问题便升至议事日程。1990 年第 14 届世界遗产大会上，提出了世界遗产的教育规划。早期的教育方略重点在青少年，因为青少年是未来的决策者，世界遗产的命运把握在年轻人的手中，世界遗产保护的重任也将落在他们的肩上。

20 世纪 90 年代中后期，联合国教科文组织提供有世界遗产教师教学资源项目，于 1997 年完成并出版了《年轻人手中的世界遗产》（*The World Heritage in Young Hands*，2002 年出版中译本，书名译为《世界遗产与年轻人》）英文及法文的版本。教学项目的内容模块包括课堂教学、实践教学及世界遗产图片的辅助教学，形式上设置有活动计划日程表、彩色标贴等趣味助学方法。教学主要针对的问题为：世界遗产教育的途径、世界遗产公约、世界遗产与文化特性、世界遗产与旅游、世界遗产与环境、世界遗产与和平文化、世界遗产教师教育资源的全球合理利用等。

《世界遗产与年轻人》现已被列为联合国教科文组织世界遗产全球化教育项目的重要内容。在欧洲和亚太地区,已经有90多个国家的300多所中学将世界遗产教育纳入它们的教育课程之中。

与教材相配合的是年轻人保护世界遗产的行动,“小遗产”(Patrimonito)行动正是一个成功的范例。Patrimonito是西班牙语对遗产的昵称,意味着年轻的世界遗产保护者。“小遗产”行动起始于1995年,在挪威卑尔根举行的第一届世界遗产青年论坛研讨会期间,一群讲西班牙语的青年学生在世界遗产图形标识的基础上设计了“小遗产”的图形形象。世界遗产标识图形象征着文化和自然相互依存的关系,“小遗产”在中间位置加了笑脸,外围加了双脚双手,一个活泼的青年保护者的形象跃然纸上,同时象征着世界遗产时刻有人保护(见图20)。

“小遗产”行动在全球卓有成效,“小遗产”已被广泛作为世界遗产教育方案的国际吉祥物。联合国教科文组织还制作了青年保护世界遗产的系列教育宣传视频,“小遗产”的卡通形象深入人心(见图21)。

图20 “小遗产”图形标识

图21 “小遗产”在世界遗产宣传视频中的卡通形象

2007年11月5日,联合国教科文组织与法国非政府组织“遗产使命”的一个教育项目启动,5位年轻专家获得“联合国教科文组织—遗产使命”奖(UNESCO-VOCATIONS PATRIMOINE Fellowship),①并将在爱尔兰都柏林大学和德国勃兰登堡科技大学(Brandenburgische Technische Universitaet Cottbus)进行第三阶段研究,攻读两年制的世界遗产硕士学位。来自厄瓜多尔、意大利、不丹、格鲁吉亚和爱尔兰的5名年轻人进行了有关世界遗产的系统学习,以提

① 这项奖学金由联合国教科文组织和法国一家非政府组织联合设立,旨在帮助全球世界遗产地应对发展、旅游、环境恶化和气候变化所带来的挑战,有效地保护世界遗产。

高理论水平和实践技能，尤其是要针对具体的遗产类型的保护接受培训。这个项目的目的在于培养具有良好专业能力的世界遗产地管理者，帮助景区管理者应对不断加剧的威胁——环境恶化、气候变暖、过度发展与旅游潮，使保护世界遗产的理念更深入地渗透至实际的管理工作当中。

五位获奖者当中，厄瓜多尔的贡萨洛·邦达—克吕在亚苏尼生物圈自然保护区和位于科隆群岛的查尔斯·达尔文研究所工作。在大学研究期间，他致力于科隆群岛和美国海峡群岛保护区管理的比较研究，希望对厄瓜多尔世界遗产地管理做出贡献。

意大利的朱塞皮·钱布罗纳是富布莱特法案基金奖获得者，专攻建筑学。他负责的研究项目在都柏林大学进行，主要研究 1997 年列入《世界遗产名录》的遗产项“卡塞塔的 18 世纪花园皇宫凡韦特里水渠和圣莱乌西建筑群”（18th-Century Royal Palace at Caserta with the Park，the Aqueduct of Vanvitelli and the San Leucio Complex）。

不丹的坎莱·吉耶尔森是不丹王国文化部遗产保护局总工程师，在遗产保护方面积累了丰富的经验。他希望在勃兰登堡暂居期间帮助自己的国家制订本国遗产名单计划。他的世界遗产研究计划当中，还包括中国的“周口店北京人遗址”（Peking Man Site at Zhoukoudian）。

格鲁吉亚的吕叙当·米兹卡什维利在比利时法语鲁汶大学接受的是遗产保护学教育，目前在格鲁吉亚文化部从事遗产保护工作。她打算将奖金用于在都柏林的研究，希望能够提出一些建议，完善对格鲁吉亚已列入《世界遗产名录》的遗产项管理，尤其是 1994 年被列入《世界遗产名录》的遗产项“姆茨赫塔古城”（Historic Monuments of Mtskheta）。

伊朗的达穆·瓦阿比·莫加当专攻建筑学，尤其对伊斯兰建筑颇有研究，曾参与联合国教科文组织在阿富汗、伊朗、巴基斯坦和土库曼斯坦的文化战略实施计划。他在科热布斯专区的勃兰登堡科技大学研究期间，经历了伊朗巴姆大地震，眼见伊朗的世界遗产巴姆变成了废墟。因而，他确立的研究目标是世界遗产地如何降低风险。

在颁奖仪式上，法国文化交流部、“遗产使命”组织、AXA 和 Mazars 集团①

① AXA 集团和 Mazars 集团是“遗产使命”项目的合作者。

将把另一个奖项特别颁发给就读于都柏林国立大学的法国学生索菲·埃伯哈特,鼓励其创立的联合国教科文组织世界遗产法国景区网行动。

在这里更值得一提的是“联合国教科文组织文化遗产专业导游(中国澳门)及认可导师”证书的制度创立。2005 年,联合国教科文组织国际文化财产保护与修复研究中心成立的亚洲文化遗产管理学会推出了“文化遗产专业导游计划”。这是一项区域性认证计划,供有志成为“联合国教科文组织文化遗产专业导游”的专业导游修读。我国澳门特区率先实施了这个计划,由旅游学院作为区域培训中心承担该认证课程的教授。课程分为“澳门文化导游课程”及“联合国教科文组织文化遗产导赏课程”两部分,二者紧密结合,将世界遗产地的旅游发展内容凸显出来。

2007 年 7 月 10 日,有 28 位学员学成毕业,其中 8 位荣幸地成为全球首批联合国教科文组织文化遗产专业导游认可导师,20 位成为联合国教科文组织中国澳门历史城区专业导游获颁徽章及证书。他们将成为保护中国澳门世界文化遗产的生力军,在工作当中能够承担教育游客的作用,将世界遗产的理念传达出来,帮助培养新一代负责任及见多识广的游客,使保护世界遗产成为所有人的自觉行为。

2020 年 8 月,世界遗产中心推出了联合国教科文组织的官方出版物《赋予青年遗产权力》(*Empowering Youth for Heritage*),专门介绍世界遗产志愿者倡议(World Heritage Volunteers Initiative,WHV)的工作。世界遗产志愿者倡议是联合国教科文组织世界遗产教育计划(World Heritage Education Programme)的一部分,由联合国教科文组织世界遗产中心(WHC)领导,与国际志愿服务协调委员会(Coordinating Committee for International Volunteer Service,CCIVS)、欧洲遗产志愿者组织(European Heritage Volunteers)和“更好世界组织”(Better World)合作。从 2008 年开始,WHV 就已经发展成为一个工作内容丰富和多样化的组织,青年志愿者和所动员的社区围绕着遗产保护的主题进行工作。历年来,该组织通过在全球举办诸多行动营,增加了世界遗产教育的影响,有数千名志愿者参加。

《赋予青年遗产权力》追溯了这个倡议组织的历程,从中可了解到,2008 年初始时只有 12 个行动营,153 名志愿人员。截至 2017 年年底,它在 60 个国家 138 个列入世界遗产名录或暂定名录的地点共设立了 341 个行动营地,涉及 110

个组织和5000多名志愿者。该出版物还分析了每个区域的最佳方法,深入探讨了如何促进青年参与的路径和应当吸取的经验教训。

二、国外的世界遗产教育

全球性研究和全球性教育的国际法政策,极大地推动了世界遗产的科研、教育的步伐,其层次也不断上进。大学的世界遗产教育,需有充分的学科研究基础,科学地设置学位,合理地使本科、硕士及博士相衔接,形成体系化的世界遗产高等教育板块。当然,无论从课程、专业、学位哪一方面讲,这都是一项艰巨的工程。

在1997年第21届世界遗产大会上,津巴布韦代表介绍,在他们国家世界遗产课程已经成为国家级课程,并且已经有了世界遗产方面的专业学位,由南安普顿大学(University of Southampton)、纽卡斯尔大学(University of Newcastle)和津巴布韦国家博物馆(Zimbabwe National Museums)共同设立。并且,纽卡斯尔大学还将实施一个发展中国家世界遗产教师的培训计划。这是世界遗产教育作为国家及全球计划的十分可喜的成功收获。

日本官员在1998年第22届世界遗产大会介绍,其国内的世界遗产教育行动,包括针对成年人和少年儿童两方面的内容,着重加强世界遗产理念的教育,强调文化多样性。

日本筑波大学于2004年春季设立了世界遗产研究的硕士学位科目(Master's Program in World Heritage Studies),主要研究内容包括:世界遗产的理论与管理;世界遗产的价值与保护。该专业的课程由来自各相关学科的高级专家讲授,着眼于现实,注重针对实际出现的问题而构架学科的理论体系。其中文化遗产部分建立了博士项目。

德国勃兰登堡科技大学(Brandenburg University of Technology, Cottbus, Germany)于1999年创建了世界遗产硕士学位(Master's Degree, World Heritage Studies)。这一学位专业的课程侧重点在于:不同文化区域特性;文化多样性观察。学生去向主要为与遗产保护相关的遗产地管理人员、旅游项目策划者和提供相应行政指导的政府官员。

爱尔兰都柏林大学设有世界遗产管理学硕士学位(Master of Science in

World Heritage Management),同时还针对实际工作的需要开设有世界遗产管理学的高级文凭和一般文凭(Higher Diploma/Diploma in World Heritage Management)。该学科的课程模板系统有独特的设计,也是学生要修的主要课程,包括:人与环境;国际政策、制度和立法;世界遗产公约;可持续发展;环境改善;发展、管理和营销规划。为显示强调自然遗产的重要,还设有一套课程,包括:多样性与遗产;生物保护;动物资源管理;生态学价值认定;栖息地管理与恢复;自然资源开发。

莫斯科罗蒙洛索夫大学(Moscow State M. V. Lomonosov University, Moscow, Russian Federation)也开设有自然与文化遗产课程(Natural and Cultural Heritage Lecture Course)。该课程强调可持续发展的遗产理念,主要内容包括:世界遗产概念的起源和发展;非物质文化遗产突出的普遍价值;世界遗产管理。其目标在于理论高度要达到将保护世界遗产作为社会整体发展中的重要因素,实际结果要培养出既有理论水平又有实际操控能力的管理者、策划者。

英国伯明翰大学(University of Birmingham)的世界遗产研究硕士项目(MA World Heritage Studies)强调法学框架,兼顾综合性,主要课程包括:遗产保护的关键方法;世界遗产管理中的问题;世界遗产地旅游管理;世界遗产个案研究;世界遗产的研究技巧和方法。该校铁桥峡文化遗产国际研究所还开办有文化遗产的硕士、博士项目,有一定的国际影响力。

国外大学的世界遗产教育在20世纪90年代后期有了创建性的确立及创新性的发展,其基本特点呈现出体系化和综合性,总体趋势朝着高学位的方向提升,教育目标及应用定位亦日趋明确。

三、国内的世界遗产教育

在我国,世界遗产的教育行为以官方组织、学者自发为主要形式,以点带面地逐渐发展,如官方组织各种形式的短期培训班,以及论坛、夏令营。大批的知识分子、青年学生、媒体工作者及世界遗产的热爱者,将自己的激情和精力也投入进对世界遗产事业的关注之中。21世纪初一些大学率先尝试开设了世界遗产的课程,并根据学校的专业强项有所侧重。经过七八年的发展,全国数十家大学在本科开设了世界遗产课程,全面铺开的势头较快。

我国的世界遗产大学教育可以说是与世界同步的,中国政法大学、北京大学、中国科学院等高等教育研究单位,不仅开设了世界遗产方面的课程,有相关的硕士培养方向,还成立了世界遗产的研究机构。许多学术素养良好业务骨干,将热情投入到了世界遗产的学科建设上。同时,《世界遗产概论》《世界遗产精神》《世界遗产法》《世界遗产与我们》等一批优秀著作问世,用于高校的本科和研究生教育,并影响至境外。可以说,较早的起步,较好的积淀,为我国今后的世界遗产教育的提升和发展奠定了坚实的基础。

中学教材中也开始融入了世界遗产的部分内容,学生从中学开始即接受世界遗产理念的教育,主要从感性入手,使世界遗产保护成为其知识结构当中的必要组成部分。这样,与大学教育衔接起来,就能够和一些传统学科一样分出层次,在不同的阶段给予相应水准的教育。

四、更宽广的世界遗产教育

世界遗产教育的层次,至少应包含专业教育和普及教育这两个大部分。专业教育在大学及中高级专业培训机构实施,大学应具备系统而稳固的理论体系和衔接顺畅的学位位阶,专业培训机构侧重职业教育和专项培训。普及教育在中学和民众范围广泛展开,中学通过简明生动的课程给学生关于世界遗产的认知能力,民众则可以不拘一格的丰富形式获得世界遗产的知识。

普及性的世界遗产教育需注重形式的多样性,确保其有效、可持续。大众保护意识的培养方式可以更加社会化、日常化。其一,通过发达的传媒方式实现。例如,日本 TBS 电视台拍摄的《世界遗产》系列片持续拍摄了 25 年,每周日晚 10:30 播出,将其影响深刻地渗透进每个收看电视节目的家庭。NHK 电视台的系列短片已拍摄出 100 部,每部 2 分多钟,介绍一项世界遗产,也很简洁、有效。

其二,举办主题展览。以我国为例,近年来政府主办或参与主办的大型展览起到了广泛的普及教育作用。2002 年 12 月 30 日开始在国家博物馆举办的以“神州风采——世界遗产在中国”为主题的大型展览持续近半年,参观人次数十万。继之,2006 年 2 月在国家博物馆举办了“中国非物质文化遗产保护成果展”;2007 年 6 月在中华世纪坛举办了“中国非物质文化遗产专题展”。2007 年 5 月 23 日至 6 月 10 日在成都举办“非物质文化遗产节”,2007 年 6 月至 10 月在沈阳又有“世界文化与自然遗产博览会”,吸引了众多民众前往。2014 年 6 月中国非物质文化遗产保护出版成果展在国家图书馆举办,展示了研究的深入。

此外,还可以搞世界遗产知识大赛、印制发放宣传手册、志愿者宣传日等贴近社会的活动,增强民众对世界遗产的认知度和热爱感,培育人们自觉保护世界遗产的意识。

这两个层次的教育除专业人士、媒体的努力外,政府的指导行为无疑是极为重要的。在中国澳门历史中心 2005 年成为世界遗产后,中国澳门特区政府比申报期间更加重视旅游战略的实效。城市形象定位主要打世界遗产牌,并营造出有层次的环境。政府优先注重培养当地居民的自豪感,使每一个澳门人都为澳门是世界遗产城市而骄傲,因为他们才是澳门文化最真实的要素。人的环境营造好,其他一系列的实施技术跟进,全方位的政府战略得以顺畅实施。

由于世界遗产教育的直接目的之一是培养出合格的从事世界遗产事业的人才,所以专门的职业培训就成为必要的手段。紧密结合遗产地的特点,联手各方,实地操作,尝试更为接近实践的手段寓世界遗产教育于实际活动当中,也不失为很好的培训方法。

一些国家如意大利、爱尔兰,均开办短期的针对职业人员的世界遗产课程培训,以增强相关管理人员和业务人员的职业能力,弥补世界遗产管理的人才缺口。前述“联合国教科文组织文化遗产专业导游(中国澳门)及认可导师”证书的制度也为一个典型的职业培训实例。

联合国教科文组织亚太地区世界遗产培训与研究中心于 2008 年 5 月和 7 月在中国北京、上海、苏州三城市正式揭幕,标志着世界遗产专门教育的高层次、全方位的展开。世界遗产教育因此进入新阶段。

五、世界遗产的远景

《世界遗产公约》数十年来已经为保护世界遗产发挥了很大的作用。然而 40 多年来,很多事情发生了变化:出现了新的威胁,出现了新的利益相关者和感兴趣群体,甚至关于世界遗产的初始概念也发生了变化。这样的变化,自然意味着我们意识思维、工作方法都将改变,对世界遗产保护的认识与实践也需要不断创新。世界自然保护联盟保护区项目成员和其在海外工作中与世界遗产相关部分的负责人大卫·谢泼德(David Sheppard)在谈及"世界遗产的远景"问题时,建议首先为世界遗产设立一个新的计划:

这个远景可以总结为四个基本要点:

1. 把世界遗产地作为保护工作的示范。如果公约能在对遗产地的评估工作中保持高水平的可信度,那么现在它在遗产地的覆盖范围和平衡性问题上受到的非议就会少得多。某些生态群系如山脉和森林在世界遗产名录中得到了很好的体现,而其他一些生态系统类型如海洋环境则被忽略了。有些地区有很多地方列入了名录(欧洲有几百个),而极地地区在名录上还是空白,大洋洲也没有得到很好的体现。在今后的10年中,我们要努力填平这些鸿沟以使公约发挥更大的作用。

2. 把世界遗产地看作管理工作的典范。世界遗产的认定只是第一步,新的遗产地必须得到正确的管理。这就需要通过集中的培训活动、交流项目以及地区网络的发展和加强来培养各个层次的工作能力。所有这些行动都应该将当地人以及其他有关利益各方(包括遗产地管理者)包括进来。这样,遗产地就会成为世界保护区工作的旗舰。

3. 把世界作为保护工作的核心而不是孤岛。许多来自保护区以外的活动影响到了世界遗产地的完整性和管理工作。我们不应再将保护区视作保护工作的"孤岛",而要发展保护区的工作网络,从而把各保护区及其周围的土地利用联系起来,并为当地居民的社会和经济需要作出贡献。

4. 使有关各方参与到世界遗产地的工作中来。有关利益各方的参与是公约能否成功的一个关键因素。近年来,我们在这方面已经做了很大努力。而资助者、私人机构以及其他潜在的世界遗产工作合作者对于世界遗产工作的热情和参与程度正越来越高。例如,联合国基金会正在促进世界遗产地的示范作用,以说明保护区的管理工作能给当地居民带来广泛的利益。①

① See World Heritage Centre, "Interview with David Sheppard" (November 8, 2012), Accessed https://whc.unesco.org/en/oralarchives/david-sheppard.

要实现世界遗产的远景，国际社会的共识是：

1. 首先必须在世界遗产评估过程中始终保持严格且公正的科学上的可信度。

2. 使我们拥有的大量知识和专业技能更多地为世界遗产地的管理者们所采用。

3. 通过研究、培训、管理、权益共享和资源管理等方式鼓励更多的人参与到公约的执行过程中。

作为回报，世界遗产的教育者可以依靠世界遗产获得的良好形象和在世界上的高认同度，使公约体现的世界遗产精神得以更好传播。

为实现世界遗产的愿景，在世界遗产和世界所面临的新威胁面前，需要人们更多地付诸行动。保持世界遗产的风貌，让世界遗产精神永续，还需要人们去做大量的工作。

2015 年 11 月 19 日，《世界遗产公约》缔约国第 20 届大会通过了一项将可持续发展理念纳入《世界遗产公约》执行进程的政策。该政策的总体目标是通过适当指导，协助缔约国、从业人员、机构、社区和网络发掘世界遗产的潜力，促进可持续发展，从而提高《世界遗产公约》的效力和均衡性。同时，必须尊重公约保护世界遗产的首要目的和任务，即强调突出的普遍价值。根据联合国大会 2015 年 9 月通过的《2030 年可持续发展议程》(The 2030 Agenda on Sustainable Development)，这项新政策围绕可持续发展的三个方面，即环境可持续性、包容性社会发展和包容性经济发展，辅之以促进和平与安全。它的通过是《世界遗产公约》执行的重大转变，也是世界遗产发展历史上的重要一步。

世界遗产对于人们的精神福祉至关重要，因为它具有强大的象征意义和审美意义。承认和保护文化和自然遗产的多样性，公平拥有文化和自然遗产，公平分享使用文化和自然遗产所产生的利益，提升文化平等、相互尊重以及维护共同利益的目的性和能力，从而有利于增强社会凝聚力以及保障个人和集体的选择和行动自由。

附:图表位置指引

图位置指引

序号	名称	所在位置
图 1	世界遗产事务组织体系	第四章开篇
图 2	联合国教科文组织(UNESCO)的标识	第四章第一节
图 3	国际遗迹遗址理事会(ICOMOS)的标识	第四章第二节
图 4	保护和恢复文化遗产国际研究中心(ICCROM)的标识	第四章第二节
图 5	世界自然保护联盟(IUCN)的标识	第四章第二节
图 6	世界遗产城市组织标识	第四章第二节
图 7	自然遗产的次级类型	第五章第二节
图 8	文化遗产的部分次级类型	第七章第二节
图 9	文化遗产的考察程序	第十章第一节
图 10	自然遗产的考察程序	第十章第一节
图 11	国际法与国内法的互动关系	第十二章第四节
图 12	1978 年第一批世界遗产官方记录文件	第十五章第一节
图 13	2000 年的《世界遗产名录》封面及首页	第十五章第一节
图 14	1980 年《濒危世界遗产名录》对南斯拉夫的“科托尔的自然保护区和文化历史区”的官方记录	第十五章第二节
图 15	世界遗产图形标识	第十六章第一节
图 16	非物质文化遗产图形标识	第十六章第一节

表位置指引

图书在版编目(CIP)数据

公法视域的世界遗产 / 刘红婴著. -- 北京 : 法律出版社, 2021
ISBN 978 - 7 - 5197 - 5609 - 3

Ⅰ. ①公… Ⅱ. ①刘… Ⅲ. ①文化遗产—公法—研究—世界 Ⅳ. ①D912.104

中国版本图书馆 CIP 数据核字(2021)第 085400 号

公法视域的世界遗产
GONGFA SHIYU DE SHIJIE YICHAN

刘红婴 著

策划编辑 刘秀丽
责任编辑 刘秀丽
装帧设计 汪奇峰

出版发行 法律出版社
编辑统筹 法商出版分社
责任校对 周合芝
责任印制 胡晓雅
经　　销 新华书店

开本 710 毫米 × 1000 毫米 1/16
印张 26.5 **字数** 404 千
版本 2021 年 7 月第 1 版
印次 2021 年 7 月第 1 次印刷
印刷 北京玺诚印务有限公司

地址:北京市丰台区莲花池西里 7 号(100073)
网址:www.lawpress.com.cn
投稿邮箱:info@lawpress.com.cn
举报盗版邮箱:jbwq@lawpress.com.cn

销售电话:010 - 83938349
客服电话:010 - 83938350
咨询电话:010 - 63939796
版权所有·侵权必究
书号:ISBN 978 - 7 - 5197 - 5609 - 3
定价:78.00 元

凡购买本社图书,如有印装错误,我社负责退换。电话:010 - 83938349